Norberto Fuentes

# Ernest Hemingway
# Jahre in Kuba

Norberto Fuentes

# Ernest Hemingway
# Jahre in Kuba

Mit einer Einführung von
Gabriel García Márquez

Ins Deutsche übertragen von
Eleonore Konz

Galgenberg

CIP-Kurztitelaufnahme der Deutschen Bibliothek
*Fuentes, Norberto:*
Ernest Hemingway — Jahre in Kuba / Norberto Fuentes.
Mit e. Einf. von Gabriel García Márquez.
Ins Dt. übertr. von Eleonore Konz. —
1. Aufl. — Hamburg: Galgenberg, 1987.
ISBN 3-925387-22-6
Einheitssacht.: Hemingway in Cuba (dt.)


Ins Deutsche übertragen von Eleonore Konz
Titelgestaltung: Jan Buchholz
Titelphotographie: © by Ullstein Bilderdienst, Berlin
Titellithographie:
Graphische Kunstanstalt Willi Berger, Stuttgart
Die Bilder wurden uns freundlicherweise
von dem Verlag Lyle Stuart zur Verfügung gestellt.
Lithographieherstellung:
Graphische Kunstanstalt Willi Berger, Stuttgart
Satzherstellung: Eiling & Roth, Oberkaufungen
Gesetzt aus der Garamond Buch
Druck und Bindung: Ebner Ulm
1. Auflage: Mai 1987
ISBN 3-925387-22-6

# INHALT



# ANHANG

## Gabriel García Márquez
# UNSER HEMINGWAY

Im April 1928 kam Ernest Hemingway zum ersten Mal nach Havanna. Er war an Bord des englischen Schiffes „Orita", das ihn in einer zweiwöchigen Überfahrt von La Rochelle nach Key West bringen sollte. Auf der Reise begleitete ihn seine zweite Ehefrau Pauline Pfeiffer, die er knapp elf Moante zuvor geheiratet hatte, und sie beide betrachteten die karibische Stadt in den Tropen wohl als eine willkommene Abwechslung nach dem weiten Ozean und dem strengen Winter in Frankreich.

Hemingway war 29 Jahre alt; er war als Zeitungskorrespondent in Europa gewesen und hatte als Krankenwagenfahrer am ersten Weltkrieg teilgenommen. Gerade hatte er mit Erfolg seinen ersten Roman veröffentlicht.

Noch weit davon entfernt, der berühmte Schriftsteller zu sein, benötigte er eine zweite Beschäftigung als Broterwerb. Auch hatte er nirgendwo in der Welt ein festes Zuhause. Pauline war, wie man damals sagte, eine „feine Dame". Als Nichte eines amerikanischen Kosmetikmagnaten, der sie wie seine Enkelin verhätschelte, besaß sie alles im Leben, sogar die Schönheit der Frau von Francis Macomber. Ihr bester April war es dennoch nicht: Sie war schwanger und des Meeres überdrüssig. Der einzige Wunsch der beiden war, so schnell wie möglich nach Key West zu kommen, wo sie sich niederlassen wollten und Hemingway beabsichtigte, seinen zweiten Roman „In einem anderen Land" zu beenden.

Havanna war damals — und ist noch heute — eine der schönsten Städte der Welt. Der Diktator Gerardo Machado war auf dem Höhepunkt seiner pharaonisch anmutenden, irrwitzigen Macht, die vom letzten Glanz des zurückliegenden rasanten Anstiegs der Zuckerpreise und von der Schutzherrschaft der Vereinigten Staaten lebte. Die Geschäftsverbindungen mit der Morgan-Bank der vorangegangenen Regierungen hatte er gekündigt, statt dessen lebte er in einer für jeden offensichtlichen „wilden Ehe" mit der Chase National Bank der Familie Rockefeller, die ihm zwar wenig versagte, dafür aber von ihm alles wollte. Die zerstörerischen Folgen des materiellen Fortschritts waren überall zu sehen, und auch Hemingway dürfte sie durch die Scheiben seines im Parque Central gemieteten Packards nicht gleichgültig betrachtet haben.

Der Malecón, die Uferpromenade, deren Verschönerung und Erhalt zu einer anderen Zeit in Angriff genommen werden sollte, wurde gerade zu seinen heutigen Ausmaßen ausgebaut und neue, von Bäumen gesäumte Prachtstraßen mit Millionärsvillen tauchten im Westen hinter der Altstadt auf. Doch den Höhepunkt sollte der neo-klassizistische Irrsinn des Capitolio Nacionals bilden, das Stein für Stein dem Kapitol in Washington nachgebaut wurde. Einer der Steinmetze, Enrique Líster, sollte Jahre später einer der berühmtesten Generäle des Spanischen Bürgerkrieges werden.

Die ausufernde Prostitution, die Havanna schnell zum Luxusbordell der Vereinigten Staaten werden ließ, versteckte sich noch hinter der unschuldigen Maske von Tanzschulen. Sie selbst bezeichneten sich als „Tanzakademien", und ihre leichten Mädchen — halb Jungfrauen, halb Huren — erhielten ein Fünftel dessen, was sie für einen Tanz verlangten. Bekannt waren sie unter einem Namen, den ein Schriftsteller hätte aufhorchen lassen: „academicas" — Akademikerinnen.

Über den Orchestersitzreihen des ehrwürdigen Teatro Nacional war für öffentliche Tanzveranstaltungen eine hölzerne Plattform errichtet worden. Das gesellschaftliche Hauptereignis sollte der alljährlich stattfindende Danzón-Wettbewerb sein. Machados Unterwürfigkeit gegenüber den Vereinigten Staaten gipfelte darin, die Jury so zu beeinflussen, daß im tanzfreudigsten Land der Welt beim Wettbewerb der Virtuosen der amerikanische Botschafter Harry F. Guggenheim gewann.

Diese ersten 48 Stunden in Havanna hinterließen keine Spur in Hemingways Werken. Zwar trifft es zu, daß er in seinen Artikeln aufschlußreiche Betrachtungen über die Orte, die er besuchte, und die Menschen, die er dabei traf, anstellte, doch hatte er sich zu dieser Zeit eine Pause vom Journalismus verordnet, um sich ganz den Romanen zu widmen.

Erst fünf Jahre später erschien wieder ein Beitrag von ihm in einer Zeitung. Eine ganze Reihe von Artikeln über seinen Aufenthalt in Kuba sollten folgen, doch in keinem von ihnen sind nähere Hinweise auf sein Privatleben zu finden. Sie handeln vielmehr von seiner damaligen Leidenschaft, dem Tiefseefischen.

Dennoch schrieb er 1956: „Zu einer anderen Zeit hätte uns das Fischen nach Kuba gelockt." Hemingway lebte bereits 17 Jahre in Havanna, und es liegt der Gedanke nahe, daß die Gründe für die Wahl seines Wohnsitzes tiefer reichten oder zumindest andere waren als nur das einfache Vergnügen am Fischfang. Es war keine Liebe auf den ersten Blick, sondern eine langsame, schwierige Entwicklung, deren Geheimnisse in den meisten Werken seiner Anfangsphase hier und da verschlüsselt wieder auftauchen. Als er 1932 zum zweiten Mal nach Kuba reiste, jetzt um Schwertfische zu fangen, schien es, als hätte er in Key West endlich ein festes Zuhause. Hier kam sein erster Sohn zur Welt, und hier beendete er auch seinen zweiten Roman. Ganz bestimmt hat er auch einen Baum gepflanzt, um nach dem Sprichwort ein „richtiger Mann" zu sein. Gemeinsam mit seinem Kumpan Joe Russell, dem Besitzer des Sloppy Joe's in Key West, unternahm er von da an unzählige Fahrten von und nach Kuba. Für seinen Freund war das Fischen allerdings nur der Vorwand für einträglichere Geschäfte.

„Einmal brachte er die bis dahin größte bekannte Branntweinladung von Kuba nach Key West", schrieb Hemingway. Natürlich Schmuggelware, in einer Zeit, in der die Trinker in den USA unter den strengen Prohibitionsgesetzen Durst litten. Die zweideutigen Unternehmungen waren zwar alles andere als Literatur, aber auf diese Weise kam Hemingway in Kontakt mit den aufrichtigen Menschen der See, die bis zu seinem Tod seine Freunde blieben und die ihm eine Welt eröffneten, die sein zukünftiges Schreiben bereicherte.

In einem Artikel der Zeitschrift Holiday vom Juli 1949 enthüllte Hemingway, wer seine kubanischen Freunde in dieser Zeit waren. „Losverkäufer, die du schon seit Jahren kennst. Polizisten, die dir für einen Fisch einen Gefallen tun. Fischer, die Seite an Seite mit dir ihre Einnahmen bei den Hahnenkämpfen verwetten. Freunde, die am Hafen oder auf dem Boulevard an dir vorbeifahren und dir zuwinken, und du winkst zurück, obgleich du sie auf die Entfernung nicht erkennen kannst." Mit anderen Worten, Hemingway betrachtete sich als eine bekannte Person in den Straßen Havannas.

Damals lernte er auch die Floridita kennen, die Bar mit dem Fischrestaurant. Sie war im letzten Jahrhundert eröffnet worden, und es gibt sie noch heute mit den gleichen goldenen Verzierungen an den Wänden und den schweren, ehrwürdigen Vorhängen. Eine Creation der Floridita war der Daiquiri-Cocktail, eine gelungene Mischung aus weißem Inselrum, zerstoßenem Eis und Zitronensaft. Es ist mit Hemingways Verdienst, daß der Daiquiri über die halbe Welt bekannt wurde. Aber, wie er einmal später schreiben sollte, sein Hauptinteresse an der Floridita galt weniger dem Essen oder Trinken als den ihn anziehenden Strom seiner Landsleute, die in die Stadt kamen. „Hier trifft man Menschen aus allen Staaten und auch von Gegenden, in denen du selbst gelebt hast", schrieb er. „Darunter sind welche von den Schiffen der Navy oder Kreuzfahrtschiffen, Beamte vom Zoll und der Einwanderungsbehörde, Spieler, Botschaftspersonal, strebsame Schriftsteller, besser oder schlechter gestellte Schriftsteller, Regenten der Stadt, Ärzte und Chirurgen, die einen Kongreß abhalten, Mitglieder des Lions, Elks, Moose, Shriners oder der Amerikanischen Legion, Ritter des Kolumbus', Schönheitsköniginnen, Leute, die in kleinen Schwierigkeiten sind und mit der Außenwelt nur noch über die Zettel unter der Türe in Verbindung stehen, einige, die schon das nächste Jahr nicht überleben werden, Leute vom F.B.I., ehemalige Leute von F.B.I., ab und zu dein Bankdirektor, zwei weitere solche Kerle, ganz abgesehen von unseren kubanischen Freunden."

Als Hemingway diese Zeilen schrieb, hatte er bereits den Nobelpreis erhalten; und die Zeilen scheinen weniger eine journalistische Rückbesinnung als ein wehmütiges Adressenverzeichnis zu sein. Beim nochmaligen Lesen seiner Werke begegnen einem unwillkürlich die Personen der Liste. Das geschriebene Wort veränderte zwar Zeit und Ort und doch sind sie gekennzeichnet von ihrer „sündhaften Taufe" in der Floridita, in der heute in einer kleinen Nische in der Wand eine Büste von Hemingway steht. Und ein alter Barkeeper wird nicht müde, den Touristen den Barhocker zu zeigen, auf dem Hemingway gewöhnlich saß.

In der Nähe der Floridita liegt das Hotel Ambos Mundos, in dem sich Hemingway immer ein Zimmer nahm, wenn er über Nacht an Land blieb. Nach dem Spanischen Bürgerkrieg war das Hotel sein ständiger Wohnsitz. Er bewohnte stets das gleiche Zimmer: Es lag im fünften Stockwerk in Richtung Nordosten und hatte keine Zimmernummer.

„Die Fenster in der Ecke des Ambos Mundos", beschrieb Hemingway, „gehen in Richtung Norden hinaus, der Blick streift die alte Kathedrale, die Hafeneinfahrt und die See. Im Osten sieht man über die Dächer die Halbinsel Casablanca und das weite Hafenbecken."

Ich habe nie verstanden, warum Hemingway bei seiner Aufzählung den Palacio de los Capitanes Generales ausließ, das schönste Gebäude, das von seinem Fenster aus zu sehen war und noch heute eines der schönsten Häuser von Havanna ist. „Das Hotel Ambos Mundos war ein guter Ort zum Schreiben", erklärte Jahre später Hemingway George Plimpton in einem berühmten Interview. Vermutlich ist auch diese Aussage ein wehmütiger Blick zurück, denn das Zimmer war alles andere als der saubere, helle Ort, den er sich für das Schreiben erträumte. Es war ein düsteres Zimmer, sechzehn Quadratmeter groß, mit einem gewöhnlichen Ehebett, zwei Nachttischchen und einem Schreibtisch mit einem Stuhl. Heute ist das Ambos Mundos ein staatliches Hotel, das vornehmlich von Lehrern und Beamten des Erziehungsministeriums gemietet wird. Doch das Zimmer in der nordöstlichen Ecke des fünften Stocks bleibt in Erinnerung an den berühmten Gast leer und unverändert, sogar eine alte, zweibändige spanische Ausgabe des „Don Quichote" liegt noch wie zufällig auf dem Tisch.

Wenn wir an die Sorgfalt denken, mit der Hemingway seine Orte zum Schreiben aussuchte, bleibt für seine Vorliebe für das Ambos Mundos nur eine Erklärung: Ohne daß er es sich vorgenommen hatte — vielleicht hatte er es auch nicht bemerkt — war er den Reizen Kubas verfallen. Sie sind etwas besonderes und schwer einzufangen — weitaus schwieriger als die großen Fische im September vor Kubas Küste. Diese Reize waren wichtiger für seine unruhige Seele als die vier Wände eines Zimmers. Doch keine Frau, die seine Arbeit als Schriftsteller hätte unterstützen können, hätte dieses leblose Zimmer ertragen können. Die schöne Pauline Pfeiffer hatte ihn in seiner schwierigsten Zeit verlassen. Martha Gellhorn, die Hemingway später heiratete, fand eine kluge Lösung. Sie suchte ein Haus, wo ihr Mann in Ruhe schreiben und sie gleichzeitig glücklich machen konnte.

Und so fand sie über eine Zeitungsannonce den schönen Landsitz Finca Vigía. Die Finca lag nur wenige Meilen vor Havanna. Zuerst mieteten sie das Anwesen für 100 Dollar im Monat, später kaufte es Hemingway für 18.500 Dollar.

Schriftsteller, die an verschiedenen Orten ein Zuhause haben, werden gewöhnlich gefragt, welches davon denn ihr eigentlicher Wohnsitz sei. Die meisten von ihnen antworten, da, wo sie ihre Bücher hätten: Neben seinen vier Hunden und vierundfünfzig Katzen besaß Hemingway auf der Finca Vigía eine Bibliothek mit neuntausend Büchern.

Hemingway lebte in Kuba insgesamt 22 Jahre. In einem Zeitungsartikel des Jahres 1949 versuchte er zu erklären, weshalb er so lange schon hier wohne, aber er verlor sich dabei in einer Aufzählung verschiedenster, teilweise gegensätzlicher Gründe. Er sprach von der frischen, liebkosenden Morgenbrise an heißen Tagen, von der Möglichkeit, Kampfhähne zu züchten, von den Eidechsen, die zwischen den Traubenstöcken umherhuschten, von den 18 verschiedenen Mangoarten auf seinem Grundstück, von dem Sportclub, wo man beim Taubenschießen einträgliche Wetten abschließen könne und einmal mehr vom Golfstrom, der nur 45 Minuten von seinem Haus entfernt liege und wo er die besten und ergiebigsten Fischzüge seines Lebens gemacht hätte.

Zwischen die vielen, eher ausweichenden Begründungen fügte er einen enthüllenden Abschnitt ein. „Man lebt in Kuba, weil man die Telefonklingel mit einem Stückchen Papier unterbrechen kann. So wird jede Störung vermieden, und man kann in der kühlen Morgenfrische besser als irgendwo auf der Welt arbeiten." Am Ende des Abschnittes fügte er, entweder aus Zerstreutheit oder aus Koketterie noch hinzu: „Aber das sind Berufsgeheimnisse." Der Kommentar war eigentlich überflüssig, da jeder weiß, daß die Wahl des Ortes, wo man schreibt, zu den unlösbaren Geheimnissen der literarischen Schöpfung zählt.

Havanna im allgemeinen und die Finca Vigía im besonderen waren der einzige feste Wohnsitz, den Hemingway in seinem Leben hatte. Hier verbrachte er fast die Hälfte seiner Jahre als Schriftsteller, und hier schrieb er die wichtigsten Werke: „Über den Fluß und in die Wälder"; „Paris, ein Fest fürs Leben"; „Der alte Mann und das Meer"; „Inseln im Strom" und Teile von „Wem die Stunde schlägt". Neben vielen anderen Reportagen entstand hier „Ein gefährlicher Sommer" und unternahm er ungezählte Anläufe, den seltsamen, an Proust erinnernden Roman über die Luft, das Land und die See zu schreiben, den er sich schon immer ins Auge gefaßt hatte. Dennoch sind dies die am wenigsten bekannten Jahre seines Lebens, nicht nur weil es die persönlichsten waren, sondern weil alle Biographen mit einer verdächtigen Hast über diese Jahre hinweghuschen.

Wort für Wort baute er an der Welt, die seinen Ruhm begründete. Zur gleichen Zeit erreichte die Unterwerfung der Nation, die von dem Diktator Gerado Machado begonnen und von seinen Nachfolgern bis zum unglücklichen Ende forgesetzt wurde, ihren unrühmlichen Höhepunkt. Die Korruption der Politiker und der Verfall der Moral hatten bereits babylonische Ausmaße angenommen. Die allerorts zu sehende Unterwürfigkeit gegenüber den Vereinigten Staaten hatte die Züge eines phantastischen Romans: Die Fähre aus Florida brachte täglich einen Eisenbahnwaggon, der später an einen Vorortzug angekoppelt wurde, um so die Insel mit den in den USA erzeugten Dingen des täglichen Bedarfs zu versorgen. Darunter war sogar frischer Fisch aus kubanischen Gewässern, der über die USA auf die Insel kam. Nun kann natürlich gesagt werden, daß Hemingway nichts weiter als ein passiver Zuschauer, wenn nicht gar ein stiller Komplize dieses unüberschaubaren Unternehmens des Kulturdiebstahls war. Sein politisches Denken, das sich während des Spanischen Bürgerkrieges in unmißverständlicher und leidenschaftlicher Weise ausgedrückt hatte, gibt bei der dramatischen Situation Kubas Rätsel auf.

Es gibt keine Hinweise darauf, daß er jemals versucht hätte, mit dem Kreis der Künstler und Intellektuellen Kontakt aufzunehmen, die in Havanna inmitten der staatlichen Selbsterniedrigung und Begierden ein kulturelles Umfeld schafften, das auf dem Kontinent seinesgleichen suchte. Diese Gleichgültigkeit seinerseits scheint nicht nur den karibischen Raum, sondern ganz Lateinamerika zu betreffen. Er schien es nicht zu kennen, und auch in seinem Werk lassen sich keine anderslautenden Hinweise finden. Die einzigen lateinamerikanischen Länder, die er besuchte, waren Mexiko und Peru, wo er eine Expedition leitete, die einen großen Fisch für die Verfilmung von „Der alte Mann und das Meer" suchte. Dabei kam er jedoch kaum an Land. Hemingway zog von dem Abenteuer das Resümee: „Dreißig Tage lang fischten wir seit Sonnenaufgang, bis die Dämmerung hereinbrach und wir keine Aufnahmen mehr machen konnten."

Umstritten, was den späten Hemingway angeht, ist sein Verhältnis zur Kubanischen Revolution. Es gibt keine Aufzeichnung davon, daß er sich öffentlich zustimmend geäußert hätte, aber auch vom Gegenteil ist nichts bekannt, sieht man von einigen angeblichen Äußerungen im privaten Kreis ab, die ihm mancher voreingenommene Biograph zuschreibt. Über ein Jahr nach dem Triumph der Revolution — die USA hatten ihren Kleinkrieg gegen Kuba bereits eröffnet — führte der argentinische Journalist Rodolfo Walsh ein kurzes Interview mit Hemingway inmitten einer tosenden und drängelnden Menschenmenge auf dem Flughafen von Havanna. In diesem Interview, das Walsh als das kürzeste seiner Karriere bezeichnete, und das wohl auch für Hemingway das knappeste und eines der letzten sein sollte, rief ihm dieser in seinem perfekten Spanisch zu: „Wir werden siegen! Wir Kubaner werden siegen!" Und in Englisch fügte er hinzu: „Ich bin kein Yankee, du weißt ...". In dem Tumult konnte er den Satz nicht beenden. 1 1/2 Jahre später nahm er sich das Leben, ohne die Aussage zu vollenden, die auf beiden Seiten noch immer zu Vermutungen Anlaß gibt.

Das revolutionäre Kuba scheint sich an dem teilweise bösartigen Streit nicht zu beteiligen. Außer José Martí hat in Kuba jedoch kein Schriftsteller bei den verschiedensten Anläßen so viele Ehrungen erfahren. Vom ersten Augenblick an war Fidel Castro einer der herausragensten Förderer. Bei den beiden Besuchen, die Hemingways Witwe Mary Welsh nach Hemingways Tod Kuba abstattete, kümmerte er sich persönlich um ihr Wohlergehen. Es waren die beiden, die vereinbarten, daß die Finca Vigía erhalten werden sollte, und tatsächlich ist sie unverändert geblieben: Das Museum ist so nahe am Leben, daß man die Anwesenheit des Schriftstellers zu fühlen scheint, wie er in seinen großen Schuhen durch die Räume streift.

Die einzigen Dinge, die die Witwe mit in die USA nahm, waren ihre Privatsammlung der besten zeitgenössischen Maler. Bei ihrem letzten Besuch im Jahre 1977 erklärte Fidel Castro einer Gruppe nordamerikanischer Journalisten, daß Hemingway sein Lieblingsautor sei. Man muß Fidel Castro kennen, um zu wissen, daß er dergleichen nicht aus reiner Höflichkeit sagen würde, da er sich damit über einige politische Einschätzungen und Prinzipien hinwegsetzte.

Man muß ihm Glauben schenken: Fidel Castro war über Jahre ein treuer Leser Hemingways. Er kennt sein Werk gründlich. Er spricht gerne über ihn und ist einer seiner leidenschaftlichsten Verteidiger. Auf seinen langen, gelegentlichen Reisen ins Innere des Landes führt er immer einen Berg an Regierungsunterlagen mit sich. Unter diesen ist oft die zweibändige, in Rot gebundene Ausgabe der Ausgewählten Werke Hemingways.

Auf alle Fälle ist es nicht leicht, den Satz zu vollenden, den Hemingway auf dem Flughafen von Havanna zu Rodolfo Walsh sagte. Es gab wohl immer zwei verschiedene, oftmals gegensätzliche Seiten Hemingways. Da war der eine, der dem Konsum frönte und der, halb Filmstar, halb Abenteurer, an den bekanntesten Plätzen der Welt zu sehen war. Mit der Vorhut der Befreiungstruppen zog er in Paris ins Hotel Ritz ein. Er unterstützte verschwenderisch die gerade modernen Toreros auf den Märkten in Spanien. Er ließ sich mit den glitzernsten Filmstars, tapfersten Boxern und finstersten Revolverhelden fotographieren. Er erlegte in den Steppen von Kenia einen Löwen, einen Büffel und ein Nashorn. Er leistete sich den Luxus, gleich zweimal mit dem Flugzeug abzustürzen.

Das war der Hemingway des öffentlichen Spektakels, der nie ein Buch las, der vielleicht niemand liebte und der keinen Satz unvollendet ließ. Doch in Havanna lebte ein ganz anderer Hemingway, einer, der sich vor sich selbst in einem von riesigen Bäumen umgebenen Haus versteckte. In den Zimmern häuften sich die von Kraft strotzenden Trophäen, die der andere, weltliche Hemingway von seinen Reisen mitgebracht hatte. Hier lebte der ruhelose Handwerker, wie ihn niemand kannte: niedergeschlagen von dem nicht zu erfüllendem Dienst an seiner Berufung. So blieb nicht nur der eine Satz auf dem Flughafen Havannas unvollendet.

Wer war dieser geheimnisvolle Hemingway, fragte sich der junge kubanische Journalist Norberto Fuentes. Es war im Juli 1961. Sein Redaktionsleiter hatte ihn zur Finca Vigía geschickt, wo er für einen Artikel über den Mann recherchieren sollte, der sich eine Woche zuvor mit einem Gewehrschuß in den Mund den Schädel zertrümmert hatte.

Norberto Fuentes wußte zu diesem Zeitpunkt nicht mehr über Hemingway als das, was ihm sein Vater erzählt hatte, nachdem sie ihm in einem Fahrstuhl eines Hotels begegnet waren.

Bei einer anderen Gelegenheit, als Norberto ungefähr 10 Jahre alt war, sah er ihn auf dem Rücksitz eines großen, schwarzen Plymouth sitzend vorbeifahren. Er stellte sich vor, daß er so, in dem stadtbekannten „Leichenwagen" sitzend, begraben würde.

Ausgehend von diesen flüchtigen Kindheitserinnerungen machte sich Norberto Fuentes an die umfangreiche Aufgabe, herauszufinden, wie der kubanische Hemingway wirklich war, den einige seiner späteren Biographen nicht nur verheimlichten sondern auch verzerrt darstellten. Es bedurfte Jahre sorgfältigster Nachforschungen, schwieriger Interviews und fast unmöglich herzustellender Rekonstruktion, bis er schließlich Erfolg hatte. Aus den Erinnerungen all der unbekannten Kubaner, die sein Leben und Sorgen mit ihm geteilt hatten — sein Hausarzt, die Mannschaften seiner Fischerboote, seine Kumpels bei den Hahnenkämpfen, die Köche und Bedienungen der Kantinen, seine Mitzecher bei den nächtliche Festen in San Francisco de Paula —, formte sich das Bild eines bis dahin unbekannten Hemingway.

Über mehrere Monate sichtete er die Hinterlassenschaften Hemingways auf der Finca Vigía und entdeckte die Spuren eines großen Herzens in seinen nicht abgesandten Briefen, den leider nicht weiterverfolgten Entwürfen, den abgebrochenen Notizen und dem großartigen Logbuch, die Hemingways Stil wieder lebendig werden lassen. Fuentes schloß aus alledem, daß Hemingway weit tiefer in die Seele Kubas vorgedrungen war, als selbst seine kubanischen Zeitgenossen vermutet hatten und daß nur sehr wenige Schriftsteller so viele Spuren ihrer Streifzüge in die entlegensten Teile der Insel hinterlassen haben.

Das Endresultat ist diese hart erarbeitete, Klarheit schaffende Reportage, die uns den vor Leben sprühenden und manchmal auch ein klein wenig kindischen Hemingway wieder zurück gibt, den viele von uns zwischen den Zeilen seiner meisterhaften Erzählungen durchschimmern sahen. Dies ist unser Hemingway: ein Mann, den die Unsicherheit und Kürze des Lebens beunruhigte, ein Mann, der nie mehr als einen Gast an seinem Tisch hatte und dem es wie nur ganz wenigen in der Geschichte der Menschheit gelungen war, das wirkliche Geheimnis des einsamsten Berufes der Welt zu lüften.

*Die Finca Vigía heute. Am rechten Bildrand ist der große Ceibabaum zu sehen. (Enrique de la Uz)*

# Ernest Hemingway
# Jahre in Kuba

# DER ZUFLUCHTSORT

Nur Gegenstände überdauern die Zeit. Hemingways Jagdtrophäen und persönliche Sachen wurden so belassen wie zu seinen Lebzeiten und haben die Patina alter und nutzloser Dinge angesetzt. Ihn hätte es verwundert, seine Schuhe (Größe 11) ausgestellt zu sehen; tatsächlich scheint auf der Finca Vigía, der Wachturmfarn, die Zeit stehengeblieben zu sein.

Nicht nur Hemingways große Schuhe liegen aus, sondern auch seine Militärstiefel, seine Brille mit dem runden Metallgestell, seine Sammlung von Nazidolchen, seine Gewehre und Angelruten. Mary Welsh stellte bei ihrem letzten Besuch in Havanna im Juli 1977 treffend fest: „Alles ist noch so, wie wir es 1960 zurückließen. Aber das Haus wirkt ohne Ernest leer."

Die Besucher müssen sich damit begnügen, durch die offenen Fenster in das Haus zu spähen. Auf Anordnung der Behörden dürfen die Räume nicht betreten werden, um die „wertvollen Museumsstücke zu schützen". In den Anfängen der Ausstellung verschwanden einige Stücke. So wird von einem Angehörigen einer ausländischen Regierung berichtet, der dabei beobachtet wurde, wie er eine der kostbaren Gewehrkugeln aus dem Zweiten Weltkrieg aus Hemingways Arbeitszimmer entwendete. Die Situation war sehr heikel. Niemand wußte, was zu tun war. Erst nach zahlreichen diplomatischen Bemühungen wurde das Geschoß zurückgegeben.

Da die Lateinamerikaner Toten und „wichtigen Leuten" viel Ehrerbietung entgegenbringen, wurde die Finca Vigía ein sehr beliebtes Museum. Durch die Fenster kann man fast alle Räumlichkeiten sehen, ausgenommen Mary Welshs Zimmer, die Küche und den Keller. Wissenschaftler, Journalisten und geladene Gäste dürfen das Haus betreten; allerdings ist das, was von außen nicht einsehbar ist, nur von geringem Interesse.

Lediglich ein Besuch in Hemingways Keller, wo er seinen Wein und Whisky lagerte, lohnt sich. Hier stehen die fünf, mit Aufklebern und Zetteln von Hotels und Dampfern übersäten Koffer, die so oft auf den Photos von Hemingways Ankunft oder Abfahrt in Häfen und auf Flughäfen zu sehen sind. In ihnen transportierte Hemingway Arznei, Desinfektions- und Betäubungsmittel sowie Verbandsmaterial, um bei den Masai eine

Apotheke einzurichten und seine zweite Afrikasafari notdürftig medizinisch auszurüsten. Neben den Koffern liegen ein leerer Behälter für einen Feldstecher, eine Jagdtasche und ein Sportkorsett, das Hemingway wahrscheinlich trug, um seine Rückenschmerzen zu lindern.

In der Nähe des Eßzimmers liegt der Katzenfriedhof, wie ihn Hemingway nannte. Die Grabsteine tragen die Namen von Blackie, Negrita, Machakos und Black Dog. Hier ruhen auch die sterblichen Überreste von Boise, einer literarischen Figur. Boise hat zwar nicht die gleiche Bedeutung wie Don Quichotes Pferd Rosinante, aber er teilt das Leben Thomas Hudsons in „Inseln im Strom“.

Der britische Schriftsteller Graham Greene besuchte mehrmals das Haus Hemingways. Natürlich bedeutete es ihm nicht so viel wie seinem letzten Besitzer. Greene hatte mit Hemingway noch ein Hühnchen zu rupfen; denn dieser hatte sich in einem Interview mit George Plimpton in der „Paris Review“ spöttisch über ihn geäußert. Nach einem Rundgang durch das Haus mäkelte Greene: „Ich weiß nicht, wie ein Schriftsteller umgeben von so vielen toten Tieren schreiben kann.“ Und später, als René Villarreal, der viele Jahre für Hemingway gearbeitet hatte und jetzt durch das Museum führt, die Whiskymenge erwähnte, die regelmäßig ihren Weg zur Finca Vigía fand, kommentierte Greene trocken: „Nun weiß ich, wem die Stunde schlägt.“

Getrude Stein bemerkte einmal, daß Hemingway immer ein gutes Gespür für abgeschiedene, aber schön gelegene Häuser gehabt habe, fähige Haushälterinnen und gutes Essen eingeschlossen. Ohne jetzt die in dieser Bemerkung enthaltene Anspielung zu berücksichtigen, muß Gertrude Stein zugestimmt werden.

Fast ein Drittel seines Lebens verbrachte Hemingway auf der Finca Vigía, dem auf einer Anhöhe über San Francisco de Paula gelegenen, von einem sanften Wind umwehten Gut. Es war ein guter Platz zum Leben. Er bedeutete all die wunderbaren Dinge, die für Hemingway das Glück darstellten: in der frischen Morgenbrise schreiben, schwimmen, mit einem Drink in der Hand in der Sonne faulenzen, seine gut ausgestattete Bibliothek, ein großer Lehnstuhl, um nachmittags darin zu lesen, ein

Ort, um Freunde zu empfangen und um Katzen, Hunde und Kampfhähne zu züchten oder um zum Hochseefischen aufzubrechen.

Hemingway äußerte 1958 in einem Interview mit Plimpton: „Dieses Haus ist ein wunderbarer Ort ... bzw. war es." Er sprach in der Vergangenheit, weil zu jener Zeit, insbesondere nach der Verleihung des Nobelpreises und der Verfilmung von „Der alte Mann und das Meer" in Kuba, sein Haus zum Ziel einer Vielzahl von Verehrern geworden war.

Die Finca Vigía war seitdem eine bekannte Adresse für Stierkämpfer, Hollywoodmagnaten, Boxkämpfer, Soldaten, Künstler, Journalisten und der unterschiedlichsten Touristen, die den Weg nach Havanna und zu dem Haus auf dem Hügel fanden.

Gerade aus diesem Grunde hatte Hemingway seine erste Zufluchtsstätte in Kuba, das Hotel Ambos Mundos in Havanna, aufgegeben. Das Hotel diente ihm in den dreißiger Jahren als Ausgangspunkt seiner Hochseefischerei im Golfstrom. Aber als er zehn Jahre später mit der Journalistin und Erzählerin Martha Gellhorn aus dem Spanischen Bürgerkrieg zurückkehrte, benötigte Hemingway einen geeigneteren Ort, eine Zufluchtsstätte, an der er seine Arbeit ausführen und seine neue gefundene Liebe beherbergen konnte.

Er sagte Havanna, das den Hintergrund zu „Haben und Nichthaben" und etwa einem halben Dutzend Artikel für den „Esquire" gebildet hatte, Lebewohl und zog auf die Finca Vigía, die Martha Gellhorn südöstlich von Havanna für sie entdeckt hatte. Und gerade noch rechtzeitig; denn mit Ausnahme des Ambos Mundos wurden fast alle alten Plätze, die die Szenerie zu Harry Morgans Abenteuer bildeten, bald darauf verändert oder zerstört. Martha Gellhorn fand den Landsitz über eine Zeitungsannounce. Irgendwann Mitte April 1939 zeigte sie auf ihrer ersten Reise nach Kuba Hemingway die Finca Vigía. Aber er lehnte diesen Ort ab, da er zu weit entfernt von Havanna sei, eine Ruine mit abbröckelndem Putz und überwuchertem Garten darstelle und die monatliche Miete von 100 Dollar zu hoch sei.

Hemingway fuhr zum Fischen. In seiner Abwesenheit beeilte sich Martha, das Haus mit Hilfe von Maurern und Zimmerleuten in Ordnung zu bringen. Als Hemingway zurückkehrte, zeigte sie ihm erneut das Anwesen. Diesmal gelang es ihr, ihn zu überzeugen. Schließlich war er zufrieden; Martha hatte ihren Willen durchgesetzt, und das Paar hatte eine Zufluchtsstätte.

Genaugenommen war es aber Hemingway, der ein festes Heim benötigte. Er war von Key West ins Ambos Mundos geflohen, in die verhältnismäßige Ruhe eines Hotelzimmers, und hatte seinen großen Roman über den Spanischen Bürgerkrieg begonnen. Um diesen ersten Entwurf, der nun halbwegs fertig war, zu vollenden, suchte er einen ruhigen Ort: ideal hierfür der lichte Platz auf dem Hügel. Zunächst mieteten er und Martha Gellhorn das Haus für ein Jahr, um es nach dem Erfolg von „Wem die Stunde schlägt" zu erwerben.

Nach nur kurzer Zeit jedoch wurde Martha unruhig; sie fühlte sich eingesperrt. Ironischerweise geschah dies genau zu dem Zeitpunkt, als sich Hemingway auf der Finca Vigía langsam wohlzufühlen begann.

Der Ort fesselte ihn. In „Inseln im Strom" vergleicht Thomas Hudson sein Haus in Bimini mit einem Schiff. Ein größeres Lob konnte der Autor nicht aussprechen. Hemingway selber hatte nie einen festen Wohnsitz in Bimini; aber durch sein zweites Ich, Thomas Hudson, sprach er in Wirklichkeit über die Finca Vigía. Die weißen Wände seines Hauses anstarrend, hatte Hemingway mehr als einmal bemerkt: „Das Haus gleicht einem alten Schiff."

Der Ort errang bald den Ruf als Heimat eines Schriftstellers. Somerset Maugham hatte seine Villa Maurisque in Cap Ferrat an der französischen Riviera, Bernard Berenson seine I Tatti in Florenz und Noel Coward seine Firefly Hill in Port Maria, Jamaica. Nun würde Hemingway seine Finca Vigía in San Francisco de Paula haben. Auch sie würde eine bekannte internationale Adresse werden.

Ende 1943 waren Martha Gellhorns Gedanken bei weitem nicht auf unvergänglichen Ruhm gerichtet. Sie, die die Finca entdeckt hatte, beschloß, daß für sie nun der Augenblick gekommen sei, zu gehen. Als sie eines Tages auf dem Pfad zum Haus José Luis Herrera Sotolongo, den Hausarzt und persönlichen Freund Hemingways seit dem Spanischen Bürgerkrieg, traf, teilte sie ihm ihren Abschied mit: „Leben Sie wohl, Doktor. Ich reise nach Europa und werde zu dem Biest nicht mehr zurückkehren." Damit meinte sie Hemingway.

„Sie stammt aus St. Louis, Missouri", erwiderte Hemingway undeutlich, als ihn Dr. Herrera um eine Erklärung für Marthas Worte bat. Es dauerte jedoch nicht lange, bis Hemingway selber die Koffer packte und nach Europa reiste. Einige behaupteten, daß er über die Invasion in der Normandie berichten wolle. Andere jedoch vermuteten, er laufe Martha nach. Was für Gründe auch immer Hemingway zu dieser Reise bewogen haben mögen, das Ergebnis war jedenfalls, daß er ohne Martha zurückkehrte, aber eine neue Frau im Schlepptau führte: Mary Welsh.

Martha Gellhorn, eine junge unabhängige Frau, die Erzählungen verfaßte und als Journalistin über den Spanischen Bürgerkrieg berichtete, hatte viele liebenswerte Züge an sich; aber sie war kaum die ideale Frau für ein Leben auf der Finca. Solange die Finca den Schauplatz ihrer Romanze mit Hemingway bildete, fühlte sie sich dort glücklich. Als sie nur noch die Zufluchtsstätte des Schriftstellers war, konnte sie es auf ihr nicht mehr aushalten.

Martha interessierte sich wenig für die Haushaltsführung. Sie verbrachte viel Zeit mit ihrem geliebten Sport. Während ihres Aufenthaltes auf der Vigía spielte sie Tennis und sonnte sich neben dem Swimming Pool; die häuslichen Pflichten übergab sie Leuten wie dem Gärtner Pichilo und dem Zimmermann Francisco Castro. Oft war sie mit ihren Freunden in Miramar zusammen, wo sehr reiche Kubaner und Amerikaner lebten. Und dann verschwand sie eines Tages, um bald darauf durch eine Frau ersetzt zu werden, die stärker mit Hemingway empfand.

> „Geliebter Wildfang, mein Liebling, denke an das Boot und das dunkle Blau des Golfstroms, an seine Strudel und die fliegenden Fische in den kleinen Buchten und wir auf der schwankenden Schiffsbrücke. Nur mit Shorts bekleidet steuerten wir das Boot und ankerten bei Nacht hinter dem Riff bei Paraíso. Die See schlägt auf den wunderbaren Sand und bricht über das Riff herein; und wir setzen das Boot gut ans Ufer. Es herrscht vollkommene Ruhe, nur die Gewalt der Strömung ist spürbar. Wir liegen, unsere Beine berühren sich, und trinken Kokosnußwasser, Zitronensaft und Gin. Über der rechten Schulter erblicken wir die wunderbaren, blauen Miniaturberge, und ich frage: „Wildfang, gefällt es Dir sehr?"

(Vermutlich kennst Du höhere Berge, und das ist OK. Aber diese sind herrlich.)

Und Du antwortest irgend etwas und dann kommt die Nacht und ein anderer Tag, und morgens schlafen wir so lange wie immer, frühstücken, machen einen Kopfsprung über Bord, schwimmen ans Ufer und wandern nackt auf dem weiten Strand des Atolls, während Gregorio das Boot säubert, und wir haben viel zu tun, geliebter Wildfang ..."

Als Mary Welsh gegen Ende des Zweiten Weltkriegs auf der Finca Vigía ankam, änderten sich die Dinge schlagartig. Während Hemingway an den Fronten in Europa stand, wurde Kuba am 19. Oktober von einem Hurrikan getroffen, der das Gebiet dem Erdboden gleichmachte, stattliche Palmen knickte und den Tennisplatz beschädigte. Umfangreiche Wiederaufbauarbeiten waren zu leisten und Mary, gerade erst angekommen, machte sich sogleich an die Arbeit.

Die Bewohner von San Francisco de Paula erinnern sich gerne an Mary Welsh. Sie bezauberte durch ihren Charme, ihre Bemühungen, Spanisch zu lernen, und die Energie, die sie für ihren Rosengarten aufbrachte. Pichilo, der frühere Gärtner, berichtet: „Sie kam in Schweiß gebadet von der Gartenarbeit." „Und voller Dreck", ergänzt Herrera Sotolongo. Sie würde schließlich als die wahre Herrin auf der Finca Vigía gelten.

Mary kümmerte sich sowohl um das Haus als auch um Hemingway. Wenn sie sich stritten, zeigte sie mehr Verständnis als er. Freunde behaupten, daß er während ihrer Zwietracht unnachgiebiger als Martha gewesen sei.

Die Finca Vigía wurde der ständige Wohnsitz des Schriftstellers nach Mary Welshs Ankunft: ein schöner und sonniger Besitz mit Blick auf den Golfstrom und die Lichter Havannas. Hier würde Ernest Miller Hemingway, der wohlgenährte nordische Intellektuelle, durch ein tragisches Schicksal gezeichnet, unter üppiger tropischerr Vegetation, unter endlosen Regenfällen, Wirbelstürmen und Dürreperioden in der Mitte vieler kubanischer Freunde und Nachbarn leben.

Trotzdem sahen einige in der Finca Vigía ein negatives Symbol: eine Wachturmfarm über den niedrigen Häusern von San Francisco de Paula. Aber die Bewohner dieser kleinen Stadt denken anders. Sie erinnern sich gerne an Hemingway.

* * *

Trotz der Nähe zu Havanna ist San Francisco de Paula seit seiner Gründung gegen Ende des 18. Jahrhunderts nur wenig gewachsen. G. Castellanos schreibt in seiner „Historic Record of Guanabacoa“: „1774 plant Augustin Francisco de Arocha, geboren auf den Kanarischen Inseln, die Errichtung einer Kapelle in San Francisco de Paula.“

Damals gab's dort nur ein paar Viehfarmen, deren Besitzer in ständige Rechtsstreitigkeiten verwickelt waren. Irgendwie einigten sie sich und bauten die Kapelle als Ortsmittelpunkt, um den das Dorf wachsen würde — wie in spanischen Orten so üblich. Heute, zwei Jahrhunderte später, steht die Kapelle noch immer auf einem der Hügel, in unmittelbarer Nachbarschaft zur Finca Vigía.

Jacobo de la Pezuelas notiert in seiner 1886 veröffentlichten „Geographic, Statistical and Historical Dictionary of the Island of Cuba“ über San Francisco de Paula:

> „Die Ortschaft liegt 21,5 km westlich von Santa María del Rosario auf einer hügeligen Hochfläche an der Nordseite des Bacaloberges, nahe am Ursprung des Flußes Luyano. Es ist ein schöner Ort mit 26 Häusern und 141 Einwohnern jeglichen Alters, Geschlechts und jeglicher Hautfarbe. Es gibt eine Kapelle, die 1795 mit Hilfe von Spenden, gesammelt von Don Francisco Arocha, errichtet wurde. Er selbst stiftete hierzu drei Farmen. In Statistiken von 1846 und 1841 werden 7 Häuser und 53 bzw. 57 Einwohner nachgewiesen. Von Havanna liegt es 12 km entfernt.“

Viele Jahre später gründeten die Spanier ein kleines Fort auf der Anhöhe, wo heute Hemingways Haus steht. Der Holzbau war mit einem heliographischen Kommunikationssystem ausgestattet und diente als Wachturm; von daher rührt der Name Finca Vigía. Man findet viele solcher Vigías in ganz Kuba.

Im 19. Jahrhundert erwarb der französische Geschäftsmann Joseph D'Orn Duchamp, Grundbesitzer in Havanna, das Anwesen. Bis heute nennen ihn die Bewohner von San Francisco de Paula „Mister Don“; denn sie halten — wie merkwürdigerweise die meisten Kubaner — alle reichen Ausländer für Amerikaner.

Der Kaufpreis für die Finca Vigía betrug 18.500 kubanische Pesos (1 Peso entspricht einem US-Dollar). In Carlos Bakers Hemingway Biographie werden fälschlicherweise 12.500 Pesos genannt. Nach Baker war die Finca Vigía Hemingways Geschenk an Martha Gellhorn und sich selbst. Otto Bruce führte die Verhandlungen. Das Geld kam vom Autorenhonorar für die Verfilmung von , „Wem die Stunde schlägt". (Gregorio Fuentes erinnert sich, daß er zusammen mit Hemingway an Bord der „Pilar" war, die in einem der Docks von Havanna lag, als der Autor den Scheck von Paramount erhielt. Nach Gregorio belief sich die Summe auf 100.000 Dollar, und Hemingway schwang den Scheck wie eine Fahme über seinem Kopf und rief: „Unser Lebensabend ist gesichert.")

Als Hemingway die Finca Vigía von D'Orn am 28. Dezember 1940 kaufte, erwarb er mehr als 4 ha kubanischen Territoriums. Nach dem Verkauf zog „Mister Don" seine großen Wachhunde ab, die den Jungen von San Francisco de Paula jahrelang den Zutritt zum Gut verwehrt hatten. Der inzwischen über fünfzigjährige Luis Villarreal, Renés Zwillingsbruder und seit seiner Geburt Nachbar zu La Vigía, erinnert sich noch gut daran.

„Der Krieg zwischen uns und Mister Dons Hunden war für immer beendet", erzählt Villarreal, in Erinnerungen schwelgend. Anlaß des Streits waren die schönen und saftigen Mangopflaumen auf dem Gut, die die Jungs zu stehlen versuchten. Viele dieser Jungen, inzwischen schon reife Männer, entsinnen sich, wie froh sie waren, als der Besitzer der Finca Vigía wechselte.

Einige Leute in San Francisco de Paula glauben, sich daran erinnern zu können, wie Hemingway das erste Mal in einem großen schwarzen Cadillac hoch zum Gut fuhr. (Nach den Aussagen anderer war es ein schwarzer Lincoln). Alle Jungen hatten sich am Eingang der Finca versammelt, um Mister Dons Nachfolger in Augenschein zu nehmen. Sie sahen einen fülligen Mann in khakifarbenen Shorts und einer verschmutzten Guayabera, dem weißen, faltigen Tropenhemd.

* * *

Die Finca liegt auf einer Anhöhe über dem Meer. Die höchste Erhebung dieser Region — bekannt unter den Namen Loma del Yoyo und Loma del Bacalo — ist weniger als ein Kilometer entfernt. Trotz seines ländlichen Charakters erscheint San Francisco de Paula ein Bezirk Havannas.

Zu Beginn des Jahrhunderts wurden einige Villen wie die Finca gebaut; denn man erwartete, daß sich das Gebiet zu einer vornehmen Wohngegend der Stadt entwickeln würde. Die übrigen Häuser sind klein; einige sind aus Holz und tragen ein Wellblechdach. Es überwiegen aber die traditionellen roten Ziegeldächer. Außer der Finca gibt es dort heute nur ein halbes Dutzend ansehnlicher Häuser, unter ihnen das große, vornehme, alte Haus der Steinharts und das „kleine Schloß".

„Während Hemingways Zeit wurde das Gut durch den Turm und das kleine Gästehaus neben dem Swimming Pool erweitert," erläutert Luios Villarreal. „Den Tennisplatz gab's ebenso wie die Garage — ein alter, umgebauter Stall — schon immer. Als Hemingway das Anwesen erwarb, grenzte die „Vigía Molkerei" an das Gut. Sie gehörte Julian Rodriguez, der seine Milch in großen Flaschen mit den Etiketten ‚La Vigía — Grade A' verkaufte. Zunächst führte ein gemeinsamer Weg zu Hemingways Haus und zur Farm." Villarreal erinnert sich, daß das Land von der Zufahrtsstraße bis zum Wald hinter dem Gut mit Viehfutter bepflanzt war. Jenseits des Waldes standen ein paar Häuser. Nicht weit entfernt lag Gerado Duenas, eine lokale Größe, Kampfplatz für Kampfhähne.

Mit dem Erwerb der Molkerei gehörte Hemingway fast der gesamte Hügel: die Hügelspitze und ein Großteil des umliegenden Landes, ausgenommen die nordöstliche Seite mit Frank Steinharts Haus. Eine niedere, feste Mauer, der „Schweinezaun", trennte Hemingways Besitz auf der Bergspitze von dem Steinharts an der einen und den kleinen Häusern an der anderen Hügelseite.

Die Finca Vigía liegt am Rande San Francisco de Paulas. Zwei keilförmig verlaufende Straßen begrenzen das Gut. An ihrem Scheitelpunkt steht das Eingangstor. Zur Linken, jenseits von Steinharts Haus, breitet sich offenes Gelände aus und erstrecken sich die Viehfarmen des Abgeordneten Duenas.

In der Vigía Allee hatte Hemingway fünf Nachbarn: im ersten Haus Diego del Otero, ein Blechschmied; Carlos Medina, ein Kommunist und Automechaniker, im zweiten Haus; im dritten José Gutiérrez, der bei Hemingways Ankunft ein Grundstück besaß, aber Jahre brauchte, bis er genügend Geld für ein Haus zusammenhatte; David Fernandez, ein Brauereiarbeiter, im vierten Haus (Hemingway hatte ihm diese Arbeit besorgt) und im fünften Haus schließlich Manuel Antonio Angulo, ein Justizangestellter. Jenseits dieses Gebiets Richtung Osten lagen noch einige Häuser Gerado Duenas; weiter östlich befanden sich verlassene Parzellen und ein versteckter Hahnenkampfplatz, der nur den Einheimischen bekannt war.

In den nahegelegenen Häusern über der Straße waren ein Weber, ein Zigarrenhersteller, ein Nachtwächter, ein Traktorfahrer, ein Mechaniker, eine Witwe und ein Rentner Hemingways Nachbarn. Fünfundzwanzig Jahre nach seinem Tode leben und arbeiten diese Menschen bzw. ihre Nachkommen noch immer dort.

San Francisco de Paula ist eine kleine Stadt mit steilen und kurvenreichen Wegen. Nur die Hauptstraße, fünfzig Meter vom Tor der Finca Vigía entfernt und für fünfzig Jahre Kubas zentrale Landstraße, ist voll asphaltiert. Die städtischen Straßen sind in einem schlechten Zustand.

In diesen Gassen ging Hemingway öfters nach ein paar Drinks mit seinen Nachbarn verloren. Bei „Viktor“, „Ignatio“ und „Anibal“ und anderen örtlichen Läden gab's billigen Rum und vorzügliches kubanisches Bier für zehn Cent die Flasche.

Die Einwohner fanden in einer Brauerei in der nahegelegenen Stadt Cotorro sowie in der Textilfabrik Facute und im Stahlwerk Antillana Arbeit. Die Brauerei stellte Hatuey Bier her, das Hemingway mehrmals zur Freude seiner Besitzer in seinen Werken erwähnte. Sie profitierten von der Publicity um die Nobelpreisvergabe an Hemingway. Es war das erste und einzige Mal, daß diese hohe Auszeichnung, die Medaille, Urkunde und das Geld nach Kuba kamen. So organisierten sie eine Feier zu Ehren des Autors. Eine Zeitung aus Havanna beschrieb das Ereignis:

> „Gestern Mittag fand zu Ehren des berühmten amerikanischen Schriftstellers und Autors von „Der alte Mann und das Meer" Ernest Hemingway ein Fest im Garten der Modelo Bierbrauerei in Cotorro statt. Initiatoren des Festes waren verschiedene kubanische kulturelle Organisatoren."

Das von den Sponsoren gestiftete Essen wurde nachmittags serviert. Hemingway, in eine weiße Guayabera gekleidet, sah nach den Aussagen eines Gastes „abgespannt und frühzeitig gealtert" aus. Er wurde von einer vor Begeisterung überschäumenden Menge kubanischer Photographen, Journalisten und Möchte-gern-Autoren fast erdrückt. „Hemingway sah, vielleicht das erste Mal in seinem Leben, wirklich erschrocken aus." Draußen im großen Garten wurden Hatuey-Freibier und Bacardi-Daiquiris ausgeschenkt. Zu essen gab's geröstetes Schweinefleisch, gebackene Banane und Reis — kalt serviert.

Später meinte Hemingway — umgeben von seinen engsten Freunden, Fischern aus Cojimar, —: „Für einen Mann, den man für einsam hält, habe ich doch viele Feunde." Ein riesiges Plakat verkündete: „Hatuey Bier grüßt ERNESTO HEMINGWAY." Als die einheimischen Fischer ankamen, begrüßte sie der Festleiter: „Hier kommen die einfachen Fischer aus Cojimar, die engen Freunde eines großen Schriftstellers und Freunde von Hatuey und Bacardi. Die Firmen freuen sich über ihre Anwesenheit. Herzlich willkommen, Fischer von Cojimar!"

Die Feierlichkeiten begannen mit der kubanischen Nationalhymne und als einige Gäste sich wunderten, daß nicht auch die amerikanische gespielt wurde, versicherte man ihnen ernsthaft, Hemingway sei kubanischer Staatsbürger geworden.

Später trugen einheimische Musiker einen neuen Chachacha mit dem Titel „Viva Hemingway" vor. Danach folgte eine Guaracha ohne Titel, deren Text nur aus den Zeilen „Hemingway! Campoamor! Pessino!" bestand.

Fernando Campoamor, Journalist und Trinkkumpan Hemingways, organisierte das Fest. 1980 war er — wie wohl auch heute noch — an Hemingways bevorzugten Aufenthaltsorten in Havanna anzuteffen, insbesondere in der Floridita Bar. Pessino leitete die Hatuey Brauerei.

Eines der bewegendsten Musikstücke war ein Lied, vorgetragen von Amelita Frade, nach der Melodie von „La Guantamera":

„Er erhielt den Nobelpreis,
weil er ein schreibender Tiger ist.
Er zeigt uns Augenblicke seines Lebens.
Die Panther von Sambesi
zitterten vor ihm.
Seine Bücher scheinen zu sagen,
daß der alte Mann Hemingway,
das Meer aber aus Hatuey sei.
Er verdient den Preis,
mit dem er ausgezeichnet wurde.
Er liebt die heftigen Winde
an Deck der El Pilar.
Und nachts redet er zum
Dschungel und zum Fluß.
Er liebt das Land und
unseren Ozean.
Er schüttelt gern die Hände
unserer einfachen Leute
und liebt den Daiquiri,
gesund, köstlich und kubanisch."

Schließlich wurde Hemingway auf eine Plattform geführt. Er sprach zu den Anwesenden: „Jemand, der eine Sprache nicht gut beherrscht, sollte sie überhaupt nicht sprechen, nicht einmal allein zuhause." Er fuhr fort, indem er eine Rede in perfektem Spanisch, allerdings — nach den Aussagen eines Journalisten — mit starkem amerikanischen Akzent hielt.

Hemingway wiederholte seine alte Maxime, wonach ein Schriftsteller schreiben, aber keine Reden halten solle. Er verkündete seine Entscheidung, die Nobelpreismedaille „Nuestra Senora de la Caridad del Cobre", der Schutzpatronin Kubas, zu widmen. Campoamor dankte ihm mit den Worten: „Hemingway, Kuba liebt Sie wie eine Mutter."

Am nächsten Tag erschien ein Artikel des übereifrigen Paters José Rubinos in der „Diario de la Marina":

„Hemingway ist nun zusammen mit uns allen in das Boot der Jungfrau von Gnaden gestiegen ... Der große Erzähler befindet sich auf dem Weg zur göttlichen Erleuchtung ... Ich freue mich, zukünftig in seinen Romanen die Überzeugung von der Unsterblichkeit der christlichen Seele vertreten zu finden."

In einer Festschrift — gedruckt auf braunem Papier — wurden die Textpassagen über Hatuey Bier in „Der alte Mann und das Meer" und in „Haben und Nichthaben" zitiert und mit folgender Anmerkung versehen:

> „Gabelfrühstück im Garten der Modelo Bierbrauerei in Cotorro, Havanna am Montag, den 13. August 1956. Kopie einer Seite aus „Haben und Nichthaben", verlegt bei Charles Scribner's Sons, New York, in dem der große Erzähler unser Hatuey Bier erwähnt."

Auf der Rückseite erschien derselbe Text, allerdings unter Bezugnahme auf „Der alte Mann und das Meer".

* * *

Noch immer rollen große, mit Kalk beladene Lastzüge über die Carretera Central, der großen Landstraße in Ost-West-Richtung. Nicht weit entfernt liegen einige Steinbrüche, die Baumaterial für Havanna liefern. Seit der Kalk mit Hilfe von Dynamit abgebaut wird, ist jede Explosion auf der Finca zu spüren. Das Haus bebt, und eine weiße Staubwolke steigt in nächster Entfernung auf, so daß man sich an den Rand eines Schlachtfeldes versetzt fühlt.

An der Straße, die zum Gut führt und lange als Fortsetzung der Vigía Allee galt, steht noch immer die Apotheke, deren Anblick Hemingway — in panischer Angst vor Medizin — zu vermeiden trachtete.

Draußen an der Hauptverkehrsstraße liegt das Café El Brillante; ein großer funkelnder Diamant ist an seine Wand gemalt. In „Inseln im Strom" beschreibt Hemingway diese Gegend. Thomas Hudson durchfährt sie auf seinem Weg zur amerikanischen Botschaft und zu seiner bevorzugten Bar, der Floridita.

* * *

Frank Steinhart Jr. war der einflußreichste Nachbar Hemingways und gleichzeitig dessen größter „Feind" unter den Anwohnern. Im Schutze der Dunkelheit führte Hemingway jahrelang einen heftigen Kleinkrieg gegen Steinhart. Dieser lebte von einem stattichen Vermögen, das er von seinem stadtbekannten, angeblich korrupten Vater geerbt hatte. Sein Vater besaß einst die Havanna Railway, ein Unternehmen, das die Straßenbahnen in Havanna betrieb.

Es gab einen Skandal, als aufgedeckt wurde, daß große Geldsummen, die für öffentliche Notprogramme bestimmt waren, ihren Weg in die Taschen des kubanischen Präsidenten Gomez, seiner deutschen und amerikanischen Berater und in die von Steinhart Sen. gefunden hatten.

Dieses schwarze Kapitel in der Familiengeschichte der Steinharts trug sich Jahre vor Hemingways Ankunft in Kuba zu und hatte keinerlei Bedeutung für dessen Sabotageakte gegen Steinhart. Nach den Aussagen des Arztes Herrera Sotolongo waren dies nur kindische Streiche Hemingways. Der Schriftsteller genoß den inoffiziellen Krieg gegen Steinhart und so fanden große Schlachten an der „Front“, d.h. an der Grenze zwischen den beiden Farmen, statt.

Herrera Sotolongo erinnert sich, wie sie Feuerwerkskörper und Stinkbomben einsetzten, wenn Steinhart eine seiner großen Parties gab. Hemingway verwickelte Herrera und dessen Bruder Roberto ebenso wie die anderen Freunde, die zufällig anwesend waren, in den Streit.

Die beste Zeit für die Operation war Mitternacht. Hemingway führte seine Männer im Schutze der Dunkelheit durch die Bäume zum gegnerischen Zaun. Er verlangte striktes Schweigen. Man konnte sehen, wie aufgeregt und glücklich er war. Sie waren mit Bambusrohren bewaffnet, die zum Abschießen der Feuerwerkskörper verwendet wurden.

Hemingway war immer der letzte nach dem Angriff, „um“, wie er es darstellte, „unseren Rückzug zu decken“. Tatsächlich wollte er aber nach den Aussagen Herrera Sotolongos die Tassen und Untertassen der Dinnergäste auf dem Tisch hüpfen sehen, wenn die Feuerwerkskörper explodierten, und dabeisein, wenn sich die feinen Damen entschuldigten und die Party verließen, sobald der Wind den Geruch der Stinkbomben herantrug.

Die Situation verschärfte sich, wenn Steinhart seine Hunde losließ. Als Hemingway und seine Freunde wieder einmal eine Abendgesellschaft störten, erregte sich Steinhart so sehr, daß er als Vergeltung vier oder fünf Mal mit seinem Gewehr in die

*Die Bibliothek auf der Finca Vigía. Der Löwe ist eine Trophäe von Hemingways erster Afrikasafari.*

*Eine weitere Aufnahme der Bibliothek. Der abgebildete Leopard wurde von Hemingway 1953 erlegt.*

*Das Wohnzimmer auf der Finca Vigía, wie es Hemingway 1959 verlassen hatte. (Enrique de la Uz)*

*Hemingways Lieblingssessel. Auf der rechten Bildseite: eine Abstellfläche für die Drinks. (Enrique de la Uz)*

*Hemingway warf seine Post oftmals auf sein Bett. Bis heute liegen hier seine letzten Zeitungen und ungeöffnete Briefe.*

*Das Bücherbord mit Hemingways Mannlicher-Karabiner. Der Kopf des Büffels ist von Hemingways Afrikasafari im Jahr 1934. (Enrique de la Uz)*

*Der Turm der Finca Vigía, erbaut 1947. Beherbergte u.a. Hemingways zahlreiche Katzen. (Enrique de la Uz)*

*Der Pfad zum Swimming-Pool vom Haus aus gesehen. (Enrique de la Uz)*

*Ein glücklicher Hemingway auf der Veranda seiner Finca Vigía, ca. 1941*

*Martha Gellhorn in London.*
*(Lee Miller)*

*Ernest Hemingway und Martha Gellhorn 1941 am Strand von Waikiki, Hawaii. (UPI)*

*Hemingway und Martha Gellhorn am Rand des Swimming-Pools auf der Finca Vigía, circa 1941.*

*Mit Martha Gellhorn an Bord der „Tin Kid“, dem Beiboot der „Pilar“.*

*Ernest Hemingway und seine vierte Frau, Mary Welsh, auf der Finca Vigía. In den Händen halten die beiden jeweils ein Jai-alai Cesta.*

Richtung von Hemingways Haus schoß. Aber wie Herrera Sotolongo sagte: „Glücklicherweise lagen wir alle im Dunkeln auf dem Boden, so daß er uns nicht sehen konnte und niemand verletzt wurde."

Mary Welsh mißbilligte diese albernen Spielchen. Dank ihrer Bemühungen schlossen Hemingway und Steinhart einen Waffenstillstand, und zu Beginn der fünfziger Jahre war der Krieg zuende. Von da an tobte der Untergrundkampf gegen Batista, und jegliche Knallerei galt als umstürzlerisch. In ihrem Buch „How It Was" beschreibt Mary die Steinharts als reizende Nachbarn. Über die merkwürdigen nächtlichen Kämpfe, in denen ihr Ehemann die „Guerillas" anführte, verliert sie kein Wort.

Steinharts Haus zeugt von der Architektur, die die wohlhabenden Kreise in den zwanziger Jahren bevorzugten. Im Vergleich dazu wirkt die Finca bescheiden, kaum gut genug für einen wohlhabenden Farmer.

Das Steinhartsche Haus war mit seinem eindrucksvollen und ausgesuchten Stil Ausdruck einer einheimischen art nouveau, wie sie einem Industriemagnaten in Havanna angemessen schien. Nach dem Sieg der kubanischen Revolution wurde das Anwesen in eine Schule umgewandelt, deren Schülerschaft zum größten Teil aus San Francisco de Paula stammt.

Die Schule trägt zu Ehren eines revolutionären Helden den Namen Fernando Chenard Pina. Pina war Photograph und starb am 26. Juli 1953 beim Angriff auf die Moncada. Eine Steinmauer, wesentlich höher als die der Vigía, umschließt das Steinhartsche Anwesen. Der Swimming Pool ist leer; aber die Straße ist an Schultagen voller Kinder.

Auf einer Tafel am Eingang zum alten Wohnsitz der Steinharts stehen die Worte des Revolutionärs Chenard Pina: „Wenn ich sterbe und dies gerettet wird, kleide Dich in Rot; denn es bedeutet, daß unsere Heimat gerettet ist."

* * *

Die Knallereien waren nicht auf die Grenze zwischen den beiden Farmen begrenzt. Hemingway trieb sich oft an Weihnachten, umgeben von ungefähr 20 Jungen, auf den Straßen von

San Francisco de Paula herum und schoß Raketen in die Luft. Er hatte für seinen Privatkrieg gegen Steinhart immer einen Vorrat davon im Haus.

„Die Feuerwerkskörper wurden entweder einzeln oder im Bündel verkauft, und Hemingway, der mit uns herumzog, trug diese Bündel in seinen Taschen", erinnert sich Gilberto Enriquez, einer der Jungens aus Hemingways Bande. „Die Knallkörper konnten mit Streichhölzern gezündet werden, aber üblicherweise verwandten wir Zigaretten, die uns die Illusion vermittelten, Teil eines Sprengkommandos zu sein. Da Hemingway nicht rauchte, wetteiferten wir miteinander um die Beschaffung der Lucky Strikes oder Partages.

Wir arbeiteten wie Kommandoeinheiten. Beispielsweise näherten wir uns heimlich dem Friseurgeschäft und warfen ein Bündel Knallkörper hinein. Sie verursachten einen Lärm wie bei einem Maschinengewehr, und die Menschen im Geschäft warfen sich auf den Boden. Dann sagte gewöhnlich einer: Ach, nichts Ernstes; das waren nur die Jungen mit ihren Knallkörpern.

Manchmal erkannten sie Hemingway als Verantwortlichen; dann schimpften sie: Verdammt, dieser Amerikaner ist doch zu alt für solche Streiche. Aber das war auch alles. Erstens war Hemingway sehr groß und stark, so daß man es sich zweimal überlegen mußte, ehe man mit ihm in die Wolle geriet. Zweitens mochten ihn die Leute und vergaben ihm deshalb sein kindisches Verhalten. Natürlich wollte er nicht entdeckt werden und so rannte er mit den Jungen weg; man kann sich gut vorstellen, wie das wohl ausgesehen haben mag: dieser stämmige Mann zwischen fünfzehn bis zwanzig Kindern die Straßen von San Francisco de Paula rauf und runter rennend. Der Kommentar der Leute zu diesen Spielen: ‚Das ist eben Hemingway!'

Hemingway war sehr aufgeregt, lachte und sandte einen der Jungen zum Friseurgeschäft oder wohin auch immer, um herauszufinden, was vorgefallen war. Nach der Rückkehr des Kundschafters befragte er diesen so, als ob es sich wirklich um eine Guerillaaktion gehandelt hätte. Wenn Hemingway etwas ganz besonderes in diesen Berichten gefiel, wandte er sich an den Rest der Gruppe, als erwartete er ihr Zustimmen."

Am meisten Spaß bereiteten den Jungen die Raketenschlachten. Hemingway verteilte die „Truppen“ in zwei Gräben, die auf der Farm angelegt worden waren; während er gewöhnlicherweise eine Fraktion anführte, bestellte er einen seiner Freunde, meist Gäste seines Hauses, zum Leiter der anderen. Die Jungen waren mit Schleudern bewaffnet.

„Wir zielten, und der Raketenkrieg begann,“ erinnert sich Gilberto, einer der „Überlebenden“. „Man riskierte bei dem Spiel Kopf und Kragen und mußte sehr schnell sein.“

Als Herrera Sotolongo einmal „unbewaffnet“ war, stellten sie ihn im Haus mit ihren „Bazookas“. Der Doktor mußte sehr schnell rennen; denn sie zielten direkt auf seine Füße. Sie wollten ihn tanzen sehen.

# „LAS ESTRELLAS DE GIGI"

Im Sommer streifte Hemingway ohne Hemd, nur mit Shorts bekleidet auf dem Gut umher. Gelegentlich trug er eine Pistole (Kaliber 22) an seinem Gürtel. Da ihm der Schutz seiner Bäume ein ernstes Anliegen war, sagte er den Jungen aus San Francisco de Paula: „Nehmt soviel Mangopflaumen, wie ihr wollt, aber werft keine Steine gegen die Bäume." Dies war aber nur schwer durchzusetzen, da man Mangopflaumen am einfachsten erntet, indem man Steine gegen den Ast wirft.

So dauerte es nicht lange, bis jemand Hemingway fragte: „Möchtest Du nicht, daß die Jungen gute Baseballspieler werden? Das Steinewerfen stellt eine gute Übung für sie dar."

Nach kurzem Nachdenken erwiderte Hemingway, er sehe es lieber, sie lernten richtig Baseballspielen, d.h. in Handschuhen und mit einem Ball, nicht mit Steinen und Mangopflaumen. Er erklärte sich dazu bereit, ihre Ausrüstung zu bezahlen. Er bestellte Baseballanzüge, kaufte Schläger, Bälle und Handschuhe. Damit hatten die Jungen von San Francisco de Paula zum ersten Mal einen eigenen Baseballclub. Sie nannten sich zu Ehren von Hemingways jüngsten Sohn Gregory „Las Estrellas de Gigis" (Gigís Stars).

Während Hemingways Aufenthalt auf dem Gut mußte das neue Baseballteam oft zu Auswärtsspielen reisen. Hemingway lud sie und ihre Ausrüstung gerne auf seinen Lieferwagen und spielte die Rolle ihres Managers.

Nachdem er „Las Estrellas de Gigi" organisiert hatte, erkannte Hemingway, daß ein weiteres Baseballteam notwendig war, damit die Spieler trainieren konnten. Erneut griff er tief in seine Taschen, um neun neue Spieler, die Rivalen, auszurüsten.

Was Hemingway für diese Jungen empfand, wird in einer Passage in „Inseln im Strom" deutlich. Er beschreibt, welche Freude und Liebe Roger empfindet und entgegengebracht wird, als er mit Thomas Hudsons Söhnen am Strand spazierengeht.

Aber es gab auch Zeiten, in denen sich Hemingway seinen eigenen Angelegenheiten zuwandte und im Auto vom Gut fuhr.

Die Jungen sahen ihn vorbeifahren, still und allein. Sie entsinnen sich an Tage, an denen er in die Stadt gefahren wurde: Er saß auf dem Rücksitz, einen Drink in der Hand oder eine Thermosflasche, in der zwei oder drei Eiswürfel in einem See von Rum schwammen. Sie fühlten etwas, das sie nicht beschreiben konnten, etwas wie Sehnsucht und Eifersucht.

* * *

Die Jungen durften barfuß und mit bloßem Oberkörper auf das Gut kommen, und oft boxte Hemingway mit ihnen, was er sehr genoß. Er lehrte sie, Schlägen auszuweichen. Er ließ sich von den Jungen schlagen, schlug selber aber nie zurück. Man sah diesen großen, lachenden, gutmütigen Mann, so stark und gesund, in Schweiß gebadet, wie er seine Gegner zu härteren Schlägen aufforderte, indem er ihnen sagte, er halte alles aus. Die Jungen aus der Nachbarschaft umringten ihn, schrien und feuerten einander an, wenn Hemingway — jeden Schlag genießend — den Sparring-Partner spielte.

Eines Tages boxte Felix Sosa, ein schmächtiger Bursche mit Patrick, Hemingways zweitem Sohn. Er traf Patrick mehrmals unterhalb der Gürtellinie. Hemingway unterbrach den Kampf, trennte die beiden und wandte sich an den jungen Sosa: „So boxt man nicht. Ich werde dir zeigen, wie man's richtig macht."

Als Hemingway seine Handschuhe überzog, warf Felix Sosa die seinigen weg und stürzte davon. Einige Tage danach schickte Hemingway nach Felix, um sich mit ihm zu versöhnen. Gilberto Enriquez: „In Wahrheit fühlte sich Hemingway in seiner Haut nicht wohl."

„Außergewöhnliche Umstände brachten uns Hemingway näher", sagt Luis Villarreal. „Eines Tages spielten wir Nachbarschaftskinder auf der Straße, als Rodolfo, einer meiner jüngeren Brüder, von einem mit Yuccas beladenen Wagen stürzte. Die Räder überrollten ihn. Er war schwer verletzt und schien zu sterben. Wir wußten uns keinen Rat. Er lag auf der Straße und schrie vor Schmerzen. Die Nachricht vom Unfall erreichte Hemingway in seinem Haus auf der Anhöhe. Er kam herunter, lud Rodolfo in sein Auto und fuhr ihn zu einer Privatklinik. Den Ärzten sagte er: ‚Rettet das Leben dieses Kindes! Gleichgültig was es kostet. Ich komme für alles auf.' Leider waren alle Bemühungen vergeblich, mein Bruder starb. Ich weiß nicht, weshalb Hemingway so gehandelt hatte; aber eines weiß ich gewiß: Er war ein mitfühlender Mensch."

Nach Rodolfos Tod beschloß Hemingway, einen der Brüder des verstorbenen Jungen zu sich ins Haus zu nehmen und als Sekretär und Butler auszubilden. Mit jedem Tag gewann René an Bedeutung für den Autor, er wurde schließlich seine rechte Hand. Er sah während Hemingways Abwesenheit nach dem Rechten. René darf in keinem Bericht über Hemingways Leben in Kuba fehlen.

Die Figur des Mario in „Inseln im Strom" geht auf René Villarreal zurück. In einer Szene im Buch wird das tote Kind erwähnt. Thomas Hudson und sein Chauffeur befinden sich auf dem Weg nach Havanna. Da es keinen Pförtner gibt, taucht das alte Problem auf: Wer sollte hinter ihnen das Tor schließen?

Ein Negerjunge kam die Straße herauf, und er hieß ihn das Tor schließen. Der Junge grinste und nickte.

„Er ist der jüngere Bruder Marios."

„Ich weiß", erwiderte Thomas Hudson.

Nach Hemingways Tod 1961 wurde René die Verantwortung für das Haus übertragen. Er verwaltete das Anwesen mit großer Sorgfalt und viel Verständnis. Als einmal ein kubanischer Journalist ein Gespräch mit René führte, zog dieser einen Brief aus seiner Hemdtasche, der aussah, als ob er schon mehrere 100 Male zusammen- und auseinandergefaltet worden wäre. René kannte den Inhalt schon auswendig; aber er hatte Tränen in den Augen, als er ihn vorlas.

„Dies ist der letzte Brief Hemingways."

Zweifellos meinte er, daß dies der letzte Brief Hemingways an ihn gewesen sei. Hemingway schrieb darin von seiner Krankheit und seinen Gewichtsverlusten, und „der alte Papa ist nicht mehr der, der er einmal war." Er schrieb, daß er sich über seine Zukunft nichts vormache.

In seinem Testament bat er Mary Welsh, René ein prächtiges Geschenk zu machen: Hemingways Winchester.

Aus diesem Grunde sucht man sie vergeblich unter den Ausstellungsgegenständen im Museum.

René Villarreal ist in dem kubanischen Film „Erinnerungen an die Unterentwicklung“ zu sehen und zu hören. An einer Stelle im Film beschuldigt ihn der Hauptdarsteller, ein „Sklave“ Hemingways gewesen zu sein. Dieser Filmausschnitt geht auf Edmundo Desnoes Essay „Der letzte Sommer“ zurück. Desnoe war Co-Autor des Films.

„Ich war der einzige, der seinen Raum betreten durfte, während er schrieb“, erklärte René Villarreal voller Stolz, während er uns durch das Haus, nun ein Museum, führte. Vor vielen Jahren hatte der berühmte amerikanische Schriftsteller dieses arme Negerkind in den Straßen von San Francisco de Paula gefunden und zu sich ins Haus genommen. Er sorgte für das Kind und gestaltete dessen Persönlichkeit entsprechend seinen Bedürfnissen und denen des Hauses. Da sich René gewandt wie ein Panther bewegte, durfte er Hemingways Arbeitszimmer betreten, während dieser schrieb. „Wir aßen alle am selben Tisch“, fügte René hinzu, um zu beweisen , daß ihn Hemingway wie ein Mitglied der Familie behandelt hatte.

Während diese Worte im Film gesprochen wurden, schwenkt die Kamera über das Anwesen und durch die Räume des Hauses und zeigt Nahaufnahmen von Hemingways Jagdtrophäen.

„Der Mann schien nicht zu verstehen, daß der Film eine Fiktion war“, erklärt Tomas Gutiérrez Alea, der Direktor. „Als der Film in den Kinos lief, suchte René Edmundo und mich, denn er wollte uns töten.“

Mit der Hilfe Mary Welshs emigrierte René Villarreal in den sechziger Jahren in die USA. Er wurde Goldschmiedemeister und arbeitete in einem Laden in New Jersey. Seine Familie lebt noch immer in Kuba. Einer seiner Brüder, Oscar Villarreal, ist ein bekannter Gewerkschaftsführer.

Luis Villarreal wurde an einem Nachmittag im November 1977 auf dem Gut interviewt. Obwohl er nur ein paar Häuser entfernt lebt, besuchte er damals zum ersten Male seit vielen Jahren wieder den alten Ort. Es war am späten Nachmittag. Als wir an den ehemaligen Ställen vorbeigingen, die später zu einer Garage umgebaut worden waren, sagte Luis: „Er besaß einen Plymouth, einen Chrysler sowie einen Buick Lastwagen.“ Die Nacht brach herein, und das Haus ragte drohend in der Dunkelheit empor; der Umriß des großen Ceibabaumes verlieh ihm eine eindrucksvolle Erscheinung. Der Lichtstrahl zweier Straßenlaternen lockte einen Schwarm Insekten an.

„Manchmal blieb er ein Jahr weg, und mein Bruder René führte das Haus. Wenn Papa zurückkehrte, war alles in bester Ordnung. Ich begrüßte ihn dann mit vielen seiner Nachbarn aus San Francisco. Ich komme nicht mehr gerne hierher. Der Ort stimmt mich traurig. Hier, in der Nähe eines Mannes, den wir liebten und der uns liebte, verbrachte ich einen Teil meines Lebens. Nun gehört diese Zeit der Vergangenheit an."

# „CIRCO MIGUELITO“

Die Leute aus San Francisco erzählen gerne Anekdoten, in denen der Romanschriftsteller als „Mr. Güey“ auftritt. So berichtet Kid Mario von zwei alten Löwen, 3 oder 4 Clowns und einem alten Zelt: dem Zirkus Miguelito.

Kid Mario, ein ehemaliger Boxkämpfer, war einst Hemingways Masseur. Er erzählt, daß dieser heruntergekommene Zirkus für ein paar Tage nach San Francisco kam. Hemingway ging wie üblich dorthin, um sich die Tiere anzusehen und „um mit ihnen zu sprechen“. Dabei prahlte er vor einigen Zuschauern, er traue sich in den Käfig dieser wilden Tiere.

Vielleicht sagte er dies tatsächlich, vielleicht entsprang es auch nur der Phantasie der Zuschauer. Jedenfalls verbreitete sich in Windeseile die Nachricht, Hemingway werde die Löwen zähmen. Er könne dies aufgrund seiner Erfahrungen in Afrika.

Der Inhaber des Zirkuses nahm die Gerüchte für bare Münze. Er verkündete jedem und überall die Sensation. Am betreffenden Abend saßen die Einwohner San Franciscos geschlossen im Zirkus und erwarteten „Jemingüeys“ Auftritt. Und tatsächlich erschien er in seinem afrikanischen Jagdanzug mit einem Stuhl und einer Peitsche in der Hand. Er arbeitete 2 Stunden lang mit den Tieren.

Kid Mario erzählte: „Als ich am nächsten Morgen Mr. Güey massierte, ließ er den Besitzer des Miguelito zu sich rufen. Der Mann erschien kurze Zeit später, und Mr. Güey befahl seinem Diener, dem Gast einen Drink zu servieren. Dann sagte er: Wissen Sie, weshalb ich vergangene Nacht in Ihrer Show auftrat? Ich tat es, weil ich ungern Leute betrüge und weil sie angekündigt hatten, ich würde die Löwen zähmen.

Machen Sie sich um mein Honorar keine Gedanken, ich habe meine Anwälte in New York verständigt. Sie werden die Sache für mich regeln. Pro Auftritt verlange ich 10.000 Dollar.“

An dieser Stelle mußte Kid Mario seine Massage unterbrechen, um den in Ohnmacht gefallenen Zirkusbesitzer wieder zu Bewußtsein zu bringen und die Glasscherben, die vom fallengelassenen Drink herrührten, aufzuheben. Als der Mann wieder zu sich kam, versicherte er Hemingway, er habe nie in seinem Leben 10.000 Dollar, ja nicht einmal 1000 Dollar gesehen.

Hemingway ermahnte ihn streng und erklärte dann, daß er auf eine Strafe verzichten wolle. Er warnte den Zirkusbesitzer: „Hoffentlich verwenden Sie zukünftig meinen Namen nur noch mit meiner Zustimmung."

* * *

Hemingways Kumpel und Geschäftspartner bei Hahnenkämpfen war Pichilo, so wird der Gärtner José Herrero noch heute in San Francisco de Paula genannt.

Viele behaupten, sie hätten Hemingway gekannt, doch Pichilo kann dies auch beweisen. Es gibt ein Photo, das ihn und Hemingway auf dem kleinen Hahnenkampfplatz zeigt, den er auf der Finca erstellte. Hinter Hemingway ist der junge René zu sehen.

Gemeinsam mit Hemingway züchtete Pichilo die Kampfhähne. Sie begannen 1942 mit einem „ganz besonderen Hahn, einem spanischen Jerezano", hervorragende Kampfhähne und berühmt für ihre Ausdauer. Sie hatten ihn für einen stolzen Preis erworben. Doch der Favorit der beiden war ein weißschwänziger „Malatobo", der ein denkwürdiges Treffen nach einem blutigen Kampf in Guanabacoa gewann. „Schwer verwundet, aber gewonnen", erklärt Pichilo stolz. Hemingway gewann 800 Dollar, damals eine ansehnliche Summe.

„Er schickte uns zum Wetten. Ich spielte immer und schloß gute Wetten ab." Sie besaßen ungefähr 20 Kampfhähne. Wenn die Vögel reif zum kämpfen waren, wenn sie „Pollones" wurden, erhielten sie kleine Schuhe aus Stoff, damit sie sich mit ihren scharfen Krallen nicht gegenseitig verletzen konnten.

„Natürlich kann man hier so gut wie bei jeder anderen Sportart verlieren", urteilt Pichilo. „Hemingway war ein guter Verlierer, das ist die Wahrheit.'

Wette nach Deinem Gutdünken, sagte er mir; denn er schätzte meinen Rat. Manchmal verloren wir; aber er klagte nie. Er vertraute mir. Natürlich teilten wir die Verluste und Gewinne unserer Wetten. Wenn Geld hereinkam, war keiner von uns beiden knauserig."

Die kubanischen Hahnenkampfspieler sind die lautesten auf der Welt. Hemingway teilte die Welt dieser bizarren Charaktere als einer ihresgleichen und genoß mit ihnen das aufregende Schauspiel um zwei Vögel, die danach trachten, sich gegenseitig die Augen auszupicken.

Das Wetten war eine Sache des „Aficionado", eine wirkliche Spannung, ehe die Hahnenkämpfe in Kuba verboten wurden. Die Männer auf den Hahnenkampfplätzen boten einen bemerkenswerten Anblick: stark schwitzend in ihren Guayaberas, in Arbeitshosen gekleidet, den Kopf mit einem Strohhut bedeckt, echten Goldschmuck an den Fingern und Zigarren in der Hand und ihre Wetten hinausschreiend: so viele Monedas auf einen Favoriten. Ein Moneda entsprach 5 Dollar; die Währungseinheit rührte noch von der alten spanischen Zeit her. Inmitten des Tumultes stand Hemingway und verfolgte die Kämpfe, die Erregung genießend.

In den fünfziger Jahren wurde der Versuch unternommen, amerikanische Touristen zu den Hahnenkämpfen zu locken. Interessierte Geschäftsleute errichteten sogar einen Hahnenkampfplatz im Nachtclublokal Sans Souci. Doch alle Versuche schlugen fehl. Der grausame Charakter der Sportart schreckte die Amerikaner ab.

Nach den Kämpfen lud Hemingway gewöhnlich seine Feunde in eine Bar ein, in der sie viel Bier und Rum konsumierten. Mehr als einmal hörten Hemingways Saufkumpane dessen Ratschlag: „Trinkt, was ihr wollt, aber seid keine besoffenen Kerle. Ich trinke und bin jeden Tag betrunken, aber ich belästige niemanden."

Pichilo berichtet uns, daß Hemingway viel Zeit still damit verbringen konnte, ihn zu beobachten, wie er die Krallen des Hahns, der kämpfen sollte, vorbereitete. Die Kampfkrallen waren entweder aus Perlmutt oder aus Stahl. Die natürlichen Krallen wurden bis auf einen kurzen Stumpf, über den die künstlichen Kampfkrallen gestülpt wurden, abgeschnitten.

Rafael Romero war bekannt unter dem Namen „der Vietnamese" und gehörte zu jenen Kämpfern der Revolutionsarmee, die auch noch 1975 die olivgrüne Kampfuniform und einen 45er Revolver mit einem goldenen Griff trugen. Sie hatten diese Waffe, die in Kuba einst sehr verbreitet war, meist von Batistas Männern erbeutet.

An einem Tag im Jahre 1959 hielt sich Leutnant Romero auf

einem Hahnenkampfplatz in San Francisco de Paula auf und rauchte wie üblich seine Zigarre, als das Wetten begann. Er setzte 50 Monedas auf einen schwarzfüßigen Hahn, der außergewöhnlich kampflustig aussah. Hemingway nahm die Wette an, und Pichilo stimmte zu. Der Kampf fand unter dem Geschrei und den Anfeuerungsrufen anderer Spieler statt. Hemingway gewann, und der „Vietnamese" schuldete ihm 250 Dollar. Der schwarzfüßige Hahn lag tot am Boden. Als die Spieler den Platz verließen, vernahmen sie Hemingways Stimme: „Pech, Leutnant", und der Vietnamese stimmte achselzukkend zu: „Ja, Pech gehabt."

Danach sahen sich Hemingway und der Vietnamese nur noch selten; denn dies war die letzte Wette des Vietnamesen gewesen.

Romero berichtet: „An diesem Tag im Dezember 1959 beschloß ich, nie mehr bei Hahnenkämpfen mitzuspielen. Ich ärgerte mich so über Hemingways Bemerkung, daß ich mich in mein Auto setzte und direkt zur Zahlstelle der Luftwaffe fuhr. Ich suchte den Kassenwart auf, einen alten Offizier der Batista-Armee, und erklärte ihm: ‚Ich verlor einen Kampfhahn und 250 Dollar bei einer Wette mit Hemingway.'

‚Ich kenne weder Hemingway noch verfolge ich Hahnenkämpfe', erwiderte der Kassierer. ‚Das verspielte Geld war für die Pacht auf dem Haus und für unser Weihnachtsfest betimmt gewesen', erklärte ich ihm. ‚Spielen ist nicht gut. Es verdirbt den Charakter', belehrte er mich.

In diesem Augenblick war ich blind vor Wut über mich selbst und, ohne dessen bewußt zu sein, legte ich meine 45er auf den Fenstersims des Kassenwarts. Ich hielt sie nicht einmal fest; es war wie Zauberei; denn er sagte: ‚Das einzige, was wir tun können, ist, ihnen ein persönliches Darlehen zu geben.' Er tat dies auch sofort, und in der darauffolgenden Woche suchte ich Hemingway auf und erklärte ihm: Meine Pechsträhne ist vorbei; denn ich werde nie mehr auf Kampfhähne wetten. Nun muß ich nur noch diese verdammte Schuld begleichen, aber dann werde ich nichts mehr mit diesem Spiel zu tun haben. Hemingway meinte, wir sollten am besten einen Drink zusammen nehmen."

Manuel Hernandez, der als Kampfhahnzüchter für die Duenas Familie arbeitete, ist nun Ende sechzig. Er erinnert sich, daß ihn Hemingway, immer wenn er ihn in einem Café in San Francisco traf, fragte: „Keine Kämpfe heute?"

„Ich beobachte gerne den Kampf", fügte Hemingway stereotyp hinzu. „Ich sehe ihn so gerne."

Manuel sagt, er erinnere sich gut an die Schwierigkeiten Hemingways mit den Spielregeln: „Wenn der Kampf begann, schrie Hemingway zu seinem favorisierten Hahn: ‚Pack ihn!' Doch dies paßt nicht zu einem Hahnenkampf. Man wettet nur. Dies geschieht so: Ich biete so viele Monedas auf diesen Hahn. Man kann schreien und fluchen, wie man will, aber nie wird jemand brüllen: ‚Pack ihn!' Niemals."

* * *

Hemingways Anwesenheit in San Francisco de Paula wurde jedoch aus gewichtigeren Gründen begrüßt. Er tat viel für die Entwicklung der Stadt; so spendete er beispielsweise 2000 Dollar für den Bau der Wasserleitung.

In San Francisco fanden regelmäßig Sammlungen für eine Wasserpumpe, für ein Fest oder eine Beerdigung statt. Während der Weihnachtstage wurde zusätzlich Geld gesammelt. Hemingway war immer großzügig, deshalb erwähnte man ihn häufig lobend in der Lokalpresse. Er machte es sich zur Gewohnheit, den Hinterbliebenen eines Verstorbenen aus San Francisco einen schönen Blumenkranz zu schicken.

Vor der Revolution war es in Kuba allgemein üblich, um Spenden für bestimmte Einzelpersonen zu bitten. Erkrankte jemand in der Familie, ging man zum Haus eines Reichen und bat um Geld. Hemingway wurde aus solchen Anlässen sehr oft aufgesucht. Luis Villarreal erinnert sich, wie die Bittenden behandelt wurden. Hemingway wandte sich in ihrer Gegenwart gewöhnlich an René, Luis Bruder, und fragte ihn: „Kennst Du diese Person?" Bejahte dies René, so fragte er weiter: „Er sagt, ein Mitglied seiner Familie sei krank, und sie bräuchten Hilfe. Weißt du, ob jemand in dieser Familie krank ist?" René konnte diese Frage meist bejahen, so daß Hemingway entsprechend den jeweiligen Bedürfnissen Geld spendete.

Fiel Renés Antwort jedoch negativ aus, und Hemingway erkannte, daß man seine Gutmütigkeit ausnützen wollte, wurde er wütend. „Sagte die Person die Wahrheit," so berichtet Luis, „gab Hemingway ihr gewöhnlich 15 oder 20 Dollar; wollte ihn jedoch jemand täuschen, fuhr er aus seiner Haut und fluchte wie wild. Einst suchte ihn ein in San Francisco stadtbekannter Mann auf und behauptete, er sammle Geld für die Ausrüstung der Baseballmannschaft. Hemingway wußte, daß er log. Da hätten sie ihn sollen brüllen hören. ‚Verflucht sei Deine Mutter, die Dich gebar, Du dreckiger Betrüger!"

* * *

Hemingway beschäftigte Kid Mario, um in Form zu bleiben. Kid Mario ist ein Pseudonym, sein tatsächlicher Name lautet Augustin Sachchez Cruz.

In den dreißiger und vierziger Jahren war er Kubas Weltergewichtsmeister. Später verdiente er sich seinen Lebensunterhalt als selbständiger Masseur; er arbeitete täglich bei den Steinharts. Mary Welsh, die Probleme mit ihrem Rücken hatte, hörte von ihm und bat um seine Dienste. So begann sein Beschäftigungsverhältnis auf der Finca. Täglich verdiente er sich dort 5 Dollar. Eine Behandlung dauerte zwei bis drei Stunden. Hemingway begann von Mario Notiz zu nehmen, als er erfuhr, daß er zusammen mit Gene Tunney trainiert hatte. Schließlich wurde Mario auch Hemingways Masseur.

Als Kid Mario auf der Finca anfing, modellierte der Bildhauer Boada eine Büste von Hemingway. Es war das Tonmodell der Bronzebüste, die heute in der Floridita steht. „Boada arbeitete sehr gewissenhaft," bemerkt Kid Mario. „Während der Mann modellierte, massierte ich Mr. Güey. Jeder versucht eben auf seine Art, sein Auskommen zu haben."

Im August 1961 kam Mary nach Havanna, um Hemingways Sachen zusammenzupacken. Sie traf Fidel Castro. Während ihrer Unterredung bat sie den kubanischen Führer: „Ich wäre Ihnen dankbar, wenn Sie mir Mario von Zeit zu Zeit in die USA schicken würden. Er ist der Beste seines Faches, selbst wenn er jetzt ein Milizsoldat ist." Nach den Aussagen Marios erwiderte Fidel, daß es viel besser sei, daß er jetzt ein Milizsoldat sei.

Wie Kid Mario erklärte, war Hemingway ein höflicher und

wohlwollender Kunde, sehr demokratisch. Sie tauschten mit den unverwüstlichen 16-Unzen-Boxhandschuhen Schläge aus; aber auf der Finca fehlten die nötigen sportlichen Einrichtungen. Sie übten mit einem 5,5 kg schweren Ball, um Hemingways Arme und seinen Oberkörper zu stärken; auf sein Bitten hin stemmten sie auch Gewichte.

Hemingway wog 90 kg und hatte einen Bauch, den Mario auf das Trinken zurückführte. „Als er die Fünfzig überschritt, entwickelte er einen Bauch, was ihn aber jedoch nicht von seinen Übungen abhielt; er konnte mit seinen Fingerspitzen bei gestreckten Knien noch immer seine Zehen berühren. Er war in sehr guter Verfassung. Er hatte eine gute Körperhaltung."

Im Juli 1960 verabschiedete sich Hemingway von Kid mit den Worten: „Erreicht man die Sechzig, sollte man sich mit allem beeilen, damit man nichts unvollendet zurückläßt. Doch ich habe die Sechzig bereits überschritten. Es gibt nichts mehr, für das ich mich abhetzen sollte."

Kid Mario ist noch immer kräftig und temperamentvoll. Zwanzig Jahre nach Hemingways Abschied verdient er sich sein Geld noch immer als Masseur. In einem Interview im letzten Sommer sagte Kid Mario, daß ihm Hemingway, als er ihm einmal Öl auf Nacken und Schultern einrieb, das große Geheimnis seines Lebens anvertraut habe. In jeder Biographie müsse diese Enthüllung stehen, gab er zu verstehen.

Da es sich um ein echtes Geheimnis handeln konnte, verlor der Interviewer kein Wort darüber und befragte Kid zu anderen Angelegenheiten. Er erklärte Mario, er wolle die Geschichte von Hemingways Auftritt als Löwenbändiger im Zirkus Miguelito hören. Kid erzählte und bemerkte ganz beiläufig, er erinnere sich noch ganz genau an den Tag, an dem ihm Hemingway sein Geheimnis anvertraut habe.

Der Interviewer schloß sein Notizbuch und dankte dem Gastgeber für seine Gastfreundschaft. Beim Abschied unter der Haustür bemerkte Kid Mario noch: „Er litt unter dem Geheimnis."

In den nächsten Wochen erhielt der Interviewer täglich Anrufe von Kid Mario, der sich nach der Gesundheit des „Kameraden Schriftsteller" erkundigt hatte. Er sagte ihm zum wiederholten Male, er kenne das „tiefe Geheimnis" Hemingways.

* * *

Gilberto Enriquez hatte zu den vielen Kindern der Stadt gezählt, die Gigi Hemingways Freunde waren. Er gehörte zu Gigis Bande und nahm aktiv an den Schlachten mit den Feuerwerkskörpern teil. Mitte der fünfziger Jahre war er dem Jugendalter entwachsen, und unter seiner Jacke waren die Umrisse einer 45-kalibrigen Pistole zu erkennen. Jeder in San Francisco wußte von nun an Bescheid: Mit Gilberto Enriquez war nicht mehr zu spaßen.

Hemingway, der ein sehr guter Beobachter war, muß die Veränderung in diesem Jungen bemerkt haben, als dieser sich zu einem unhöflichen, wortkargen, jungen Mann entwickelte.

Gilberto leitete eine geheime Zelle der Sozialistischen Jugend. Er schloß sich der Guerillaeinheit an, die vom legendären Camilo Cienfuegos angeführt wurde. Nach dem Sieg der Revolution wurde Gilberto in einer öffentlichen Feierstunde der Schlüssel von San Francisco de Paula überreicht; gleichzeitig würdigte man Gilberto als einen der Untergrundkämpfer des Bezirks.

Im Winter 1959 hielt sich Gilberto einmal im El Moyo, einer kleinen, abgelegenen Bar, auf. Da Offiziere in Uniform in der Öffentlichkeit keinen Alkohol trinken durften, saß Gilberto ganz abseits, im hinteren Teil des Raumes. Als er seine Rechnung begleichen wollte, wurde ihm mitgeteilt, Hemingway habe schon für ihn bezahlt. Hemingway war noch anwesend und näherte sich ihm nun: „Wie geht es Ihnen, Leutnant?“

„Ich möchte Sie gerne zu einem Drink einladen“, erwiderte Gilberto.

„Mit Vergnügen“, antwortete Hemingway.

Sie unterhielten sich dann über einen gemeinsamen Feind. Der „Feind“ war weder einer der friedlichen Kunden des Friseursalons, zu dessen Stammgästen sie beide zählten, noch einer der vielen Hahnenkampf Aficionados, noch einer der Säufer, die im Café Brillante ihr Geld ausgaben und denen Hemingway mit seiner Jugendbande üble Streiche mit den Feuerwerkskörpern gespielt hatte. Nein, der Feind war ein großgewachsener Mann von einprägsamer Gestalt, mit einem großen Kopf und breiten Schultern. Er hieß Maldonado. Mitte der fünfziger Jahre hatte Hemingway seine wiedergeweckte Begeisterung für den Stierkampf nach Spanien geführt. Als er zurückkehrte, hatten sich die Dinge zum Schlechten gekehrt. In San Francisco de Paula herrschte großer Aufruhr. Maldonado fuhr in einem Willys-Jeep durch die Straßen; er trug die khakifarbene Uniform der Landgarde, einen breitkrempigen, unterm Kinn festgeschnallten Hut und eine dunkle Brille. Er war für seinen „hervorragenden" Einsatz gegen streikende Arbeiter vom Sergeant zum Leutnant befördert worden. Überdies hatte er „vier oder fünf Jungen" getötet, unter ihnen Guido Perez, der bei den Raketenschlachten teilgenommen hatte und dem in Hemingways Haus das Boxen gelehrt worden war.

Während des Kampfes gegen Batista war Leutnant Maldonado der Oberbefehlshaber der nahegelegenen Garnison von Santa María del Rosario. Er führte die Patrouille an, die Hemingways Gut beobachtete, da dort Waffen vermutet wurden.

Eines Nachts tötete einer aus der Patrouille durch einen heftigen Schlag mit dem Gewehrkolben einen von Hemingways Hunden. Mary Welsh-Hemingway und Carlos Baker, Hemingways Biograph, sagen, das Opfer sei Machakos gewesen — A.E. Hotchner und José Luis Herrera Sotolongo meinen hingegen, daß es Black Dog, Hemingways treuer Begleiter, gewesen sei. Ohne Angabe seiner Quelle behauptet Carlos Baker, der Anführer der Patrouille sei hingerichtet worden: „... der Batista Sergeant, der im August den Hund Machakos tötete, wurde im November von einigen Jungen aus Cotorro gehängt und wie üblich verstümmelt."

Bakers Information ist falsch. Keiner der Batista Offiziere, die während des Aufstandes hingerichtet wurden, wurde verstümmelt. Maldonado wurde nicht nur nicht verstümmelt, sondern auch nicht gehängt. 1980, 21 Jahre nach der kubanischen Revolution, war er noch sehr lebendig.

Anfang 1959 hielt jeder in San Francisco de Paula das Ende für diesen blutigen Helfershelfer Batistas, den letzten der inhaftierten örtlichen Offiziere, für gekommen. Während der öffentlichen Verhandlung weinte der Angeklagte ununterbrochen, bis sich sein Rechtsbeistand von seinem Sitz erhob und sagte: „Kamerad, höre auf, wie ein altes Weib zu flennen. Du hast getötet und ich auch."

Maldonado wurde zu 30 Jahren Haft verurteilt. Bewohner aus der Umgebung empörten sich, daß er nicht hingerichtet wurde. In Demonstrationen forderten sie einen neuen Prozeß und den Vollzug der Todesstrafe; die anderen Batista-Mörder waren alle hingerichtet worden. Aber inzwischen war der Befehl ergangen, feindliche Offiziere, selbst die Mörder, nicht mehr hinzurichten.

„Er ist ein Mann, der töten muß", sagte Gilberto zu Hemingway, während sie an jenem Winternachmittag zusammen einen Drink im El Moyo genossen.

„Ein übler Mensch, eine Hyäne, glaubst du nicht auch, Leutnant?" meinte Hemingway.

„Was mich am meisten betrübt, ist nicht die Tatsache, daß er noch lebt, sondern an die zu denken, die er getötet hat — meine Freunde, die durch seine Hand starben."

Hemingway hörte Gilberto schweigend zu. Ihre Unterhaltung mußte unvermeidbar dieses Thema berühren. „Er wird in hohem Alter eines natürlichen Todes sterben, verdammt. So wird es sein. Für das Wohl der Stadt wäre es aber das beste, ihn tot und begraben zu wissen."

Das stille Einverständnis zwischen Gilberto und Hemingway rührte von Vorfällen her, die sich in einer Nacht vor fast drei Jahren, Anfang 1957, zugetragen hatten.

Gilberto Enriquez war es gelungen, eine kleine Truppe von Untergrundkämpfern militärisch auszurüsten. „Nach und nach bewaffnete ich 18 Männer", erklärte er. Sie wollten einen „Spitzel" und einen Soldaten hängen. Der Soldat hatte an den Vergeltungsmaßnahmen gegen die Aufständischen teilgenommen, die die Militärbarracken von Goicuría in Matanzas angegriffen hatten. Wegen mangelnder Koordination fiel das Ganze ins Wasser. Doch irgendwie erreichten die Nachrichten die Finca und von dort kam Antwort. René Villarreal sprach mit Gilberto über einige Waffen Hemingways, die dieser den Rebellen aushändigen wollte. Sie vereinbarten, sich in der Nacht außerhalb des Gutes auf der Steinhart-Allee zu treffen. Gilberto fuhr, begleitet von José Antonio Rabaza und Alfredo Sumi, in einem alten Ford zum Treffpunkt.

René war eben angekommen als ihnen jemand ins Gesicht leuchtete. Der Mann mit der Taschenlampe war Panchito, eine

Wache auf dem Steinhartschen Gut. Er trug eine gelbe Uniform und Stiefel; in seiner Gewehrtasche steckte ein 38-kalibriges, langläufiges Gewehr. Panchito sprach sie an: „Was macht Ihr hier?“ und dann erteilte er ihnen in einem väterlichen Ton den Rat zu gehen: „Ihr wißt Jungs, die Dinge stehen ziemlich schlecht.“ Es war ein sehr deprimierender Augenblick in einer fehlgeschlagenen Operation.

Am folgenden Tag wurde Gilberto bei einem Zusammenstoß mit der Polizei verwundet, doch er erholte sich und ging als Guerillero wieder in die Berge.

* * *

An einem Tag im Jahre 1939, Pichilo hatte soeben eine Aushilfsarbeit auf der Finca Vigía beendet, ließ ihn der neue Pächter, ein kräftiger junger Amerikaner namens Ernest Hemingway, rufen. Er fragte ihn, ob er auch streichen könne. Pichilo bejahte dies. Darauf erwiderte Hemingway: „Ich habe Dich bei der Arbeit beobachtet und halte Dich für eine verantwortungsbewußte Person. Ich möchte, daß Du für mich arbeitest.“

Als Pichilo auf der Finca zu arbeiten begann, verdiente er 70 Dollar in zwei Wochen. Er durfte sein Vieh auf Hemingways Anwesen grasen lassen, was für ihn von Vorteil war. Später stiegen seine Einkünfte durch das Geschäft mit den Hahnenkämpfen. Er versicherte mir, Hemingway habe die ausgeführten Arbeiten immer angemessen bezahlt.

Auf seine Arbeit als Gärtner war Pichilo besonders stolz, denn die Blumen für das Haus und beinahe jedes Gemüse, das auf dem Gut verzehrt wurde, kamen aus dem eigenen Garten. Einige Notizen Mary Welshs, die sich unter den zurückgelassenen Papieren auf der Finca fanden, zeigen, wie sehr sich Mary Welsh und Ernest Hemingway um ihren Garten kümmerten. Andere Notizen stammen aus Hemingways eigener Hand. In einer sehr witzigen erteilt er dem Gärtner auf Spanisch den Rat „den Hausherrn nicht mit Gartenproblemen zu belästigen; vielmehr sollten diese Probleme mit Señora Mary besprochen werden, die die geeignete Person dafür ist und die Sache in die Hand nehmen kann. Er selbst habe genug Schwierigkeiten mit dem Schreiben.“

Pedro, der als Gärtner für den früheren Besitzer D'Orn gearbeitet hatte, fand ein merkwürdiges Ende, in das Hemingway direkt verwickelt war. Nach der am weitesten verbreiteten Version dieser Geschichte hatte Hemingway entweder gerade die Farm erworben oder war noch Pächter, als er nach dem alten Pedro verlangte und ihn fragte, ob er der Gärtner sei. „Ja, Sir", antwortete Pedro. „Gut, Du bist der Gärtner und ich der neue Besitzer. Ich möchte Dir eines einschärfen: Ich wünsche nicht, daß Du die Sträucher und Bäume schneidest. Ich will, daß Du gar nichts abschneidest, nicht einmal das Gras. Von nun an wird Deine Arbeit darin bestehen, alles wachsen zu lassen und ganz besonderen Wert lege ihn darauf, daß die Kinder keine Steine gegen die Bäume werfen."

Pedro schluckte kräftig und rief dann aus: „Aber ich bin doch kein Polizist! Ich will die Jungen nicht beaufsichtigen, damit sie keine Steine gegen die Obstbäume werfen!" „Das verlange ich auch nicht von Dir", antwortete Hemingway, „Du bist der Gärtner, und Deine Arbeit wird darin bestehen, weder zu schneiden, noch auszuputzen." „Aber Sir", wandte Pedro ein, „schneiden gehört zur Arbeit eines Gärtners." „Sicher", entgegnete Hemingway, „aber in meinem Garten schneidet der Gärtner nichts aus." Daraufhin verlangte Pedro unverzüglich nach seinem Lohn und kündigte.

Manche behaupten, das Gespräch sei anders verlaufen, denn der spätere Gärtner schnitt mit Hemingways Erlaubnis die Bäume und Sträucher und mähte auch den Rasen. Doch im allgemeinen gibt es Hemingways Einstellung zur Pflege von Pflanzen richtig wieder. Er wollte, daß sie ohne künstliche Einschränkung oder Beeinflussung wachsen konnten.

Pedro nahm seinen Lohn und machte sich auf die Suche nach einer anderen Arbeit, vergeblich. Als zwei Wochen verstrichen waren, kehrte Pedro zurück und sagte Hemingway, daß er recht habe, er sei der Besitzer und wenn er wünsche, daß die Bäume nicht geschnitten werden sollten, dann werde er sie als Gärtner auch nicht schneiden. Hemingway hörte ihm zu und erklärte ihm dann höflich, daß er es sehr bedauere, aber er habe schon einen anderen Gärtner eingestellt und könne ihn nicht wieder einstellen.

Pedro war untröstlich über den Verlust seiner Arbeit auf dem

Gut und stürzte sich in einen Brunnen der Finca. Einige Tage vergingen, ehe man seine Leiche fand. (Bussarde, die über dem Brunnen kreisten, wiesen den Suchenden den Weg).

Von diesem Ereignis kursieren mehrere Varianten. Ganz gleich, was in den Geschichten erzählt wird, es gab tatsächlich einen Gärtner namens Pedro, der sich in einem der Brunnen der Finca ertränkte und dessen Leiche erst nach Tagen gefunden wurde.

Pichilo sagt, daß sich der Vorfall vom „Wasser des Toten", wie er ihn nennt, 1941 zugetragen habe und daß Pedro, angesichts seines fortgeschrittenen Alters, mutlos geworden war, schließlich verrückt wurde und sich dann in dem Brunnen ertränkte. Pichilo erklärt, daß der Brunnen von einem Bambusrohrfeld umgeben gewesen sei und in jenen Tagen „nur Wasser für den Swimming Pool" lieferte.

„Der Swimming Pool wurde immer wieder desinfiziert", berichtet Pichilo. „Es stimmt, daß Herr Hemingway nie verstehen konnte, warum dies geschehen war, und er fragte mich oft: Pichilo, erkläre mir: Weshalb suchte der Mann mein Gut auf, um sich zu töten? Ich konnte ihm darauf keine Antwort geben. Ich konnte ihn auch nicht daran erinnern, daß Pedro keine eigene Farm besessen hatte und damit zwangsläufig zur Durchführung seines grauenvollen Planes die Farm eines anderen benutzen mußte. Aber es war nicht Herrn Hemingways Schuld, daß der alte Pedro keine eigene Farm besessen hatte."

* * *

Der Ceiba-Baum am Eingang zum Haus ist das Prachtstück auf der Finca Vigía. Er wurde zum Symbol für den Ort. „Ein Herr war hier, einer von diesen Wissenschaftlern, er untersuchte den Baum, seine Zweige, Äste und Wurzeln, als ob der Baum ein alter Mann sei, dann stellte er fest: mindestens 90 Jahre alt. Aber jeder hier weiß, daß der Ceiba mindestens 150 Jahre alt ist", erklärt der Gärtner des Hemingway-Museums Gabino Enriquez, der trotz seiner weißen Hautfarbe „El Negro" genannt wird. Der Ceiba wird in „Inseln im Strom" erwähnt, wenn Thomas Hudson Ausschau nach seinem Auto hält und dabei die Blätter und abgebrochenen Äste auf dem Boden bemerkt. Der Ceiba,

Kubas heiliger Baum, steht noch immer; seine Äste sind fast das ganze Jahr über kahl. Es wird erzählt, daß der Baum Mary Welsh ein lästiges Eheproblem bescherte und Hemingway dazu veranlaßte, einem Gärtner mit einem doppelläufigen Gewehr nachzujagen — eine Szene, reif für eine Stummfilmkomödie.

Nach den Berichten von Einwohnern aus San Francisco de Paula bereitete eine der Wurzeln des Ceibas den Bewohnern des Hauses Schwierigkeiten, da sie den Fußboden anhob. Die Wurzeln eines Ceibas sind außergewöhnlich stark und weit verzweigt, damit sie besser Wasser aufnehmen können. Eine Wurzel wuchs zu einer solchen Länge aus, daß sie unter dem Haus durchragte und dabei die Fliesen des Hauses löste. Hemingway erteilte den strengen Befehl, an der Wurzel nichts zu machen. Dies entsprach seinem Prinzip, daß Sträucher und Bäume ungehindert wachsen sollten.

Hemingway stellte die Theorie auf, daß sich die Wurzeln zurückzögen, fänden sie kein Wasser unter dem Haus; sodann würden die Fliesen auf ihren ursprünglichen Platz zurückfallen. Ein wenig Zement hier und da und alles wäre wieder in Ordnung. Aber die Hausherrin (einige sagen, es sei Mary Welsh gewesen, Pichilo schwört aber, daß es sich um Martha gehandelt habe) stimmte mit ihrem Ehemann nicht überein und stellte einen fremden Gärtner ein. Auf Pichilo oder einen anderen ihrer Bekannten rechnete sie nicht; denn sie wußte, daß keiner von ihnen entgegen den Befehlen Hemingways handeln würde. Sie wartete, bis der Hausherr eines Tages nach Havanna fuhr und dann rief sie (in dieser Geschichte ist es Mary Welsh) den Gärtner herein, der vorher davon unterrichtet worden war, daß es da einen „verrückten, schlechtgelaunten Ehemann gebe, der es nicht wünsche, daß man eine ausgesprochen lästige Wurzel abschneidet." Der Gärtner verlor keine Zeit und machte sich unverzüglich an die Arbeit.

Er entfernte die Fliesen im „Venezianischen Zimmer", lockerte den Boden um die Wurzel, ergriff sein Handwerkszeug und nach ein paar Schlägen mit der Machete und der Axt hielt er die Wurzel in den Händen. Die Verstümmelung des Ceiba war vollzogen.

Doch da war Ernest Hemingway. Er stand im Hauseingang und beobachtete seine Frau und den Gärtner, die so vertieft in ihre Arbeit waren, daß sie ihn nicht bemerkten. Er war aus reiner Intuition nach Hause zurückgekehrt, der Intuition eines „alten Löwen, der jederzeit auf der Lauer lag."

Als der Gärtner und Mary seine Anwesenheit spürten und ihre Köpfe hoben, hörten sie sein „Aha!" und erblickten einen wütenden Hemingway, der eine seiner 12-kalibrigen Remington schwang. Man berichtet, daß Mary im Zimmer blieb, während der Gärtner durch das Fenster sprang und um sein Leben lief, die Wurzel noch immer in der Hand haltend. Er ließ sie erst fallen, als er halbwegs durch den Garten hindurch war und er einen Ausgang gefunden hatte. Hemingway war ihm dicht auf den Fersen und feuerte Schüsse in die Luft ab.

Nach Pichilo war Martha Gellhorn damals die Hausherrin, auch habe sich die Geschichte nicht ganz so gewalttätig zugetragen. Möglicherweise passierte alles auch zwei Mal, so daß zwei Wurzeln betroffen waren, und Pichilo erinnert sich nur an den ersten Vorfall.

Die Geschichte mit Mary in der Hauptrolle hatte ein sonderbares religiöses Ende, betrachtet man die Strafe Marys.

Über eine bestimmte Zeit hinweg mußte sie vor dem Ceiba niederknien und mit einem besonderen Gebet um Vergebung bitten. Dies geschah jeden Morgen und dauerte ziemlich lange; Hemingway beobachtete Mary, um zu sehen, daß sie Buße tat. Es ist schwer vorstellbar, daß Martha Gellhorn, die stolze Aristokratin, ein solches Urteil widerstandslos hingenommen hätte. Martha wäre nie vor einem Baum niedergekniet.

Es gibt Beweise für den Vorfall mit dem Ceiba. Noch heute kann man im „Venezianischen Zimmer" ein großes Stück einer Ceiba-Wurzel sehen, die wie eine Trophäe über der Tür hängt.

* * *

Pichilo arbeitete seit 1962, also seit dem Jahr nach Hemingways Tod, in der Gießerei der Antillana Stahlfabrik. Sein Leben hat sich verändert. Er gab die Hahnenkämpfe auf. Doch noch immer ist er ein kräftiger Mann, wie er so in seinem Schaukelstuhl vor dem Haus sitzt, die Zigarre in der Hand, ohne Hemd und einen Plastikhut auf dem Kopf. Geboren und aufgewachsen in San Francisco de Paula ist er dort allseits bekannt.

Unter seinen wertvollen persönlichen Sachen befinden sich 50 Photos von Hemingway, die fast alle auf der Safari 1953 bis 1954 aufgenommen wurden. Mit seinem übrigen Besitz hatte Pichilo nicht so viel Glück. Er erklärt uns voller Ernst, daß von den vier Kühen, die ihm Hemingway hinterließ, Josca, Amarilla, Negriblanca und Pisicorre, 1978 nur noch eine am Leben war. Die Kuh war bereits 25 Jahre alt und hatte alle Zähne verloren, so daß sie Pichilo für 120 Dollar an die Regierung verkaufte und sie ins Schlachthaus lieferte.

Pichilo berichtet, daß die Kühe auf dem Gut Holsteiner gewesen seien, gute Milchkühe. Sie gaben hervorragende Milch. „Schade, daß Hemingway keine Milch trank", sagt er.

Die erstklassigen Mangobäume, die noch immer köstliche Früchte tragen, zeugen von der guten Arbeit Pichilos und der anderen Gärtner auf der Finca. Sie ziehen die Kinder von San Francisco de Paula an.

Es stehen hier die besten Sorten von Mangobäumen: chinesische, philippinische, kubanische, gelbe Mangos und der saftige Mangopfirsisch. Es gibt Tamarinde (Mary Welsh erinnert sich, wie ihr Hemingway zum ersten Mal eine Tamarinde auf der Finca Vigía zeigte und sie fragte: „Ist dies nicht ein romantischer Name?"). Es gibt Mamey von Santo Domingo und Laichi, die chinesische Honigbeere, die Pichilo pflanzte und um 1970 zum ersten Mal Früchte trug.

„Im Gemüsegarten hatten wir alles: grüne Bohnen, Tomaten, grünen Pfeffer, Kopfsalat, Broccoli, Mais, Petersilie, Kürbisse, Yucca, Mohrrüben, Rettich, rote Rüben, Kohl, Pisang, Auberginen und Zwiebeln. Wir mußten eine große Auswahl von Gemüsesorten anpflanzen, da Hemingway Salate und chinesisches Essen liebte. Für ein chinesisches Mahl benötigt man viel Gemüse.

Ursprünglich bestand meine Arbeit darin, die Blumen zu pflegen", berichtet Pichilo, „aber man sagt hier, daß derjenige, der Blumen züchten kann, auch Gemüse anzubauen vermag."

Von hervorragender Qualität sind die Mandelbäume um den Swimming-Pool. „Die saftigsten und größten Mandelbäume", sagt Pichilo.

Die Früchte, die nicht sofort verwertet wurden, erhielten

Freunde und Helfer auf dem Gut oder sie wurden zusammen mit den Mangopflaumen und dem Mark der Tamarinde im Kühlschrank aufbewahrt.

Marys große Liebe galt dem Blumengarten, insbesondere den Rosenbüschen, die sie auf die Böschung am Haus gepflanzt hatte.

„Wir setzten Ixia und Rosen, die Lieblingsblumen der Hemingways. Sie wuchsen im Überfluß." Pichilo ergänzt: „Die Rosenbüsche brauchten viele Spritzmittel und viel Kunstdünger. Die Aufzucht der Rosen war sehr teuer. Aber wir hatten Rosen, und dies entsprach dem Wunsch der Senora Mary."

Als Mary Hemingway 1977 nach Kuba reiste, konnte sie beinahe noch alle Pflanzen bewundern, die sie einst gepflanzt hatte. Sie sah auch die prachtvollen Bäume, die Königspalmen, die Pisangs und die 18 Arten von Mangobäumen neben Hunderten von mächtigen Sträuchern und Bäumen, die Hemingway voller Stolz in einem seiner Artikel erwähnt hatte. Der Ceiba stand noch immer; mit seinen starken Wurzeln trotzte er der Zeit.

„Der Boden ist nicht fruchtbar", erläutert Pichilo. „Er ist sehr sandig und voller Kies. Einen Baum zu pflanzen, war keine leichte Sache. Wir mußten nicht nur außergewöhnlich tief graben, sondern auch viel Geld für Düngemittel und Lastwagenfuhren von Humusboden ausgeben. Der Regen wusch den Humusboden immer wieder weg.

Am meisten Schwierigkeiten bereitete uns aber der Wassermangel auf dem Gut. Man muß sehr tief bohren, um auf Wasser zu stoßen; es ist, als ob man nach Öl suche! Wir mußten für einen Brunnen 30 m tief graben und für einen beständig laufenden Brunnen sogar 116 m. Es gibt keine Bäche auf dem Gut. Deshalb legten wir ein Kanalsystem an, das das Regenwasser auffing und in den schönen, blau gekachelten Zisternen vor dem Hause sammelte.

Das Trinkwasserproblem wurde dadurch gelöst, daß wir Quellen freilegten und Pumpen einsetzten, die das Wasser in die beiden Tanks hinterm Haus pumpten. Diese Wasserbehälter sicherten die Versorgung mit gutem Trinkwasser."

Sobald die Regenzeit im November endete, wurde mit dem Gartenanbau begonnen. Dadurch hatten die Hemingways Blumen und Gemüse von Weihnachten bis Juni oder Juli.

Marys Rosenbüsche, die Hemingway in einem seiner Artikel über Kuba so hoch lobte, waren alt und vernachlässigt. Einige der Pflanzen waren 15 oder gar 20 Jahre alt, als Mary 1945 begann, sich um den Garten zu kümmern. Sie schnitt die Büsche stark zurück und düngte sie; im Laufe der Jahre pflanzte sie neue Rosen an, unter ihnen die edelsten Sorten aus den USA. Doch bald erkannte sie, daß ohne eine dauerhafte und außergewöhnliche Pflege diese amerikanischen Pflanzen höchstens 2 Jahre im heißen und feuchten Klima Kubas überstehen konnten. Deshalb gab sie den Anbau amerikanischer Rosen bald auf. Seit 1950 wuchsen auf der Finca einheimische kubanische Rosen; sie sind noch heute dort zu bewundern.

Bei der Bepflanzung und Pflege des Bodens mußte das Klima der Insel berücksichtigt werden, obgleich die alkalische Erde auf der Farm untypisch für das Land ist; denn sie ist ausgesprochen trocken, sandig und unfruchtbar.

Kuba liegt am 23. Breitengrad, etwas südlich vom Nördlichen Wendekreis. Die Temperaturen sind konstant, das Thermometer fällt selten unter 20° C bzw. steigt selten über 26° C. Die Jahreszeiten unterscheiden sich eher durch die Niederschlagsstärke als durch Temperaturveränderungen. Während im Sommer starke Regenfälle zu verzeichnen sind, ist der Winter verhältnismäßig trocken.

Dank der liebevollen Pflege gedeihen auf der Finca Vigía noch immer die wunderbaren Blumen, der wilde Wein, die Rosenbüsche, Bäume und Sträucher, die zu Lebzeiten Hemingways gepflanzt worden waren.

Am Ende war es Hemingway, der an einem heißen Julitag 1960 zum Haus Pichilos ging, das zwei Häuserblocks entfernt lag. „José", sagte er, „man sagt, daß derjenige, der sich oft verabschiedet, niemals geht. Wir sagten uns oft Lebewohl. Doch dieses Mal bin ich ernsthaft in Sorge. Ich glaube, daß mir nicht mehr viel Zeit bleibt; denn ich fühle mich sehr krank. Die kubanischen Ärzte wissen nicht, was mir fehlt."

José überkam ein merkwürdiges Gefühl, als ihm Hemingway unvermittelt sagte, sein Vater habe sich selbst getötet, und er fuhr fort: „José, Tiere und Menschen sollten nicht im Bett sterben. Leiden sollten ihnen erspart bleiben und sie sollten anderen keine Leiden verursachen."

* * *

„Es war eine Zeit enger Beziehungen; denn die Freundschaften, die im Krieg geschlossen werden, sind sehr tief. Natürlich stritten wir uns oft und stießen auch manchmal hart aufeinander; aber es gelang uns immer, unseren Streit zu begraben, so daß unsere Freundschaft stark blieb. Ernest war eine schwierige Person; er tat sich mit seinen engsten Freunden besonders schwer, vielleicht deshalb, weil er sie besonders mochte."

(„Einen Scheiß verstehst Du", schilt Willie in den letzten Zeilen in „Inseln im Strom" Thomas Hudson wegen dessen offensichtlicher Gefühllosigkeit. „Du kapierst nie, wenn Dich einer liebt.")

Der Sprecher ist Dr. José Herrera Sotolongo, gebürtiger Spanier und Veteran des Spanischen Bürgerkriegs, einer der Leiter des Medizinischen Corps der 12. Internationalen Brigade unter General Lucasz. Ein Francogericht hatte ihn zum Tode verurteilt, aber er überlebte im kubanischen Exil, wo er sich mit Fidel Castro anfreundete, der damals an der Universität in Havanna studierte. Später nahm Herrera Sotolongo am Aufstand gegen Batista teil. Hemingway hatte er während des Spanischen Bürgerkrieges kennengelernt. Als sie sich beide in Kuba niederließen, erneuerten sie ihre Freundschaft.

Herrera Sotolongo, der die landläufigen Mythen über Ernest Hemingway verschmäht, zeichnet uns ein sehr menschliches und persönliches Bild seines Freundes. Da er mehr als 20 Jahre sein Leibarzt war, mußte er ihn gut kennen. Er kannte jede seiner Unpäßlichkeiten, seine Psyche und wußte, wie Hemingway sich fühlte. Herrera Sotolongo war einer von Hemingways Busenfreunden, nicht einer der vielen, die sich Hemingway anschlossen.

Dank Herrera Sotolongo können wir uns vorstellen, wie die Abende auf der Finca Vigía von 1945 bis 1960 verliefen, wenn keiner der berühmten Freunde Hemingways die häusliche Idylle störte. Wir sehen das Haus und den Garten hell erleuchtet. Drinnen liest Hemingway nach dem Essen noch in einem Buch und nippt an dem Wein, der vom Essen noch übrig ist, während Mary mit Herrera Kanaster spielt. Ernest bleibt nicht sehr lange auf, er geht gewöhnlich um 23.00 Uhr zu Bett. Natürlich begibt er sich nicht in sein eigenes Zimmer, sondern wendet sich in die entgegengesetzte Richtung, Marys Zimmer zu. Neben seinem Schaukelstuhl steht eine leere Weinflasche, auch zum Abendessen hat er eine Flasche Wein getrunken, eine weitere leere Weinflasche ist unter seinem Stuhl. Dies sind so seine kleinen Gewohnheiten.

Mittwochs, wenn Herrera Sotolongo üblicherweise auf die Finca kommt oder an einem der Wochenenden, die er dort verbringt, spielt er mit Mary Karten oder redet mit ihr bis spät in die Nacht hinein; Hemingway zieht sich völlig ungezwungen zurück, wünscht auf spanisch Gute Nacht und geht seinen eigenen Interessen nach. Herrera gehört zweifellos zur Familie. Spät kehrt er in sein Haus nach Havanna zurück. Die Lichter im Haus erlöschen.

Wenn Hemingway alleine ist, macht er vor dem Zubettgehen noch seine Runde auf der Finca Vigía. Mit seiner 22-kalibrigen Pistole und einem schweren Stock, den er als Spazierstock verwendet, macht er seinen Rundgang. Black Dog folgt dicht hinter ihm und beschnüffelt alles. Die Arbeiter vom Gut sind in ihre Häuser in der am Fuße des Hügels gelegenen Stadt heimgekehrt. Mary besucht vielleicht ihre Verwandten in den Vereinigten Staaten. Herrera Sotolongo sagt: „Es wird zwar kaum für möglich gehalten, aber er war auf der Finca oft alleine." Herrera Sotolongo fährt fort: „Anfangs ankerte sein Boot, die Pilar, in Cojímar. Dort lernte er die Fischer kennen, die seine Persönlichkeit, die auf Kuba geprägt wurde, beeinflußten. Doch damals war er in diesem Land noch nicht berühmt.

Später, zu Beginn der fünfziger Jahre, nahm er an Fischereiwettbewerben teil. Er stiftete sogar einen Preis. Darüberhinaus wurde er Mitglied im Jagdclub von Cerro und schloß mit vielen Kubanern Freundschaften.

Nach der Verleihung des Nobelpreises wurde er zu einem berühmten Mann in Kuba. 1959 erhielt er den Nationalen Orden Carlos Manuel de Céspedes, worüber er sich sehr freute; denn er betrachtete dies als eine Huldigung durch das kubanische Volk. Ansonsten lehnte er gewöhnlich die zahlreichen anderen offiziellen Ehrungen, die ihm zugedacht waren, ab. Eine andere Auszeichnung, die er mit großer Freude entgegennahm, war der St. Christopher Orden, der ihm am 17. November 1955 im alten Sportpalast von Havanna verliehen wurde. Mit diesem Ehrenzeichen, das im Auf und Ab der kubanischen Politik eigentlich in Vergessenheit geraten war, wurden gewöhnlicherweise Fahrer für jahrelanges — 25 oder 50 Jahre — unfallfreies Fahren von der Stadt ausgezeichnet. Belustigt erklärte Hemingway, es freue ihn, eine Auszeichnung entgegennehmen zu dürfen, die eigentlich Chauffeuren zugedacht sei. Sicherlich bekräftigte dies seinen Ruf in Kuba und trug zu der Legendenbildung um seine Person bei."

Juan David, der populärste kubanische Karikaturist des Jahrhunderts, traf Hemingway im Sportpalast, als dieser die St. Christopher Medaille Havannas erhalten sollte. Es war eine verrückte Begegnung. Am Eingang des Gebäudes hatte Hemingway einen anderen bekannten Karikaturisten am Kragen gepackt: Conrado Massaguer. Offensichtlich hatte dieser eine bissige Karikatur von Hemingway gezeichnet. Hemingway hielt Massaguer mit seiner Linken fest und war dabei, ihn mit seiner Rechten zu ohrfeigen. Dabei brüllte er: „Zum Teufel damit!", als Juan David, ein kräftiger Zweizentnermann, den anderen Karikaturisten aus Hemingways Griff befreien konnte.

„Und wer bist Du?" fragte Hemingway überrascht.

„David, der Karikaturist", erwiderte Juan David.

Hemingway nahm die Boxerhaltung ein, und auch David erhob seine Fäuste. Auf diese Weise setzten sie ihren Dialog fort.

„Willst Du eine weitere Karikatur von mir zeichnen?" fragte Hemingway, eine linke Gerade in die Luft stoßend.

„Nein, ich wollte nur meine Aufwartung machen", antwortete David, noch immer auf der Hut.

* * *

„Während des Zweiten Weltkrieges", berichtet uns Herrera Sotolongo, „diente Hemingway erst in Kuba, ehe er nach Europa ging. Er leitete mehrere Aktionen in Zusammenarbeit mit amerikanischen U-Bootjägern und war als Verbindungsmann zwischen den amerikanischen Seestreitkräften und der amerikanischen Regierung tätig. Später wechselte er nach Europa und nahm an der Landung in der Normandie teil, wo er mehr als Kämpfer denn als Kriegsberichterstatter, wie sein offizieller Titel lautete, in Erscheinung trat. Er wurde sogar ein Partisan. Er schloß sich einer Gruppe französischer Widerstandskämpfer an, die der amerikanischen Armee voranmarschierten. Nach seiner Rückkehr nach Havanna wurde er von den USA am 16. Juni 1947 in der amerikanischen Botschaft mit dem bronzenen Stern ausgezeichnet.

Ereignisse dieser Art trugen zum Bild dieses Mannes bei. Nur einer Person großen Ranges konnte diese Ehrung zuteil werden. Eines Tage steckte Hemingway seine drei Medaillen auf seinen Rockaufschlag und erklärte, so würde er auf den Geldnoten abgebildet werden, die zu seinen Ehren gedruckt werden würden. Natürlich war dies nur Spaß. Er war weder eingebildet noch stolz; er hatte auch keinerlei Interesse daran.

Ich erinnere mich, daß die kubanische Presse einmal Hemingways nachlässiges Aussehen kritisierte. Sie schrieb, daß er in einer schmutzigen Guayabera in die amerikanische Botschaft gekommen sei, als man ihm die Medaille verliehen habe. Doch dies stimmt nicht. Ich fuhr damals das Auto. Hemingway war ein stämmiger Mann und schwitzte sehr stark. Auf dem Parkplatz der Botschaft wechselte er die Guayabera. Die Mühe war vergebens; denn er durchschwitzte auch das neue Hemd. So kam es zu den Kommentaren der Journalisten."

* * *

In den vierziger und fünfziger Jahren weilten viele berühmte Personen auf dem Gut. Darunter waren Hollywoodstars wie Ava Gardner und Gary Cooper, berühmte Stierkämpfer, wie Ordonez, oder einige exotische Leute, wie eine gewisse italienische Gräfin namens Adriana Ivancich. Viele blieben nur über Nacht, wohingegen andere mehrere Tage mit Hemingway verbrachten.

Doch schließlich kam auch für sie der Abschied; sie packten ihre Koffer und — abhängig von der Anzahl ihrer Gepäckstücke — wurden sie entweder im Chryslerkabrio oder im Lieferwagen zum Flughafen Boyeros gefahren. Dann kehrte für Hemingway und seine Freunde wieder Ruhe auf der Farm ein, und die Tage verliefen in ihren normalen Bahnen.

Dr. Herrera Sotolongo erlebte seinen Freund wieder als einen einsamen und ruhigen Mann, es war häufig so im Leben des Schriftstellers in Kuba.

Es gab private Filmvorführungen auf der Finca Vigía. Zu den Zuschauern zählten die regelmäßigen Gäste des Hauses: Dr. Herrera Sotolongo und sein Bruder Roberto, „Sinsky", ein alter Freund; der Priester Don Andrés und viele andere. Sie machten es sich in den weichen Sesseln des Wohnzimmers bequem und genossen die Bilder, die mit einem 16 mm-Projektor auf die Leinwand geworfen wurden.

Hemingway besorgte die Filme. Immer wieder sahen sie Boxaufnahmen. Ein Boxkampf interessierte Hemingway ganz besonders: der Weltmeisterschaftskampf zwischen Rocky Graziano und Tony Zale, der am 27. September 1946 in New York stattfand. „Muy buena pelea (ein ausgezeichneter Kampf)", kommentierte Hemingway jede Vorführung.

Eines Tages gelang es ihm, von der amerikanischen Botschaft die vollständige Serie von „Sieg auf der See" zu beziehen. Sie zeigt die Operationen der amerikanischen Kriegsmarine während des zweiten Weltkrieges. Eine ausgezeichnete Serie von 20 Folgen, jede geht über 1,5 Stunden, aufgenommen wurde sie von amerikanischen Kameramännern inmitten der Gefechte. Hemingway sah diesen Film immer wieder an und bat jedes Mal den Vorführer, den Film an bestimmten Stellen anzuhalten.

Die Marine eroberte eine der kleinen unfruchtbaren Pazifikinseln; der japanische Widerstand ist fast Null. Es gibt ein Blockhaus, aus dem heraus jedoch kein Widerstand geleistet wird. Die Japaner müssen aus ihrem Gefängnis herauskommen. Draußen erwartet sie ein amerikanischer Marinesergeant mit einem Flammenwerfer. Er verbrennt einen nach dem anderen, der herauskommt, bei lebendigem Leibe.

Der Kameramann steht im Rücken des Sergeanten; dieser dreht sich jedes Mal um und grinst in die Kamera.

„Ich bezweifle, ob diese Szene auf allen Kopien von ‚Sieg auf der See' drauf ist", sagte Hemingway.

„Jungs", fragte Pater Andrés einmal, „weshalb hört ihr nicht auf, den Film an dieser scheußlichen Szene anzuhalten?"

„Weil wir uns geschworen haben, den Kerl zu töten, sobald er uns über den Weg läuft", erklärte Dr. Herrera Sotolongo, „und Ernest möchte, daß wir uns sein Gesicht gut merken."

Und nun, im Schutze der Dunkelheit, tauchten die bekannten Silhouetten von Hauptmann Maldonado und seinen Gefolgsmännern auf, die sich der Farm näherten. Die geselligen Abende in Hemingways Haus verursachten Schwierigkeiten. Sie hatten den Verdacht erweckt, eine neue Regierung solle an die Macht gebracht werden.

„Das schlimmste, das sie Ernest antaten, war, daß sie Black Dog töteten. Die Landgarde von Santa Maria de Rosario verübte mit Gewehrkolben diese Tat auf Befehl von Leutnant Maldonado. Nun liegt Hemingways Lieblingshund bei den anderen Haustieren begraben.

Natürlich hatten diese Treffen, die Leutnant Maldonado verdächtig fand, nichts mit einer Verschwörung zu tun.

Als wir eines Abends auf der Farm zusammensaßen, tauchte plötzlich der Leutnant auf. Obwohl wir über die nationale Lage diskutierten, war es ganz gewiß kein politisches Treffen. Die Revolution bildete überall das Tagesthema schlechthin. Meistens schauten wir jedoch nur Filme an und plauderten miteinander.

An diesem Donnerstag vermutete die Landgarde etwas Außergewöhnliches auf der Farm; denn sie bemerkten ungewöhnlich viele Autos, die auf das Anwesen fuhren und es wieder verließen. Sie dachten, sicherlich wird eine Verschwörung auf der Finca Vigía geplant. Aber nichts dergleichen war los. Natürlich lauschten wir den Radioübertragungen von der Sierra Maestra, aber jeder tat dies.

Als Maldonado in jener Nacht das Grundstück zu betreten suchte, stoppte ihn Ernesto. Er war den Fußpfad vom Haus zum Tor hinabgegangen und Maldonado und einem halben Dutzend seiner Landgarde entgegengetreten und hatte ihnen erklärt, daß sie sich auf amerikanischem Boden befänden und daß in die einzige Verschwörung, die sich dort abspiele, eine Flasche Whiskey verwickelt sei. Er war mutig. Die Landgarde entschloß sich zum Rückzug."

* * *

Nach der Aussage Herrera Sotolongos war Hemingway kein übermäßiger Trinker. „Er trank viel; aber für die von uns, die starke Trinker kennen, trank er keine übermäßige Menge."

Der Doktor versicherte uns auch, daß Hemingway überhaupt nicht schreiben konnte, wenn er einen zuviel hatte.

Der ernsthafteste Streit zwischen Hemingway und seinem Doktor entbrannte dennoch über Hemingways Trinkerei. Es war, als sich Hemingway in Adriana Ivancich verliebte, die er während einer Jagd in Taglimento (Italien) 1948 getroffen hatte. Er schrieb ihr und lud sie zu einem Besuch nach Kuba ein.

„Er begann, sehr viel zu trinken, und hatte infolgedessen Schwierigkeiten mit dem Schreiben", sagt Herrera Sotolongo, der Hemingway erklärte: „Wenn Du weiterhin so viel trinkst, wirst Du nicht einmal Deinen Namen mehr schreiben können.

In der Zeit war Ernest immer betrunken", fährt Herrera fort. „Eines Tages sagte ich ihm: Schau Junge, Du bist ein Trinker geworden, und das verabscheue ich. Wenn Du Dich nicht änderst, ist es mit unserer Freundschaft aus. Ich habe Dir, so gut ich konnte, zu helfen versucht, aber ohne Erfolg; vielleicht ist es besser, wenn sich unsere Wege trennen!"

Daneben gab's die alltäglichen Eheprobleme zwischen Ernest und Mary. Herrera Sotolongo war Zeuge dieser Streitigkeiten. „Eines Tages war es so schlimm, daß ich eingreifen mußte und wir uns in die Haare gerieten. Ich verließ das Gut erst gegen vier Uhr morgens, nachdem nach meiner Einschätzung das Schlimmste vorüber war und sie in keiner Gefahr mehr schwebten. Sie hatten sich gegenseitig mit dem Gewehr bedroht. Ich mußte ihnen die Gewehre wegnehmen und packte sie in mein Auto. Ich schaffte ihre gesamten Waffen in mein Haus. Dies war in jenen Tagen ein sehr gefährliches Unternehmen, da Batistas Polizei ständig nach Waffen suchte.

Zuhause angekommen, schrieb ich sofort einen scharfen Brief an Ernest. Kaum hatte er den Brief erhalten, rief er mich an und bat um ein Treffen. Als ich zur Farm kam, sagte er, er bedauere es sehr, mich so schlecht behandelt und verletzt zu haben. Er schwor, er werde versuchen, sich zu bessern, und bat um meine Hilfe. So wurde der endgültige Bruch zwischen uns beiden noch einmal verhindert, und der Vorfall war bereinigt."

Der Brief des Doktors ging anscheinend verloren. Nach Hemingways Tod wurden bis auf diesen alle Briefe, die Herrera Sotolongo an seinen Freund geschrieben hatte, bei den Papieren des Schriftstellers gefunden. Als Mary Welsh im Juli 1961, einige Tage nach der Beerdigung ihres Ehemannes, nach Kuba kam, gab sie Herrera Sotolongo alles aus dem Hause zurück, das ihm gehörte. Darunter befand sich ein von Hemingway selbst angelegter Ordner. Er enthielt alle Briefe Sotolongos an ihn. Mary erklärte ihm, daß es das beste sei, wenn er sie aufbewahre.

* * *

Hemingway versuchte einmal, seine Vorliebe für den Alkohol zu erklären. In einem Anhang eines Briefes vom August 1935 an seinen Freund, den sowjetischen Literaturkritiker Ivan Kashkeen, streicht Hemingway den Nutzen des Trinkens heraus. Er nennt ihn die einzige Möglichkeit der Befreiung vom „unbewußten Druck" des modernen Lebens.

Thomas Hudson, der Held aus „Inseln im Strom", bekämpft auf dem Rücksitz seines Wagens ebenso diesen „unbewußten Druck". Angesichts des Elendes in Havanna der vierziger Jahre muß er trinken.

Im wirklichen Leben begann Hemingway seinen Tag gewöhnlich mit zwei Whiskey Soda oder zwei Tom Collins, die er im Swimmingpool zu sich nahm, oder aber er trank Whiskey pur mit Eiswürfeln. Zum Mittagessen gab's dann Wein.

Bis vier oder fünf Uhr legte er sich dann nieder. Anschließend las er bis zum Abendessen; gewöhnlich trank er erst wieder, wenn er sich an den Tisch setzte. Zwischen dem Abendessen und dem Zubettgehen las er gerne noch bei einem Glas Wein in einem Buch.

An einem gewöhnlichen Tag auf der Finca genügten drei oder vier Freunde, um mit Hemingway drei oder gar vier Flaschen Whiskey zu leeren. Dies schien niemals zuviel für ihn zu sein. Nach einiger Zeit variierte er seine Drinks. Er wechselte gerne Whiskey, Gin, Campari, Tom Collins und Tequila. Er trank auch verschiedene Weine: Tavel, sein bevorzugter französischer Rosé, dann Chianti in einer Korbflasche, zum Essen

*Carlos Gutiérrez und Pauline Pfeiffer mit einem kleinen Costero an Bord der „Pilar", 1934.*

*Die „Pilar" als Teil des Hemingway Museums im Garten der Finca Vigía. (Celso Rodriguez)*

*Ernest Hemingway und Mary Welsh an Bord der „Pilar" vor der kubanischen Küste. (Roberto Herrera Sotolongo)*

*Kapitän Hemingway an Bord der „Pilar", circa 1936.*

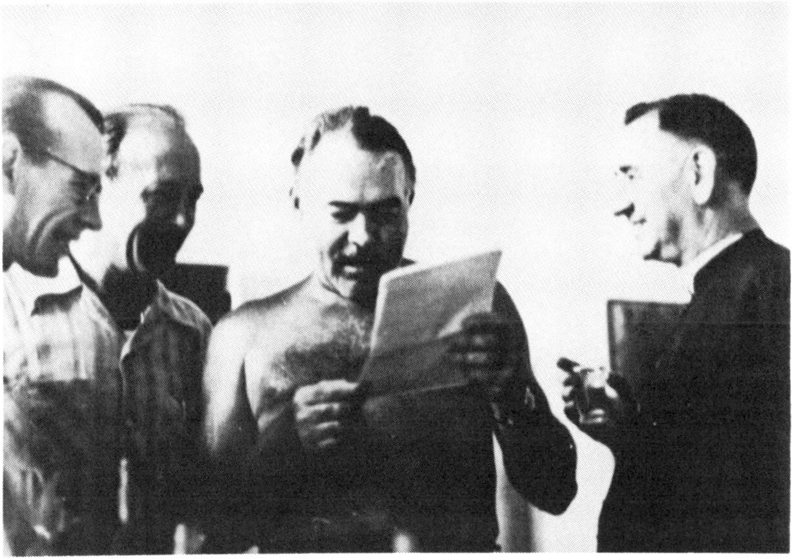

*Die Freunde, von links nach rechts: Dr. José Herrera Sotolongo, Juan Duñabeitía, Hemingway und Pater Don Andrés.*

*„Pichilo", Hemingway und René Villareal beim Training der Kampfhähne auf der Finca Vigía.*

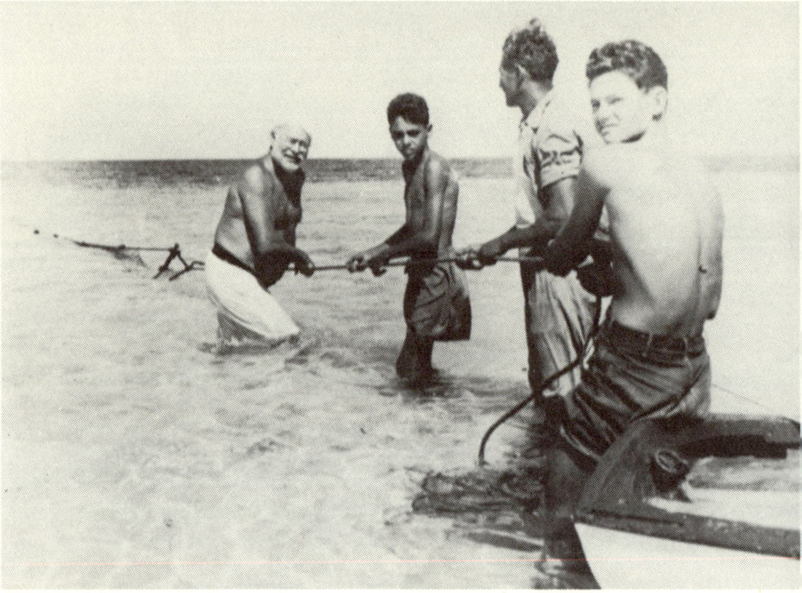

*Beim Einholen der Netze vor der Küste Kubas, circa 1955.*

*Ernest Hemingway mit den ersten Katzen seiner „Spezialzüchtung", circa 1946.*

*Vor Joan Mirós „La Granja“ und dem Kudu von „Die grünen Hügel Afrikas“ gemeinsam mit Mary Welsh und Boise.*

*Hemingway und Mary Welsh, nachdem die beiden über den Gewinn des Nobelpreises informiert wurden.* (UPI)

*Mary Welsh und Pauline Pfeiffer auf der Finca Vigía im Jahr 1947. Die Widmungen sind für „Sinsky" Juan Duñabeitía.*

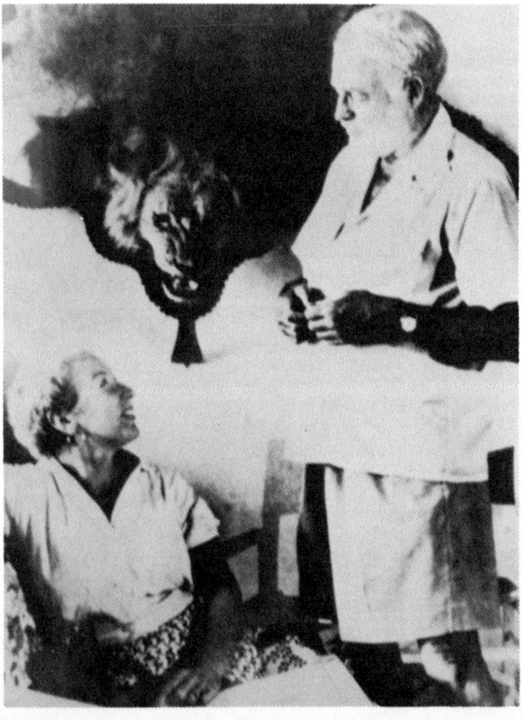

*Hemingway und Mary Welsh auf der Finca Vigía um das Jahr 1959.*

konsumierte er vier bis fünf Liter davon; dabei schenkte er gerne selber aus. Er hielt dazu die Flasche am Hals, was sehr ungeschickt aussah. Doch er rechtfertigte dies: „Die Flaschen am Hals, die Frauen um die Taille gefaßt."

An ein Ereignis kann sich Dr. Herrera Sotolongo noch besonders gut erinnern. Es war am Nachmittag des 17. November 1955, der Tag, an dem Hemingway mit dem St. Christopher Orden ausgezeichnet worden war. Sie hatten vereinbart, sich nach den Feierlichkeiten in der Floridita Bar zu treffen. Sotolongo traf Hemingway auch dort an und bemerkte, daß das Gesicht und die Augen seines Freundes gelb verfärbt waren. Der Doktor sagte zu ihm: „Sage Juan (dem Chauffeur), er soll Dich sofort nach Hause fahren. Leg Dich ins Bett und warte auf mich."

Am nächsten Tag stand Hemingway für den Bildhauer Boada auf der obersten Etage des Fincaturmes Modell, als Sotolongo ankam. Nach der Untersuchung rief Sotolongo einen Spezialisten, Dr. Infiesta, herbei. Die Diagnose kam unvermittelt: Hepatitis. Als Teil der Behandlung beschränkte Dr. Sotolongo den täglichen Alkoholkonsum Hemingways auf ein Maximum von 60 g.

Wenn sich Hemingway an diese Zeit erinnert, sprach er immer davon, daß er damals unter einem „neuen Prohibitionsgesetz" gestanden habe. Seine Gelbsucht war ein Problem, das er nicht mit Alkohol lösen konnte. Gewöhnlich half ihm ein Liter Alkohol, Stürmen zu trotzen, Kriege und Augenblicke der Einsamkeit zu ertragen. Aber er war kein Heilmittel gegen Hepatitis: Er mußte trocken bleiben und das Bett hüten.

„Ernest neigte zu hohem Blutdruck; doch das hatten wir unter Kontrolle. Es dauerte jedoch einige Zeit, bis seine Leber wieder normal arbeitete. Damals gab es einige Ärzte, die bestimmte Erkrankungen der Leber, z.B. Hepatitis, nicht dem Alkohol zuschrieben. Ich teilte diese Sicht. Wir glaubten, eine gute Diät und viel Ruhe würden Leberzirrhose und Fibrose vorbeugen. So verordnete ich ihm die entsprechende Lebensweise. Und wirklich entwickelte sich sein zweiter Anfall von Hepatitis nicht zur Zirrhose."

Nach den Aussagen Herrera Sotolongos interessierte sich Hemingway seit dieser Zeit für medizinische Literatur über Lebererkrankungen. In seiner Bibliothek findet man „El híagado y sus enfermedades", Alfa Verlag, Buenos Aires 1949, einer argentinische Ausgabe des Buches von H.P. Himsworth: „Die Leber und ihre Erkrankungen", in dem Hemingway viele Textstellen unterstrich. Interessanterweise beziehen sich alle unterstrichenen Passagen auf Lebererkrankungen, die in den Tropen verbreitet sind. In dem 326 Seiten starken Buch strich Hemingway ungefähr zwanzig Abschnitte an; dies läßt erkennen, welche Sorgen Hemingway damals quälten.

Hemingways Erkrankungen an infektiöser Hepatitis trat nie mehr in derselben Stärke auf, obwohl es Jahre dauerte, sie vollständig zu heilen. Herrera Sotolongo war zufrieden mit dem Patienten und dem Verlauf der Krankheit. Er erlaubte seinem Patienten nicht mehr als 6 cl Whiskey täglich; ein Glas morgens und eines nachmittags. Der Doktor erreichte jedoch nicht nur, daß Hemingway seinen Anweisungen folgte, sondern sein Patient trank sogar weniger, als die ihm zugestandene Menge. Wenn Herrera seine täglichen Hausbesuche bei seinem Patienten auf der Finca machte, zeigte ihm Hemingway gelegentlich das kleine, oft benützte Glas, gefüllt mit 3 cl Whiskey, und sagte: „Schau, dies ist meine Morgenration. Ich habe sie nicht einmal angerührt."

Während seiner Genesungszeit gönnte sich Hemingway ein ungewöhnliches Vergnügen. Stundenlang saß er vor dem Fernsehapparat, um die kubanischen Meisterschaftsspiele im Baseball zu verfolgen. Er gehörte zu den Anhängern des „Havanna Club", eines Profiteams, dessen rote Uniformen einen Löwen trugen. Erregt verfolgte Hemingway die Fernsehübertragungen und verteidigte sehr hitzig die „Havannas", so daß Sotolongo zeitweise um die Gesundheit seines Patienten bangte.

* * *

Hemingway war 1,80 m groß; möglicherweise war sein Körpergewicht dafür ausschlaggebend, daß ihn beinahe jeder als einen „gewaltigen Mann über 1,80 m" beschrieb.

Gregorio Fuentes erläutert: „Er hatte breite Schultern und schrecklich große Füße. Er ging gerne barfuß oder in Mokassins ohne Socken." „Diese großen Füße waren nicht für Schuhe geschaffen", sagt Herrera Sotolongo, und er fügt hinzu: „Seine alten Mokassins sahen wie Boote aus." Hemingway trug dazu niemals Unterhosen, was in einem hispanischen Land ein Frevel ist.

Er kümmerte sich nicht um die Kleidung. Oft trug er Tag für Tag dieselben hellgrauen Leinenhosen und ein blaues Ginghamhemd. Unablässig kämmte er sich die Haare. An diese Eigenart Hemingways kann sich jeder erinnern. In seiner Tasche steckte immer ein kleiner Nylonkamm, mit dem er sich seine Haare kämmte, die er sich dann mit der Hand glattstrich. Viele sehen Hemingway noch vor sich, wie er mit seiner Schirmmütze auf dem Kopf, den Schläger wie einen Karabiner auf der Schulter liegend, das Tennisfeld verließ. Zuviel Sonne bekam ihm nicht gut. Seine Hände und sein Gesicht wurden von einem Hautausschlag überzogen, den er als einen „gutartigen Krebs" bezeichnete.

„Auf Ernesto wurde sorgfältig achtgegeben", erklärte Sotolongo voller Stolz. „Er war in guter Verfassung. Zwar litt er unter Bluthochdruck, doch hatte er dies unter Kontrolle. Sein Blutdruck stieg selten über 160. Dann war da noch sein Sehproblem; er war kurzsichtig und hatte Astigmatismus. Dagegen verordnete ich ihm Vitamin A, was ihm gut bekam. Gewöhnlich setzte er zum Schießen seine Brille ab und dennoch verfehlte er niemals eine Taube.

Es gab eine Periode, in der er sehr schnell ermüdete, so daß ich ihm ein Stärkungsmittel verschrieb. Die Ergebnisse waren hervorragend. Wir verabreichten es ihm zusammen mit Reserpin wegen seines hohen Blutdruckes. Um die Wahrheit zu sagen, er war ein großer Angsthase, wenn er krank wurde. Krankheiten waren für ihn etwas, vor dem man sich wirklich fürchten mußte; denn ein ernsthaftes Leiden konnte unversehens an einer unzugänglichen Stelle im Körper auftreten und war dann nicht mehr zu kontrollieren.

Bei Wunden und anderen Verletzungen lagen die Dinge ganz anders. Er prahlte damit, daß er wenigstens 200 Narben auf seinem Körper habe, und er konnte die Geschichte einer jeden erzählen."

Als er 1960 Kuba verließ, schien er bei guter Gesundheit gewesen zu sein. Sotolongo erhielt kurz darauf von Hemingway einen Brief aus Spanien, in dem er ihm mitteilte, daß er OK sei. Doktor Madinaveitia, sein Arzt in Madrid, hatte ihn gründlich untersucht.

„Plötzlich erkrankte er", berichtet Sotolongo, „und reiste in die Vereinigten Staaten, wo er die Mayo Klinik aufsuchte. Von da ab verlor ich den Kontakt mit ihm. Mary gab mit keine Erklärung, als sie nach Ernestos Tod im August 1961 nach Kuba kam. Sie hatten ihn auf 67 kg heruntergebracht. Mit diesen verdammten Elektroschocks haben sie ihn vernichtet."

Die Möglichkeit, Selbstmord zu begehen, war zu einer fixen Idee Hemingways geworden. Mehr als einmal hatte er auf der Finca Vigía angekündigt, er werde sich eines Tages selbst das Leben nehmen. Er schilderte sogar ganz genau die Art und Weise, wie er sich töten wollte.

„Schaut, so werde ich es machen", erklärte er nach Sotolongo Freunden. „Er setzte sich dann auf seinen Stuhl, barfuß wie immer, und stellte den Gewehrkolben seiner 256-er Mannlicher zwischen seine Beine auf den Läufer im Wohnzimmer. Dann beugte er sich vornüber, so daß die Mündung des Gewehres an seinen Gaumen drückte. Mit seinem großen Zehen betätigte er den Abzug, und wir hörten das Klicken des Gewehres. Er hob den Kopf und lachte.

‚So macht man mit einem Gewehr Harakiri," sagte er. „Der Gaumen ist der weichste Teil des Kopfes."

„Papa gehörte nicht zu den großen Witzerzählern", sagt Gregorio Fuentes. „ Er erzählte keine schmutzigen Witze oder Liebesabenteuer." Ein zufälliger Gast auf der Finca Vigía, Angel Martínez, hat Hemingway jedoch anders in Erinnerung. Er erzählt, wie er den Autor an einem frühen Morgen besuchte. „Ich war mit einer Gruppe von Freunden zusammen. Wir hatten Gitarren und einige Flaschen dabei. Unsere Stimmung war gut, und wir beschlossen, auf einen Sprung bei Hemingway hereinzuschauen."

Der Autor von „Schnee auf dem Kilimandscharo" und „Die Killer" empfing sie am Swimmingpool.

„Meine Herren", sagte er, „ziehen sie bitte ihre Schuhe aus und tauchen sie ihre Füße ehrfurchtsvoll in das Wasser des Beckens, in dem an diesem Morgen Ava Gardner nackt geschwommen ist."

Herrera Sotolongo erklärt: „Hemingway war bis ins hohe Alter hinein auf seine Männlichkeit stolz." Mit anderen Worten, Ernest war mit seiner Potenz zufrieden, wie der Doktor zu verstehen gibt:

„Er war stark und wog zeitweise über 90 kg. Er machte Gymnastik und boxte. Er war ein guter Boxer mit harten Schlägen. Einmal trainierte er sogar mit dem Schwergewichtskämpfer Carpentier."

Die Öffentlichkeit neigte immer dazu, Hemingway mit seinen Romanfiguren zu identifizieren und ihm deren Abenteuer und Leiden zuzuschreiben. Da ist beispielsweise die Impotenz des Hauptthelden in „Fiesta". Sie ist von ganz besonderer Art, da sie nach Hemingways Darstellung den Geschlechtsverkehr zwar verhindert, das Verlangen danach jedoch nicht abtötet. Nach den Aussagen Herrera Sotolongos hatte Hemingway jedoch nicht dieses Problem.

Dr. Frank Sternmayer, der viele Jahre Hemingways Freund und Arzt war, teilte jedoch nicht diese Meinung. Als die Nachricht vom Freitod des Schriftstellers Havanna erreichte, beklagte Dr. Sternmayer bitter, daß Hemingway der Zugang zu seinen Waffen möglich war, „obwohl sie wußten, daß er unter tiefen Depressionen, Angstzuständen und Gedächtnisschwäche litt und psychisch labil war."

Seit den vierziger Jahren hatte Dr. Sternmayer immer wieder vor diesen Gefahren gewarnt. Im Gegensatz zu Dr. Sotolongo hielt Sternmayer die Elektroschocks, die Hemingway erhielt, für unvermeidbar, da die Psychopharmakologie noch nicht ihren gegenwärtigen Wirkungsgrad erreicht hatte. Er war traurig und verärgert darüber, daß die Gewehre in Reichweite für Ernest standen. Sternmayer starb Mitte der siebziger Jahre.

Obwohl Frank Sternmayer nie darüber ein Wort verlor, war bekannt, daß er Hemingway einem Roschach-Test unterzogen und daraus seine Schlüsse gezogen hatte.

Sternmayers Witwe wurde 1976 interviewt und etwas gefühllos gefragt, ob Hemingway impotent gewesen sei. Sie erwiderte, daß die Antwort auf diese Frage Berufsgeheimnis ihres Mannes sei.

Ein anderer berühmter Wissenschaftler, Gustavo Torroella, wußte aus verschiedenen beruflichen Zusammentreffen mit

Sternmayer, daß Hemingway zeitweise unter Impotenz litt, „ein chronischer Zustand, der kam und ging."

* * *

Hemingway sprach niemals über Literatur. Manchmal sagte er lakonisch: „Die Arbeit geht gut." Bei anderer Gelegenheit erklärte er: „Ich schreibe schlecht." Dann dauerte es Monate, bis er zu seinem Füllfederhalter griff oder sich an seine Schreibmaschine setzte. Er klagte dann über Langeweile und trank unmäßig. Sein oft zitierter Ausspruch: „Die Inspiration sollte mich beim Arbeiten vorfinden" war offensichtlich nur eine wohlklingende Phrase.

Sein Arbeitstag auf der Finca erstreckte sich gewöhnlich über sechs Stunden, vom Tagesanbruch bis kurz vor Mittag; stehend tippte er in seine Royal Reiseschreibmaschine. War er fertig, stellte er einen kupfernen Briefbeschwerer auf die beschriebenen Seiten, sprang in den Swimming Pool, spielte Tennis oder kleidete sich um und fuhr nach Cojímar, wo die „Pilar", vor Anker lag. Blieb er auf der Farm, so war er im oder neben dem Swimming Pool zu finden: er schwamm, las die New York Times oder nahm Drinks zu sich, bis schließlich René Villarreal den Kieselpfad herunterkam und verkündete, daß das Essen zubereitet sei.

Wenn Gäste kamen, wie z.B. Ava Gardner, Spencer Tracy, Katherine Hepburn, Jean-Paul Sartre (den Hemingway nicht besonders mochte), General Buck Lanham, der Stierkämpfer Ordonez oder der Boxchampion Rocky Marciano, verkürzte Hemingway seinen Arbeitstag. Es folgten dann Tage geringer literarischer Produktion, doch reich an Spaß, gesellschaftlichen Unternehmungen und Unterhaltung.

* * *

Hemingway war ein großzügiger und vornehmer Gastgeber. Wenn er an der Tafel saß, erinnerte nichts an die rauhen Charaktere seiner Romane. Erwartete er besondere Gäste, wählte er selber das Porzellan und Silber aus. Er besaß eine Garnitur Tischwäsche mit dem eingestickten Wappen der Farm. Drei

Hügel, eine Pfeilspitze und drei Streifen, die für das US-Rangabzeichen eines Hauptmannes standen, bildeten das Wappen. Das Symbol war auch in die Gläser, das Silber und Porzellan eingraviert worden.

Papa sang für seine Gäste auf spanisch oder baskisch, doch wie sich viele seiner Gäste noch erinnern, traf er leider nicht immer den richtigen Ton. Offensichtlich hatten die Musikstunden seiner Mutter, Frau Grace Hall Hemingway, wenig genützt.

Hemingway leitete mit viel Charme und Humor das Tischgespräch und sorgte sich um alle Kleinigkeiten, obwohl Mary Welsh wie auch ihre Vorgängerin Martha Gellhorn eine reizende und aufmerksame Gastgeberin war.

Hemingway saß immer sehr gepflegt bei Tisch. Obwohl er wenig auf seine Kleidung achtete, war er sorgfältig gekämmt, und er sah gepflegt und frisch aus. Für ein einfaches Essen an einem Sommernachmittag kleidete er sich gewöhnlich in kurze Hosen und in ein Baumwollhemd. Doch anläßlich seiner Galadiners trug er ein kariertes Jacket, ein weißes Hemd und einen Schlips; er bestand auch darauf, daß der tüchtige René Villarreal in einer weißen Filipina, der weißen Kellnerjacke aus Baumwolle, und in Handschuhen an der Tafel wartete.

Mary hatte als Gastgeberin einen romantischen Einfall, der Hemingway ärgerte. Sie aß gerne bei Kerzenschein. Indem Hemingway auf seinen in der Dunkelheit liegenden Teller starrte, klagte er darüber, daß sie nicht sähen, was sie essen würden.

„Eines Tages werden wir noch eine Küchenschabe verschlukken", jammerte er.

Anlaß für Klagen bereitete ihm auch die Häufigkeit, mit der Spaghettis auf den Tisch kamen. Hemingway aß die Nudeln dennoch, ebenso die dicken Suppen, für deren Zubereitung Mary manchmal fünf oder sechs Tage aufwandte. Die Speisekammer der Hemingways war immer gut gefüllt. Im Keller standen vier oder fünf Gefrierschränke, in denen ein breites Angebot an Gerichten lagerte; darunter befanden sich alle Arten von Muscheltieren und Schildkrötenfleisch.

Alles war sorgfältig verpackt und genau datiert. „Heute essen wir Marlin, acht Monate alt", erklärte Hemingway eines Tages Pater Andrés. Hemingway schnitt und verpackte die Schildkrötenfilets selber.

„Man aß nichts Frisches auf der Farm“, sagt Herrera Sotolongo, obwohl zweifellos der Großteil des Gemüses, das verzehrt wurde, aus dem eigenen Garten kam, für den Pichilo verantwortlich war. Er erinnert sich, wie Mary nachdrücklich hervorhob: „Herr Hemingway legt großen Wert auf frisches Gemüse.“

Die Hemingways aßen viel Schildkrötensuppe. Sie bereiteten sie auf eine außergewöhnliche Weise zu: sie entnahmen die Suppe dem Gefrierschrank, mixten sie im Shaker wie einen Daiquiri und servierten die Schildkrötensuppe eisgekühlt. Nur ganz selten tauten sie sie auf und servierten sie heiß.

Hemingway schätzte Mary Welshs Kochkünste. Da gab's bemerkenswerte Gazpachos und eine Vielzahl köstlich gewürzter Fischspeisen, die mehr als nur einen Liebhaber unter den Dinergästen fanden.

Die Eßgewohnheiten der beiden Amerikaner und der Kubaner unterschieden sich in einigen Punkten, so z.B. bei der Portionsgröße. Auf der Farm werden noch Anweisungen, die an die Hausangestellten gerichtet waren, aufbewahrt. Darin wurden diese aufgefordert, Obst zu zerteilen und in kleinen Portionen zu servieren. So bittet Hemingway in einer Notiz darum, seine Avocados in kleinere Stücke zu zerteilen, damit er sie als Obst essen könne. Für die Haushaltshilfe war dies ein Frevel; denn Avocados wurden gewöhnlich nicht als Obst gegessen. Die Hemingways hingegen aßen Avocados nie als Salat.

Auf der Finca Vigía gab's zwei Küchen: eine moderne elektrische und eine große, typische kubanische Küche mit einem alten Kohleherd. Diese war zusammen mit dem Haus gebaut worden. Sie war der bevorzugte Arbeitsplatz des Kochs Ramón.

Hemingway genoß die Gerichte Ramóns, der für ihn zu arbeiten begonnen hatte, als Martha Gellhorn noch Hausherrin gewesen war.

Ramón vereinigte seltene Tugenden und große Schwächen in sich. Die Küche bildete seinen Herschaftsbereich, und er erlaubte niemand, sie zu betreten und die Nase in seine Kochtöpfe zu stecken.

Ramón liebte es, jeden Tag raffinierte Desserts auf den Tisch zu zaubern, meistens Gebäck, das immer ausgezeichnet schmeckte. Wenn unerwartet Gäste auftauchten, brachte ihn dies überhaupt nicht aus der Ruhe.

„Chino, wir werden sechs Personen beim Essen sein", sagte Hemingway. Darauf antwortete Ramón ruhig: „Dies bereitet Chino keinerlei Schwierigkeiten."

Doch Chino, so nannte ihn Hemingway, hatte ein Problem: Er war Alkoholiker. Es war unklug, die halbleeren Flaschen nach dem Essen in die Küche zurückgehen zu lassen; denn Chino trank alles, was ihm in die Finger kam: Tavel rosé, Gordons Gin, guten Rotwein, einfach alles. „Gegen Ende der vierziger Jahre, fünf oder sechs Jahre nach seinem Abschied von der Finca Vigía, starb er nach einer Sauferei", berichtet Pichilo.

Herrera Sotolongo hat ihn als einen außergewöhnlich nervösen Mann in Erinnerung. Einmal stürzte er, die Augen weit aufgerissen, ein Messer in der Hand, aus der Küche und suchte den Fahrer Juan, der ihm einen Streich gespielt hatte. Leider benahm sich Ramón immer so, wenn ihm etwas nicht paßte.

Nach Sotolongo mußte man jederzeit mit solchen Anfällen Ramóns rechnen. Hemingway saß gewöhnlich am oberen Tafelende, Martha ihm gegenüber und die Gäste zu beiden Seiten. Plötzlich konnte Ramón schreiend aus der Küche stürzen: „Ich bring' ihn um!" Es genügte eine Kleinigkeit, um ihn außer Rand und Band geraten zu lassen. Als Ramón eines Tages wieder messerschwingend aus der Küche stürmte, stieß Hemingway schließlich den kubanischen Fluch aus: „Ich scheiße auf deine Mutter, diese Hure!". Er schlug dabei so kräftig auf den Tisch, daß Tassen und Gläser umstürzten, während er Ramón in die Augen starrte. Danach gab's keine Probleme mehr. Es gab auch keinen Ramón mehr; denn er kündigte sofort.

* * *

Das Hemingwaysche Heim wurde wie auch andere kubanische Häuser nach einem ganz besonderen Ritual geputzt und gepflegt. Dabei erschwerten die Eigenheiten der Besitzer der Finca Vigía den Vorgang. Für fast alle Gegenstände auf dem Anwesen waren genaue Anweisungen erlassen worden.

Die Tierköpfe und Felle durften nur mit einer Bürste mit Schweineborsten, niemals mit einer Nylonbürste, gereinigt werden. Waschen war verboten. Die Geweihe wurden abgestaubt und mit einem fettfreien Pflegemittel behandelt. Die

Möbelpolitur hingegen mußte wachshaltig sein. Zweimal jährlich wurden alle Häute, Felle und Geweihe gründlich gereinigt.

Den Läufer aus Naturfasern, der im Wohnzimmer liegt, kaufte Hemingway 1941 auf den Philippinen. Er wurde sorgfältig gepflegt; schadhafte Stellen besserte René Villarreal mit Blättern der Pandamuspalme aus. Es gab zwei solche Läufer auf der Farm. Sie waren 1961 in einem schlechten Zustand; doch als die Farm zum Museum wurde, besserte man die Teppiche aus.

Viele Bilderrahmen waren von Comejen, einer in den Tropen verbreiteten Termitenart, befallen und auch sie wurden gepflegt und restauriert.

Zwei Mal pro Jahr staubten die Hemingways ihre Bücher ab. Arbeitete Ernest Hemingway in seinem Zimmer, durfte er nicht gestört werden. Da niemand in seiner Nähe putzen durfte, verstaubten einige seiner Bücher und wurden von Motten zerfressen.

Alle Fußböden waren uneben, besonders der im Wohnzimmer. Die Schuld daran trugen die Wurzeln der Bäume, Kletterpflanzen und insbesondere die des Ceibas. Um den Fußboden zu nivellieren, mußten die Bodendielen angehoben und die Erde um die Wurzeln abgetragen werden.

Die Dielen waren 1961 fast 60 Jahre alt. Da sie nur sehr schwer zu ersetzen waren, durften sie bei den Reparaturarbeiten auf keinen Fall beschädigt werden. In einer Ecke im Venezianischen Zimmer ist noch immer ein Wurzelstück zu sehen, das sorgfältig unter dem Fußboden des Wohnzimmers entfernt worden war, um die unersetzbaren Dielen nicht zu beschädigen.

Als Mary Welsh das Haus der kubanischen Regierung übergab, entschuldigte sie sich für den schlechten Zustand des Anwesens. Sie erklärte: „Wir hielten uns 1959 sehr lange in Spanien auf, und der Gesundheitszustand meines armen Ernest ließ mich alles andere um mich herum vergessen." Sie fügte diese Notiz hinzu:

> „Das kleine Haus auf der einen Seite des Anwesens war Gästen vorbehalten. Dort hielten sich zu verschiedenen Zeiten die unterschiedlichsten Menschen auf: Jean-Paul Sartre und Charles Ritz aus Paris, Gianfranco Ivancich, der Dichter und Künstler aus Ve-

nedig, Alan Moorhead, der Schriftsteller aus London, Fernando Pivano, der Philosoph, Ettore Sottsass, Künstler aus Mailand, Alfred Vanderbild, der Sportler aus den USA, Denis Zaphiro, Führer von Jagdexpeditionen und ein großer Jäger aus Kenia, Ernests Söhne und Schwiegertöchter und mehrere schöne Frauen."

Im Hauptgebäude, Gästehaus und in der Garage hingen Feuerlöscher, die im Juni 1960 zum letzten Mal aufgefüllt worden waren. Diese Arbeit verrichteten die Feuerwehrleute aus der Monserate Wache. Obwohl sie niemals auch nur einen Pfennig für ihren Dienst verlangten, bezahlte sie Hemingway immer. Bald gehörten sie zu Hemingways Haushalt in Kuba.

Sonia Tsar ersetzte Ramón, den unberechenbaren Koch. Von da ab gab's zwar keine Schwierigkeiten mehr in der Küche, aber die Berichte über die Qualität der Nachtische wurden seltener. Heute kennt niemand Sonias Aufenthaltsort. Sie war serbischer Abstammung und die Schwester von Ana Tsar, der Wäscherin auf der Farm und die letzte Bedienstete Hemingways.

Als Mary 1977 Kuba besuchte, traf sie Ana, die einen Schlaganfall erlitten hatte. Ana konnte Mary wahrscheinlich nicht mehr erkennen. Ihre Familie hatte sie schön herausgeputzt und sie zur Farm gebracht, damit sie „Mr. Güeys Witwe" Guten Tag sagen konnte. Anas Lächeln wirkte erstarrt. Ihr Gesichtsausdruck war leer. Dumpf blickte sie auf die kubanischen Regierungsangestellten und ihre großen schwarzen Limousinen.

In „How It Was" erwähnt Mary Welsh einige weitere Hausangestellte auf der Farm. Am bekanntesten ist René Villarreal, der in jeder Hemingway Biographie als treuer Diener Hemingways beschrieben wird. Hemingways Fahrer Juan Pastor López erscheint in „Inseln im Strom" als die literarische Figur Juan. Der Schriftsteller schildert Juan mit beträchtlichem Groll. Thomas Hudson nennt ihn sogar einen „Hurensohn", als ihn Juan von der Farm zur amerikanischen Botschaft fährt und dabei vergißt, den Leerlauf einzulegen, um Benzin zu sparen.

Mary Welsh erzählte in „How It Was" ebenfalls von René: In einer Ecke der Garage fand René einmal Adriana Ivancichs Geldbörse. Sie enthielt 27.000 Dollar, genug Geld, um die Probleme unzähliger Renés zu lösen. Niemand wäre je dahintergekommen; doch René gab das Geld zurück.

Arnoldo war einer der Klempner, die Mary Welsh erwähnte; niemand weiß, wo er heute lebt. Ebenfalls als Flaschner arbeitete der kleine Anchía. Daneben gab's noch eine weitere wichtige Person auf der Farm: Roberto Herrera Sotolongo, der Bruder Dr. José Luis'. Roberto leitete die Farm seit Beginn der vierziger Jahre. Im Zweiten Weltkrieg nahm er auch auf der Pilar an der Jagd nach deutschen U-Booten teil. Nach Hemingways Tod erhielt er dank des Bildungsprogrammes der Revolutionsregierung die medizinische Doktorwürde; er war damals fast fünfzig. 1970 erlag er einem Herzanfall.

Ein langjähriger Bewohner San Francisco de Paulas offenbart uns eine weitere private Seite Ernest Hemingways: ein Mann, der eine feste Zufluchtsstätte suchte. 1979 war der Möbelschreiner Francisco (Pancho) Castro 76 Jahre alt und lebte seit 39 Jahren in San Francisco. Er erzählt uns: „Ich kam wegen Ernest Hemingway hierher. Als Hemingway noch im Hotel Ambos Mundos wohnte, sah er mich dort arbeiten. Nach seinem Umzug nach San Francisco benötigte er einen Zimmermann und Möbelschreiner. Er kam zu mir ins Ambos Mundos, wo ich gerade einige Fenster einbaute, und lud mich zu einem Glas Bier ein. Wir gingen in das Casa Recalt. Er sagte zu mir: ‚Trinke Dein Bier und arbeite für mich. Du mußt mir nur sagen, wieviel Du verlangst.' Wir einigten uns schnell. Er war ein gerechter Mann und ein guter Kerl. Bis 1952 arbeitete ich für ihn. Inzwischen hatte ich mich in die Stadt eingelebt, und so blieb ich hier."

Pancho fertigte die meisten Möbel im Haus: der Zeitungsständer in der Wohnzimmerecke, der auf vielen Aufnahmen zu sehen ist; ein weißer runder Tisch in der Mitte des Raumes und andere Möbel in diesem Zimmer; die kleine Bar links neben Hemingways Schaukelstuhl und die gesamte Einrichtung des Eßzimmers, der Bibliothek und Marys Zimmer. Heute werden diese Möbel als wertvolle Museumsstücke geschätzt.

„Gewöhnlich entwarf sie Frau Hemingway, und ich fügte noch etwas von mir hinzu", erklärt Pancho. „Die Möbel mußten bequem und funktional sein; wir verwendeten die wertvollsten Hölzer Kubas: Mahagoni und Majagua (ein Baum ähnlich der Linde). Einmal bat mich Hemingway, etwas auf seinem Boot, der ‚Pilar', zu machen. Doch ich mußte ablehnen; denn ich bin kein Schiffszimmermann."

Ende der vierziger Jahre wirkte Pancho beim auffallendsten Neubau auf der Farm mit, dem dreigeschossigen Turm, der auf dem höchsten Punkt auf der Finca errichtet wurde.

Noch lange nachdem Pancho die Finca Vigía verlassen hatte, ließ ihm Hemingway einen Teil seines Fischfangs zukommen.

Dies sind die Menschen, die für den Schriftsteller in seiner Zufluchtsstätte in Kuba arbeiteten. Hemingway vergaß sie nicht. Er erwähnt sie in seinem Testament.

„Den Anweisungen folgend, die Ernest in einem Begleitschreiben zu seinem Testament, niedergeschrieben und beurkundet 1956, übergab ich Gregorio Fuentes, Pasuela Str. 209, Cojímar, Ernests Yacht, die Pilar. Ich unterrichtete ihn, daß er nach Gutdünken über die Yacht verfügen könne. Ernest erwarb sein Kapitänspatent und die Steuererlaubnis für die Pilar am 26. April 1934. Die Pilar und Gregorio haben ihm viel bedeutet. Gregorio verrichtete nicht nur die Arbeit auf dem Boot, sondern er nahm auch im Zweiten Weltkrieg an der Jagd auf die deutschen U-Boote teil; er war ein Begleiter beim Fischen und unterstützte Ernest bei der Erforschung des Golfstromes in der kubanischen See.

Gemäß den oben erwähnten Anweisungen übergab ich René Villarreal aus San Francisco de Paula in Ernests Namen eine Winchester, Kaliber 22, Modell 62A 25 5364, die ihm Ernest schon 1956 persönlich geschenkt hatte, die jedoch wegen der jährlichen Lizenzerteilung mit den anderen Waffen aufbewahrt worden ist. René war nicht nur Ernests persönlicher Diener, sondern er verwaltete 17 Jahre das gesamte Haus.

Denselben Anweisungen folgend überließ ich José Herrera (Pichilo) aus San Francisco de Paula in Ernests Namen die Kühe auf der Finca Vigía. Er arbeitete 17 Jahre als Gärtner für uns und kümmerte sich um den Swimming Pool. Ich erlaubte ihm, seine Kampfhähne, an denen Ernest einst Miteigentümer gewesen war, weiterhin auf der Farm zu züchten.

Pedro Buscarón, der im Haus arbeitete und 8 Jahre die Tiere pflegte, darf sein Pferd auf den Weiden der Farm grasen lassen.

Gemäß den oben angeführten Anweisungen in Ernests Brief veranlasse ich, daß verschiedenen Beschäftigten Geldbeträge überwiesen werden. Dies erfolgt durch Schecks, ausgestellt auf mein Konto bei der Agencia 4/10/06, Amistad 420, Zweig der kubanischen Nationalbank."

Mary Hemingway

* * *

1957 waren 57 Katzen auf der Finca Vigía: 43 alte und 14 junge. Sie lebten im ersten Stock des Turms. Hemingway glaubte, daß es ihm gelungen sei, eine ursprüngliche Katzenrasse zu züchten, und zwar eine Kreuzung zwischen einheimischen Katzen und der Angorakatze. Sie erhielten alle Namen mit einem „s", da er überzeugt war, daß die Tiere diesen Konsonanten liebten, insbesondere wenn er bei der Aussprache der Namen, wie z.B. Boise, Missouri, Spendy gedehnt wurde.

Die älteste Katze war der schwarzweiße Ambrosy, der Hemingway um 8 Jahre überlebte und erst 1969 im Alter von 16 Jahren starb. Der kubanische Hausangestellte rief in bei seinem spanischen Namen „Ambrosio" und erinnerte sich sehr gut an dessen neurotische Anfälle und häufigen Ausflüge in die Speisekammer.

Die berühmteste Katze war Boise; sie erscheint in „Inseln im Strom". Im Buch schenkt der Besitzer von La Terraza, einem Restaurant in Cojímar, Thomas Hudson Boise, die damals noch ein kleines Kätzchen war. In der Wirklichkeit war es jedoch Gregorio Fuentes, der die Katze Hemingway geschenkt hatte.

Boise wurde alt und verzogen. Beim Essen sprang er auf den Tisch, und Hemingway ließ ihn gewähren. Der Priester Don Andrés sieht Hemingway heute noch an der Tafel sitzen und der Katze Essen und Wein geben. Im Hintergrund Mirós La Macia.

Auch die Katze Bigotes hat ihre eigene Geschichte. Bigotes schloß sich einer aggressiven, herumstreunenden Katze an. Eines Nachts töteten sie in einem entlegenen Winkel der Farm Marys Lieblingskatze. „Sie waren's", schrie Hemingway, als René Villarreal am anderen Morgen vom Schicksal der Katze berichtete. Hemingway beendete sein Mittagessen, ging in sein Zimmer und holte die 22er Winchester. Im Korridor fand er Bigotes, der sich die Pfoten schleckte. „Er macht einen unbeteiligten und gleichgültigen Eindruck", sagte Hemingway, „aber ich muß es tun. Er hat Blut gerochen, und von nun an wird er morden. Das erste Verbrechen ist nur der Beginn neuer Bluttaten." Er zielte auf den Kopf der Katze und drückte ab. Es gab noch zwei weitere Katzen, die ein eigenes Verbrechersyndikat bildeten: Fatso und Skopsy. Schließlich mußten auch sie weg.

Im Sommer 1960 ereignete sich eine andere Katzentragödie. Eine von Marys Katzen verliebte sich in eine fremde, schwarze Katze. Sie unternahm viele Streifzüge auf der Suche nach ihrem Freund, und eines Tages geriet sie dabei unter ein Auto. Tödlich verwundet schleppte sie sich zum Haus. Hemingway vernahm die Schreie und schickte René Villarreal, die Winchester zu holen. René brachte das Gewehr, spannte und fragte: „Soll ich schießen, Papa?" Als Antwort entriß ihm Hemingway das Gewehr und stieß durch die zusammengepreßten Zähne hervor: „Dama aca, cono que a los mios los mato yo." (Gib sie mir verdammt noch mal, ich mach's selber).

* * *

Die Unterhaltung der Finca kostete monatlich durchschnittlich 4000 Dollar. In dieser Summe waren die Grundsteuer, die Löhne der neuen Beschäftigten, Essen und Getränke, Dünger und Gartenerde sowie die Kosten für den Swimming Pool mit seinem Wasserreinigungssystem enthalten. Herrera Sotolongo und Juan Dunabeitía (Sinsky) halfen Hemingway oft bei der Buchführung. Im Betrag waren auch seine monatlichen Ausgaben in der Floridita Bar eingeschlossen, wo Hemingway anschreiben ließ. Wenn er seine Rechnung am Ende des Monats erhielt, warf er nur einen flüchtigen Blick darauf und stellte einen Scheck aus.

Die Ausgaben in Kuba waren hoch. Es gab viele Lokale, in denen Hemingway Stammgast war und wo seine Unterschrift Autorität besaß. Er trug nie viel Geld bei sich. Seine Unterschrift genügte in der Terraza in Cojímar, im Basque Center, im Zaragozana Restaurant und auch in der Bodeguita del Medio.

Unter den Papieren auf dem Gut finden sich viele Rechnungen von diesen und anderen Lokalen und viele Durchschläge vom Casa Recalt, wo Hemingway seine alkoholischen Getränke für die Vigía kaufte. Daneben gibt's noch Rechnungen vom Lebensmittelladen Morro Castle. Berge von Lieferscheinen aus Florida und New York sind an Mary adressiert.

Während seines zwanzigjährigen Aufenthaltes in Kuba wendete Hemingway einmal im Jahr, um den Dezember, viel Zeit für die amerikanischen Steuerbeamten auf. Obwohl Hemingway in Kuba lebte, war er noch amerikanischer Staatsbürger. Er hegte tiefen Groll gegen die Finanzbeamten. In einem Brief an Ivan Kashkeen schrieb er 1939, bezogen auf sein Geburtsland: „Bis jetzt hat es für mich nur die Last willkürlicher Besteuerung bedeutet."

In einigen Hemingway Biographien wird erzählt, daß Hemingway gegen Ende seines Lebens infolge seiner Geistesgestörtheit einen unermüdlichen Krieg gegen die Finanzbeamten geführt habe. Er vermutete sie überall, wobei einiges für die Berechtigung von Hemingways Verfolgungsängsten spricht.

* * *

Was Papiere anbelangte, insbesondere Briefe, verhielt sich Hemingway ein wenig fanatisch. Er konnte nichts wegwerfen, sondern war ein Papierhamsterer. Alte amerikanische Zeitschriften füllen heute zwei Schränke auf der Finca, obwohl Mary 1961 bereits eine große Anzahl verbrannte.

In Hemingways Ordnern finden sich hunderte von Rezensionen, die nach der Veröffentlichung seines ersten Buches erschienen waren; manche Rezension, die in verschiedenen Zeitungen gedruckt worden war, ist mehrfach vertreten. Die wenigen Vertrauten, die das Hemingway Haus betreten dürfen, sehen seit Jahren dieselben Briefe auf Hemingways Bett liegen. Dr. J. Herrera Sotolongo, ein Briefmarkensammler, durfte die Briefmarken ablösen, mußte aber die Briefe wieder auf ihren alten Platz auf dem Bett zurücklegen. „Er schlief selten in diesem Bett, meistens teilte er Marys Lager", sagt Sotolongo.

In diesem Durcheinander der Briefe mußte ein System stecken, doch das verstand wohl nur Hemingway.

Da sehr viel Post die Finca erreichte, mußte ein Sekretär angestellt werden. Als ideale Person für diese Aufgabe bot sich Roberto Herrera Sotolongo an. Roberto führte Hemingways Mappen und seine Korrespondenz. Noch Jahre nach dem Tode des Schriftstellers war es Robertos große Sorge, was aus den Papieren auf der Finca Vigía geworden war. Viele Dokumente und Briefe fehlen. Unglücklicherweise konnte in der Zeit, bis die Nachricht vom Freitod Hemingways Kuba erreichte und Mary

Welsh im August 1961 das Anwesen offiziell der kubanischen Regierung übergab, fast jeder die Finca betreten. Freunde und Hausangestellte hatten annähernd 6 Monate lang freien Zugang zum Haus und zu den Papieren. Mary Welsh gab nie bekannt, welche Papiere sie mitgenommen hat. Die Revolutionsregierung hatte ihr die Erlaubnis erteilt, Dokumente und andere Besitzstücke in die Vereinigten Staaten zu schicken.

Schon zu Lebzeiten Hemingways gingen viele Dinge verloren, manche allerdings nur vorübergehend. So verschwand einst die Nobelpreismedaille, und Herrera Sotolongos Brüder drängten Hemingway, etwas zu unternehmen, um die Medaille wiederzubeschaffen. Er antwortete: „Nein, laßt die Angelegenheit auf sich beruhen, es macht wirklich nichts." Als sie aber nicht nachließen, bemühte sich Hemingway schließlich, die Medaille zurückzubekommen. Heute wird sie in der Kapelle der Wunder in der Basilika „Unserer Jungfrau von Gnaden" von Cobre, nahe Santiago de Cuba, aufbewahrt.

Während der Feierlichkeiten, die ihm zu Ehren von Hatuey Bier veranstaltet wurden, hatte der Schriftsteller die Medaille in die Hand des Journalisten Fernando G. Campoamor gelegt. Bald darauf kam sie zum Erzbischof von Santiago de Cuba, Monsignore Enrique Pérez Serantes, der sie in das Heiligtum schickte. In der Basilika findet sich ein Photo aus „Life", auf dem Campoamor, Hemingway und die Medaille abgebildet sind.

Die Medaille ist nun dort, wo sie Hemingway haben wollte. „Diese Geste Hemingways wurde falsch interpretiert", berichtet Herrera Sotolongo. „Er gab die Medaille dem kubanischen Volk. Hemingway dachte zweifellos, daß das Heiligtum der Jungfrau von Gnaden der einzig sichere Ort war, da die damalige kubanische Regierung aus einer Bande von Dieben bestand."

Hemingway erinnerte sich vielleicht an bestimmte Vorfälle im Land, insbesondere an den Raub des legendären Diamanten aus dem Nationalen Kapitol. Er war verschwunden und tauchte wenig später in einer Schreibtischschublade des Präsidenten der Republik wieder auf.

* * *

„Hemingway war nicht religiös“, sagt Herrera Sotolongo und fügt eine merkwürdige, wenig bekannte Tatsache hinzu: „Trotzdem stand er unter dem Schutz der Jesuiten. Ich weiß nicht weshalb, es schien Familientradition zu sein. Er konnte jederzeit auf ihre Hilfe zählen, sich in einem ihrer Klöster verbergen oder ihre Einrichtungen gebrauchen. Hemingway erhielt regelmäßig die Veröffentlichungen des Ordens per Post aus den Vereinigten Staaten zugesandt.

Daß er nicht religiös war, bedeutete natürlich keinesfalls, daß er nicht abergläubisch war. Er trug immer seinen ‚Glücksstein‘, wie er ihn nannte, in der Tasche. ‚Hast Du Deinen dabei‘, pflegte er mich zu fragen. In Wirklichkeit war es ein ganz gewöhnlicher glatter Stein. In Kuba nannten sie ihn ‚chinas pelonas‘. Einige Leute schreiben ihm magische Kräfte zu. Nur zu seinem Gefallen trug ich immer einen bei mir.“

Hemingways Lieblingszahl war 13. Er betrachtete sie als Glückszahl, obwohl sie in Kuba das Gegenteil bedeutet. Alle seine Nummernschilder enthielten eine 13. Er bekam diese Ziffern mühelos, da niemand anders sie haben wollte. Sein Aberglaube bechränkte sich jedoch nicht auf die Zahl 13 und die Glückssteine, die seine Freunde in der Tasche trugen.

„Du mußt meine Ohren durchstechen“, verlangte er von Herrera.

„Es muß erledigt sein, ehe das Baby in Afrika zur Welt kommt!“

Dieser Wunsch Hemingways hing mit der unmittelbar bevorstehenden Geburt eines Kindes zusammen, das Hemingway angeblich mit dem Wakamba Mädchen Debba gezeugt hatte.

Mary bat Herrera, es nicht zu tun. Hemingway geriet über Herreras Weigerung in Zorn. „Ich werde es nicht tun!“ war Herreras letztes Wort in dieser Sache.

Wahrscheinlich hatte Ernest das Mädchen während seiner zweiten Afrikasafari 1953 geheiratet. Nach den Hochzeitsriten der Wakambas muß der Vater während der Schwangerschaft seiner Frau goldene Ohrringe tragen, um eine sichere Geburt des Babys zu garantieren.

Im April erlitt Hemingways Sohn Patrick nach einem Verkehrsunfall einen Nervenzusammenbruch. Herrera Sotolongo diagnostizierte eine „Geistesschwäche", die möglicherweise durch die Anspannung vor den bevorstehenden Kollegeprüfungen oder durch eine Bewußtseinskrise, ausgelöst durch den aufkommenden Zweifel am katholischen Glauben seiner Mutter, verursacht wurde.

Hemingway richtete zusammen mit den Freunden eine Art Sanatorium auf der Farm ein. Besonders zu erwähnen sind hier Doktor Herrera Sotolongo, Sinsky und Pater Andrés. Der Priester, ein häufiger Gast im Hemingwayschen Haus war ein ganz besonderer Fall. Don Andrés war spanischer Emigrant; Herrera Sotolongo sagt über ihn: „Wir lernten die Einstellung dieses Mannes genau kennen: Er war ein Liberaler und ein Geistlicher, der sich selbst als antiklerikal einschätzte."

Patrick dachte jedoch anders. Er akzeptierte alle Freunde seines Vaters, ausgenommen den Priester. Wenn Patrick ihn bemerkte, reagierte er hysterisch. Er beschimpfte Don Adrés als Teufel auf Erden. Don Andrés mußte den Raum verlassen.

Als sie Patrick wieder einmal beruhigt und zum Schlafen gebracht hatten, zogen sich die vier Freunde — der besorgt dreinschauende Hemingway, der Doktor, der Priester und Sinsky, der Barmixer — mit Schnapsflaschen zur Äthylkonferenz ins Wohnzimmer zurück, wo Sinsky die „chemischen Mixturen" zubereitete, die größtenteils aus Gin bestanden.

„Wir müssen wohl einen Exorzisten rufen", sagte Hemingway mit einem Seitenblick auf Don Andrés.

* * *

Hemingway sprach meistens spanisch, da die Hausangestellten keine Fremdsprache beherrschten. Mit Gregorio und seinen Freunden aus der Floridita sprach er ebenfalls spanisch. Wenn er sich nicht gerade mit einem seiner Landsleute traf, hörte er um sich nur den Dialekt von Havanna. Gelegentlich wechselte er mit Mary ein paar Worte auf englisch.

Er nannte José Martí, den kubanischen Helden des 19. Jahrhunderts, „General Martí", was in Kuba unüblich ist. Tatsächlich wurde Martí 1895 von einem revolutionären Offiziersrat als Generalmajor betitelt; aber in Kuba wird er als „Maestro " verehrt. Hemingway anerkannte Martís militärischen Rang; darüberhinaus war er mit Martís literarischem Werk vertraut.

„Ich habe General Martís Arbeiten gelesen und kenne sie sehr gut“, sagt er.

Unter den Büchern auf der Finca Vigía finden wir jedoch keinen der 30 Bände Martís. „General Hemingway“ zitierte jedoch aus dem Gedächtnis Teile einer Militärnachricht, die ihm aus irgendeinem Grunde gefiel: „Unsere Truppen rücken unaufhörlich vorwärts, ohne auch nur einen Fußbreit Land aufzugeben.“ Mit einem ironischen Lächeln sprach er diesen Satz bei einem sportlichen Wettkampf, den er dabei natürlich verlor.

In „Wem die Stunde schlägt“ wird dieser Satz paraphrasiert: „Unsere ruhmreichen Truppen rücken unaufhörlich vorwärts, ohne auch nur einen Fußbreit Land zu verlieren“, erklärt Karkov.

Hemingway verwendete noch einen weiteren spanischen Ausdruck aus der Militärsprache sehr gerne: „estamos copados“ — wir (sind) umzingelt.

„La pepa“ war ein weiterer beliebter spanischer Ausdruck Hemingways. Er verwendete diesen kubanischen Slangausdruck in Bezug auf den Tod. (Pepa ist eigentlich der Kosename für Josefa, einem Mädchennamen). Hemingway kommentierte etwas respektlos den Tod Franklin Roosevelts: „A Franklin Delano lo cogio la pepa (La pepa holte sich Franklin Delano).“

Don Andrés lehrte Hemingway ein Lied, das dieser gerne sang:

> „Ich will nicht in deiner Nachbarschaft wohnen.
> Ich mag dich nicht.
> Und ich mag auch deine Hurenmutter nicht.“

* * *

In den Augen Hemingways wirkte die Finca Vigía wie ein wetterfestes Boot, wenn die tropischen Stürme über das Haus hinwegfegten.

Im September 1950 traf ein Hurrikan Havanna. Die Notizen, die unter seinen Papieren gefunden wurden, bezeugen, daß

Hemingway extreme Wetterverhältnisse auf der Insel erlebte und dabei lernte, daß der einzige und beste Weg, einen Sturm zu überstehen, der sei, eine Flasche Rum bei der Hand zu haben und mit dem Ohr am Radio zu kleben. Vorher mußten natürlich Fenster und Türen sorgfältig verriegelt werden.

Dr. Sotolongo kann sich nicht mehr an die Zahl der Stürme erinnern, denen er zusammen mit Hemingway trotzte, aber er erinnert sich daran, daß Hemingway immer gleich reagierte: „Solche Vorfälle versetzten Hemingway in Aufregung. Wenn ein Hurrikan unmittelbar bevorstand, leuchtete sein Gesicht auf. Zog ein Sturm auf, bestand er darauf, die Stellung zu halten, um die Verteidigung zu organisieren. Wenn das Schlimmste vorüber war und der außen angerichtete Schaden geschätzt wurde, gab's drinnen im Haus einen anderen Schaden.

Dieser Ernesto — er war ein ganzer Kerl. Das Haus voller Lebensmittel, bestand er darauf, während des Sturmes zu fasten. Kein Essen, nur Alkohol. Manchmal verlangte er, daß wir die Kleider ablegten. Wir zogen uns bis auf die Bermudashorts aus, um notfalls hinausstürzen und Gegenstände retten zu können, die der Wind bzw. der heftige Regen mit sich gerissen hatte. Stets leitete Hemingway zusammen mit zwei oder drei Freunden und einer Flasche Alkohol in der Hand vom Wohnzimmer aus den Antisturmeinsatz. Er sah aus wie ein Kapitän inmitten eines Sturmes."

Er sah nicht nur wie ein Kapitän aus, sondern seine witzigen Bemerkungen über den Sturm ähnelten den Kapitänsberichten von Kriegsschiffen. Er sprach vom „Feind" und seiner „Zerstörungskraft" und gebrauchte noch andere Begriffe aus dem Militärwortschatz.

In den fünfziger Jahren ereignete sich ein Vorfall von meteorologischem Interesse, der Hemingways Neugier weckte und bei dem José Carlos Millás, Direktor der staatlichen Wetterwarte Kubas, die Hauptrolle spielte. Es war eine Katastrophenkomödie voller Irrtümer. Millás hatte mit großem Nachdruck versichert, daß ein Hurrikan von gewaltiger Kraft die Insel 100 km östlich von Havanna treffen würde.

Alle Einwohner Havannas vernagelten ihre Fenster und verriegelten ihre Türen. Abwasserkanäle wurden gereinigt und Schaufensterscheiben verstärkt; doch nichts dergleichen in

Mantanzas, 100 km östlich von Havanna gelegen. Tatsächlich aber zerstörte der Hurrikan Mantanzas, wohingegen Havanna verschont blieb.

Es erhob sich lauter offizieller Protest. Millás trat unverzüglich im Fernsehen auf, um den Vorfall zu erklären. Kubas oberster Wetterfrosch machte geltend, daß er die ungenügenden geographischen Kenntnisse seiner Landsleute nicht zu verantworten habe. Mantanzas liegt tatsächlich 100 km östlich Havannas.

Dies war eine der seltenen Nächte, in denen Hemingway länger als 1 1/2 Stunden vor dem Fernsehapparat saß. Millás war oft die Zielscheibe des Spotts, da er sich oft in seinen Wettervorhersagen getäuscht hatte. Nun lauschte Hemingway mit Vergnügen Millás' Rechtfertigung. Nur wenige Monate später war Hemingway Zeuge eines merkwürdigen Vorfalls im Fernsehen.

Es war die goldene Ära der fliegenden Untertassen. Ciudad Deportiva war bei dem prächtigsten Springbrunnen der Stadt entstanden, den die Einwohner Havannas „El Bidet de Paulina" nach Paulina de Grau San Martin nannten. Eines schönen Tages landete ein Ufo in der Ciudad Deportiva. Das Raumschiff, rund, silbern und geheimnisvoll, fuhr sein Periskop aus, gab ansonsten jedoch keine Lebenszeichen von sich.

Polizei, die Stabschefs, Panzerstreitkräfte der Armee und die Feuerwehr zogen auf. Der Insel schien das große Glück — oder Unglück — zu widerfahren, von Außerirdischen für ihren ersten öffentlichen Besuch auserwählt worden zu sein.

In Anbetracht eines Ereignisses dieser Bedeutung beschloß Hemingway, das Ganze doch vor seinem Fernsehapparat auf der Finca Vigía zu verfolgen. Ausgerüstet mit einem Liter Gin und Zitronen aus dem Garten richtete er seinen skeptischen Blick auf den Bildschirm.

Gegen 16.00 Uhr öffnete sich eine Klappe und zum Erstaunen der Zuschauer erschien ein wunderschönes, bekanntes Fotomodell mit einer Flasche Kristallbier in der Hand. Zu diesem Zeitpunkt waren alle Einwohner vom Platz geflohen, und der Leiter der Polizei, Brigadier Rafael Salas Canizares, hatte mit einem Gewehr hinter seinem Mercury Schutz gesucht. Kurz nach den Mädchen tauchten aus derselben Luke die 43 Mitglieder einer populären Band auf, die den Schlager „Sogar die Marsmenschen lieben Kristallbier" spielten.

Dies war zuviel für Hemingway. Er leerte seine Flasche Gordon, ohne Eis oder Zitrone. Der Hausangestellte sah, wie er sich schwankend erhob und in sein — nicht Marys Zimmer — ging und auf einem Berg Post einschlief, das Gesicht mit der Sonntagsausgabe der New York Times bedeckt.

* * *

Kuba hielt noch mehr lustige und makabre Geschichten für Hemingway bereit.

In einem Abschnitt in „Inseln im Strom“ wird erzählt, wie Thomas Hudson sein Haus verläßt und sich nach Havanna fahren läßt. Während der Fahrt erinnert er sich an ein grausames Verbrechen, das 1939 verübt worden war, ein Jahr ehe Hemingway die Finca Vigía kaufte. Ein Polizist hatte seine Geliebte getötet, ihren Körper in sechs Teile zerteilt, in braunes Papier gewickelt und entlang der Landstraße verstreut. In Wirklichkeit waren's nicht so viele Pakete, aber es ist wahr, daß ein Polizist den Mord begangen hatte und der abgetrennte Kopf des Opfers in Batabano gefunden worden war.

Im Buch erwähnt Hudson die merkwürdige Begründung der Kubaner, weshalb es die Überreste einer amerikanischen Touristin sein mußten. Sie könne keine Kubanerin sein, behauptete die Polizei; denn sonst wären ihre Brüste größer.

Hudson: „Er mußte sein Training außerhalb der Finca einstellen; denn jeder, der rannte oder den Eindruck vermittelte, in Eile zu sein, wurde von den Leuten verfolgt. ‚Da läuft er, das ist er! Das ist er, der sie zerstückelt hat!‘ schrien sie.“

Als Hemingway diesen Teil des Romans zu Beginn der fünfziger Jahre schrieb, war der Mörder René Hidalgo, ein ehemaliger Medizinstudent und Polizist, noch immer auf der Isla de Pinos inhaftiert.

René erfuhr nie das Ende der Geschichte Hemingways. René Hidalgo wurde zu Beginn der siebziger Jahre nach einer langjährigen Haftstrafe entlassen. Er war inzwischen ein alter Mann und arbeitete dann im Bahnhof von Santiago de las Vegas, ungefähr 30 km von der Hauptstadt entfernt. Die anderen Arbeiter betrachteten ihn als einen Sonderling. Hidalgo interessierte sich nie dafür, daß er in einem der Bücher Hemingways erwähnt wurde. Er hatte genug vom „Ruhm“ und der Zeitungsberichterstattung.

* * *

„Señor Ernesto war sehr großzügig“, berichtet Sergio Anchia Gonzáles, ein inzwischen über siebzigjähriger, aber immer noch erstklassiger Installateur. Der alte kubanische Arbeiter ehrt das Andenken Hemingways, indem er ihn einen Mann mit edlem Herzen nennt, der immer um das Schicksal der Armen besorgt war.

Anchia erinnert sich, wie Hemingway dem Besitzer des Ambos Mundos sagte: „Manolo, bitte, ich möchte nicht, daß einer der Armen ohne seine nötige Medizin weggeht.“

Er erinnert sich auch daran, wie ihm Hemingway, nachdem er eine Installationsarbeit auf der Farm verrichtet hatte, sagte: „Anchia, du verlangst zu wenig für deine Arbeit. Hier sind noch ein par Dollar. Geh und kauf dir ein paar Drinks.“ Nach den Aussagen Anchias ging Hemingway gern auf Taubenjagd und schickte ihm dann die Beute, damit er sie unter den Armen der Tejadillo-Straße verteilte.

Anchia erzählt folgende Begebenheit: „An einem Wintertag rief er mich auf die Finca. Er erklärte mir, im Swimming Pool sei ein Loch; denn er könne Blasen sehen. Es war sehr kalt, einer der Tage, wie wir sie oft im Winter in diesem Land erleben. Ich lehnte mich über den Rand des Beckens und fragte: ‚Wo ist das Loch?‘ Während ich versuchte, unter der Wasseroberfläche etwas zu entdecken, stieß mich Hemingway von hinten, daß ich kopfüber ins Becken stürzte. Ich plumpste wie ein Stein hinein, in voller Montur, mit meinem Werkzeugkoffer.

Señor Ernesto lachte wie verrückt über seinen Streich. Stellen Sie sich vor! Er hatte seinen Chauffeur Juan zu mir geschickt, nur um den Spaß zu haben, mich ins Wasser zu stürzen! Und dann sprang auch er hinein, in voller Kleidung. Er war sehr demokratisch. Als er wieder draußen war, ließ er zwei Drinks und zwei Pyjamas holen. Da seine Kleidung viel zu groß für mich war, lachte er sich über mein Aussehen fast tot. Dieser kleine Spaß kostete ihn allerdings 100 Dollar, neben den Kosten für das Werkzeug und die Kleidung.“

Vielleicht erinnert sich Anchia deshalb so gerne und voller Dankbarkeit an diesen Vorfall, weil Hemingway dem Installateur mit einem Empfehlungsschreiben an Howard Soler, den Vizepräsidenten der kubanischen Telefongesellschaft, belohnte. Dank dieser Geste erhielt Anchia eine Arbeit, die ihm Sicherheit und ein festes Einkommen für den Rest seines Lebens verschaffte.

Anchias Hemingway unterscheidet sich vollkommen von jenem Mann, der einen berühmt gewordenen Dialog mit Scott Fitzgerald führte: „Die Reichen sind anders als wir“, sagte Fitzgerald. „Ja, sie haben mehr Geld“, erwiderte Hemingway.

* * *

Carteles
11. Juli 1954
Ernest Hemingway ist wieder bei uns (Lisandro Otero)

Am späten Nachmittag durchfuhr ein italienisches Schiff den engen Kanal der Bucht von Havanna und legte kurz darauf am Pier an. Sechs oder sieben kleine Boote lagen vor dem Passagierdampfer und warteten auf einen Doktor, damit er die gelbe Flagge des Gesundheitsministeriums abziehen ließe und den Zugang zum Boot gestatten würde. Oben auf der Kapitänsbrücke winkte ein breitschultriger, graubärtiger Mann begeistert der Menge zu und schrie seine Antworten auf ihre Fragen nach unten.

Hemingway kehrte in seine kubanische Heimat zurück, an den ‚Ort, den ich nach meinem Geburtsland am meisten liebe.‘

Als die Hafenbehörden den Zugang zum Boot gewährten, stürzten über 50 Personen, Reporter, Photographen und Freunde die Laufplanke hinauf. Hemingway erwartete sie im Speisesaal des Schiffes. Er unterhielt sich mit allen, scherzte, lachte und kippte ein paar Drinks hinunter. Schließlich ging er an Land. An der Pier drängte sich eine weitere Menschenmenge. Er bahnte sich langsam seinen Weg und erreichte den Zoll, wo ihn erneut Photographen und viele Menschen erwarteten. Hemingway lachte; denn er freute sich über den herzlichen Empfang.

Sein Gepäck bestand aus mehr als 40 Gepäckstücken: Holzkisten mit präparierten Tierköpfen, große Koffer und Stahlkisten, gefüllt mit Waffen, sowie Segeltuchtaschen mit seiner Fischfangausrüstung. Alles wurde schnell, ohne die üblichen Zollformalitäten auf die Lastwagen verladen. Minuten später war der LKW auf dem Weg zur Vigía, gefolgt vom Kombi des Schriftstellers.

Ernest Hemingway ist wieder bei uns.

Hemingway fühlte sich in Kuba sehr zu Hause. Auch wurde er immer herzlich empfangen. Ein rauschendes Fest wurde an einem denkwürdigen Tag, dem 28. Oktober 1954, gefeiert. Um 11.00 Uhr vormittags hatten alle Radiostationen ihre regulären Programme unterbrochen, um zu verkünden, daß „einer der Lieblingssöhne Kubas einen berühmten internationalen Wettbewerb gewonnen hat und mit einer Goldmedaille, einer Urkunde und 36.000 Dollar in Bar ausgezeichnet wurde, mit dem Nobelpreis."

Hemingway wandte sich an die auf seiner Farm versammelte Menschenmenge. Aus seiner Freude heraus wählte er einen leichten Tonfall, der ihn aber nicht davon abhielt, einige treffende Bemerkungen zu machen:

„Meine Damen und Herren:

Wie sie wissen, gibt es viele Kubaner. Diese können wir wie im alten Rom in drei Gruppen teilen: jene, die hungern, jene, die genug zum Leben haben und jene, die zu viel essen. Nach dieser prächtigen und bourgeoisen Mahlzeit zählen wir zweifellos zur dritten Kategorie, wenigstens für den Augenblick."

Er fuhr in seinem scherzhaften Ton fort, verwies auf seinen unpolitischen Standpunkt und seine kubanischen Freunde. Er behauptete, Antonio Maceo, der kubanische Nationalheld, stehe über Feldmarschall Montgomery. Er hoffe auf einen frühen Tod des dominikanischen Diktators Trujillo. Schließlich verkündete er seine Entscheidung, die goldene Nobelpreismedaille „Unserer Jungfrau von Gnaden" von Cobre zu stiften. Hemingway beendete Grimassen schneidend seine Rede und erklärte, die 36.000 Dollar seien noch nicht geschickt worden und könnten also auch noch nicht gestohlen werden.

# HEMINGWAY AN BORD

Kuba liegt zwischen zwei Meeren: dem Atlantik und der Karibik. Seine Küste erstreckt sich über 700 km, und die Sandbänke — 1600 Inseln eingeschlossen — dehnen sich über 70.000 km² aus, die Insel hat mehr als 165 Lagunen, 290 Flüsse und 100 Talsperren und Dämme. Der Unterschied zwischen Ebbe und Flut beträgt nicht mehr als einen Meter — ein idealer Platz für die Hochseefischerei.

Die begehrtesten Fische gehören zur Familie der Istiophoridae, dazu zählen u.a. der Marlin und der Fächerfisch. Die Gewässer vor der Insel wimmeln abhängig von der Jahreszeit von diesen Fischen.

An der Nordostküste der Insel, in den Gewässern vor Punta Lucretia, sind die Schwertfische wie der Fächerfisch in den Monaten Oktober und November sehr zahlreich. Im tiefen Wasser bei Playa Girón an der Südküste ist im Februar der weiße Marlin zu sehen. Vom Ende des Aprils an tauchen große Schwärme von Marlinen in den Gewässern der Nordküste von Punta Gobernodora im äußersten Westen bis Cruz del Padre Key im Nordosten der Hiacos Halbinsel auf.

1932 erkundete Hemingway zum ersten Mal die kubanische Küste. Ein Alkoholschmuggler aus Key West stellte das Boot zur Verfügung und legte die erste katalanische Angelrute in Hemingways Hand. Es war Joe Russell, auch Josie Grunts gerufen. In Key West gehörte ihm das Sloppy Joe, und er lehrte Hemingway die Kunst der Navigation und des Alkoholschmuggels.

Joe genügte es nicht, Hemingway nur als Gast in seiner inzwischen legendären Bar in der Duval Street in Key West zu haben, wo den Prohibitionsgesetzen keinerlei Beachtung geschenkt wurde, vielmehr überzeugte er den Schriftsteller vom Hochseefischen in den kubanischen Gewässern. Er stellte ihm sein Boot, die „Anita“, für nur 10 Dollar pro Tag zur Verfügung, da Ernest ein guter Freund war; außerdem machte er ihn mit Carlos Gutiérrez, einem rätselhaften Fischer aus Havanna, bekannt. April 1932 beginnen Hemingways Reisen nach Kuba.

Auf literarischer Ebene bereicherte diese Beziehung die Gegenwartsliteratur um drei bedeutende Erzählungen, um eine politische Erzählung und um ein Dutzend Artikel über das Sportfischen. Hemingway wurde kubanischer Einwohner und eine bekannte Persönlichkeit im Leben des Landes.

Auf der Finca Vigía gibt es Belege für diese Freundschaft zwischen Hemingway und Joe Russell: Mehrere, etwas unscharfe Bilder zeigen die beiden im Hafen Havannas. Sie wurden auf den ersten Reisen Hemingways nach Kuba aufgenommen. Auf jedem Bild hält Josie einen Drink in der Hand und so überrascht es nicht, daß man damals sagte, Russell selbst trinke einen hohen Prozentsatz des Alkohols, der ursprünglich für den Schmuggel und zum Verkauf unter der Ladentheke des Sloppy Joe's bestimmt gewesen sei.

Nach zehn Jahren schien der Lehrer zum Schüler geworden zu sein. Dann war es Hemingway, der den alten Piraten mitnahm und verwöhnte. Josie war ein ehrwürdiger Großvater geworden und kam zu Beginn der vierziger Jahre an Bord der „Pilar". Er saß da und trank Zitronensaft mit „einem kleinen Schuß Rum" oder ein Glas lauwarmen Tee.

Hemingway fragte ihn hin und wieder: „Wie geht es uns, Herr Russell?" Darauf antwortete Josie nur mit einem traurigen Lächeln. Er war Ernest, seinem „Patenkind", bis zum Schluß ein treuer und wahrer Freund.

* * *

Im Roman „Haben und Nichthaben" strebt die Hauptfigur Harry Morgan dem Café de la Perla de San Francisco zu, während sein Boot, die „Anita", am Ende zweier Seile sanft vor dem Pier schaukelt. „Haben und Nichthaben", der Roman mit dem verwirrtesten aller Helden Hemingways, beginnt mit einer Schießerei vor diesem ehrwürdigen Café im alten Havanna.

Hemingway war am 7. August 1933 Zeuge eines Massakers gewesen, als er in Havanna auf das Schiff wartete, daß ihn über Europa nach Afrika bringen sollte. Er wählte die Morgendämmerung in Havanna, einen durstigen Bettler und die ersten Geräusche des verschlafenen Platzes und die Bars am Dock, um damit seinen ersten Roman über Kuba einzuleiten. Und das war das Gesicht Kubas: Schlafende im Schatten der Häuser, der leere Platz, der Brunnen und das Café Perla de San Francisco.

*Das Café de la Perla de San Francisco beim Hafen von Havanna (Schauplatz von „Haben und Nichthaben").*

*Hemingway (rechts, mit dem gestreiften Hemd) und einem Rekordfang von Kubas Nordküste, 1933 (UPI)*

*Mit Joe Russell (Pfeil) an Bord der „Anita" am alten Pier San Franciscos*

*Mit Carlos Gutiérrez und einem Costero in Havanna im Jahr 1933.*

*Mit Gregorio Fuentes und einem Peto.*

*Beim Fischen von Schwarzen Marlinen bei der Verfilmung von „Der alte Mann und das Meer“ vor Cabo Blanco in Peru, 1956.*

*Mit Fidel Castro bei dem „Ernest Hemingway"-Fischereiwettbewerb, 15. Mai 1960.*

Antonio Rodriguez, der Besitzer des Perla de San Francisco, starb 1951 im Alter von 81 Jahren. Sein Spitzname war „Kaiser Guillermo". Die einzigen Bücher, die er je gelesen hatte, waren seine Geschäftsbücher, und er trug einen — wie er es nannte — „österreichischen Bart", der ihm das Aussehen des kriegerischen deutschen Kaisers verlieh.

In dem kleinen Café verkaufte er kalte Drinks, Apfelsinen, Ananasfrüchte und Essen. Im selben Gebäude gehörte ihm auch ein kleines Hotel mit 17 Zimmern.

Stolz war Rodriguez auf die Bar in seinem Café. Die Theke war aus einem besonders kostbaren Material gefertigt, sogar wertvoller als Marmor, und dahinter prangte ein zehntüriger Kühlschrank. Der Wert des Geschäftes wurde auf 30.000 Dollar geschätzt, 1930 eine stattliche Summe. Doch später geriet Rodriguez in die roten Zahlen und machte bankrott. 1953 wurde das Gebäude abgerissen.

Kaiser Guillermo hat nie erfahren, daß Hemingway ein häufiger Gast in seinem Lokal gewesen war und daß sein Café in einem der Romane Hemingways Erwähnung fand. Durch diese Gleichgültigkeit gegenüber der Literatur verspielte Rodriguez die große Chance, Geld aus dieser unfreiwilligen Popularität zu schlagen. (Der Besitzer des Restaurants La Terraza in Cojimar hat ganz gewiß davon profitiert, daß Hemingway bei ihm eingekehrt war).

Der Originalschauplatz von „Haben und Nichthaben" hat dem Lauf der Zeit hartnäckig widerstanden . Ein neuer Farbanstrich und die neuen, auffallenden Panoramafenster scheinen alles zu sein.

In Wahrheit hat sich vieles verändert, seit Harry Morgan sein Bier in der Donovan Bar trank; am auffallendsten ist die Abwesenheit der US-Matrosen und der Abenteurer. An ihrer Stelle sieht man Russen, Griechen, Polen, Italiener, Mexikaner und Panamanesen in den Docks, was der Gegend einen weltmännischen Charakter verleiht.

Neben dem Café Perla de San Francisco befand sich ein chinesisches Restaurant, in dem Morgan für nur 40 Cents zu Mittag aß. Danach genoß er ein Bier in der Donovan Bar und noch weitere zusammen mit Frankie in der Cunard Bar.

Und schließlich erinnert sich Morgans Frau Marie, daß sie ihr

Haar das erste Mal in einem Schönheitssalon auf dem Prado hatte bleichen lassen.

Der Prado von Havanna, eine karibische Version des Madrider Prados, ist mit seinem großen Park und dem Hotel Sevilla noch erhalten. Heute beherbergt er viele Schönheitssalons und Pizzerias.

Die Cunard Bar, drei Türen weiter vom Café Perla de San Francisco, ist heute eine Autowerkstatt. Angel Martínez, der ehemalige Besitzer der „La Bodeguita del Medio", und César Novoa Esperanza, ein bekanntes Gesicht in Havanna, erinnern sich, daß über der Straße von der Cunard Bar der Laden „Great Generoso" lag. Er hatte sich auf die Zubereitung eines hervorragenden Kaffees spezialisiert. Die Bohnen wurden vor den Augen der Kundschaft geröstet.

Novoa Esperanza meint, die Donovan Bar sei eine „Spelunke" gewesen, wo man nur für „el del estribo" einkehrte, was in Havanna „der letzte Drink" bedeutet, „einen für den Heimweg." „Eine Menge Geschäfte wurden dort gemacht, Huren waren auf Freier aus", sagt Novoa, „wahrlich kein Platz nach meinem Geschmack."

In „Haben und Nichthaben" gibt es eine Passage, die, obgleich sie auf historischen Tatsachen beruht, doch nicht zu überzeugen vermag. Hier schrieb Hemingway offensichtlich ohne gründliche Kenntnis der Sache: Harry Morgan will schnell Geld machen, indem er Chinesen aus Kuba in die USA einschleust. Er kommt mit einem gewissen Herrn Sing darüber ein, 12 illegale Einwanderer in seinem Boot in die USA zu fahren. In der Nacht tötet Morgan Sing und wirft die Leiche ins Meer. Dann wendet er und kehrt zur kubanischen Küste zurück. Als er den Strand bei Bacuranao erreicht, erklärt er den Passagieren, sie seien nun in Florida. Die Chinesen erkennen, daß man sie betrogen hat; doch Morgan richtet sein Gewehr auf sie und zwingt sie, an Land zu gehen.

Hemingway muß durch Carlos Gutiérrez, dem ersten Maat auf der „Pilar", von dieser Art des Menschenschmuggels gehört haben. Aber die alten kubanischen Fischer und die Historiker sind sich sicher, daß es nicht so leicht war, Chinesen hereinzulegen. Die Menschenschmuggler verlangten 200 bis 300 Dollar pro Kopf; aber sie mußten das Geschäft auch ausführen.

Da die Chinesen damals am meisten benachteiligt wurden, hatten sie mächtige Geheimorganisationen gegründet, um sich zu schützen. Sie verfügten über eine zusätzliche starke Waffe: ehe sie nicht ihre Füße auf den Boden der USA setzten, zahlten sie nicht die volle Summe des vereinbarten Preises.

Diejenigen, die versuchten, die Chinesen zu betrügen, liefen Gefahr, Opfer ihrer Rache zu werden. Die Zahl der Chinesen, die als Fressen für die Haie endeten oder an der Nordküste Kubas verhungerten, war gering im Vergleich zu der großen Zahl, die die USA erreichten und sich dort niederließen. Von den 10.000 Chinesen, die von Kuba in die USA geschmuggelt werden sollten, verfehlten nur ungefährt 1000 ihr Ziel, und von diesen kamen 100 im Golfstrom ums Leben.

Trotzdem stimmt Hemingways Geschichte in wenigstens einem Punkt, erreichte doch nicht jeder Chinese den sicheren amerikanischen Hafen. An der Küste Floridas steht eine Warntafel, auch die „Warntafel des Chinesen“ genannt. Nach alten Berichten dieser Gegend rührt der Name der Tafel daher, daß ein Menschenschmuggler einst an dieser Stelle, die Passagiere, die er von Kuba in die USA bringen sollte, über Bord warf.

* * *

Key West hatte in den Zwanziger Jahren einen aristokratischen Flair. Hemingway nannte Key West das „Saint Tropez der Armen.“ Die Insel war nur 23,5 km$^2$ groß und hatte 11.600 Einwohner; diese setzten sich aus den „Conchs“, den von den Bahamas importierten Schwarzen, und den Kubanern zusammen. Eddy Saunders und Joe Russell, zwei bedeutende Gestalten in den Romanen Hemingways jener Zeit, lebten dort.

In diesen Jahren war Key West eher kubanisch als amerikanisch, und die Conchs zählten zur untersten sozialen Schicht. Doch mit der großen Depression verschwand die Tabakindustrie, in der 2000 Arbeiter beschäftigt waren. Der Flottenstützpunkt wurde aufgegeben, der Dampfschiffahrtsverkehr eingestellt und die Frachtschiffe wurden nach New Orleans zurückgeschickt. City Hall meldete am 2. Juli 1934 Konkurs an. Dies war ein Teil des trostlosen Bildes, das Hemingway in „Haben und Nichthaben“ gezeichnet hat.

Die Hemingways lebten im Haus Nr. 907 in der Whitehead Street (heute ist dort ein Hemingway Museum untergebracht), erbaut 1851 durch den Schiffsmagnaten Asa Tift. Gustav Pfeiffer, der Onkel Paulines, hatte ihm das Haus 1931 für 12.500 Dollar abgekauft.

Das Ehepaar lebte neuen Jahre in Key West, reiste sporadisch nach Wyoming und Sun Valley, nach Frankreich, Spanien, Kuba und zu den Biminis. Hemingway beendete dort „In einem andern Land", begann nach einigen Biographien mit „Wem die Stunde schlägt" und schrieb „Schnee auf dem Kilimandscharo". Als Hemingway 1955 zusammen mit A.E. Hotchner Key West besuchte, gingen sie zum alten Haus, und Hemingway zeigte auf die Hütte am Swimming Pool und sagte: „Hier schrieb ich ‚Schnee auf dem Kilimandscharo'."

Die im März 1939 fertiggestellte Autobrücke verband Key West mit Florida; sie wirkte wie eine Bluttransfusion. Nach einer Statistik der Handelskammer besuchten von da an jährlich mehr als 450.000 Touristen die Stadt.

Von Hemingways alten Freunden in Key West leben heute nur noch zwei; sie sind beide Ende siebzig: Charles Thompson („Karl" in „Die grünen Hügel Afrikas") — er begleitete Hemingway auf seiner ersten Safari — und Otto Bruce, Hemingways alter Diener „Tubby".

Bei einer anderen Gelegenheit machte Hemingway die Bekanntschaft eines Mannes, der eine wichtige Rolle in seinem Leben spielen sollte: Die „Anita" mußte vor einem Sturm Zuflucht in Dry Tortugas suchen. Ein anderes Boot lag bereits im Behelfshafen und wartete auf das Ende des Unwetters. Der Kapitän dieses Bootes, der Fischer Gregorio Fuentes, verfolgte gelassen die Wendemanöver der „Anita". Er lud Hemingway und seine Freunde auf sein Boot ein und servierte ihnen eine von Hemingways Lieblingsspeisen: Wein und rohe Zwiebeln.

Sechs Jahre später war Fuentes „the pillar (Stütze) der Pilar" geworden, wie Hemingway gelegentlich bemerkte und sich dabei an dem Wortspiel erfreute. Fuentes erscheint zum ersten Mal in „Blaues Meer", einem Artikel, der in „By — Line", einer Sammlung von Hemingways Depeschen, veröffentlicht wurde. Hemingway spricht ihm seine Anerkennung dafür aus, daß er das sauberste Schiff besitze, das er je gesehen habe, und fügt hinzu, daß Gregorio eher das Schiff reinige als fische, er aber eher fische als esse. Er erwähnt, daß Fuentes die „Pilar" in drei Wirbelstürmen gerettet habe, den Orkan vom Oktober 1944 eingeschlossen, bei dem die Windgeschwindigkeit 290 Stundenkilometer erreichte.

Der erwähnte Mann ist heute ein friedlicher Patriarch und noch immer als Fischer tätig. Er lebt in Cojimar in seinem Haus, das er mit dem Lohn, den er von Hemingway erhielt, kaufte (250 Dollar im Monat).

Wie Gregorio so auf einem Stuhl im Wohnzimmer sitzt, barfuß, eine Baseballmütze auf und vor sich auf dem Glastisch einen Drink, wirkt er stark wie eine Eiche. Seine Frau Dolores bereitet ein Frühstück im amerikanischen Stil, das ihm Hemingway empfohlen hatte: Quäker Haferschrot, viel Brot und Butter, ein Omelett, Käse und Kaffee mit Milch. Zusammen mit ihm eine halbe Stunde vor dem Haus zu sitzen, reicht aus, sein Verhältnis zu den Einwohnern von Cojimar kennenzulernen. Jeder grüßt ihn. Er ist eine der beliebtesten Personen in dem kleinen Fischerstädtchen, respektiert sowohl als Hemingways alter Kapitän, als auch als erfahrener und fähiger Fischer.

„Was die Sache mit Dry Tortugas anbelangt", so erinnert sich Gregorio, „Papa war damals nicht Papa. Er war jung, athletisch und sehr freundlich. Er lachte immer, war stets hilfsbereit, sehr gesprächig, dunkelhaarig und aufrichtig. Sie saßen fest, gefangen vom Sturm. Sie wollten Verbindung mit Key West aufnehmen.

Ich belud meinen Laderaum mit Ballast, so daß mein Segelboot dem Sturm standhalten konnte. Hemingway beeindruckte dies. Als wir beim Leuchtturm ankamen, bat ich den Leuchtturmwärter, meine Freunde das Telephon benutzen zu lassen, das über Unterwasserleitungen mit Key West verbunden war. Hemingway hatte noch nie davon gehört und war sehr erstaunt. Er mußte noch viel lernen. Er wußte auch nicht, daß die Leuchtturmwärter meine Freunde waren und ich bei jedem Besuch Cognac mitbrachte."

Keiner der anderen Fischer in Dry Tortugas wagte, Hemingway in diesem Sturm zum Leuchtturm zu fahren. Man brauchte dazu Gregorio.

Hemingway traf Gregorio in einem Café in Casablanca wieder. Obwohl inzwischen zehn Jahre vergangen waren, erkannten sie sich gleich wieder. Gregorio nahm Hemingways Angebot an, auf der „Pilar" als Kapitän zu arbeiten.

Bei dem Sturm von 1944, den Hemingway erwähnte, sei — so sagt Gregorio — alles sehr einfach gewesen. Gregorio warf an einer seichten und morastigen Stelle in der Bucht von Havanna Anker und band das Boot „an jedem greifbaren Pfosten fest, an Sumpfgewächsen, Baumstämmen oder Felsen. Als ich damit fertig war, lag die Yacht wie in einem Spinngewebe gefangen."

Auf diese Weise gesichert, bot das Boot sechs anderen Fischern, deren Boote beschädigt waren, Schutz. Gregorio bat die Männer, an Bord zu kommen.

„Dann brach der Sturm los. Die heftigen Winde und die tosenden Wassermassen schlugen hart gegen das Boot, die kleinen Boote zerrten an den Seilen, die ebenso wie die Planken der ‚Pilar' zu ächzen begannen."

Das Ganze schien Gregorio Fuentes vollkommen kalt zu lassen. Er bereitet bei einem Glas Scotch für alle ein saftiges Arroz con pollo (Reis mit Huhn). „Nachmittags ließ das Unwetter nach", fährt er fort, „und die Fischer halfen mir, das Boot aus dem Schlamm zu ziehen. Ich half ihnen, und sie halfen mir."

Gregorio sagt, das Schicksal habe ihn zum Seemann bestimmt. Im Alter von vier Jahren zeigte ihm sein Vater „die großen Kanonen des Seehafens" in Lanzarote, Spanien („unter den Augen der Generäle", fügt er hinzu und greift sich an ein imaginäres Rangabzeichen auf der Schulter). Damals fragte man ihn: „Komm her, Kind. Sag uns, wie Du dem König dienen möchtest. Zu Wasser oder zu Land?" „Ich wähle die See", antwortete er. „Und das war der Anfang", sagt er.

Gregorio besitzt wahrscheinlich als einziger Fischer auf der Welt echte Fotos von Robert Capa und Karsh. Karshs berühmtes Hemingway Porträt hängt in seinem Wohnzimmer.

1922 heiratete er Dolores Pérez; sie haben vier Töchter. Gregorio und Dolores leben nun schon über sechzig Jahre zusammen, und er neckt sie noch immer gerne.

„Was mußte ich nicht alles in meinem Leben mit Dolores erleiden!" klagt er. Doch sie antwortet schlagfertig: „Schade, daß er mich nicht verlassen hat."

Der alte Kapitän der „Pilar" erzählt: „Es machte Freude für Papa zu arbeiten. Ich war Kapitän und zugleich Koch. Auch servierte ich die Drinks. Damals konnte ein guter Kapitän mehr verdienen, als ich erhielt. Doch ich war gerne bei Papa; denn er war ein wirklicher Freund."

Die „Pilar" war gut ausgerüstet. Frisches Fleisch, eine Menge Dosenvorräte, amerikanische Suppen, Bohnen und Tamales (Hackfleisch mit Paprika und Maismehl) waren immer vorrätig. Die Verantwortung für die Bar übertrug Hemingway vollständig auf „Gregorine", wie er Gregorio nannte. Wenn sie Havannas Leuchtturm passierten, pflegte Hemingway zu sagen: „Kapitän Gregorine, kümmern sie sich bitte um die Äthylabteilung." Gregorio erinnert sich an die verschiedenen Cocktails und andere Getränke, die er servierte:

| | |
|---|---|
| Gin und Tonic-Water: | 2 Schuß Gin, mit Tonic auffüllen, eine Zitronenscheibe; kein Zucker |
| Whiskey und Soda: | Dewar's White Label, Haig und Haig oder Johnny Walker |
| Wein: | In Karaffen; italienischer, manchmal spanischer oder chilenischer Herkunft |
| Daiquiris: | Ohne Zucker |
| Bacardi: | Mit Eis und Zitrone |

Gregorio empfiehlt, einen Drink nicht länger als eine halbe Stunde in der Hand zu halten. Sobald er lauwarm ist, sollte man ihn wegschütten.

„Papa trank aus keiner Flasche, die schon längere Zeit offen war. Er öffnete jeden Tag eine neue Flasche. Gordon's Gin war sein Lieblingsgetränk; doch es gab viele verschiedene Alkoholmarken an Bord. Er hatte viele Gäste zu bewirten, und er wollte, daß jeder das trinken konnte, war er wollte."

Gregorio hat sein eigenes Rezept gegen Erkältungen: „Zwei Eßlöffel Honig, den Saft zweier Zitronen, ein Pfefferminzblatt und zwei Eiswürfel in ein sauberes Glas geben, mit Rum abschmecken. Es gibt nichts Wirksameres", behauptet er.

* * *

1954 trug sich eine Geschichte zu, an die sich Gregorio ausgesprochen gerne erinnert:

„Hemingway brachte einen feinen Herrn als Gast mit auf die ‚Pilar'. Es war Charles Ritz, der Inhaber des Pariser Hotels.

Hemingway behauptete gegenüber seinem Freund: ‚Mein Koch ist besser als der in deinem Hotel!'

Papa rief mich und fragte: ‚Gregorine, wie begrüßen wir den Herrn?'

Ich erwiderte, ich wolle während der nächsten drei Tage, drei Essen zubereiten, die dieser Gentleman noch nie in seinem Leben gekostet hat!

Charles Ritz fragte: ‚Um welche Gerichte handelt es sich?'

Ich nenne sie ‚Iß und frag nicht'.

Als Monsieur Ritz mein Spaghettigericht kostete, sagte er, er habe noch nie in seinem leben so köstliche Spaghettis gegessen.

‚Jedes Gericht hat etwas Besonderes', sagte ich.

‚Was heißt das?' fragte Monsieur Ritz.

‚Es besagt, daß hinter jeder köstlichen Speise zwei Geheimnisse verborgen liegen, nämlich wie's gemacht wird und wie man es nicht machen sollte.'

Und ich erzählte ihm das Geheimnis des Gerichtes: ‚Ich breche die Spaghetti entzwei, ehe ich sie ins kochende Wasser gebe. Das Huhn koche ich in einer besonderen Brühe. Diese wird aus Rindfleisch und Schweineknochen zubereitet. Ist das Huhn gar, seihe ich den Sud und gebe die im Sieb zurückgebliebenen Reste zum Huhn. Es wird noch gesalzen und dann zerkleinert.

Dann nehme ich etwas Schinken aus Galizien und Chorizo (spanische Wurstsorte) und schneide beides in kleine Stücke. Diese werden mit dem Huhn und dem Sud vermischt, mit Paprika gewürzt und auf kleiner Flamme langsam geschmort. Die mit einer Prise Zucker gewürzten Spaghetti und die Sauce serviere ich getrennt.'

‚Dies ist ein kubanisches Gericht', erklärte ich Monsieur Ritz.

Der sagte zu Papa: ‚Wären wir beide nicht gute Freunde, nähme ich diesen Mann mit mir ins Ritz.'

Am nächsten Tag sagte ich: ‚Heute schlagen wir ein weiteres Kapitel auf!'

Papa behauptete wieder, daß ich besser sei als der Chefkoch vom Ritz.

Ich schnitt einen Schwertfisch in zwei Scheiben, marinierte sie und ließ sie stehen. In der Zwischenzeit servierte ich Papa und Senor Ritz verschiedene Drinks, und sie unterhielten sich. Die ‚Pilar' ankerte vor Bacuranao. Später schmelzte ich ein halbes Pfund Butter und briet darin den Fisch bei milder Hitze. Nachdem ich ihn mit Zitronensaft gewürzt hatte, wendete ich ihn, um auch die Unterseite zu bräunnen. Ich wartete, bis Papa und sein Gast zu Tische saßen, ehe ich ihnen das Gericht direkt aus der Pfanne servierte.

‚Wie machen sie das?' fragte Senor Ritz.

‚Ganz einfach', entwortete ich, ‚Mit einer Prise Salz.'

Die Sauce war noch einfacher. Ich hatte zwei oder drei Dorados in Megano Beach gekauft. Ich filierte den Fisch, da er ein Winterfisch, gut und sehr fleischig war, und bereitete eine verdammt gute Sauce: eine grüne Sauce mit Paprika, viel Petersilie, schwarzem Pfeffer, Rosinen und Kapern. Alles kam mit feingeschnittenem Spargel in die Bratpfanne.

‚Und wie bereiteten sie dieses Gericht zu?' fragte Monsieur Ritz. Also sagte ich es ihm.

Natürlich bereitete ich noch viele andere Speisen für Papa, besonders Oktopus mit Weinsauce und Oktopusfrikassee. Den Oktopus, den wir vom Boot aus fingen, wanderte direkt in die Pfanne. Am meisten liebte Papa Krabben, gekocht in Zitrone. Wie Papa das genoß! Und Hummer! Doch meine Krabbengerichte schmeckten ihm am besten."

* * *

„Wir fuhren nach Puerto Escondido", erzählt uns Gregorio Fuentes. „Adriana Ivancich, ihre Mutter, ihr Bruder und ich. Die junge italienische Gräfin zog mich stark an. Ich liebte die Art, wie sie sprach. Doch ich hatte nichts mit ihr zu tun, denn sie war Papas Gast. Auf der Reise mußte ich sie allerdings festbinden, damit sie nicht aus dem Rettungsboot fiel. Es war während eines Sturmes, und ich wollte keinen meiner Passagiere verlieren.

Während Papa an Bord der ‚Pilar' in Puerto Escondido auf

uns wartete, hatte ich alle Hände voll zu tun mit dem kleinen Boot, den Gästen und den ersten Windböen des Sturmes. Der Leiter des Hafens von Santa Cruz hatte mich gewarnt: ‚Sei vorsichtig, schlechtes Wetter ist angesagt worden!‘ Ich hatte geantwortet: ‚Ich werde so vorsichtig wie nötig sein.‘

Da wir in Santa Cruz einige Drinks zu uns nahmen, verzögerte sich unsere Abfahrt. Wir waren gerade ein paar Kilometer draußen auf See, als uns das Unwetter und die Nacht überraschten. Ich erklärte meinen Passagieren: ‚Ich werde sie anbinden, damit sie nicht ins Wasser fallen. Eine große Welle könnte uns treffen und uns alle in die See spülen. Wer würde es dann auf sich nehmen, Papa dies zu erklären?‘

Ich begann mit der Mutter der jungen, italienischen Dame. Ich wickelte ein Seil um sie, gab ihr einen Schlag auf die Schulter und forderte sie auf, sich keine Sorgen zu machen. ‚Danke, danke Sir!‘ sagte sie. Dem Bruder reichte ich das Ende eines alten, ölverschmierten Seiles und sagte ihm: ‚Machen sie's selber; aber bewegen sie sich nicht zu heftig, sonst sinken wir.‘ Er war ruhig und lachte. Ich bin sicher, daß er verstand, in welch mißlicher Lage wir uns befanden.

Ich fand ein Stück neuen Seiles und bat die junge Gräfin um die Erlaubnis, sie festzubinden. Ich ließ mir dabei Zeit. ‚Ich glaube, daß wir sinken werden‘, sagte sie, doch ich versicherte ihr: ‚Es gibt gar keinen Grund zur Sorge. Schauen sie, wie gut wir vorbereitet sind.‘

Ich mußte die Gäste alleine lassen und das Steuerrad nehmen, denn die Angelegenheit begann sehr unangenehm zu werden. In der Ferne konnte ich das bengalische Feuer sehen, das Papa von der ‚Pilar‘ abschoß. Ich wußte zwar, daß es ihn beruhigen würde, wenn ich ihm antwortete; doch ich konnte das Steuerrad nicht verlassen. Der Sturm war jetzt zu stark.

Schließlich kamen wir in die Nähe der ‚Pilar‘, aber das Getöse des Sturmes übertönte unser Motorgeräusch, so daß uns Papa nicht hören konnte. Ich erblickte ihn auf der Brücke, wo er nach uns Ausschau hielt.

Als wir die ‚Pilar‘ erreichten, blies uns heftiger Regen und Wind ins Gesicht. Ich schleuderte ein Tau gegen die Seite der Yacht, und Papa hörte das Geräusch. ‚Gut, Gregorine ist angekommen!‘ sagte er erleichtert. Ich befreite die Gäste, und er half ihnen an Bord. Sogleich öffnete er als Willkomensgruß eine Flasche Champagner. Mir reichte er eine andere Flasche. ‚Öffne sie, sie ist für Dich; du hast es wahrlich verdient, Gregorine', sagte er zu mir.

Da er bemerkte, daß ich zögerte, am Fest teilzunehmen, zog er mich beiseite und fragte: ‚Was hast Du?' ‚Ich denke an das Boot', erwiderte ich ihm. Er wußte, was ich damit meinte, und so ließ er mich allein und ging zu seinen Gästen. Ich aber brachte die ‚Pilar' in eine sichere Position und befestigte sie mit Tauen an zwei Bojen und am Land.

Die Gäste gingen früh zu Bett: Papa kam zu mir auf die Brücke, wo ich alleine mit meiner Flasche stand.

‚Was glaubst du, wird passieren?' fragte er.

Indem ich die Flasche hochhielt, antwortete ich: ‚Hier stehe ich mit meinem Kompaß und warte, daß der Hurrikan müde wird. Mach dir keine Sorgen, geh ruhig schlafen, Papa!'

‚Nein', widersprach er, ‚ich werde hierbleiben!'

‚Es gibt keine Probleme', sagte ich.

‚Umso besser', antwortete Papa.

In der Morgendämmerung saßen wir immer noch auf der Brücke, gegen die das Meer und der Wind die ganze Nacht über angestürmt waren. Es war ein grauer und nasser Morgen."

* * *

Aus seiner Erinnerung gibt Gregorio das Gespräch zwischen ihnen wieder:

| | |
|---|---|
| Hemingway: | Weißt Du, was ein Freund ist, alter Mann? |
| Gregorio: | Du und ich, wir sind Freunde. |
| Hemingway: | Ein Freund ist mehr als ein Vater oder ein Bruder. Freundschaft bedeutet gemeinsame Vergangenheit. Wir beide sind seit Jahren zusammen an Bord der „Pilar". Woher kamen wir? Das spielt keine Rolle. Eines Tages trafen wir uns, Du mit Deiner Lebensgeschichte, ich mit meiner. Zwei Freunde sind wie zwei Geschichten, die sich zu einer verbinden. |
| Gregorio: | Ein Freund ist eine Kette. |

Hemingway: Wir verfügen über ein gutes Boot, Gregorine. Ein dieselbetriebenes Boot, wie es heute nicht mehr produziert wird. Doch bei uns ist nie Feuer an Bord ausgebrochen. Auf diesem Boot trotzten wir vielen Stürmen und fingen viele große Fische im Golfstrom. Mit ihm jagten wir die deutschen Seewölfe.

Gregorio: Ich habe eine Idee. Laß uns abwarten, wer zuerst stirbt. Falls es Dich trifft, werde ich mich um das Boot kümmern. Ich nehme es auf die Finca Vigía und erbaue ein Glashaus dafür. Ich werde alles so herrichten wie immer: Deine Angelrute, ein Glas Rum, ein aufgeschlagenes Buch auf dem Tisch, Dein Schreibpapier und Dein Füllfederhalter. Eine Büste von Dir werde ich auch aufstellen.

Hemingway: Dieser Gedanke gefällt mir. Wirklich eine gute Idee.

Und Papa starb als erster. Er hinterließ Gregorio die „Pilar", deren Wert auf eine halbe Million Dollar geschätzt wurde. Aber keine Bank der Welt könnte so viel Geld aufbringen, was sie Gregorio bedeutete. „Soviel Geld gibt's gar nicht", meint Gregorio.

Wie jedoch erwartet, erwies sich die Unterhaltung der „Pilar" als zu kostspielig für den einfachen Fischer. Gregorio beschloß, die Yacht der Revolutionsregierung zu stiften.

Als Fidel Castro davon erfuhr, veranlaßte er, daß Gregorio ein kleines Fischerboot erhielt, damit er weiterhin fischen konnte. Er erhielt die „Hill-Noe", ein 6m langes Boot mit einem 25 PS starken Motor.

Gregorio behielt nur die beiden Mastausleger und den Herd der „Pilar". Einige Zeit besaß er auch noch die Holztafel, mit der die „Pilar" während des Zweiten Weltkrieges als wissenschaftliches Expeditionsschiff ausgewiesen wurde.

Eines Nachmittags besuchte Fidel Castro Gregorio, um ihm für die „Pilar" zu danken. Er versicherte Gregorio, das Boot gehöre weiterhin ihm und er könne es jederzeit zurückfordern.

Noch heute fährt Gregorio mit der „Hill-Noe" zu Fischen. Er darf Lebensmittel und die Ausrüstung bei der Fischereigenossenschaft auf Kredit kaufen und kann jederzeit nach eigenem Gutdünken fischen. In der Cooperative de Pesca de Cojimar (Fischereigenossenschaft von Cojimar), deren Mitglied er ist, gilt er als wichtige Persönlichkeit, die einige wohlverdiente Privilegien genießt.

Gregorio begegnete Mary Welsh 1977, siebzehn Jahre nach Hemingways Tod, wieder; sie besuchte damals Havanna. Es war ein kurzes, aber herzliches Treffen. Mary ging zu Gregorios Haus, umarmte ihn und sagte: „Du hast Dich überhaupt nicht verändert." Über Gregorios Gesicht breitete sich ein Lächeln, und er antwortete in seiner gewohnten, höflichen Art: „Wir stehen zu Ihren Diensten."

Das letzte Mal hatten sie sich ein paar Woche nach Hemingways Tod gesehen, als der Kapitän der „Pilar" abends auf die Finca Vigía ging, um mit Mary wegen des Testaments zu reden.

„Wir haben ihn verloren", sagte Mary. „Was machen wir jetzt?" Mary schlug Gregorio vor, die „Pilar" zu versenken.

„Sie darf in keine fremde Hände fallen", meinte sie. Sie bot auch die Alternative an, das Boot zurück nach Key West zu nehmen. Gregorio blickte sie nur lange traurig an.

* * *

Gregorio bewahrt das letzte Gespräch, das er mit Hemingway führte, im Gedächtnis: „Eines Morgens im Sommer 1960 kam er gegen halb elf zu meinem Haus. Er trug wie üblich Bermudashorts, ein weißes Hemd, jedoch kein Unterhemd, und Sandaletten. Ich sehe ihn noch immer in der Türe stehen, so als ob es erst gestern gewesen wäre. Es war das letzte Mal, daß ich ihn sah. Wir nahmen ein paar Drinks, einen Highball und einen Tom Collins. Er bereitete seine, ich mixte meine. Er nahm Mineralwasser und einen Eiswürfel, aber keinen Zucker. Er süßte seine Drinks niemals.

‚Alter Mann, mit mit ist alles in Ordnung', erzählte er. ‚Ich hatte gerade eine Untersuchung. Mein Blutdruck ist normal, und ich wiege 190 Pfund, was ein gutes Gewicht für mich ist. Ich brauche ein wenig Erholung von dem Buch, an dem ich gerade schreibe, deshalb reise ich nach Spanien.'

Da sehen Sie, daß er in guter körperlicher Verfassung war.

‚Paß auf Dich auf und laß Dich untersuchen', riet er mir, ‚wir werden uns wiedersehen', sagte er wie schon oft. Er verabschiedete sich immer auf diese Weise.

Aus den Zeitungen erfuhr ich von seinem Tode. Es überraschte mich nicht. Was mich aber verwunderte, war die Art der Erkrankung. Ich hätte auch nicht weiterleben wollen, wäre ich anderen zur Last gefallen. ‚Ich wiege nur noch 140 Pfund', schrieb er mir. Ich fragte mich, wie er wohl aussehen möge. Er schrieb, er erhole sich nach seinem Krankenhausaufenthalt in der Mayo Brothers Clinic in Sun Valley. Trotzdem klang sein Brief nicht pessimistisch. Er berichtete nur über seinen Gesundheitszustand.

Heute bedauere ich, daß ich nichts unternahm, ihn zu besuchen."

* * *

Alle Menschen, die für Hemingway arbeiteten, reden von ihm in den höchsten Tönen. Doch Gregorio geht noch weiter. „Papa war mein Mann", sagt er, was einem kubanischen „Macho" sehr schwer fällt zuzugeben.

Aber zwischen den beiden abgehärteten Seeleuten herrschte nicht nur eitler Sonnenschein und Gregorio erzählt, daß sich Hemingway hin und wieder sehr merkwürdig benahm. Und er schildert uns eine ernsthafte Auseinandersetzung der beiden.

„Wir hatten unser Boot an der Pier des Club International de La Habana festgemacht. Direkt neben uns lag das Boot sehr reicher Leute. Sie berichteten Papa, daß ich unsren gesamten Fischfang den Fischern gegeben hätte. Tatsächlich hatte ich Fische verschenkt; aber dies machten wir immer so. Sowohl Papa als auch ich wollten es so — er, weil er sehr großzügig war, und ich, weil ich dies als eine nette Geste empfand und diese Leute unsere Freunde waren.

Die reichen Leute sahen, wie ich den Fisch verschenkte. Sie berichteten Papa von ihrer Beobachtung. Ich stritt mit ihrem Kapitän, als Papa an Bord kam. Offensichtlich hatte er zuviel getrunken. Er war laut und aggressiv und schrie mich an: ‚Du hast Fische verschenkt!' ‚Ja', antwortete ich. ‚Du weißt, daß ich nie etwas gegen Deinen Willen oder Deine Interessen getan habe. Falls Du glaubst, daß dies nun der Fall ist, kann das Problem leicht gelöst werden. Zahle mir meinen noch ausstehenden Lohn aus, und ich verschwinde sofort.'

Dies verärgerte Papa. Im Gehen sagte er zu mir, ich könne gehen, wenn es das sei, was ich wolle. Das geschah gegen elf Uhr morgens, doch gegen dreizehn Uhr kehrte er zurück.

,Trinken wir einen zusammen', sagte er.

,Einverstanden', antwortete ich.

Ich hatte auf der ,Pilar' auf ihn gewartet, damit er mir meine Lohnabrechnung bringen würde. Wir gingen in die Bar des Club International und tranken etwas.

,Du bleibst bei Deiner Entscheidung?' fragte er.

,Ich bestehe darauf', erwiderte ich.

,Gut', sagte er, ,Du weißt, daß Du die Verantwortung trägst.' ... damit ging er.

Um fünfzehn Uhr kehrte er wieder. Noch ein paar Drinks und ähnliche Fragen. Wieder verließ er mich und kehrte gegen siebzehn Uhr dreißig zurück. Weitere Drinks in der Bar, diesmal fiel kein Wort zwischen uns. Dann noch ein paar Drinks auf der ,Pilar'.

,Dein Entschluß steht fest. Du gehst?' fragte er.

,Schau Papa, ich muß gehen. Du hast mich sehr verletzt.'

,Sag das nicht, sprich nicht darüber', erwiderte er.

Wir bereiteten zwei weitere Drinks. Dann meint er: ,Hör, was ich Dir zu sagen habe. Zuerst bitte ich Dich um Verzeihung. Wenn Du mir nicht vergibst, brenne ich die Farm nieder und kehre Kuba für immer den Rücken!"

Dabei rannen, so erzählt Gregorio, zwei dicke Tränen über Papas Wangen. Der Augenblick der Versöhnung und die Zeit für weitere Drinks waren gekommen.

„Wir einigen uns immer, früher oder später", sagt Thomas Hudson (Hemingway) zu Antonio (Gregorio) in „Inseln im Strom", Hemingways Roman mit den meisten autobiographischen Zügen.

* * *

Neben der Finca Vigía und der gastfreundlichen Floridita war die „Pilar" der wichtigste Aufenthaltsort Hemingways in Kuba.

Mitte 1934 kaufte er das Boot, nachdem er bei seiner Rückkehr aus Europa eine angenehme Überraschung seiner Bank vorgefunden hatte: 3000 Dollar für seine im Esquire veröffentlichten Afrikareportagen. Dies war die Anzahlung für die Yacht. Den Auftrag für den Bau des Schiffes erteilte er der Wheeler Shipyard Company aus New York. Nach der Fertigstellung wurde das Schiff per Bahn nach Miami geschickt. Hemingway zerschlug eine Flasche Champagner am Schiffsrumpf, als die Yacht vom Stapel lief. Sie wurde sowohl in Key West, als auch in Havanna registiert.

Die „Pilar" wurde solide gebaut. Heute wirkt sie zwar etwas altmodisch, aber damals galt sie als ein außergewöhnliches Boot. Sie ist schmal, hat aber ein breites Heck.

Im Innern befinden sich drei Kabinen. In der ersten sind zwei Doppelkojen, zwei WCs und ein kleiner Nebenraum. Kombüse und Bad sind in der zweiten Kabine untergebracht, in der dritten befindet sich eine weitere Doppelkoje und zwei offene Regale, im Hemingwayschen Kode die „Äthylabteilung", denn hier wurde der Alkohol gelagert.

Die Pilar hatte einen Aktionsradius von 800 km. Ihre Tanks konnten 1100 l Benzin und 550 l Trinkwasser fassen. Es war möglich, weitere 400 l Wasser in bauchigen Korbflaschen zu lagern und 1100 kg Eis. Sie war so gebaut, daß man auch bei stürmischem Wetter segeln konnte.

Universal- und Chrysler-Mariner-Maschinen trieben das Schiff an. Die Universal-Motoren waren 45 PS stark, die Chrysler-Motoren hatten 90 PS. Die „Pilar" erreichte eine Spitzengeschwindigkeit von acht Knoten in der Stunde. Ihr Unterhalt kostete monatlich 350-400 Dollar. Sie wurde im Jamanitas und Casablanca festgemacht, manchmal ankerte sie auch in Cojimar, beim Club International. Die „Pilar" war an den großen Mastauslegern bereits aus großer Entfernung zu erkennen.

Gregorio Fuentes erzählt: „Ich putzte sie immer blitzblank, so daß sie wie Gold glänzte. Sie war aus nordamerikanischer, schwarzer Eiche gefertigt."

Die „Pilar" ist zwar heute noch intakt, aber sie hat auch gelitten. Mitte der fünfziger Jahre brachte Gregorio das Boot für allgemeine Reparaturarbeiten in die Schiffswerft. Die Yacht mußte gekalfatert und der Balken am Kiel erneuert werden. Es erwies sich als schwierig, schwarze Eiche aus den USA zu beschaffen. Da nicht genügend davon geliefert wurde, willigte Gregorio ein, einzelne Teile durch kubanisches Mahagoni ausbessern zu lassen.

Der Zeitpunkt war günstig, um auch die Maschinen einzustellen. Diese Arbeit erledigte Ricardo, ein Mechaniker, der für die Lotsen im Hafen Havannas arbeitete. Gregorio hatte ihn schon während des Zweiten Weltkrieges beauftragt, das Boot zu überholen.

Die Zimmerleute erwiesen sich als wahre Künstler, und Ricardo zeigte, daß er „der beste Maschineneinsteller in der Karibik, ja sogar auf der ganzen Welt" sei, wie er voller Stolz, eine der berühmtesten Yachten der Welt reparieren zu dürfen, erklärte. Gregorio beaufsichtigte die Arbeiten.

„Als alles fertig war, kam Papa an Bord. Beim Anblick seines Bootes, das wie neu, ja, wie das Boot seiner Jugend schien, rief er: ‚Was für eine Freude, ich bin so glücklich!' Dabei standen Tränen in seinen Augen."

Nach Hemingways Tod behielt Gregorio das Schiff in Cojimar, ehe er sie schließlich der kubanischen Regierung stiftete. Von Cojimar kam sie auf die Finca, um als eines der wichtigsten Stücke im neu eingerichteten Museum ausgestellt zu werden. Sie verblieb dort mehrere Jahre, bis sie zur Schiffswerft nach Cárdenas, 100 km nordöstlich von Havanna, transportiert wurde. Die Yacht wurde erneut überholt, ehe sie 1973 auf die Finca Vigía zurückkehrte, mehr als zehn Jahre nach Hemingways Tod.

Die Rückkehr des Bootes wurde in San Francisco de Paula begeistert gefeiert. Es wurde trotz Gregorio Fuentes Einwänden auf Balken gelegt und blieb bis 1975 dort.

1975 beabsichtigte eine amerikanische Gesellschaft, einen Dokumentarfilm über Hemingways Leben in Kuba zu drehen, abermals mußte die Yacht in die Werft. Doch plötzlich sagte die amerikanische Gesellschaft den Film ab, und an Stelle der grundlegenden Reparatur erfuhr das Boot nur eine kurze Überprüfung einzelner Teile, ehe es auf die Finca Vigía zurückkehrte.

Die Yacht verblieb auf der Finca, kam herunter, der Lack blätterte ab, sie segelte in einem grünen Meer von Mangobäumen, bis 1979. Dann wurde sie nach Casablanca geschickt, diesmal zur endgültigen Restauration, wie versprochen wurde. Gregorio weigerte sich mitanzuschauen, was seinem Boot angetan wurde. Die Yacht blieb lange in der Werft, doch dann begleitete die „Pilar" auf ihrer gefährlichen Reise, ohne Kapitän und Herren, ohne die Wärme der blauen karibischen See, eine Schwester. In der berühmten Chullima Schiffswerft war eine Kopie der Hemingwayschen Yacht gebaut worden. Die Arbeit ist von solcher Präzision und hoher Qualität, daß uns nicht einmal Gregorio sagen konnte, welches von den beiden Schiffen nun eigentlich das Original sei. Bis dahin war in Kuba nur einmal die Kopie eines Schiffes gebaut worden: die „Granma", die mit Fidel Castro und seinen Mitstreitern an Bord von Tuxpán, Mexiko, in See stach und damit den Beginn der siegreichen Revolution darstellte. Gregorio fragt sich dennoch: „Weshalb ein Duplikat meines Bootes, weshalb?"

* * *

La Terraza in Cojimar, eines von Hemingways Lieblingsrestaurants, wird in „Der alte Mann und das Meer" beschrieben. Thomas Hudson sagt in „Inseln im Strom", daß es in einem großen, alten Haus am Strand untergebracht und es sehr schön sei, und es wird sein erster Besuch an einem Weihnachtsmorgen geschildert.

La Terraza hat sich seit Hemingway dort verkehrte und die Eigentümer die Gegenwart des berühmten Schriftstellers geschäftstüchtig verwerteten, kaum verändert. Heute hängen nur mehr Bilder an den Wänden, über 50 Photos; die meisten stammen aus Illustrierten. Aber man entdeckt auch authentische Fotos von Hemingway, die in Cojimar aufgenommen worden waren.

Als Fidel Castro 1970 in diese Region reiste, erkundigte er sich auch nach La Terraza. Er erfuhr, daß daraus eine Kneipe geworden war, in der Bier in Pappbechern ausgeschenkt wurde. Darauf erteilte er Anweisungen, La Terraza zu restaurieren, und zwar sollte das Lokal in seinen alten Zustand gebracht werden, und es sollte die gleichen Menüs wie zu Hemingways Zeiten geben. Heute werden in La Terraza die besten Krebse und

Krabben ganz Kubas zubereitet. Es ist noch immer ein gemütlicher Ort, um Gregorio Fuentes zu treffen, Bier oder Rum aus großen Gläsern zu trinken und dabei die Gesellschaft von Fischern zu genießen.

Inzwischen erheben sich mehrere Appartementhäuser am Ufer von Cojimar. Der Hafen der Sportfischer trägt nun den Namen ‚Ernest Hemingway'. Die Fischer haben sich organisiert und eine Genossenschaft gegründet, und es gibt eine neue Werft. Die Fischerboote sind mit 25 PS starken Motoren aus der Sowjetunion ausgerüstet, sie wirken zwar nicht gerade elegant, sind jedoch sehr effizient.

Der große Baum bei La Terraza, in dessen Schatten sich Hemingway mit den Fischern unterhielt, wurde gefällt. Viele der alten Fischer sind tot. Doch eines ist gleich geblieben: Jede Nacht fahren die Mitglieder der Genossenschaft auf den Golfstrom hinaus. Es ist keine Flotte von Yachten, sondern ein Zug kleiner Fischerboote, die die alten Fischer von Cojimar auf die See hinausbringen.

Gregorio trinkt Rum, der nach Meer schmeckt. Dieser aufgeweckte und scharfsinnige Seemann mit den klaren Augen fesselt Freunde und Journalisten. Er durchstreift noch immer „Hemingways Meile" und speist und trinkt in La Terraza.

Manchmal verwechselt er Daten und Personen oder vergißt sogar, wie die Geschichten um Hemingway enden. Doch das ist ohne Bedeutung. Die Fakten kann man aufspüren und die offenen Schlüsse ergänzen. Doch nur Gregorio kann uns einen lebendigen Eindruck von seinem Leben mit Hemingway vermitteln. Er erzählt uns, daß er den Titel zu „Haben und Nichthaben" lieferte und das Material für „Der alte Mann und das Meer". Er kann uns oft dieselbe Geschichte erzählen, dabei ändern sich die Details von Tag zu Tag.

Seine Meinung über Carlos Gutiérrez hingegen bleibt unverändert, ist sie auf Eifersucht zurückzuführen? Doch das spielt auch keine Rolle. Fischer machen ihren Fang gerne ein paar Zentimeter größer und stellen das Maßband ihrer Überprüfer in Frage.

* * *

Von Zeit zu Zeit lichtete Hemingway den Anker und verschwand für ein par Wochen nach Cayo Paraíso, das auch als Mégano de Casigua bezeichnet wird. Es liegt acht km vor La Mulata Bay, in der Provinz Pinar del Rio. Der Schriftsteller nahm seine Frau und Gregorio mit, die Royal Reiseschreibmaschine, einen Stapel Schreibpapier sowie ein halbes Dutzend Schreibstifte.

Am Riff von Cayo Paraíso fand er einen geeigneten Platz zum arbeiten, einen abgeschiedenen Ort, von dem die Presse nie erfuhr.

Ende der vierziger Jahre und in den fünfziger Jahren wurden diese Ausflüge immer häufiger. Hemingway bereitete es große Freude, zusammen mit Gregorio die Vorräte an Lebensmitteln und Getränken zusammenzustellen. Er entwickelte immer ehrgeizige Pläne, was er alles unternehmen und auf der Insel verfassen wollte. Dabei hielt er sich an den gleichen strengen Tagesablauf wie auf der Finca Vigía.

Gegen elf Uhr sprang er ins Wasser oder rannte mit Mary nackt am Strand entlang. Gregorio blieb an Bord der „Pilar" und hielt sie in Ordnung, während das Paar die Freiheit des abgelegenen Ortes genoß. Nach einem köstlichen Mittagessen, das Gregorio zubereitete, hielten sie in dem schwankenden Boot in einer kleinen Bucht Siesta, und nachmittags setzte sich Hemingway mit seiner Royal Reiseschreibmaschine in den Schatten einer Palme.

Ab und zu fuhren sie hinaus auf den Golfstrom, um einen Fisch für das Abendessen oder das nächste Mittagessen zu fangen. Dies war nötig, denn die Kühlboxen an Bord waren nur begrenzt aufnahmefähig. Die Kühlhaltung stellte immer ein Problem dar, und oft wurde in Havanna unter der Leitung von Dr. Herrera Sotolongo eine ‚Militäroperation' gestartet. Gemeinsam mit dem Priester Don Andrés und dem alten Freund Sinsky fuhr er zur Mariel Fabrik, um von dort mit einem Kofferraum voll Eis zum Hafen zu brausen.

Gregorio, Mary und Ernest, alle tief gebräunt, erwarteten sie auf der Yacht. Gemeinsam nahmen sie einige Drinks und ruhten sich aus. Nach dem Mittagessen verabschiedeten sich die

Freunde, und Ernest und seine kleine Besatzung kehrten zurück. Von der Küste aus konnte man am späten Nachmittag sehen, wie die „Pilar" in Richtung Cayo Paraíso segelte, der Sonne entgegen.

* * *

Der Marlin sucht sowohl im blauen als auch im grünen Wasser nach Futter. „Man schaut nach dem blauen Wasser", sagt der alte Fischer, „denn dort fließt der Golfstrom." Und Gregorio hielt oft am Hilero, der sichtbaren Grenze zwischen den beiden Gewässern, nach den Marlinen Ausschau, denn dort finden sie reichlich Nahrung: Tintenfische, Krabben, fliegende Fische und andere kleine Seelebewesen, die die Grenzlinie bewohnen.

Die Fischer orientieren sich an eigenen Landmarkierungen. „Wir richteten uns nach einem alten Haus an der Küste nahe bei Cojimar. Wir nannten es das Rosa Haus oder auch das Haus des Priesters. In Höhe dieses Punktes befand sich der Hondón de Cojimar, eine Meereshöhle, die sich hervorragend zum Fischen eignete. Nun heißt unsere alte Landmarkierung ‚Antenne', denn an der Stelle des alten Priesterhauses steht heute ein Funkturm.

„Hemingways Meile" erstreckt sich vom Schießplatz der La Cabana Festung, an der Mündung der Bucht von Havanna gelegen, bis zum Haus des Priesters. Das Gebiet wimmelt noch heute von Marlinen. Je stärker die Strömung, desto mehr Fische bringt sie mit.

Hemingway verfaßte mehrere Artikel zu diesem Thema: „Blaues Meer. Ein Brief vom Golfstrom", „Der Marlin. Ein Brief aus Kuba", „Auf dem Strom. Ein Brief aus Kuba" und noch viele andere; alle zwischen den dreißiger und fünfziger Jahren geschrieben.

Von Carlos Gutiérrez lernte Hemingway in den dreißiger Jahren, mit dem Marlin zu kämpfen und ihn zu fangen. Doch es war Gregorio Fuentes, der ihn die Gewohnheiten der verschiedenen Marlinarten genauestens zu unterscheiden lehrte.

Einer dieser Marline regte ihn zur Erzählung „Der alte Mann und das Meer" an. Die Fischer von Cojimar erzählen die Geschichte eines gewaltigen Blauen Marlins — ähnlich Santiagos

Fisch — der fünfzehn Stunden kämpfte, ehe es gelang, ihn an Bord zu ziehen. Der Blaue Marlin zählt zu den größten Seelebewesen, und er ist unglaublich schnell.

Neben den Marlinen hielt die Besatzung der „Pilar“ auch nach einem der schönsten und schnellsten Tiefseefischen Ausschau: dem Dorado.

Nach Hemingways Ansicht variiert die Farbe dieses Fisches entsprechend seinen Empfindungen. Die unterschiedlichen Schattierungen signalisieren Hunger, Ärger, sexuelle Erregung und Angst.

Dann wieder gibt es den Fächerfisch, er lebt auch im tiefen Meer. Wie andere Marline drischt er mit seinem scharfen Schnabel auf den Köder ein, ehe er ihn schnappt.

Von Gregorio konnte Hemingway gerade bei dem Ködern viel lernen. Gregorio nimmt Balaos und Nadelfische als Köder für den Marlin. Während er den Balao ganz verwendet, schneidet er den Nadelfisch in Scheiben oder trennt Stücke aus den Flanken heraus. „Papa“, sagte er, „hier muß sorgfältig gearbeitet werden. Es darf nicht zu schnell gehen. Der Köder muß durch das Wasser gleiten und frisch und appetittlich aussehen.“

Der Balao, ein Silberfischchen, wird „per derecho“ auf den Haken gesteckt. Dieser Ausdruck aus der Sprache der kubanischen Seeleute bedeutet, daß der Hakenstiel am Köderfisch festgebunden wird, damit er vom Wasserdruck nicht weggedrückt wird. Die Krümmung und der Widerhaken ragen beim Schwanz aus der Seite oder dem Bauch des Köders heraus. So kann der Marlin leichter gefangen werden, wenn er den Köder packt.

Der Nadelfisch wird entsprechend der Hakengröße in Stücke geschnitten. Diese Teile werden mit einer dünnen Schnur am Hakenstiel festgebunden, während das Seilende frei baumelt und einen Fischschwanz simuliert, wenn der Köder durch das Wasser gezogen wird.

Waren keine Balaos oder Nadelfische zur Hand, schaute Gregorio nach anderen kleinen Köderfischen. Wenn die „Pilar“ jedoch im September Jagd auf den großen Blauen Marlin machter, wurden große Köder verwendet, z.B. ganze Bonitos, Makrelen, Bonefish, Dorados und ähnliche Fische. (Der übliche Konsum an Whiskey oder Tom Collins an Bord der „Pilar“ wurde durch die Köderprozeduren jedoch in keinster Weise beeinträchtigt.)

Im Kampf mit dem Marlin versuchte Hemingway, immer fair zu bleiben. Er wünschte sich einen Kampf zwischen Mann und Fisch, bei dem der Bessere gewinnen sollte, doch es war ihm immer bewußt, daß es nicht der Mensch war, der den Haken im Maul hatte.

Hemingway war ein großer Sportfischer mit viel Geschick und Wissen. „Er war ein Stier", ergänzen die Fischer von Cojimar. Weil er sich in seiner Ehre als „Mann der See" gekränkt fühlte, hatte Hemingway 1935 einen Streit mit Alfred Knapp. Der amerikanische Millionär hatte die Anzahl und die Größe der Fische bezweifelt, die Hemingway vorgab, gefangen zu haben, sowie die zahlreichen Seeabenteuer, die er in seinen Artikeln schilderte. Dieser Streit entzündete sich auf einem der Piers in Bimini.

Knapp, ein betrunkener Widerling, steigerte sich immer mehr in seinen Beleidigungen. „Idiot, Hurensohn", war das letzte, das sich Hemingway ruhig anhörte. Unvermittelt versetzte er Knapp einen Kinnhaken, ein paar schnelle Schläge folgten und beendeten den Vorfall augenblicklich. Dieser Zusammenstoß tauchte später in einem populären Lied in Bimini auf. Beides, das Lied wie auch der Boxkampf, kehren in „Inseln im Strom" wieder.

Tatsächlich fing Hemingway den bis dahin größten Fächerfisch des Atlantiks. Er wog 119 Pfund. In denselben Fanggründen bezwang er sogar einen 786-pfündigen Hai. Im Sommer 1935 gewann er mehrere Wettbewerbe und siegte dabei vor solch geschickten Fischern wie Lerner, Farrington und Shevlin.

## DIE RÜCKKEHR INS PARADIES

1975, viele Jahre nach Hemingways Tod, reiste Gregorio Fuentes mit seinem Boot „Hill-Noe“ noch einmal zum Cayo Paraíso. Mit an Bord waren sein Steuermann Santiago al Soltero, der Photograph Enrique de la Uz sowie der Autor dieses Buches.

Gregorio lenkte sein Boot mit äußerster Sorgfalt. Er fuhr sehr langsam, denn er wußte, daß das unter Wasser liegende Korallenriff selbst in den Rumpf eines großen Transatlantikdampfers ein Loch bohren konnte. Cayo Paraíso, der einzige Zufluchtsort im Umkreis, ist kein Paradies mehr. Es ist zerstört. Die kleinen Ferienhäuser und Hütten der Fischer erlitten das gleiche Schicksal. Sie liegen in Trümmer, Cayo Paraíso versinkt — die Palmen und das Kokosnußwäldchen gehen mit dem Land unter. Die Kiefern jedoch, die Hemingway pflanzte, trotzten nicht nur der Brandung des Meeres, sondern vermehrten sich. Der Wind verstreute ihren Samen über die ganze Insel. Die Bäume, verloren im Golfstrom, gleichen den Kiefern, die sich über Robert Jordan erheben, nachzulesen im Anfangs- und Schlußkapitel von „Wem die Stunde schlägt“.

Die ersten Bäume pflanzte Hemingway während des 2. Weltkrieges, als er die „Pilar“ bewaffnete und Jagd auf deutsche Unterseeboote machte. Dazu brauchte er einen Orientierungspunkt, ein sichtbares Zeichen, um Cayo Paraíso schon aus der Ferne lokalisieren zu können.

„Sie werden es nicht glauben, aber ich bin tief bewegt“, sagt Gregorio Fuentes, als wir mit der „Hill-Noe“ in einer kleinen Bucht ankerten. „Ich sehe Papa am Strand spielen.“

Ein Pelikan fliegt über das Ufer, die Hiacos, Palmen und Mangroven. Gregorio erzählt Geschichten aus Afrika, über die Vorfahren, die sich mit „alten Gewehren und silbernen Dolchen“ bewaffneten. Er spricht über seinen „Daddy“. Er legt sich eine neue Weltkarte zurecht, erwähnt ein legendäres Dakar und beschwört Löwen an der Küste Afrikas.

Gregorio trägt die olivgrüne Kampfjacke, mit dem Aufdruck „US-Navy“, die ihm Hemingway gab, als er sich der U-Bootjagd anschloß. Er schlürft billigen Rum und redet über die sanfte nächtliche Landbrise, die „terral“. „Die Sternschnuppen zeigen die Windrichtung an.“

Dies ist die letzte Nacht, die der einstige Kapitän der „Pilar" im Cayo Paraíso verbringen wird. Am nächsten Morgen wird er, ohne einen Blick zurückzuwerfen, wieder nach Cojimar zurückkehren.

* * *

Auf seiner Royal Reiseschreibmaschine vereinigte Hemingway zwei gute Freunde, Joe Russell und Charles Thompson, zu einer Person: Harry Morgan, der harte Schmuggler aus „Haben und Nichthaben".

Die vielen Reisen, die Hemingway zusammen mit Joe Russell von Key West aus nach Havanna unternahm, und seine eigenen Erfahrungen als Beobachter des revolutionären Kampfes gegen den kubanischen Diktator Gerado Machado lieferten das Material für die beiden ersten Abschnitte des Romans, der zunächst als zwei getrennte Erzählungen erschienen war: „One Trip Across", Cosmopolitan, Ausgabe April 1934 und „The Tradesman's Return", Esquire, Ausgabe Februar 1936. Der Held der beiden Erzählungen trägt keinen Familiennamen, er war den Lesern des Cosmopolitan und Esquire schlicht als Harry bekannt.

Mit oder ohne Familienname unterscheidet sich Harrys Schicksal, tödlich verwundet im Golfstrom, völlig von dem des Mannes, der das Vorbild für diese literarische Figur abgab. Harry Morgan ist ein typischer Hemingwayscher Held. Gregorio bemerkt kritisch, daß Harry Morgan „etwas weichlich" sei: Morgan kümmere sich um seine Gefährten — ein Gefühl menschlicher Solidarität, das im Herzen eines echten Schmugglers selten zu finden sei.

Im wirklichen Leben verstarb Russell in relativem Wohlstand. Mit Hilfe roßer Whiskeymengen und vielen wehmütigen Lebenserinnerungen war er alt geworden. Harry Morgans Namensvetter Henry Morgan, ein Pirat und Abenteurer des siebzehnten Jahrhunderts, der das aufsteigende britische Bürgertum repräsentierte, besaß nicht die Tugend menschlicher Solidarität, die der unruhige Charakter, der seinen Namen in „Haben und Nichthaben" trägt, zeigte.

William Faulkner las den Roman und erklärte sich bereit, das

Filmmanuskript zu verfassen. Er arbeitete mit Jules Furthman zusammen. Die Arbeit ging schief, ein vollkommenes Desaster. Der Inhalt geriet zu erbarmungslos, wild und grausam.

Gregorio Fuentes kannte Joe Russell: „Er war ein kleingewachsener, schmächtiger alter Mann, er wog sicherlich nicht mehr als 120 Pfund. Gegen Ende seines Lebens trank er fast gar nichts mehr. Er pflegte Ernest als einen tüchtigen Burschen zu bezeichnen, den er mochte: ein Junge mit großer Zukunft."

Fuentes erzählt uns, daß Hemingway Russell während der Zeit der Prohibition aufsuchte: „Ich bin ruiniert; leihe mir dein Boot!" Russell und Hemingway kamen ins Geschäft. Der Schriftsteller reiste nach Havanna und organisierte 600 bis 700 Kartons Cognac, 24 Flaschen in einer Kiste. Den Cognac kauften sie für 40 Cents die Flasche und verkauften ihn dann um 3.50 Dollar in den USA.

Nach den Aussagen Fuentes schmuggelte Hemingway die Ware von Playa de Jaimanitas aus. Er hatte mit Russell den Tag und Ort ihres Zusammentreffens auf dem Meer vereinbart und zur Sicherheit noch ein Signalsystem ausgemacht. Fuentes behauptet, daß Hemingway auf diese Weise seine Reise nach Europa und Afrika finanziert habe.

* * *

Als Hemingway 1956 im alten Sportpalast von Havanna die San Cristobal-Medaille verliehen wurde, hatte er einen kurzen Redetext für diesen Anlaß vorbereitet.

Doch konnte Hemingway seine Rede nicht halten, sondern mußte die Veranstaltung mit dem zusammengefalteten Papier in der Tasche seiner Guayabera wieder verlassen; denn es wurden über 1000 Fahrer für unfallfreies Fahren ausgezeichnet. Und sie alle hatten das Recht, „ein paar Worte zu sagen." So lautete der demokratische Kommentar des Schriftstellers. Nachfolgend nun die ungehörte und unveröffentlichte Rede:

> Verehrte Politiker, Offiziere, Damen und Herren und Freunde:
>
> Ich spreche schlecht spanisch, denn ich lernte diese Sprache in Madrid, Pamplona, Andalusien, Regla und in den Docks von Caballeria. Überall spricht man einen anderen Akzent.

> Danke für die Medaille und die ganze Schmeichelei. Ich nehme diese Auszeichnung im Namen aller Marlinfischer von der Nordküste Kubas, von Puerto Escondito bis Bahía Honda an. Ich widme mein Buch „Der alte Mann und das Meer", was immer es auch wert sein mag, meinem alten Kampfgefährten Gregorio Fuentes und meinem ältesten Fischerkameraden Carlos Gutíerrez sowie allen meinen alten Feunden, die mit mir in Cojimar Marline fischten: Anselmo, Figurin, El Sordo, der jüngst verstorbene Marcos Puig und allen anderen, die leben oder tot sind. Cojimar wurde mir zur zweiten Heimat, deshalb möchte ich nicht vergessen, auf Jorge Martinez einen Toast auszusprechen. Er war während seiner Zeit als Marinevertreter mein bester Freund unter den Fischern von Cojimar.
>
> Ich möchte auch das kubanische Team hochleben lassen, das kürzlich die internationalen Meisterschaften in Nova Scotia gewonnen hat, sowie alle Fischer, die mit Angelrute und -rolle auf faire Weise den Marlin fischen.

Die Fischer, die er in seiner Rede erwähnt, trugen auf die eine oder andere Weise zu seinen Kenntnissen und Fertigkeiten in der Tiefseefischerei bei, die „Der alte Mann und das Meer" deutlich prägen. Es gibt viele tapfere und gute Fischer. Wie schon oft gesagt wurde, kommen die besten Fischer in Kuba aus Cojimar.

Wie sie auch alle hießen, gemeinsam mit Hemingway saßen sie unter dem großen Baum bei der La Terraza und sondierten die Lage.

Sie genossen die Verfilmung von „Der alte Mann und das Meer" in ihrer Stadt. Für Ihre Auftritte als Statisten und ihre Suche nach dem großen Fisch wurden sie gut bezahlt. Der Trubel war für sie eine Fiesta, eine willkommene Abwechslung in ihrem Alltag.

Auf einem Platz in Cojimar, nahe der Küste, steht eine Büste Hemingways. Und so kam es dazu: Die Fischer aus Cojimar trafen sich spontan ein paar Tage nach dem Tod des „Amerikaners". Diese Männer mit den harten Gesichtern, den durch lebenslangen Umgang mit der Angelleine vernarbten Händen und einer durch das Meersalz gegerbten Haut, hielten ein Treffen ab, auf dem sie beschlossen, daß eine „Statue des alten Mannes" angefertigt und in einem Park ihrer Stadt aufgestellt werden sollte.

Das Treffen verlief zunächst ganz ruhig. Keiner genehmigte sich einen Drink; denn sie hielten dies für die beste Art, Hemingway ihre Achtung zu erweisen. Später änderten sie ihre Meinung, und jeder nahm zur Erinnerung an den toten Kameraden einen kräftigen Schluck.

Der Bildhauer teilte ihnen mit: „Für Euern Auftrag bekomme ich nicht genügend Bronze. Das Land leidet unter der Wirtschaftsblockade, und Bronze ist knapp."

„Wir haben welche", erwiderten die Fischer. „Die Bronze unserer Schiffsschrauben." Sie hielten Wort und lieferten das Metall.

Der Bildhauer war so gerührt, daß er kein Geld für seine Arbeit verlangte. Es genügte, daß sie die Bronze gebracht hatten.

„Die Statue ist wirklich gut gelungen", sagen die Fischer, und sie wird lange an ihrem Platz stehen, denn sie wurde aus einem Material angefertigt, dem die See und die Zeit wenig anhaben können.

Der Plaza Hemingway, der erste mit diesem Namen, wurde am 2. Juli 1962, ein Jahr nach dem Tod des Schriftstellers, feierlich eingeweiht. Er liegt gegenüber einem der Docks, wo die „Pilar" festgemacht war.

Hemingway spazierte oft über diesen kleinen, namenlosen Platz. In Bermudas und mit einer Schildmütze auf dem Kopf hielt er nach einem Kampf auf See, ruhig und glücklich, nach seinem Chrysler Ausschau.

* * *

Der Golfstrom fließt in einem großen Bogen: von Cabo San Antonio an der Nordküste Kubas, Key West und Miami vorbei zum Kap Hatteras, dann geht's weiter in ostnordöstlicher Richtung zu den Kanarischen Inseln. Über den Atlantik fließt er wieder zurück in Richtung der Antillen, wo er auf den Yucatánstrom trifft. Dann beginnt der gleiche Kreislauf.

Vor Havanna ist er 95 km breit und 1,2 bis 2,4 Knoten schnell. Mit der Tiefe nimmt seine Geschwindigkeit zu. Sein Wasser ist von einem intensiveren Blau als das ihn umgebende Wasser, und er führt große Mengen an Seegras und Tang an seiner Oberfläche mit sich.

Manuel Sáenz ist siebzig Jahre alt und hat noch keine einzige Zeile Hemingways über die Fischer von Cojimar gelesen. Er fischte mit Papa und Gregorio und war eng befreundet mit Carlos Gutíerrez. Er lebte genau so, wie es Hemingway in seinen Büchern über die Fischer beschrieben hat.

Sáenz kann sich noch gut an die Müllschuten Havannas erinnern, die Hemingway in „Die grünen Hügel Afrikas" schilderte. Sie sammelten den gesamten Abfall der Stadt, der in den Golfstrom gekippt wurde. Fischer folgten den Schuten, denn sie wußten, daß viele Fische im Müll nach Nahrung suchten.

Sáenz bevorzugte die Haie, für deren Flossen er pro Stück neunzig Cents erhielt. „Wir fischten mit Harpunen, doch wenn die Zeit des Marlins kam, vergaßen wir die Haie." Er erinnert sich, wie Hemingway und Carlos Gutíerrez sich stritten.

Er schildert, wie während der Filmaufnahmen Gutíerrez die Nerven verlor, als der Marlin harpuniert werden sollte — ein Moment, ähnlich dem Augenblick der Wahrheit in einem Stierkampf. Gutíerrez arbeitete später für den Hafenlotsen Julio Hidalgo, den „Franzosen".

Carlos Gutíerrez hatte acht Kinder, vier Mädchen und vier Jungen. Sie nannten ihn Großvater. „Doch Carlos war nicht so geschickt wie Gregorio." Viele Jahre später erblindete er und starb schließlich in seinem Haus in Cojimar. „Er hatte wenig Charakter", behauptet Sáenz, „aber um für Papa zu arbeiten, mußte man viel Charakter haben."

Gregorio Fuentes spricht ungern über Gutíerrez. Wie wir bereits sagten, spielt hier Eifersucht eine Rolle. Es scheint so zu sein, daß Carlos Gutíerrez ein ebenso großer Freund Hemingways war wie Gregorio. Natürlich herrschte zwischen dem Schriftsteller und Gutíerrez keine gleichberechtigte Beziehung, denn er stauchte seinen Angestellten Gutíerrez manchmal ganz schön zusammen.

Seine Beziehung zu dem stolzen Gregorio, der auf jeden Einschüchterungsversuch sehr heftig reagierte, war volkommen anders. Letztendlich übt Sáenz Solidarität mit den Fischern und sieht auch Gutíerrez' Fehlern nach. „Es ist wahr", erklärt er traurig, „daß uns armen Fischern die großen Fische gewöhnlich durch die Lappen gehen, weil wir zu kleines Angelgerät haben."

Der Hemingway Fischereiwettbewerb wurde 1950 zum ersten Mal ausgetragen. Das Team vom Miramar Yacht Club gewann damals, im folgenden Jahr Havanna Biltmore. 1955 war Bob Hopp, ein Amerikaner, der Sieger. Bis 1958 fand der Wettbewerb alljährlich statt. 1959 entfiel er. Fidel Castro gewann 1960. Bei dieser Gelegenheit trafen er und Hemingway zusammen.

Sonntag, der 15. Mai 1960, war der letzte Tag des Wettkampfes. Fidel Castro nahm auf der „Cristal", die dem Inhaber der Tropical Brauerei, Julito Blanco, gehörte, daran teil. Ungefähr fünfzehn Personen hielten sich an Bord auf, darunter drei kubanische Fotografen (Cala, Alberto Korda und Osvaldo Saldas). Mit an Bord waren auch Baudilio Castellanos („Bilito") und Jesús Montané. Als einer der ersten erschien Ernesto „Che" Guevara, ‚Le Rouge et le Noir' unterm Arm und eine Contax Kamera um den Hals.

Cala berichtet, daß er von Che Guevara begrüßt wurde, und er (Cala) die Kamera Ches lobte. Dieser antwortete, daß er mit ihr in Mexiko seinen Lebensunterhalt verdient und Geld für Munition beschafft habe.

Fidel kam gegen acht Uhr an Bord. Dann legten sie ab. Das Fischen dauerte bis sechzehn Uhr. Che versuchte mehrmals sein Glück mit den Angelleinen, doch nichts wollte anbeißen. Schließlich vertiefte er sich in das Buch und ging bald darauf unter Deck. Er suchte die Ruhe einer Kabine. Bei ihrer Rückkehr in den Hafen hatte er das Buch bereits ausgelesen und teilte Cala mit, daß ihn Stendhal zutiefst beeindrucke. Niemand sprach von Hemingway, der ganz in der Nähe an Bord der „Pilar" weilte. Da sich Che Guevara nicht wohlfühlte, verabschiedete er sich schon vor der Preisverleihung. Sein Asthma plagte ihn zu sehr. Er traf nie mit Hemingway zusammen.

Einige Tage zuvor, am 13. Mai 1969, war Fidel Castro im Fernsehen aufgetreten, um Fragen der Journalisten zu beantworten. Einer von ihnen wollte wissen, ob Fidel Castro vorhabe, den Wettbewerb bis zum Ende mitzumachen.

„Oh, natürlich, caramba", lautete seine Antwort.

„Morgen kann ich erst eine Stunde später mit dem Fischen beginnen, da ich offiziellen Verpflichtungen nachkommen muß; doch mir bleiben ja noch zwei Tage. Morgen werde ich also fünf Stunden lang fischen — für den Wettbewerb sollten es eigentlich sechs Stunden täglich sein — aber am Sonntag bin ich ganz bei der Sache, und dann werden wir ja sehen. Ich weiß nicht, ob sie in der Zeitung gelesen haben, daß ich gefragt worden bin, wer mir die Marline vor die Angel legt. (Gelächter). Zur Zeit liege ich an zweiter Stelle, und ich werde natürlich weitermachen. Inzwischen habe ich Fischvorräte für zwei Monate zusammen.

Wenn der Wettbewerb zu Ende ist, werden mir die Fische mindestens ein halbes Jahr reichen...

Ich bin sicher kein großer Fischer, aber ich wurde eingeladen, und mir wurde gesagt, daß auch Hemingway daran teilnehmen werde, ich glaube morgen. Wie sie wissen, hat er Kuba und die Revolution immer verteidigt. Wir freuen uns, daß er unter uns lebt...

Nun, wir werden ja sehen, wie der Wettbewerb weitergeht und wer letztlich den Hemingway-Preis gewinnt. Auf alle Fälle habe ich nicht deshalb daran teilgenommen, weil ich mich für einen großen Fischer oder ähnliches halte, sondern weil man mich einlud und ich meinen Beitrag zum Erfolg des Wettbewerbs leisten wollte. Nicht zuletzt auch um die Genossen zu ermutigen, die für den Tourismus und für diesen Wettbewerb arbeiten. Sie leisteten viel, steckten viel Mühe in die Werbung für unser Land rein, für die guten Programme — aber bei der Kampagne, die in den USA gegen uns betrieben wird, ist es sehr schwer, Touristen ins Land zu bringen. Diese Genossen sind die geduldigsten, optimistischsten und fleißigsten Leute; deshalb nehme ich an diesem Wettbewerb teil.

Bis jetzt hatte ich Glück; denn die Marline kamen von selbst. Nun weiß jeder, daß, falls ich gewinne, dies ein sauberer Sieg sein wird und falls ich verliere, eine echte Niederlage."

Der Rechtsanwalt Baudilio Castellanos und Jesús Montané veranstalteten den Wetkampf. Sie arbeiteten im Auftrag der INIT, dem nationalen Touristenbüro. Sie erinnern sich, daß Hemingway verblüfft war über die ungewöhnlichen Aktivitäten, die um den Wettbewerb herum stattfanden. Doch Hemingway arbeitete bereitwillig mit.

Manche Hemingway-Biographen behaupten, der Schriftsteller habe wenig Gefallen an einem Treffen mit Fidel Castro gefunden. In ihrem Buch „How It Was“ schreibt Mary Welsh, daß sie trotz der Anziehungskraft von Fidel Castros Persönlichkeit an jenem Tag vollkommen ungerührt gewesen sei. Die bei dieser Gelegenheit aufgenommenen Photos zeigen jedoch eine lachende Mary und einen lachenden Ernest in Gegenwart des kubanischen Staatschefs.

GRANMA
23. Mai 1980
TRADITIONELLES ‚ERNEST HEMINGWAY‘
MARLIN-TURNIER HEUTE ERÖFFNET
Heute morgen um neun Uhr wird das traditionsreiche internationale ‚Ernest Hemingway‘ Marlin-Turnier in Marina Barlovento, nordöstlich der Hauptstadt, eröffnet. Der Kanonenschuß gilt als Startsignal für die Boote. Diese Art des Fischens ist kein Kinderspiel, denn sie verlangt viel Geschick.

Vor dreißig Jahren organisierte Hemingway selbst den ersten Wettbewerb. Seit der Revolution und seitdem die Arbeiter aller Gewerkschaften daran teilnehmen können, zieht dieser Sport und Wettbewerb jedes Jahr mehr Teilnehmer an. Später wurde dieses Turnier zwischen den verschiedenen Landesteilen ausgetragen, und vor einigen Jahren gewann es seine internationale Bedeutung zurück. Zum Wettbewerb zugelassen sind nur Angelrute und -rolle. Die Stärke der Leine darf fünfzig Pfund nicht übersteigen. Fische, die mit einer Leine, deren Stärke unter dreißig Pfund liegt, gefangen werden, erhalten Sonderpunkte. Im übrigen sind nur einfache Haken zugelassen, keine Zwei- oder Dreifachhaken.

* * *

Leicester Hemingway erzählt in „Mein Bruder Ernest“ ein Märchen, wenn er schreibt, er, sein älterer Bruder Ernest und einige Freunde hätten bei einer ausgelassenen Feier in Jaimanitas ungefähr zwanzig Fischer betrunken gemacht. Mit deren Hilfe hätten sie zum Spaß einige Hütten und Häuser der Stadt in Brand gesteckt. Da sie aus Holz und mit Stroh gedeckt gewesen seien, hätten sie schnell lichterloh gebrannt. Nach Leicester amüsierten sich die Zecher glänzend.

Doch diese Geschichte hält genauen Nachprüfungen nicht stand. Esteban Arias und Fidelino Pérez, denen dieser Vorfall eigentlich bekannt sein müßte, bestreiten, daß sich etwas Derartiges zugetragen habe. 1977 waren beide Männer fünfundsiebzig Jahre alt. Sie sind die ältesten Einwohner von Jaimanitas und können sich an ein derartiges Feuer nicht erinnern. Sie hörten auch nie von dem Vorfall, auf den sich Leicester Hemingway bezieht. Fidelino Pérez gerät in Wut: „Wie zum Teufel hätten sie unsere Häuser niederbrennen sollen? Glaubt er denn, wir ließen so etwas zu?" fragt er ärgerlich.

In den dreißiger Jahren zählte der Strand von Jaimanitas nahe Havannas zu Hemingways Lieblingsplätzen. Philip Rawlings, eine Figur aus „Die fünfte Kolonne", erinnert sich lebhaft an Jaimanitas, das auch den Hintergrund bildet für die einzige kubanische Kurzgeschichte Hemingways „Nobody Ever Dies". Jaimanitas ist ein kleines Fischerdorf. Obwohl es auch über einen Strand und einen Fluß verfügt, kann es mit Cojimar nicht verglichen werden.

Hemingway hatte gute Feunde in Jaimanitas: das Ehepaar Mason, das ihn auf seinen ersten Fischfangfahrten begleitete. George Grant Mason war Vertreter von PanAm in Kuba, als die Clipper noch auf dem Wasser im Hafen Havannas landeten.

In einer abgeschiedenen, etwas vornehmeren Gegend Jaimanitas liegt das Anwesen der Masons. 1977 bewohnte es ein kanadischer Diplomat. Das Anwesen bildet wahrscheinlich den Schauplatz für „Nobody Ever Dies". In dieser Kurzgeschichte wird von einem jungen Kubaner erzählt, der wenige Stunden nach seiner Rückkehr aus dem spanischen Bürgerkrieg in sein Heimatland auf Befehl der reaktionären kubanischen Regierung ermordet wird. Ehe er stirbt, kann er seine Freundin noch davon überzeugen, daß derjenige, der sein Leben für eine gerechte Sache opfert, nicht umsonst stirbt.

Viele Elemente des kubanischen Alltags prägen die Atmosphäre der Geschichte, angefangen vom Lärm spielender Kinder bis zu den Zahnpasta- und Benzinwerbespots im Radio.

Hemingway hielt sich im April und Mai 1936 in Kuba auf; damals kündeten die Titelseiten der Zeitungen von verschiedenen reaktionären Aktionen. Er gründete „Nobody Ever Dies" auf diese Vorfälle.

* * *

Ein Hurrikan fegt durch die Straße von Florida, versenkt das spanische Schiff „Valbanera“ und liefert damit literarischen Stoff für Hemingway.

Das Passagierschiff der Linie Pinillos, Izquierdo & Co. hatte Santiago de Cuba in der östlichen Provinz des Landes verlassen. Es war aus Spanien gekommen und befand sich nach einem kurzen Zwischenaufenthalt auf dem Weg zur Bucht von Havanna.

In der Nacht des 8. September 1919 überraschte der Sturm das Schiff einige Meilen vor der Küste Havannas. Es konnte den sicheren Hafen nicht mehr erreichen. Der Sturm trieb die „Valbarena“ zur Küste Floridas, wo das Schiff sechs Faden tief sank.

Hemingway legte dieses Unglück seiner Kurzgeschichte „Nach dem Sturm“ zugrunde, in der Eddy Saunders seine Erinnerungen an die Plünderung, sein Tauchen zwischen den Schiffsruinen, die Leichen in den Kabinen und die griechischen Taucher, die vor ihm eingedrungen waren und den Großteil der Beute weggeschleppt hatten, erzählt.

Ein anderer Hurrikan verursachte eine dauerhafte traumatische Erfahrung Hemingways. Voller unbändiger Zerstörungskraft zog ein Hurrikan über das südliche Florida hinweg und ließ zahlreiche Opfer zurück, unter ihnen hunderte von Veteranen aus dem Ersten Weltkrieg, die im Auftrag der Regierung am Bau der Overseas Highway mitgewirkt hatten. Dies waren die Soldaten, die in „Haben und Nichthaben“ als fröhliche und liebenswerte Menschen geschildert werden. Die Katastrophe kostete am 2. September 1935 mehr als 1000 Menschen in den Florida Keys das Leben; besonders hart betroffen waren die Upper und Lower Matecumbe Keys.

Hemingway half mit der „Pilar“ bei den Rettungsaktionen. Er fand nur Tote. Noch Wochen später lagen die alten Navy-Boote der Toten entlang der Küste verstreut. Raubvögel kreisten über den Keys, und der Gestank der verwesenden Leichen hing über dem gesamten Gebiet.

Es war wie nach einer Schlacht. Voller Empörung beschuldigte Hemingway die Behörden in den „New Masses“ der Nachlässigkeit und Gleichgültigkeit und machte sie für den Tod der Männer, die er als seine Waffenbrüder betrachtete, verantwortlich.

* * *

Während der Arbeit leistete sich Hemingway oft den Luxus, mit der Jacht hinauszufahren und zu fischen,und kehrte oft spät von der hohen See zurück. Seine Eindrücke gibt er in einem der Monologe Robert Jordans wieder: „... der Duft der Landbrise, wenn man sich Kuba um Mitternacht näherte."

„Wem die Stunde schlägt" war das erste Buch, das Hemingway auf der Finca schrieb. An den auf der Finca Vigía hinterlassenen Entwürfen seiner Erzählung erkennt man, wie Hemingway arbeitete und seine Geschichte allmählich formte. Jeden Tag schrieb er fünfhundert Wörter, d.h. eineinhalb Schreibmaschinenseiten bei einem zweizeiligen Abstand.

> ... kein Verrat und wenn alle zusammen dafür arbeiteten. „Nein", sagte er. „Rien a faire. Rien faut accepter. Comme toujours."
>
> Der Lärm der Flugzeuge wurde nun ohrenbetäubend. Golz beobachtete sie mit seinen unerbittlichen stolzen Augen.
>
> „Nous ferons notre petit possible", sagte Golz in den Hörer und legte auf. Kotz hörte ihn nicht. Er vernahm nur das Heulen der Flugzeuge.

Der Name Kotz, der russischen Ursprungs ist, wurde in der Endfassung durch Duval ersetzt, ein Franzose, der Mitglied der Internationalen Brigaden und Offizier unter General Golz ist. Duval erhält die Nachricht, daß Robert Jordans Aktion abgeblasen werden muß, da der Feind von ihren Plänen weiß und Vorsichtsmaßnahmen getroffen hat. Duval zögert; er schreckt vor der Verantwortung zurück.

Das einzige, was er unternimmt, ist, daß er mit Golz telephoniert, der auf dem Fliegerhorst die aufsteigenden Flugzeuge beobachtet, deren Mission zum Scheitern verurteilt ist. Der Figur Golz liegt in der Realität der russisch-polnische General Karol Swierczewski zugrunde, der den Angriff auf Segovia leitete. Er trug während des Krieges den Namen Walter.

Es folgt der erste Entwurf von Pilars umfangreichem Bericht über das Massaker in ihrem Dorf (im Roman Kap. X); die im Original durchgestrichenen Stellen werden hier in Klammern gesetzt.

... und hinter dem Platz schimmerten die Bäume im Mondenschein, und ich sah ihre dunklen Schatten und die Bänke gleichfalls, ganz hell im Mondenschein, und die herumliegenden Flaschen glitzerten, und ich sah den Rand der Klippe, wo sie alles hinuntergeschmissen hatten. Und nichts war zu hören als das Plätschern des Springsbrunnens, und ich saß da und dachte mir: schlecht haben wir begonnen. Das Fenster war offen, und drüben (drei Häuser) auf dem Platz in der Fonda hörte ich eine Frau weinen. Ich (schaute) ging auf den Balkon hinaus, stand barfuß auf dem Eisen, und der Mond schien auf die Fassaden der Häuser rings um den Platz, und das Weinen kam vom Balkon von der Wohnung Don Guillermos. Es war seine Frau, die weinte, sie kniete auf demBalkon und weinte. Dann ging ich wieder in das Zimmer zurück und saß da und wollte nichts mehr denken, denn das war der schlimmste Tag meines Lebens, bis auf den einen anderen Tag.

Der nachfolgende Text ist Teil eines Monologs Robert Jordans in der letzten Nacht seines Lebens. Es findet sich jedoch im gesamten Buch keine Passage, die mit diesem Fragment übereinstimmt, Teile davon finden sich im Kapitel XXXI.

24. Januar

Er lag wach und dachte, daß mir dies passierte, macht die Sache sehr schwierig. Vorher gab's nur die Arbeit. Nun ist da die Arbeit und außerdem dieses Mädchen, das ich liebe. Ich darf jetzt nicht daran denken und mich ständig damit quälen, aber mein Leben hat sich geändert. Ich muß mich um sie kümmern. Was ich neulich dachte, ist nichts: Ich gehe ins Gaylords Hotel und lasse sie dort allein, wo sie niemanden kennt und es zu einer Schießerei kommen könnte. Und sie hat nicht einmal Papiere. Dann komme ich zurück und muß entdecken, daß die Polizei sie aufgegriffen hat. Nein, zuerst muß ich ihr Papiere besorgen. Karkov kann mir dabei behilflich sein, und ich werde Petra zum Einkaufen schicken, damit sie alles hat, was sie braucht. Petra wird gut für sie sorgen. Vielleicht kann sie während meiner Abwesenheit bei Petra wohnen. Nein, das ist nichts. Ich möchte sie nicht mit diesen Leuten im Gaylords lassen.

Vielleicht finden wir eine Wohnung. Sicherlich. Eine Wohnung irgendwo beim Park, wo die Büchermesse ist, und jetzt im Frühling können wir im Park unter blühenden Kastanien spazierengehen. Ich kann ihr alles von Madrid zeigen, was noch übrig ist, dachte er.

Karkovs Mädchen wird mir helfen, sie einzukleiden, obwohl sie eifersüchtig sein wird. Aber sie wird es tun. Ich besitze noch eine ganze Menge Peseten, und es werden immer mehr, und Karkovs Mädchen hat recht gute Kleider. Was Frauen so tragen, darauf habe ich nie geachtet, nur ob es gut oder schlecht aussah. Aber wir besorgen ihr ein Kostüm und einige gute Pullover. Ein Kostüm muß geschneidert werden, und es gibt noch schöne Pullover bei Samarands in der Gran Via. Sie wird hübsch aussehen. Worin? In allem, was wir für sie kaufen werden. Ich weiß nicht, was es sein wird, einfach alles, was sie sich wünscht. Sie benötigt auch Schuhe. Sie wird Unterwäsche und Strümpfe tragen. Doch mach Dir darüber keine Gedanken. Sie kann dies alles zusammen mit Petra erledigen, während du dich im Gaylords aufhälst. Wir können zusammen zum Friseur gehen. Sie können ihr das Haar so wie meines schneiden, so daß es gepflegt wirkt, wenn es richtig nachgewachsen ist.

Wie lange es wohl dauert, bis die Haare eines Mädchens ganz lang gewachsen sind? Sie hat wundervolles, wundervolles Haar. Es wird wie reifer Weizen glänzen. Ich möchte, daß sie es schulterlang trägt. Wie lange das wohl dauern wird? Sie sieht schon jetzt sehr hübsch aus. Vermutlich halte ich es nicht aus, wenn sie noch hübscher aussieht. Doch sie wird. Immer.

Das Beste wird sein, sie zu heiraten: denn man weiß ja nie, und du wirst sie auch nach Missula mitnehmen. Das wird lustig und gut sein. Sie kann die Rasierklinge wegwerfen, sobald wir über der Grenze sind. Du mußt ihr Nachthemden und Pyjamas kaufen, auch einen Morgenrock und eine Bürste und einen Koffer.

Halt ein, sagte er zu sich selbst. Hör jetzt damit auf! Du und deine wunderbare junge Frau, du mit deinen häuslichen Problemen. Du liebst jemanden und läßt dich gehen.

Jetzt weißt du, was das heißt, verliebt zu sein, und was Maria für dich bedeutet. Du und deine Maria. Du warst glücklich, nicht wahr? Es war eine herrliche Zeit in Madrid, oder nicht? Ja. Du und Maria und diese andere Nebensächlichkeit, die dir entfallen ist.

Du bist wunderbar, sagte er zu sich. Wirklich wunderbar. Was war dein großes Problem? Wie lange es dauern würde, bis ihr Haar so lang wie das der Glamourgirls ist. Das war es, nicht wahr? Darüber dachtest du nach. Das war das einzige, worum du dich zu sorgen brauchtest.

Du bist ziemlich gut, sagte er sich. Wirklich, und wenn dies tatsächlich das einzige ist, das dir Sorgen bereitet, gehst du besser schlafen. Deine schöne, junge Frau schläft bereits. Die Nacht wird bald vorüber sein, und am Morgen wirst du sehen, ob du dich an deine Probleme der vergangenen Nacht noch erinnern kannst.

Hemingway überlegte es sich, einen Epilog an den Roman anzuschließen, in dem sich General Golz und Karkov zum mißlungenen Angriff auf Segovia und zum Tode Jordans äußern.

In einem anderen Entwurf des Schlußkapitels kehrt Andrés in das von Pablos Guerillas verlassene Lager zurück. Nach Max Perkins' Rat verfolgte Hemingway diesen Plan jedoch nicht weiter. Und er beendete die Erzählung mit dem Augenblick, wie Robert Jordan hinter einem Baum liegt, sein Herz fest an den Boden gedrückt, und Lieutnant Berrendo auflauert.

# DER SPANISCHE BÜRGERKRIEG

Es gibt nur zwei Arten von Menschen auf der Welt:
die Reichen und die Habenichtse.

eine Frau aus dem Volk in
„Don Quichote“

Als sich Hemingway auf die spanische republikanische Seite stellte, tat er dies sehr entschlossen. Sein Ziel war und blieb immer: die siegreiche Beendigung des Krieges. Diese Entscheidung markiert einen deutlichen Bruch im Leben Hemingways: er war nicht länger der Hemingway der zwanziger Jahre, einsam und ohne Illusionen, der „Soldier's Home“ oder „In einem anderen Land“ verfaßte; seine früher in „Die grünen Hügel Afrikas“ und „Tod am Nachmittag“ geäußerten Meinungen über die Aufgabe der Kunst und des Künstlers ließ er hinter sich.

Schluß war's mit dem bequemen Leben, das er noch in seiner Ehe mit der wohlhabenden Pauline Pfeiffer genossen hatte; er gab das große Haus in Key West auf und seine Rolle als der „vollkommene Autor“. Er erklärte seinem Bruder Leicester, daß er sich vor seinen Erfahrungen in Spanien, „solange er kreativ sei und schaffe“, noch nie darüber Gedanken gemacht habe, was „der Sinn des Lebens“ sei.

Hatte Hemingway bei einer Gelegenheit noch John Dos Passos wegen dessen linken Ansichten kritisiert, so änderte dies der Spanische Bürgerkrieg vollkommen: Hemingway übernahm die von Dos Passos aufgegebene Rolle.

Die Hinrichtung des Hochschullehrers José Robles, der beschuldigt wurde, Informationen an die Franco-Rebellen weitergeleitet zu haben, diente Dos Passos als Grund, die spanische Sache aufzugeben; Hemingway ärgerte sich, daß „Dos“ wegen eines einzelnen Menschen die wirklichen Interessen des spanischen Volkes verriet.

Schließlich hatte Hemingway so etwas wie eine Ideologie und eine Fahne, die es zu verteidigen galt. Auch wenn seine Ideen etwas verschwommen und von Gefühlen geprägt waren, so repräsentierte die Fahne die Sache: den spanischen Republikanismus.

Im Verlaufe des Krieges änderte Hemingway seine Einstellung; er durchlebte Zweifel und Widersprüche. Aber immer, auch in den schwierigsten Augenblicken, hielt er an seiner Position und seinem neuen politischen Bewußtsein fest. Robert Jordan, der Protagonist in „Wem die Stunde schlägt" und der zuverlässigste Vertreter von Hemingways ideologischem Konzept sagte: „Wenn wir hier siegen, werden wir überall siegen."

Der Kriegsberichterstatter der North American Newspaper Alliance Ernest Miller Hemingway machte zunächst im Osten Madrids Quartier, war ausgestattet mit dem Presseausweis, einem amerikanischen Paß, einem Magnum-357 Revolver (beim Zoll nicht angegeben), einem Messer, einer Tasche voller Zwiebeln und einer mit Cognac gefüllten Feldflasche.

Er war auf sein Messer stolz, so stolz, daß er es jedem zeigte; es war aus Solinger Stahl gefertigt und hatte einen Griff aus Perlmutt. Geöffnet glich es einer Spinne.

Es hatte eine Schere, einen Korkenzieher, einen Dosenöffner und drei verschiedene Klingen.

Viele berühmte Persönlichkeiten löschten ihren Durst mit dem Inhalt aus Hemingways Feldflasche, die er an seinem Gürtel trug: Ioris Ivens, Ilya Ehrenburg, André Malraux oder Robert Capa.

Hemingway trug rohe Zwiebeln in einer Tasche seiner Wildlederjacke. Er beruhigte seinen Hunger mit Cognac und rohen Zwiebeln.

Auf der Finca ist aus dieser Zeit noch Hemingways Paß zu sehen, mit dessen man nicht nur Hemingways Route durch Spanien, sondern auch das Auf und Ab der spanischen Republik verfolgen kann.

Die republikanischen Kämpfer lernten Hemingway bald an seiner großen, kräftigen Statur und an seiner Kleidung erkennen. Frei von jeder Furcht, in Jagdweste und Stiefeln, seine Nickelbrille und eine Baskenmütze aufgesetzt, bewegte er sich im Bombenhagel. Selten versäumte er es, den Inhalt seiner Feldflasche mit den Kämpfenden zu teilen.

Er war ein mutiger Mann mit Kriegserfahrung. Die Geschosse von Krupp waren ihm vertraut. Er wußte, wann er sich kopfüber in einen Schützengraben stürzen mußte, um den feindlichen Kugeln zu entkommen. Vor vielen Jahren war er durch österreichische Granatsplitter verwundet worden. Aus dem Ersten Weltkrieg brachte er neben seiner Feldflasche zwei Tapferkeitsmedaillen, blutbespritzte Hosen und ein paar Hundert Schrapnellsplitter als Andenken mit, von denen die Ärzte einige in seinen Beinen beließen. Ein weiteres Souvenir war die künstliche Kniescheibe, die er bei seiner Ankunft in Madrid trug.

Der berühmte Kriegskorrespondent, dem 500 Dollar für jedes Telegramm und 1000 Dollar pro Artikel gezahlt wurden, verfolgte nun ein neues Ziel, das mehr zählte als die Jagd in Afrika, das Forellenfischen, die Vogeljagd in Michigan, das Hochseefischen im Golfstrom oder seine Leidenschaft für Stiere: Er gehörte nun zu einer Gruppe optimistischer, gebildeter und tapferer Menschen wie Ehrenburg, Malraux, der legendäre ungarische Photograph Robert Capa, die Deutschen Gustav Regler, Hans Khale, Werner Heilbrun und Ludwig Renn, die Sowjets Roman Karmen und Misha Koltzov, die Generäle Petrov, Walter und Lucasz, kubanische Schriftsteller wie Carpentier, Guillén, Marinello, andere Lateinamerikaner wie der Chilene Neruda und Hemingways Landsleute Langston Hughes und Paul Robeson.

Der Krieg festigte alte Freundschaften und schuf neue; diese Freunde besuchten Hemingway nach dem Kriege auf der Finca Vigía. Er half ihnen so gut er konnte. So übertrug er Werners Witwe die Rechte für den Film „Die Spanische Erde". Er half bei den Bemühungen, Gustav Regler nach dem Kriege aus einem französischen Konzentrationslager freizubekommen. Für Reglers Roman „The Great Crusade", der auf den Spanischen Bürgerkrieg zurückgeht, schrieb er das Vorwort.

Hemingways Aufenthalt im umkämpften Spanien glich oft einem Abenteuer. Er hatte Leute wie den Stierkämpfer Sidney Franklin und den Schriftsteller Evan Shipman zusammen mit seinen alten spanischen Feunden für seine Ziele gewonnen; aber die Leichtigkeit und Freude, die in „Fiesta" überwog, hatte sich in Zerstörung und Tod verwandelt.

Am 27. Februar 1937 war er zum ersten Male während des Krieges nach Spanien gekommen: Er schiffte sich auf der „Paris" nach Frankreich ein, von Toulouse flog er nach Barcelona, Valencia und Alicante, wo er gerade recht kam, um den Sieg der Republikaner in Brighuega mitzufeiern. Er sah die auf den Schlachtfeldern zurückgelassenen toten italienischen Soldaten, die von der Artillerie zerfetzt worden waren.

Hemingway gehörte zur Gruppe der „Gegenwartsgeschichtsschreibern“, zu der ursprünglich auch John Dos Passos, Lillian Hellmann und Archibald MacLeish gehörten. Ihr Ziel war, die Sache des spanischen Volkes zu fördern und Geld für die Republik zu sammeln. 1937 fragte MacLeish Lillian Hellmann, ob sie mit Ivens und Hemingway bei der Herstellung eines Dokumentarfilmes über den Krieg mitwirken wolle. Er wollte von ihren Erfahrungen als Dramatikerin profitieren. Doch eine Lungenentzündung hinderte sie daran, Paris zu verlassen, so daß sie nicht mitarbeiten konnte.

Ende der sechziger Jahre sah sie erneut „Die Spanische Erde“, und sie erklärte, daß ihr der Film noch immer gefalle. Ernest und Joris Ivens hätten gute Arbeit geleistet. „Hemingway war für diese Aufgabe besser als ich“, sagte sie.

Die Dreharbeiten zu „Die Spanische Erde“ und die Arbeit als Kriegskorrespondent führten Hemingway an die Front, wo er die Kämpfe hautnah miterlebte. Immer wieder kehrte er nach Madrid zurück, wo er mit seinem Zimmer im Hotel „Florida“ einen Zufluchtsort für sich und seine Freunde hatte. Dort hockte er mit seiner „Gang“ zusammen, arbeitete und genoß das Leben.

Arthur H. Landis beschreibt in „The Abraham Lincoln Brigade“ den Service im „Florida“ wie folgt:

> „Das Besteck wurde im Hotel Florida — der Stützpunkt für Hemingway, Herbert Matthews und Martha Gellhorn — immer sorgfältig poliert. Die Tischdecke war prächtig, aber das Essen, obwohl immer mit großer Eleganz serviert, blieb immer das gleiche: eine Scheibe Brot, in Olivenöl und Zwiebeln gedünstete Kichererbsen und manchmal Linsen oder Bohnen.
>
> Mehr gab's nicht. Der Nachtisch, wenn überhaupt, bestand aus einer Orange. Alkohol wurde weder in den Straßencafés noch in den Bars ausgeschenkt, aber wir wußten, daß Hemingway doch irgendwie reichlichen Vorrat davon besorgen konnte, den er seinen Gästen servierte.“

Hemingway mußte wenig Miete für sein Zimmer bezahlen, denn es lag direkt in der Schußlinie der faschistischen Batterien, die auf der Sierra Garabitas stationiert waren. Es bereitete ihm sichtlich Vergnügen, seinen Gästen die noch warmen, jedoch blinden Geschosse, die er in der Nähe aufgelesen hatte, zu zeigen.

Seine Kameraden, Ivens und der Kameramann John Ferno, versteckten sich nicht, wenn's gefährlich wurde. Dies veranlaßte Hemingway, MacLeish zu schreiben, daß sie wahrscheinlich ihre besten Freunde noch verlieren würden. Neben seiner Arbeit als Regisseur diente Ivens jeden Tag als „Offizier der Infanterie".

Beim Angriff der Panzer und Infanterie auf Moratas de Tajuna und bei der Bombardierung Madrids war es für die Filmleute am gefährlichsten. Unzählige Male entkamen sie Maschinengewehrsalven und retteten sie sich aus einstürzenden Gebäuden. Dann und wann trennten sie sich und suchten inmitten des Krieges nach Bars, nach einem der „sauberen und hellen Orte" Hemingways. In diesem Chaos verfaßte Hemingway das Drehbuch zu „Die Spanische Erde".

„Diese Zeit der Kämpfe, während wir glaubten, daß die Republik gewinnen könnte, war die glücklichste unseres Lebens", schrieb er rückblickend 1940.

Dank der guten Beziehungen Martha Gellhorns, die den Präsidenten und seine Frau Eleanor kannte, wurde „Die Spanische Erde" am 8. Juli 1937 den Roosevelts im Weißen Haus gezeigt. Im selben Jahr fand in New York die erste öffentliche Vorführung statt. Der Film provozierte einen der vielen Streits, die Hemingway zeit seines Lebens mit Intellektuellen ausfocht. Orson Welles und Hemingway saßen bei einer privaten Vorführung des Filmes nebeneinander. Nach dem Ende der Vorstellung wandte sich Welles an Hemingway und erklärte ihm, der Film sei „scheiße". Hemingway reagierte wütend, und die beiden gerieten sich in die Haare.

Hemingway war im Mai 1937 in die USA zurückgekehrt. Am 4. Juni hielt er in der Carnegie Hall seine erste öffentliche Rede anläßlich des zweiten Kongresses der amerikanischen Schriftsteller und sprach über seine Erfahrungen in Spanien und „Die Aufgabe des Schriftstellers in der Gegenwart".

Neben ihm auf dem Podium saßen Donald Ogden Stewart, der Präsident der Vereinigung amerikanischer Schriftsteller, Earl Browder, der Sekretär der kommunistischen Partei der

USA, und Joris Ivens. Archibald MacLeish leitete die Veranstaltung.

Hemingways siebenminütige Rede fand den Beifall der 3500 Zuhörer im Saal und der Menschenmassen vor den Türen. Dies stellte einen Wendepunkt in Hemingways politischer Entwicklung dar: Er überwand nicht nur seine Scheu, vor der Öffentlichkeit zu sprechen, sondern er gab auch seiner Überzeugung Ausdruck, daß Schriftsteller aktiv für die Verteidigung von Freiheit und Demokratie eintreten sollten.

Inmitten dieser unruhigen Zeit — seine häufigen Reisen an die spanische Front und zurück in die USA — schrieb Hemingway an „Haben und Nichthaben". Von New York reiste er nach Key West und von dort nach Bimini, wo er die Fahnen korrekturlas. Nach den Aussagen seines Bruders Leicester hielt er das Buch „für sein bisher bedeutendstes Werk." Er hatte den Roman bereits vor seiner ersten Reise ins umkämpfte Spanien beendet.

Doch als Hemingway als überzeugter Verteidiger der Republik aus Spanien zurückkehrte, zerriß er Teile des Manuskripts und veränderte den Schluß. Er schrieb Harry Morgans letzte Worte, die zu einer Art Manifest Hemingways wurden: „Ein Mann allein hat keine ... ganz egal wie, ein Mann allein hat keine verdammt beschissene Chance."

Das Buch kam 1937 auf den Markt. Die amerikanische Presse reagierte verwirrt. Sie behauptete, Hemingway habe seinen Stil zerstört bei dem Versuch, das Feld sozialer Anliegen zu betreten. Sie interpretierten den Titel als Parodie auf Shakespeares berühmten Monolog, obwohl Cervantes bereits hundert Jahre vor Hemingway diese einfache ökonomische Gleichung aufgestellt hatte.

Hemingway sorgte sich nicht um die Welt seiner Lesergemeinde. In seiner neuen Rolle als politischer Agitator fuhr er, begleitet von Ivens, nach Hollywood und beteiligte sich an den Sammelaktionen für die Spanische Republik. Ivens reiste mit den Filmrollen von „Die Spanische Erde" unterm Arm und Hemingway mit den fünfzehn Seiten seiner zweiten Rede.

Lillian Hellmann erinnert sich an diese Sammlungen, und sie erzählt von einem Abend, an dem 13.000 Dollar für Krankenwagen aufgebracht wurden. In dem Augenblick, als die

Sammlung begann, verschwand der Schauspieler Errol Flynn; er entschuldigte sich, er müsse ins Badezimmer. An diesem Abend sah ihn niemand mehr. Nach den Berichten Arthur H. Landis hatte Flynn als Anhänger der Republikaner an einer Art „Touristentour“ in Spanien teilgenommen und war dabei an der Front von einer verirrten Kugel getroffen worden.

Hemingway versuchte, seine reichen Freunde für Sendungen von Verbandmaterial und anderen Erste-Hilfe-Gütern für die Spanische Republik zu gewinnen. Aber viele lehnten ab, da dies einer Zusammenarbeit mit Kommunisten gleichkäme.

Hemingway stiftete selbst eine große Geldsumme. Schließlich konnte er zwölf vollständig ausgerüstete Krankenwägen besorgen; diese wurden aber im Hafen von New York unter Hinweis auf die amerikanischen Neutralitätsakte, die jegliche Lieferungen nach Spanien verbot, festgehalten.

* * *

Hemingway beschränkte seine Tätigkeiten in Spanien auf die 12. Brigade. Dies bestätigen beinahe alle Biographen Hemingways, Carlos Baker eingeschlossen. Dann und wann besuchte er andere Einheiten oder hielt sich bei den Amerikanern der Abraham-Lincoln Brigade auf. Die meiste Zeit verbrachte er jedoch mit den Leuten unter Paul Lucasz, der eigentlich Maté Zalka hieß und Schriftsteller und einer von Stalins Vertretern im Spanischen Bürgerkrieg war. Baker vermerkt in seinem Buch „Ernest Hemingway: A Life Story“, daß Hemingway die 12. Brigade „wegen ihrer Mitglieder und ihrem ‚esprit de corps‘ am meisten anzog.“

Zu dieser Gruppe zählte der Arzt José Luis Herrera Sotolongo, der Jahre später Hemingways Freund und Arzt in Kuba werden sollte. Sotolongo erinnert sich an sein erstes Zusammentreffen mit Hemingway und dessen erster Begegnung mit der 12. Brigade:

„Es trug sich folgendermaßen zu: Nach den Gefechten an der Madrider Front 1937 sammelten wir uns westlich der Stadt, um uns mit neuen Kämpfern zu treffen. Seit dem 26. November waren wir in zahlreiche Kämpfe verwickelt gewesen, bei Casa de Campo, Pardo, Las Rozas und Villanueva del Pardillo. Die 12.

Brigade trug die Hauptlast dieser Kämpfe.

In den letzten Dezembertagen hatten wir eine erfolgreiche Offensive in Brihuega gestartet. Die Truppen des 4. Corps ließen wir dort stationiert, und wir kehrten nach Madrid zurück. In den letzten Gefechten in Madrid und Las Rozas erlitten wir erneut zahlreiche Verluste.

Die Brigade befand sich in einer beklagenswerten Verfassung. Wir hatten viele Kämpfer und große Teile der Ausrüstung eingebüßt. In Moratas de Tajuña, einer Stadt östlich von Madrid, erhielten wir Verstärkung. Eines unserer Bataillone war dort stationiert, das andere in Peralas. Mit anderen Worten, wir verteilten uns; denn eine Brigade sollte sich aus Sicherheitsgründen in Ruhephasen nicht an einem Ort konzentrieren.

Während unseres Aufenthalts trat der erster Gesundheitsoffizier der Brigade, der Deutsche Werner Heilbrun, auf mich zu und sagte: „Du bist der bestangezogenste Offizier hier. Gehe nach Madrid und suche einen amerikanischen Journalisten auf, der uns für ein paar Tage besuchen und einen Bericht über uns schreiben will. Meine Frau Mathilde wird im Hotel Florida warten.'

Als ich dort ankam, erwartete mich Werners Frau mit einer jungen Amerikanerin. Es war die Journalistin Martha Gellhorn. Wir fuhren zu unseren Unterkünften, in das Lazarett der 12. Brigade, das als eine Art Hotel für die Besucher diente.

Zu jener Zeit war Hemingway in Martha verliebt. Er war an die südliche Front von Madrid, die Getafa Zone, gefahren. Als er ins „Florida" zurückkehrte und Martha nicht antraf, fragte er nach ihr. Ihm wurde mitgeteilt, sie sei bei der 12. Brigade. So stieß er am nächsten Tag zu uns.

Martha blieb einige Tage, und Hemingway war ihr ständiger Begleiter. Er schien sich in der Brigade wohl zu fühlen. Die meiste Zeit verbrachte er mit uns; von unserem Stützpunkt aus ging er seiner Arbeit als Reporter nach. Er war für eine sehr lange Zeit unser Gast.

Während der ganzen Jarama Offensive war er bei uns, fast einen Monat lang. Danach wechselte er an andere Fronten, und wir begannen unsere Guadalajara Operation gegen die Italiener. Als Hemingway davon erfuhr, daß es sich um einen groß angelegten Angriff handelte, versuchte er, zu uns zu stoßen.

*Das älteste Photo in dem Archiv der Finca Vigía. Links Robert Loeb (Vorbild zu Robert Cohn), rechts Guy Hickock (Pariskorrespondent für den „Brooklyn Daily Eagle").*

*Nach einem merkwürdigen Unfall im Jahre 1928: das Glasdach des Badezimmers fiel ihm auf den Kopf*

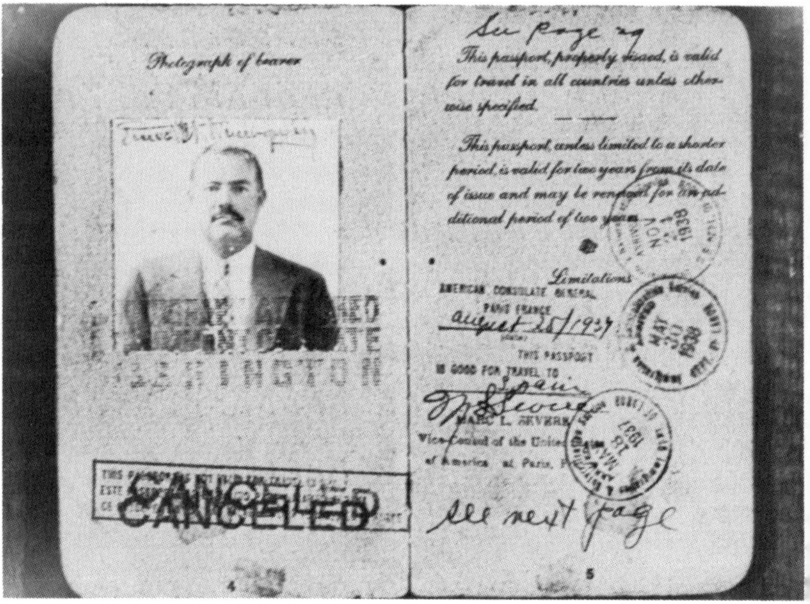


*Der Paß von Hemingway aus der Zeit des Spanischen Bürgerkrieges veranschaulicht das Auf und Ab der Republik.*

*Mijail Koltsov, der Journalist aus der UdSSR (Vorbild für Karkov).*

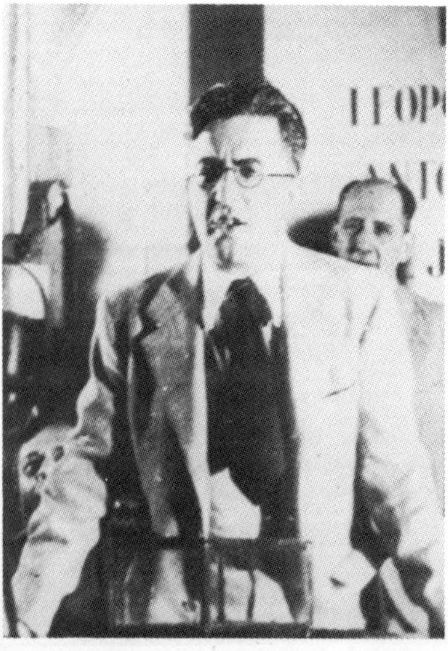

*Dr. José Luis Herrera Sotolongo im Spanischen Bürgerkrieg, 1937.*

*Erstes Treffen mit Herbert Matthews während des Spanischen Bürgerkrieges in Madrid im Jahr 1937.*

*Hemingway und Joris Ivens, der Regisseur von „Die Spanische Erde", Jarama 1937.*

*Hemingway und Alexis Eisner, einem Adjutanten von General Lucasz, Fuentes de Alcarría 1937.*

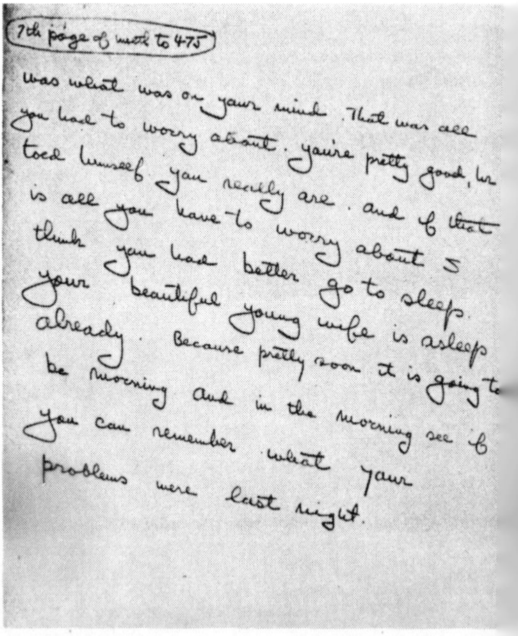
7th page of work to 475

was what was on your mind. That was all
you had to worry about. You're pretty good, he
told himself. You really are. And if that
is all you have to worry about
think you had better go to sleep.
Your beautiful young wife is asleep
already. Because pretty soon it is going to
be morning and in the morning see if
you can remember what your
problems were last night.

*Eine Seite des Manuskriptes von „Wem die Stunde schlägt“.*

Wir verlegten das Lazarett in ein Schloß: als er dort ankam, waren wir schon weitergezogen. Er machte einige Aufnahmen vom Schloß, die man noch heute auf der Finca Vigía betrachten kann.

In Moraleja, wohin wir uns zur Erholung zurückgezogen hatten, stieß er zu uns. Wir spielten sogar Fußball. Danach reiste er wieder ab; wir zogen weiter nach Aragón zum Angriff auf Huesca, bei dem General Lucasz fiel. Nach unserer Rückkehr nach Madrid nahmen wir erneut Verbindung zu Hemingway auf. Danach verloren wir uns aus den Augen; denn die 12. Brigade war zur Division umbenannt worden, und wir wurden an die Front geschickt.

Unsere Wege kreuzten sich wieder bei der Einnahme von Teruel. Hemingway tauchte immer bei den wichtigsten Operationen auf. Wir waren wieder für ein paar Tage zusammen. Danach wurde er an andere Fronten versetzt, und wir verloren den Kontakt zueinander. Ich sah ihn erst in Kuba wieder."

Herrera lacht, wenn er sich an „las cosas de Ernesto" erinnert.

„Wir hatten einen slawischen Offizier namens Makakos. Hemingway benützte diesen Namen, um daraus eine Variante seines gebräuchlichsten Fluchs zu formulieren: ‚Makako es Dios'. Es klang wie das gräßliche ‚Me cago en Dios!' (Ich scheiße auf Gott). An der Front machen die Leute gern über alles Witze, um die Anspannung für einen Augenblick zu lockern. Makakos gehörte der Dombrowski Brigade an und fiel bei Puente de Arganda."

Herrera erzählt eine andere Anekdote, in der Hemingway selbst die Zielscheibe des Spotts bildete.

„Es war während der Ruhepause nach der Schlacht von Guadalajara. Die Oberbefehlshaber und einige Offiziere entspannten sich in La Moraleja, einem in den Außenbezirken Madrids gelegenem Schloß der Herzogin von Aldama. Der Ort hatte einen gespenstigen Ruf, da viele Faschisten hier hingerichtet worden waren.

Eines Abends fand ein großer Empfang im Schloß statt, bei dem auch der Sänger Paul Robeson auftrat. Ernest trank zuviel, so daß er während des Festes einschlief. Einige heckten einen Streich aus: Sie schafften Hemingway ins Feldlazarett und banden ihn auf einer Krankenbahre fest. Jeder zog sich einen weißen Kittel und eine Maske über.

Als Hemingway erwachte und sich in Fesseln sah, begann er aus Leibeskräften zu brüllen. ‚Ich glaubte mich in den Händen der Faschisten, die mich foltern wollten', sagte er später. Er schrie: ‚Me cago en Dios!' und ‚Hurensöhne, tötet mich doch!"

* * *

Hugh Thomas schreibt in „The Spanish Civil War", daß Hemingway aktiv auf Seiten der Republikaner eingriff und über seine Pflichten als bloßer Korrespondent hinaus junge Spanier im Gebrauch der Gewehre trainierte. Nach Herrera Sotolongo nahm Hemingway auch an den Kämpfen teil und erlebte die englischen Vickers Maschinengewehre, ebenso wie die Maxims und sowjetische Schußwaffen. „Er lag in den Schützengräben und beteiligte sich in Guadalajara und Jarama aktiv an den Kämpfen. Es befriedigte ihn, auf diese Weise zum Kriegserfolg beizutragen."

„Aber dabei blieb es nicht", sagt Herrera Sotolongo weiter, „er hielt sich für einen Taktiker und gelegentlich für einen Strategen. Er besprach die Operationen und beschäftigte sich mit Problemen, die eigentlich die Angelegenheit der Offiziere waren."

Besonders deutlich wird dies in dem Artikel „The ill-named battle of Guadalajara". Er schreibt: „Ich habe die Schlacht vier Tage lang studiert und bin mit dem Offizier, der den Kampf leitete, über das Schlachtfeld gegangen. Ich bin sicher, daß Brihuega einen bedeutenden Platz in der Militärgeschichte einnehmen wird." Der Artikel erschien im Juni 1937. Hugh Thomas bezieht sich darauf in seinem Buch.

Die Blutbäder, die Hemingway erlebte, verunsicherten ihn nicht. Es bereitete ihm keine Probleme, junge Mitglieder der Miliz zu trainieren oder einige Faschistenköpfe mit seinem Maschinengewehr abzuknallen. Als gegen Ende des Krieges eine Gruppe mutmaßlicher Faschisten aus nächster Nähe niedergeschossen wurden, zögerte Hemingway nicht, sich daran zu beteiligen. So scheußlich dies auch klingen mag, später würde er über diese Aktion seine Späße machen.

Diese Hinrichtung, an der Hemingway moralisch mitverantwortlich ist, fand auf einer Müllkippe bei Tielmes statt. Heute verurteilen die meisten Leute diesen Vorfall als ein schmutziges Kapitel im Spanischen Bürgerkrieg. Aber wir müssen die Umstände, unter denen sich dies zutrug, berücksichtigen. Die Republik war in größter Gefahr, an ihren Anhängern wurden scheußliche Greueltaten verübt, die später nur noch von den Nazis übertroffen wurden. Bei dem erwähnten Vorfall wurde eine unbekannte Zahl von Gefangenen aus dem Gefängnis Cárcel Modelo de Madrid hingerichtet. Es waren junge Männer aus der Oberschicht, die man verdächtigte, zu den Faschisten zu gehören und die man wahllos auf den Straßen Madrids festgenommen hatte.

Francos Truppen näherten sich der Stadt. Der Kommandant Carlos Contrera, ein Italiener, dessen wirklicher Name Vittorio Vivaldi lautete, leitete die Operation. Von ihm sagte man: „Mit Carlos Contrera als Führer hat die Miliz keine Angst."

In einem Brief an Joris Ivens spricht Hemingway unbeschwert von der Müllkippe, auf der Vivaldi die bedauerliche Aktion durchführen ließ. Hemingway parodierte darin den Namen der kubanischen Stadt San José de las Lajas, indem er sie mit einem Schuß Galgenhumor San José de las Latas (San José der Blechbüchsen) nannte und damit auf die Hinrichtungsstätte anspielte.

Hemingway erzählte Freunden, er habe während des Zweiten Weltkrieges einige deutsche Soldaten niedergestochen. Er überlegte sich nie, daß diese Soldaten die Söhne bedauernswerter deutscher Familien waren. Mit solchen Überlegungen kann kein Krieg gewonnen werden, auch wenn Greueltaten nie verherrlicht werden sollten. Außerdem stand als Hauptgedanke über allen anderen Überlegungen, daß der Krieg gewonnen werden mußte. Alles andere wäre eine Lüge. Hemingways Humanität war eng mit der Sache verbunden, die er verteidigte: die Sache des spanischen Volkes.

Es ist unmöglich, den Geist der Kurzgeschichte „Alter Mann an der Brücke" — die Geschichte eines armen Flüchtlings, der mit der faschistischen Barbarei konfrontiert wird — zu ignorieren und eine uneingeschränkte Menschenliebe Hemingways anzunehmen, in der tote faschistische Soldaten genauso viel Sympathie verdienen wie die armen Flüchtlinge.

In diesem Licht ist auch die Hinrichtung spanischer Faschisten in „Wem die Stunde schlägt" zu sehen. Es ist kein Angriff auf die Republik. Vielmehr wird der totale Krieg gezeigt, der Auftakt zu einem größeren Kampf, in dem das Schicksal der Welt entschieden werden würde.

In „Wem die Stunde schlägt" greift Hemingway einige hohe Offiziere aus dem Spanischen Bürgerkrieg an. André Marty ist Hemingways Hauptzielscheibe. Er verwendet Martys wirklichen Namen, obwohl er einen Roman schreibt, und zählt wirkliche Beschuldigungen auf. Die Meinungen über den Franzosen gehen auseinander. Ilya Ehrenburg beschreibt ihn als eine autoritäre Persönlichkeit, die „jeden in der Welt als Verräter verdächtigte."

Das alte Kominternmitglied, Sekretär der französischen kommunistischen Partei und Begründer und erster politischer Leiter der Internationalen Brigaden, handelte mit unerbittlicher militärischer Härte und „erschoß Menschen wegen geringfügiger Vergehen." Sogar unter den Linken nannte man ihn den „Schlächter von Albacete."

Hemingways beißende Charakterisierung rief einige empörte Reaktionen hervor, aber der Autor mußte die spanische Tragödie uneingeschränkt und ehrlich darstellen. Dies war nur möglich, indem er nichts zurückhielt. Während des Krieges war Hemingway ein zuverlässiger Soldat. Als Künstler fühlte er sich nur der Wahrheit verpflichtet.

Hemingways Einstellung zum Krieg rechtfertigt nicht die Meinung Stephen Spenders, die dieser in „The God That Failed" vertrat: „Alle wertvollen Bücher über den Krieg — die von Malraux, Hemingway, Koestler und Orwell — beschreiben die spanische Tragödie von einem liberalen Standpunkt aus, und sie greifen die Kommunisten an."

Dies trifft auf Hemingways Roman nicht zu. Robert Jordan kann, obwohl er keine eindeutigen politischen Vorstellungen vertritt, als eine Person mit linken Ideen betrachtet werden, die es als seine Pflicht ansieht, für die Republik zu kämpfen. Er gehorcht der kommunistischen Disziplin und unterstellt sich ihr für die Dauer des Krieges, da es das Beste und Sinnvollste im Kampf „hier in Spanien" war.

* * *

Hemingways „Wem die Stunde schlägt" wurde nicht überall begrüßt, besonders den Führern der kommunistischen Partei Spaniens mißfiel das Buch. Obwohl sich Hemingway über diese Kritik wahrlich nicht freute, versuchte er sein Mißfallen nicht in die breite Öffentlichkeit dringen zu lassen.

Sam Putnam, verriß den Roman im „Daily Worker", dem Organ der kommunistischen Partei. Hemingway ärgerte sich verständlicherweise über diese Rezension, denn Jahre zuvor hatte Putnam bereits „In einem andern Land" scharf kritisiert, damals allerdings von einem faschistischen Standpunkt aus. Es war wirklich kurios, er sympathisierte damals mit den Faschisten und unterstellte Hemingway, einen „sozialistischen" Roman geschrieben zu haben.

Unter der Überschrift „Hemingway, der Verräter" erschien in der Sonntagsbeilage der kubanischen kommunistischen Zeitung „Noticias de Hoy" unter Federführung von Angel Custodio, einem republikanischen spanischen Dramatiker, ein Artikel des Argentiniers García Tunón.

Nachdem Custodio auf diesen Angriff auf Hemingway nur eine ausweichende Antwort gegeben hatte, suchte José Luis Herrera Sotolongo Juan Marinello, den Präsidenten der kubanischen kommunistischen Partei, auf, um die Sache in Ordnung zu bringen. Herrera Sotolongo stellte gegenüber Marinello klar, daß Hemingway immer eine positive Haltung gegenüber den Kommunisten eingenommen und deren Sache finanziell unterstützt habe.

Als Beweis legte er Marinello verschiedene Dokumente vor. Dieser ließ sich schließlich überzeugen und sagte: „Die Kampagne gegen dieses Buch muß aufhören, aber wir behalten uns das Recht vor, den Film zu kritisieren." Als Herrera Sotolongo Marinellos Vorbehalte Hemingway weitergab, erklärte der Autor: „Teile Juan mit, daß, falls er es wünscht, ich die Rezension schreibe. Meine Kritik wird vernichtender sein als jede andere." Seitdem kannte jeder Hemingways Urteil über Hollywood.

Nur die allerwenigsten wissen, daß Hemingways Roman in der Sowjetunion als Paperback Ausgabe für die Rote Armee erschienen ist. Maxim Litvinov, der sowjetische Botschafter in den

USA, schickte Hemingway von Washington aus, zwei Ausgaben des Buches und drei oder vier Zeitungsausschnitte aus der Prawda. In einer Rezension auf der Titelseite rühmte Ilya Ehrenburg den Roman. Der Artikel endete mit dem Hinweis, daß die sowjetischen Kämpfer durch Robert Jordan ermutigt worden seien.

In einem der Sendung beigefügten Brief schrieb Litvinov, daß das Geld für die Autorenrechte in Rubel in der UdSSR hinterlegt worden sei. Das waren die Dokumente, die Herrera Marinello zeigte.

Die meiste politische Kritik — es gab auch literarische — kam aus dem Lager der Linken und dem der ehemaligen Spanienkämpfer. So kam es z.B. zu Auseinandersetzungen mit Milton Wolf, dem letzten Führer der Lincoln Brigade, der mit dem übriggebliebenen Rest seines Bataillons den Ebro durchschwommen, seine Einheit reorganisiert und sich erneut dem Kampf gestellt hatte. Wolf fühlte sich durch das Buch wüst beschimpft und teilte dies Hemingway in einem entsprechenden Brief mit.

Arthur H. Landis erwähnt Hemingway in seinem Buch über die Lincoln Brigade sehr häufig und stets positiv. Landis behauptet, Hemingways Scotchflasche seien magische Kräfte zugeschrieben worden; ihr Inhalt schien weder qualitativ noch quantitativ nachzulassen, und keinem Mitglied der amerikanischen Brigade verweigerte Hemingway seine Gesellschaft, seine Zigarren oder einen großen Schluck aus der Flasche.

Landis fügt hinzu, daß die amerikanischen Freiwilligen, auch wenn sie alle Korrespondenten freundlich behandelten, so doch nur Herbert Mathews, Hemingway und Vincent Sheen (von der Pariser Ausgabe der New York Herald Tribune) als ihresgleichen betrachteten. Die anderen Reporter gehörten für die Soldaten einer anderen Welt an.

Aus heutiger Sicht erscheint die Kontroverse um „Wem die Stunde schlägt" übertrieben, besonders wenn man berücksichtigt, daß der Roman nicht von Hemingways üblichen künstlerischen Standards abweicht: ein typisch Hemingwayscher Held in einer für ihn typischen Situation.

In seinen anderen Romanen fand dies immer die Zustimmung und den Beifall der Kritiker. Es waren eher die historischen und geographischen Aspekte des Spanischen Bürgerkriegs, an denen sich die Kontroverse entzündete, und, daß so viele Intellektuelle in den Konflikt verwickelt waren. Wenn der Bürgerkrieg jemals einen radikalen Bruch in Hemingways schriftstellerischem Werk verursachte, dann in „Haben und Nichthaben". Dieses Buch markiert einen Wendepunkt im bisherigen literarischen Schaffen Hemingways, es bedeutet den Bruch mit allem, was er bisher geschrieben hatte.

In „Wem die Stunde schlägt" äußert sich Hemingway sarkastisch und verletzt über Lister. Er nennt ihn einen einfachen Steinmetz aus Gallizien, der nun eine Division befehligt, und bezweifelt seine Fähigkeiten als Kommandeur.

Listers Meinung über Hemingway ist interessant: „Als ich ‚Wem die Stunde schlägt' Jahre nach dem Krieg las, war ich wütend, aber nicht überrascht. Ich bezweifle nicht, daß sich Hemingway bis zu seinem Tode mit unserer Sache identifiziert hat.

Wie können wir dann erklären, daß er ein solches Buch verfaßte, das ein grobes Zerrbild unseres Krieges und des heroischen Kampfes unseres Volkes und der freiwilligen Freiheitskämpfer darstellt? Ich glaube, er schrieb das Buch, weil er zu jenem Zeitpunkt nichts anderes schreiben konnte. Trotz seines Talents konnte er den Krieg in seiner ganzen Tiefe nicht vollkommen ergründen, sondern sah wie viele andere auch nur das Oberflächliche, Anekdotische und Äußerliche unseres Kampfes, ohne wirklich ganz in seine Tiefe vorzustoßen.

Als ich sein Buch las, war ich über meine Darstellung nicht überrascht: Das war seine Art, mit mir abzurechnen; denn ich wußte — er hatte es mir schon oft genug gesagt — daß er mir niemals verzeihen würde, ihm nicht alles gezeigt zu haben ... Wenn es wahr ist, daß dieses Buch eine Verunglimpfung des Kampfes des spanischen Volkes darstellt, dann ist dies gleichzeitig ein Verrat an Hemingways Haltung. In seinem Werk und in verschiedenen anderen Medien äußerte er sich sehr deutlich zu dem Krieg. Dazu gehört auch der ausgezeichnete Film, den er zusammen mit Joris Ivens 1937 drehte. Und deshalb empfinde ich für Hemingway trotz dieses Buches noch genau die gleichen Gefühle, wie während unserer Zeit in Spanien und die er auch mir gegenüber, wie ich weiß, bis zu seinem Tode empfand."

Und Herrera Sotolongo fügt hinzu:

„Ich sah, wie sich berühmte Schriftsteller Notizen für ein Buch machten. Was dabei herauskam, war eine einzige Katastrophe. Ich kannte einen deutschen Autor, Gustav Regler, ein politischer Kommissar, der aktiv im Spanischen Bürgerkrieg kämpfte. Er führte ein Tagebuch, und jede Nacht notierte er sich die Tagesereignisse. Als sein Buch schließlich erschien, erwies es sich als ein Flop. Es war ohne literarischen Wert, auch wenn Hemingway ein Vorwort dafür verfaßte. Ja, sie waren gute Freunde.

Ernests Haltung zur spanischen Republik war immer aufrichtig und positiv. Obwohl viel darüber diskutiert wurde, weiß ich, daß er davon überzeugt war, daß das spanische Volk im Recht war.

Man versuchte ihn wegen seines Buches ‚Wem die Stunde schlägt' anzuschwärzen.

Einige sehen in diesem Roman die Geschichte eines Abenteuers, andere ein Buch über einen Krieg und manche einen Angriff auf die spanische Politik. Sie täuschen sich alle. Das Buch ist ein authentisches Zeugnis von Hemingways Erfahrungen im Spanischen Bürgerkrieg. Als Erzähler vermischte er gelegentlich die Realität mit dem Phantastischen, und er arbeitete seine tiefsten Empfindungen für das spanische Volk in diesen Roman hinein."

Herrera Sotolongo erklärt, daß Hemingways Haltung treffend mit dem englischen Begriff „fellow traveller" erfaßt werden könnte, „un companero de viaje", ein „Weggefährte".

Die Führer und Intellektuellen der Lincoln Brigade teilten nicht diese Ansicht: Wolf, Bessie (Autor eines außergewöhnlichen Buches über den spanischen Krieg „Men in Battle"), Keller und Goff, sie alle attackierten Hemingway in den New Masses und im Daily Worker.

Die Veröffentlichung von „Wem die Stunde schlägt" führte zum Bruch zwischen Hemingway und seinen ehemaligen Kameraden aus der Lincoln Brigade. Die Veteranenorganisation der Abraham Lincoln Brigade (VALB) wandte sich gegen Hemingway. Eine diesbezügliche Resolution der VALB wurde einstimmig beschlossen. So entfiel auch sein Beitrag zu der Anthologie „The Heart of Spain", die von der VALB gesponsort wurde.

In der frostigen Zeit der McCarthy Ära wurde aus den alten romantischen Freundschaften teilweise eine widerliche Angelegenheit. Im Gegensatz zu so vielen, die fortschrittliche Positionen einmal vertreten hatten und sie nun widerriefen, stand Hemingway bis zu seinem Tode loyal zu Spanien.

* * *

Fidel Castro hat seine eigene Meinung über die Bücher des Hausherrn der Finca Vigía, auch über „Wem die Stunde schlägt". Beinahe zwei Jahrzehnte nachdem er von der Sierra Maestra den Siegeszug seiner Guerillas anführte, sprach Castro mit zwei Landsleuten Hemingways, mit Kirby Jones und Frank Mankiewicz:

| | |
|---|---|
| J. u. M.: | Lesen Sie viel? |
| Castro: | Ja. |
| J. u. M.: | Welche Art von Büchern lesen Sie? |
| Castro: | Politische Bücher über die Partei, zur Wirtschaft und Geschichte. Leider steht mir dafür nicht soviel Zeit zur Verfügung, wie ich es gerne hätte. Manchmal lese ich auch Romane. |
| J. u. M.: | Welche Autoren? |
| Castro: | Nun ... eigentlich alle Klassiker. Ich lese wirklich sehr viele Bücher. Heute wird eine große Zahl von Büchern veröffentlicht, mehr als man lesen kann. Kürzlich beschenkte mich der mexikanische Präsident und ein mexikanischer Verleger mit einer vollständigen Bibliothek. Ich wünschte, ich hätte mehr Zeit, die interessanten Bücher der Sammlung zu lesen. Unter den amerikanischen Schriftstellern zählt Hemingway zu meinen Lieblingsautoren. Er war unser Freund. |
| J. u. M.: | Kannten Sie ihn persönlich? |
| Castro: | Ja, ich traf ihn nach unserer erfolgreichen Revolution während der Verleihung des Hemingway Preises in einem Angelwettbewerb. Doch ich kannte sein Werk schon lange vor der Revolution. So las ich während meiner Studentenzeit „Wem die Stunde schlägt". Es ging um eine Partisanengruppe, und ich fand das Buch sehr interessant. Hemingways Roman zählte mit zu den Büchern, die mir halfen, eine Taktik gegen Batistas Armee zu entwerfen. |

Es gab noch andere Bücher, in denen wir unseren eigenen Unabhängigkeitskrieg studierten, hervorheben möchte ich die Geschichte von Máximo Gómez. Doch, ich habe habe alle Bücher dieser Männer gelesen, die in unserem Unabhängigkeitskrieg kämpften: Máximo Gómez, Antonio Maceo und all die anderen Patrioten. Sie alle kannten das Problem, das gelöst werden mußte: Wie kann man eine Revolution gegen eine moderne Armee erfolgreich durchführen? Seit den Tagen der Commune beschäftigte diese Frage viele Schriftsteller und viele kamen zu dem Schluß, daß ein Sieg unmöglich wäre. Irgendjemand, ich glaube, es war Mussolini, sagte einst, daß eine Revolution mit oder ohne Armee durchgeführt werden könne, aber niemals gegen sie. Wir befanden uns hier in eben dieser Lage: gegen eine Armee zu kämpfen, die die absolute Kontrolle über alles hatte. Die Lösungsversuche der Vergangenheit wiesen uns den Weg zur Bewältigung des Problems. Gedanken dazu finden sich auch in Hemingways Buch „Wem die Stunde schlägt".

J. u. M.: Sehr interessant. Erfuhr er jemals, daß Sie so dachten?

Castro: Ich konnte es ihm nie mitteilen. Er reiste viel und starb bald nach der Revolution. Er wohnte in der Nähe Havannas auf einem Gut, das wir inzwischen in ein Museum verwandelt haben. Sie wissen, daß er zu den beliebtesten Schriftstellern der Welt zählt. Er wird in der Sowjetunion und in anderen sozialistischen Staaten sehr verehrt. Von den vielen Menschen, die nach Kuba reisen, seien es nun offizielle Gäste, Seeleute oder Touristen, wollen die meisten zuerst das Haus Hemingways besichtigen.

In der Literatur wird ein leicht antikommunistisch gefärbtes Bild Hemingways gezeichnet. Es ist die Zeit des kalten Krieges. Und sowohl A.E. Hotcher („Papa Hemingway") als auch Leicester Hemingway („My brother Ernest Hemingway") wirken daran mit: der Autor als ein Soldat, der bereit ist, gegen die Rote Gefahr zu kämpfen.

Heute Hemingways politische Einstellung zur Zeit des Kalten Krieges herauszuarbeiten, ist keine leichte Aufgabe. Es gibt wohl auch hier die verschiedensten Seiten von Hemingway: die Hotchners und die Leicesters und dann der Autor selbst, der

1954 in seinem Artikel „The Christmas Gift“ (Das Weihnachtsgeschenk) Senator Joseph McCarthy und seine hysterische antikommunistischen Kampagne verspottete.

Auf der Finca Vigía fand sich ein ganz interessantes maschinengeschriebenes Dokument vom 8. November 1950. Es beginnt mit einem Hinweis auf ein nicht näher beschriebenes Buch: „Seit diese Einleitung geschrieben wurde, haben wir einen Krieg gewonnen und einen Frieden verloren; wir kämpfen nun in einem nicht erklärten Krieg, gleichzeitig bereiten wir uns vor, einen Krieg im Weltmaßstab zu führen.“

Hemingway bezieht sich vermutlich auf die Einleitung, die er im September 1945 für „Treasury for the Free World“, hrsg. von Ben Raeburn, verfaßte. Die beiden Dokumente gleichen sich in Stil und Ton. In Raeburns Buch schrieb Hemingway:

> „Wir haben diesen Krieg geführt und gewonnen. Laßt uns nun nicht scheinheilig sein und auch nicht heuchlerisch, weder rachsüchtig noch einfältig. Verhindern wir, daß unsere Feinde jemals wieder einen Krieg führen können. Erziehen wir sie um, und lernen wir, mit allen Ländern und Völker dieser Welt in Frieden zu leben. Dazu müssen wir erziehen und umerziehen. Doch zuerst müssen wir uns selbst so erziehen.“

In dem oben erwähnten Papier stellt Hemingway fest: „Leute mit der gleichen Überzeugung wie die, die Japan in sechzig Tagen schlagen wollten, stehen bereit, ganz Asien zu bekämpfen.“ (Offensichtlich ein Hinweis auf den Koreakonflikt, ja sogar eine Vorwegnahme der Ereignisse in Vietnam.)

Hemingway bemerkt, daß jeder, der eine kritische Haltung gegenüber dieser „Geisteskrankheit“ einnehme, als potentieller Verräter betrachtet wird.

> „Zwei Kriegshetzer, von denen jedoch keiner kämpfen wird, wenn die Würfel gefallen sind, bilden bereits den Keim eines Super-Patriotismus. Drei Kriegshetzer kommen in ihrer Bedeutung einer gut trainierten, blutdurstigen Infantrie Division gleich.“

Er folgert bitter:

> „Menschen, die kämpfen, werden wieder kämpfen. Menschen, die reden, werden wieder reden. Die Zehn-Prozentler werden wissen, wie töricht sie waren, sich mit zehn zufrieden zu geben (es wa-

ren wenige), und sie werden aus dem neuen noch mehr herausschlagen. Das geht solange, bis das unvermeidliche Ende dieses Wahnsinns kommt.

Krieg bedeutet für die Bewohner dieser Insel das größte und beste Geschäft. Es wurde im letzten Krieg zur Perfektion gebracht und garantiert noch immer den Erhalt eines Staates.

Wir können es uns möglicherweise leisten, jedem Bewohner dieser Länder eine Tiefkühltruhe zu geben, ein Fernsehgerät und die gesammelten Werke von Ralph Waldo Emerson. Für diesen Preis bekriegen wir sie und erobern ihr Land. Ganz zu schweigen, daß wir sie besetzen, umerziehen und durchfüttern.

Wir wären wahrscheinlich in der Lage, in jede ihrer Garagen zwei Autos zu stellen und notfalls auch die Garagen zu bauen. Wir wären sogar fähig, in jeden ihrer Töpfe zwei Hühner zu stecken, auch wenn wir selbst keinen Topf hätten, aus dem wir essen könnten.

Aber nein, meine Herren. Rasch wieder aufs Pferd. Die Dschingis Khans des Super Zehn-Prozententums sollen uns wieder vom Hintergrund aus führen."

Und er fügt ironisch hinzu, daß dies sicherlich nicht das ist, was ein echter Amerikaner über „unseren großen, neuen, geplanten Präventivkrieg" denken sollte, den Krieg, den ein Pentagonsprecher uns neulich so deutlich ausmalte. Und Hemingway gibt noch eine abschließende Erklärung:

„... so empfindet der Autor dieser Einleitung. Er liebt sein Land und wird dafür kämpfen."

Hemingway unterschrieb mit Füllfederhalter. So als signierte er wie ein Künstler sein Werk. Diese Zeilen widerlegen das Bild von einem konservativen und politisch engstirnigen Hemingway. Er wendet sich gegen die Hurrapatrioten und stellt den Krieg als ein Geschäft der Profithaie dar; für den Rest der Menschheit bedeutet das Geschäft den reinen Wahnsinn.

Im Vorwort zu „Men at War" schildert Hemingway, was ein Mensch angesichts des Krieges fühlt. Hier geht er weiter und fragt, weshalb Kriege überhaupt geführt werden. Der Autor ist politisch gereift.

Ilya Ehrenburg erinnert sich zwei Jahrzehnte nach Hemingways Tod an seinen alten Freund:

„Es war kein Zufall, daß Hemingway in Madrid war, und es war auch kein Zufall, daß er als Korrespondent im Zweiten Weltkrieg die französischen Partisanen besuchte und nicht die hohen Offiziere der amerikanischen Armee oder daß er den siegreichen Guerillas Castros zujubelte. Sein Leben lang blieb er seiner Überzeugung treu."

* * *

Hemingway liebte Spanien. Dieses Spanien, das er brennen und durch den Krieg verwüstet sah, würde ihm Jahre später immer wieder in den Sinn kommen. Er fühlte sich tief mit dem Land verbunden.

Als Luis Delage, Mitglied des Politischen Büros der Kommunistischen Partei Spaniens, nach Kuba emigrierte, beschloß die Partei seine baldige Rückkehr, damit er die Untergrundarbeit organisiere. Delage war vollkommen erschöpft. Deshalb schickte man ihn nach Guanabo Beach bei Havanna, damit er sich erholen solle. Hemingway persönlich kam für Delages Ausgaben und für seine Heimreise nach Spanien auf. Emiliano Loza diente dabei als Mittelsmann zwischen dem Schriftsteller und der spanischen KP.

Herrera Sotolongo erhielt von Hemingway regelmäßig Geld für die Partei. „Der Betrag", so sagt er, „lag nie unter fünfhundert Dollar. Er hielt dies für eine Selbstverständlichkeit."

„Auch", so Herrera Sotolongo, „unterstützte er die Parteigruppe im Distrikt Guanabaco, als die Kommunistische Partei offiziell zugelassen wurde. Er bezahlte ihre Miete, den Strom und das Telephon."

# „PATENTE DE CORSO“ (DER FREIBEUTERBRIEF)

Das Photo ist vergilbt. Doch man kann die „Pilar“ erkennen, an deren Bug eine Tafel mit der Inschrift „Amerikanisches Museum für Naturgeschichte“. Daneben ein offizielles Schreiben:

BÜRO DES MARINEATTACHÉS UND DES
LUFTWAFFENATTACHÉS
AMERIKANISCHE BOTSCHAFT
HAVANNA, KUBA

18. Mai 1943

Ernest Hemingway fischt im Auftrag des amerikanischen Museums für Naturgeschichte und experimentiert dabei mit einem Funkgerät, was dem agregado naval (Marineattaché) bekannt ist und als arreglado (legal) und in keinster Weise als subversiv gilt.

Hayne D. Boyden
Colonel, U.S. Marina Corps
Agregado Naval de los Estados Unidos, Embajada Americana

Dieses Dokument und das Photo auf der Finca Vigía erzählen von einem der romantischsten Abenteuer Hemingways.

Gregorio Fuentes, der Kapitän der „Pilar“, besitzt noch das Schild mit der Aufschrift „American Museum of Natural History“ und die olivgrüne Jacke mit dem Zeichen der US-Marine. Man sprach zwar von einer Karte Kubas, die von Hemingway markiert worden sei; doch diese wurde nie aufgefunden. Vermißt wird auch das Dokument „Patente de Corso“, das Hemingway von der Marinebehörde der USA ausgehändigt worden war und von dem er 1944 seinem Bruder Leicester in London erzählte.

„Wir hatten ein ‚Patente de Corso‘ wie in alten Tagen. Ich bewahre das Dokument zuhause auf. Es besagte, daß wir zwar eine internationale Crew sind, aber im Auftrag der USA arbeiten. So hofften wir, einen legalen Status zu erlangen und eine Hinrichtung zu vermeiden, falls uns das Glück verlassen sollte.“

Das andere Dokument vom 18. Mai 1943 stellte eine Art informelle Genehmigung des amerikanischen Militärattachés für Hemingway dar. Die Wörter „arreglado" und „agregado naval" waren unterstrichen und richteten sich offensichtlich an kubanische Behörden.

Die Frage stellt sich, weshalb eigentlich ein Marineattaché gegenüber Dritten behauptet, daß Sir Ernest Hemingway mit seinem Funkgerät gewisse Experimente durchführt. Dieses ungeschickte Verhalten deutet darauf hin, daß der amerikanische Geheimdienst damals noch in den Kinderschuhen steckte. Erwähnenswert auch, daß die gesamte Operation trotz Hemingways Tendenz zum Professionalismus in allen Bereichen unverkennbar improvisiert wirkte.

Bei denen, die an der U-Boot Jagd vor der kubanischen Küste teilnahmen, weckt der Name Ernest Hemingway die Erinnerung an einen Abenteurer, der mit den obersten Offizieren der amerikanischen Marine auf du und du stand und dem die Versorgungsabteilungen Sonderrationen Schnaps an Bord lieferten.

„Ein Playboy, der aus einer Laune heraus U-Boote vor der kubanischen Küste jagte", erklärt Captain Mario Ramírez Délgado, ein inzwischen fast sechzigjähriger Mann, einer der maßgeblichsten Männer der U-Boot Jagd in der Karibik während des Zweiten Weltkrieges. Ihm gelang es als einzigen, ein deutsches Unterseeboot in kubanischen Gewässern zu versenken: die U-176, getroffen am 15. Mai 1943, ungefähr 10 Kilometer südwestlich des Leuchtturms von Bahía de Cadiz.

Erst nach dem Kriege konnte der amerikanische Geheimdienst die Identität von Hemingways Kriegsgegner ermitteln: Hauptmann Reiner Dierkin, erster Offizier auf der U-176, dem Boot, das Hauptmann Ramirez Hemingway vor de Nase weg versenkte. Dierkin kam Anfang Mai 1943 durch die Straße von Crooked Islands. Östlich der Hafenstadt Nuevitas versenkte er einen kleinen Tanker und den Frachter „Nikerliner". Daraufhin alarmierte der amerikanische Geheimdienst Hemingway.

Zu jenem Zeitpunkt patroullierte Hemingway vor Port Purgataorio, nicht weit entfernt vom Cayo Paraíso an der Nordküste von Pinar de Río, im äußersten Westen Kubas. Hemingway war seit Frühjahr 1942 in dieser Mission unterwegs, die man als so bedeutend ansah, daß sie die amerikanische Marinekommandantur als „Top Secret“ behandelte. Hemingway nannte sie zu Ehren einer seiner Katzen auf der Finca Vigía „Friendless“. Er stach in See und kreuzte zwei Jahre auf Höhe der kubanischen Küste zwischen Pinar del Rio und Camagüey.

Nach seinen Plänen wäre es möglich gewesen, ein geortetes Unterseeboot zu kapern, die Mannschaft gefangen zu nehmen und, wenn möglich, ihren Geheimcode zu knacken. Der Erfolg einer solchen Aktion hätte eine umfangreiche Operation gegen die deutsche Flotte im Nordatlantik ermöglicht. Manche hielten diesen Plan für verrückt, doch Capitain Daniel V. Gallery, Kommandeur der Task Group 21-12, verfolgte ein ähnliches Konzept, das er in afrikanischen Gewässern in die Tat umsetzte. Im Mai 1944 gelang es Gallery, ein „lebendes“ deutsches Unterseeboot zu kapern. Hemingways Plan war also gar nicht so versponnen.

Im Atlantik arbeiteten die deutschen Unterseeboote im „Wolfsrudel“, während sie in der Karibik einzeln operierten. Die U-Boote trieben sich bis gegen Ende des Krieges vor Kuba herum. Zunächst stießen sie auf wenig Widerstand. Sie bewegten sich wie Delphine auf hoher See. Vielleicht erblickte eines schönen Tages ein wachhabender Offizier der Nazimarine im Fadenkreuz seines Periskops eine bewaffnete Luxusjacht. Wir werden nie erfahren, ob sie eine solche Entdeckung als eine Bedrohung einschätzten, gewiß ist allerdings, daß sie auf den Köder nicht hereinfielen.

Wie sollte denn jemand, bewaffnet mit Handgranaten und Maschinengewehren, erfolgreich gegen ein Unterseeboot, das über eine 80-mm Kanone und zwei oder drei andere 20-mm Kanonen verfügte, erfolgreich bestehen? Dabei hatten die deutschen IX-Modelle sogar 105-mm Kanonen!

Obwohl Hemingway keinen Erfolg hatte, konnte er doch mit offizieller Unterstützung eine militärische Einheit zusammenstellen, eine Kampftruppe, die er anführte und in die er die Männer aufgenommen hatte, die seinen Lebensstil teilten. Mehr noch, er nahm an einem Abenteuer teil, in dem Begriffe wie „geheim“, „paramilitärisch“ und „Abwehrauftrag“ angewandt wurden. Verbargen sich dahinter jugendliche Sehnsüchte nach Heldentaten? Hemingway jedenfalls gewann dafür nicht nur jene bunten Gestalten, die ihn auf seinen Vergnügungstouren in Havanna begleiteten, sondern auch zwei Nachrichtenoffiziere und den amerikanischen Botschafter.

* * *

„Cayo Paraíso war unser Traininglager", erinnert sich Gregorio Fuentes. „An alten Benzinkanistern, auf die wir Gesichter gezeichnet hatten, die wir Hitlers nannten, übten wir Schießen. Wir simulierten das Entern von Schiffen und das Granatenwerfen. Eines Tages erreichte uns eine Funkmeldung. Wir sollten uns an einem bestimmten Ort einfinden, um neue Befehle entgegenzunehmen."

Die Nachricht war wichtig: Hemingway schickte seinen zweiten Kommandeur Winston Guest und Gregorio nach Bahía Honda, wo sie ihre geheimen Anweisungen erhalten sollten.

„Das Wetter war schlecht", sagt Gregorio, „doch Papa befahl uns, tot oder lebendig, mit den Befehlen zurückzukommen. Wir erreichten Bahía Honda nach einer stürmischen Fahrt gegen 8 oder 9 Uhr in der Nacht. Von unserem amerikanischen Kontaktmann erhielten wir einen versiegelten Umschlag, wir aßen eine Kleinigkeit und legten uns kurz schlafen, ehe wir zur Yacht zurückfuhren. Bald darauf lichteten wir den Anker und hielten Kurs auf Camagüey. In diesem Gebiet blieben wir die nächsten drei oder vier Monate."

Der Auftrag führte Hemingway in ein ihm bisher unbekanntes kubanisches Gebiet: die Inselwelt nördlich von Camagüey. Bisher war die „Pilar" nur von Cayo Mégano de Casigua nach Varadero und Key West gesegelt. Was Hemingway sah und erlebte, würde später als Hintergrund zu „Inseln im Strom", vermischt mit Ereignissen aus Hemingways Phantasie, auftauchen.

Nicht alles, was Hemingway bei dieser Unternehmung erlebte, floß in den Roman ein. Manche Ereignisse blieben persönliche Erinnerungen Hemingways und seiner Mannschaft. Sie mögen zwar auf eine Begegnung mit deutschen Unterseebooten nicht vorbereitet gewesen sein, aber aus dem Abenteuer erwuchsen neue Freundschaften. Einige Mannschaftsmitglieder jagten Leguane oder versuchten, einige der wilden Pferde vom

Key Romano einzufangen. Hemingway verschlang riesige Mengen seines Lieblingsgerichts: rohe Krabben mit Zitrone.

Es ist leicht zu verstehen, wie Hemingway neun Männer für sein Abenteuer gewinnen konnte. Das Ganze klang verlockend und bot zudem die Chance zu Unternehmungen, viel Spaß und Unterhaltung. Als Kommandant war Hemingway jedoch sehr pflichtbewußt; er wählte die Männer aus, die ihm für die Operation am geeignetsten erschienen. Am liebsten heuerte er Jaialai-Spieler an (seit seiner Reise nach Spanien war er ein Anhänger dieser Sportart). Die Spieler, so dachte er, würden über genügend Muskelkraft verfügen, um die Granaten in die Luken der auftauchenden Unterseeboote zu schleudern.

Die guerillaartige Aktion paßte zu Hemingway. Er mußte sich nicht der eisernen Disziplin der Militärs unterwerfen. Man konnte anziehen, was man wollte, die Waffen benutzen, die einem am sinnvollsten erschienen, und man war frei.

Hemingway bevorzugte diese Art des Kampfes und empfand eine tiefe Abneigung gegen die Armee.

In „In einem anderen Land" und „Wem die Stunde schlägt", wo er Pablos Partisanen besonders hervorhebt, brachte er dies deutlich zum Ausdruck. Aber auch in seinem eigenen respektlosen und undisziplinierten Verhalten während des Zweiten Weltkriegs, als er in Begleitung französischer Widerstandskämpfer, abgeschnitten von den regulären Truppen, durch die Frontlinien marschierte.

* * *

Einige Legenden über Hemingway halten sich noch immer. Eine erzählt von einem Unterseeboot, das durch Hemingways Crew ausgemacht und von der Luftwaffe aufgrund der Benachrichtigung versenkt wurde. In Wahrheit konnte die U-Bootfalle „Pilar" während ihres gesamten zweijährigen Einsatzes keinen einzigen Erfolg verbuchen.

Schon zuvor hatte Hemingway eine Gruppe zusammengestellt, die mutmaßliche Nazi-Gruppierungen in Havanna unterwandern sollte.

Nach Carlos Baker hielten sich damals dreitausend Falangisten in Havanna auf. Die meisten gehörten spanischen Organisationen an, die offen mit Hitler sympathisierten. Die Zeitung Diario de la Marina unterstützte die Achsenmächte; die deutschen Unterseeboote durchstreiften ungehindert die Gewässer der Region.

Ellis Briggs und Bob Joyce von der amerikanischen Botschaft hörten von Hemingways Plan einer Infiltrationsgruppe. Hemingway vertraute Joyce an, er habe 1937 in Madrid bei der Organisation eines privaten Nachrichtendienstes mitgewirkt und halte eine ähnliche Organisation in Kuba für nötig.

Das Projekt wurde Spruille Braden, dem neuen Botschafter, unterbreitet. Hemingway verlangte nur „wenig Ausrüstung" und einen geringen Geldbetrag. Er bot an, den restlichen Teil der Operation zu finanzieren, darüber hinaus stellte er sein Haus, die Finca Vigía, für das Projekt zur Verfügung. Nach einer Besprechung mit dem kubanischen Premier billigt Braden den Plan.

Baker behauptet, Hemingways Motive seien persönlicher Natur gewesen: natürlich Patriotismus, aber auch das Vergnügen, Geheimaktionen durchzuführen und der Wunsch, eine Operation zu leiten, besonders wenn Waffen und ein Risiko dabei waren. Hemingway rekrutierte seine Leute zum größten Teil aus den antifaschistischen Mitgliedern des Baskischen Clubs in Havanna. Pater Andrés, ein alter Freund, der seit Spanien mit MGs vertraut war, half bei der Auswahl.

Hemingway versuchte, seinen alten Freund Dr. Herrera Sotolongo zu gewinnen. Er hatte sich sogar schon einen Decknamen für ihn ausgesucht. Doch der Spanier zeigte sich widerspenstig: „Ich will kein Polizist sein", erklärte er. Hemingway und Winston Guest erläuterten ihm nochmals genauestens den Zweck der Mission, als sie sich neben dem Swimming Pool auf der Finca Vigía entspannten, doch Herrera ließ sich nicht überzeugen: „Verdammt noch mal, ich bin Soldat, kein Polizist. Polizisten und Spione habe ich noch nie gemocht!"

Hemingway erklärte, daß alles geheim sein würde und daß die Mission von großer Bedeutung sei. „Oh, Ernesto, beschwindle mich nicht", war Herreras einzige Antwort. Herrera Sotolongo erzählt, Hemingway habe sich selbst die Geheimnummer 08 gegeben: Agent 08.

Am Ende wurde die Crook Factory, wie die Operation genannt wurde, zu einem Seeabenteuer. Hemingway bekam es satt, von seinem Hügel herab zu spionieren und nur ein paar dürftige Informationen zu ergattern.

Gustavo Durán, früher Kunstkritiker und Kommandeur der 69. Division der spanischen republikanischen Armee, wurde auf Wunsch seines alten Freundes Hemingway aus den USA gerufen, um die Crook Factory in Kuba zu übernehmen. In Kuba wurde Durán die rechte Hand des amerikanischen Botschafters Braden und ihm wurden die Geheimdienstangelegenheiten der Botschaft übertragen.

Eines Tages lud Hemingway einige französische Diplomaten, die durch Kuba reisten, zu einem Frühstück ein. Durán und Herrera Sotolongo waren ebenfalls geladen. Herrera Sotolongo erinnert sich nicht mehr, weshalb Hemingway sie beide eingeladen hatte, er vermutet, daß es mit der Crook Factory zusammenhing.

Schon bald kreiste das Gespräch nur noch um militärische Fragen; es wurde viel über Schlachten und dem persönlichen Einsatz der Einzelnen gesprochen. Es ging höchst diplomatisch zu, keiner wurde angegriffen. Plötzlich warf Durán emphatisch in das Gespräch ein, Alexander der Große sei sein einziger Lehrmeister. Von da an nannte ihn Hemingway nur noch Alexander den Großen.

* * *

Der Botschafter der USA, Spruille Braden, verfügte über außerordentlichen Sachverstand und viel Erfahrung in lateinamerikanischen Angelegenheiten. Er begann seine Karriere als Bergbauingenieur und Ratgeber Chiles bei der Elektrifizierung der Eisenbahn. Danach wechselte er nach New York, wo er wirtschaftlich sehr erfolgreich war.

Seit seinem zweiundvierzigsten Lebensjahr repräsentierte er die USA in verschiedenen internationalen Organisationen. Zwischen 1939 und 1942 war er amerikanischer Botschafter in Kolumbien.

Braden galt im Vergleich zu seinen Kollegen als sehr fortschrittlich. Viele Kubaner hielten ihn für den besten Botschafter, den die USA je nach Havanna entsandt hatten. Seine Aktivitäten waren jedoch fast alle militärischer Natur: Die ersten Anweisungen, die er vom Außenminister Cordell Hull erhielt, lauteten, daß das Kriegsministerium wünsche, daß „ohne Verzögerung eine Einheit schwerer Bomber stationiert und ein Trainingslager in Kuba eingerichtet werde." Amerikanische und britische Armeeangehörige sollten unter dem Kommando amerikanischer Offiziere in Kuba trainieren. Dem wurde unverzüglich zugestimmt, und San Antonio, nahe Havanna, und San Julián in Pinar del Río wurden alliierte Trainingscamps. Zweifellos war die Kooperationsbereitschaft Kubas durch die vielen Verluste durch deutsche U-Boote bedingt. Mehrere kubanische Frachter waren im August 1942 gesunken.

Während der McCarthy Ära wurden Braden und Durán beschuldigt, Kommunisten zu sein. „Hemingway ist der eigentliche Linke", erklärte Durán vor dem Senatsausschuß. „Ich begegnete Braden in Hemingways Haus."

Ihn plagten keine Gewissensbisse, Hemingway als Kommunisten zu bezeichnen. Braden sagte ähnliches aus. Der Schriftsteller weilte während dieser Untersuchungen nicht in Kuba, aber Herrera Sotolongo bewahrte ihm die Zeitungen auf. Als Hemingway nach seiner Rückkehr die Berichte las, geriet er in Zorn. Er schwur, Durán und Braden würden für ihre Aussagen teuer bezahlen.

Als Braden nach Havanna zurückkehrte, wollte er Hemingway unverzüglich sprechen. Er versicherte, er habe vor dem Senatsausschuß diese Antwort gegeben, um seine Karriere nicht zu gefährden.

Durán blieb in den USA, und man hörte in Kuba niemals mehr von ihm. Herrera Sotolongo über Durán: „Er war in Spanien Kunstkritiker. Während des Krieges schloß er sich der Miliz an und machte einige Gefechte mit. Seine Kampfeinheit wurde bekannt, weil sie einige Aktionen in Guadarrama erfolgreich durchführte. Später wurde er als Chef des Nachrichtendienstes Bradens graue Eminenz.

Nach Ende des Spanischen Bürgerkrieges war Durán der einzige spanische Emigrant, dem die Einreise in die USA gewährt wurde. Mich ließen sie nicht einreisen, da ich zu den Brigaden gehört hatte. Später verwehrten sie mir, mich der amerikanischen Armee anzuschließen, als ich in Europa kämpfen wollte.

Nicht einmal Hemingways Empfehlung half. Und er unternahm alles, was in seiner Macht stand."

José Regidor gehörte zu den Agenten, die mit Hemingway in der geheimen Mission zusammenarbeiteten. Regidor war vor dem spanischen Bürgerkrieg bei der spanischen Afrikalegion. Er wurde mit dem „Laureada"-Orden ausgezeichnet; niemand erfuhr, wofür er ihn erhalten hatte. Hemingway scherzte gern darüber: „Er mag zwar ein mit Lorbeer Bekränzter sein, aber er erweist sich als ein Feigling. Die meisten Helden werden versehentlich zu Helden."

Regidor hatte sich der Unterseebootjagd auf der „Pilar" angeschlossen, allerdings nur für ein Jahr. Als er die Risiken und die Ernsthaftigkeit des Unternehmens erkannte, quittierte er den Dienst.

Félix Ermuá, der Jai-alai-Spieler gehörte auch zu den Teilnehmern der Operation. Er war ein Mann, wie ihn Martha Gellhorn liebte: groß, stark und gutaussehend. Es scheint ein romantisches Intermezzo zwischen den beiden gegeben zu haben. Später ging er nach Mexiko und prahlte dort damit, er werde Martha heiraten.

Ein weiteres Mitglied der Gruppe war Adonis Rodriguez, ein spanischer Pilot, der in der Dominikanischen Republik Zuflucht gesucht hatte, als Trujillo zu Beginn seiner Diktatur noch bereit war, spanische Emigranten aufzunehmen.

Trujillo war damals noch nicht in den Ruf eines Mörders gelangt. Jahre später nahm er die Beziehungen zu seinem Ebenbild Franco wieder auf und verfolgte die spanischen Emigranten. Zunächst war Rodriguez sogar Chef der Luftwaffe Trujillos. Er reiste regelmäßig nach Havanna, war charmant und ausgesprochen redegewandt. Später wurde er stellvertretender Leiter einer amerikanischen Lebensversicherungsgesellschaft in Havanna.

Die Geschichte der Crook Factory hatte ein Nachspiel, das bis vor kurzem verschwiegen wurde. Obwohl Hemingway mit den amerikanischen Behörden in engem Kontakt stand, überwachte das FBI seine Aktivitäten. Ja, sie trachteten danach, das Informationsnetz Hemingways zu durchschneiden und so die Operationen der Gruppe zu sabotieren.

J. Edgar Hoover, der Leiter des FBI, beschuldigte Hemingway, ein Kommunist zu sein. Der amerikanische Forscher Jeffrey Meyers entdeckte das Hemingway-Dossier, das das FBI eifersüchtig verbarg. Hemingway jagte wie Thomas Hudson auf einer Insel im Strom Faschisten, auf der anderen Seite gehörte er selbst zu den Gejagten. Es wäre ein ausgezeichneter Stoff für den Erzähler gewesen ...

EL DIA
Mexiko, 13. März 1983
EDGAR HOOVER NANNTE HEMINGWAY
EINEN „KOMMUNISTEN"

Der Schriftsteller Ernest Hemingway leitete ein „Amateur-Spionagenetz".

Die Washington Post berichtete auf der Grundlage von Enthüllungen eines Professors an der Universität Massachusetts, daß Hemingways Gruppe im Zweiten Weltkrieg in Kuba tätig gewesen sei.

„Die FBI-Agenten ... beschuldigten Hemingway, sich in ihre Angelegenheiten eingemischt zu haben."

Edgar Hoover selbst bezichtigte Hemingway, ein „Kommunist" zu sein. Das FBI fürchtete ihn. „Er war ein Autor internationalen Ranges und konnte dem FBI schaden."

Hemingway beging 1961 Selbstmord, und sein FBI-Dossier wurde bis 1974 zurückgehalten.

Zahlreiche Akten, auch private, die das FBI „nach Gutdünken" zusammenstellte, wurden jetzt entdeckt.

* * *

Bevor die „Pilar" in den amerikanischen Geheimdienst einbezogen wurde, erfuhr sie eine gründliche Überholung. Gregorio Fuentes brachte das Boot nach Casablanca zu einer Werft, wo es repariert und sein Getriebe erneuert wurde. Unter Gregorios Aufsicht fertigten die Zimmerleute einige Behälter, die für die Lagerung von Handgranaten dienen sollten. Gregorio erzählt: „Die 50-kalibrigen Maschinengewehre erwiesen sich für das Boot als zu schwer, aber die Reparatur war von großem Nutzen. Nach dem Krieg brachte die Werft das Boot wieder in Ordnung. Wir durften die Waffen behalten, die Panzerabwehrgeschütze, mehrere Bazookas und Papas Smith & Wesson Magnum."

Jahre später ereignete sich in Hemingways Phantasie das, was sich nie zugetragen hatte. Wenn auch seine wirkliche Jagd auf U-Boote wenig erfolgreich war, so gelang es ihm, in „Inseln im Strom" deutsche Unterseeboote in Gefechte zu verwickeln. In der Fiktion war es ein Kampf zwischen zwei gleichwertigen Gegnern, das Schiff war mit zwei 50-kalibrigen Abwehrgeschützen — eine im Vorderschiff und eine achtern — ausgerüstet.

Die Operation „Friendless" dauerte ein Jahr. Als Hemingway nach Europa abreiste, leitete Gregorio die Crew weiter.

* * *

9. Juli 1943

Lieber Papa,
ich werde mich kurz fassen, da ich weiß, daß Du den Schluß schnell erfahren möchtest.

1. Du sollst nach Hause zurückkehren.
2. Saxon kommt nicht nach Confites.
3. Der Apparat wurde am 5. oder 6. Juli erwartet und ist heute (9. Juli) noch nicht angekommen. Wenn er eintrifft, wird er eingebaut.
4. Der Oberst verlegte selbst die Permiso, sagt Bob. Du wirst ein Telegramm des Colonels vom Büro in Havanna erhalten mit dem Wortlaut: „Permiso gewährt. Geh nach Plan vor. Permiso liegt in Cayo Frances für Dich bereit." Dechiffriert bedeutet dies, begib Dich nach Hause und nimm die Kopie der Permiso in Cayo Frances mit.
5. Wie angeordnet und zwischen uns vereinbart, betonte ich, daß wir hundertprozentige Arbeit leisten wollten und falls nötig, zwei Wochen länger blieben, um das zu tun, was Bob und Col als erstklassige Arbeit bezeichnen. Ich las Col und Bob Deinen ersten, unterstrichenen Satz vor und betonte unseren Willen, alles nach ihren Wünschen zu erledigen.
   Antwort: (1) Komm jetzt zurück.
   (2) Kein Apparat und ungewiß, wann er in Havanna eintrifft.
6. Bob sagte: „Komm heim, und zermartere Dir nicht Dein Gehirn."

7. Bob besprach Cols Brief vom 5. Juli mit Col.
   Das bedeutet: „Wenn der Apparat heute oder morgen (5./6. Juli) nicht eintrifft, komme zurück." Bob diskutierte gestern (8. Juli) den Brief vom 5. mit Col und wunderte sich:
   (1) Weshalb wurde der Brief vom 5. nicht mit der Margarita am 7. nach Confites befördert?
   (2) Weshalb hatten sie am 8. nicht erfahren, daß Du „gemäß Plan" zurückkehren würdest?
8. Ich habe hundertprozentige Arbeit geleistet und mich mächtig angestrengt, den Wünschen beider Seiten nachzukommen.
9. Halte Dich bitte daran. Falls es Diskussionen um die Richtigkeit unserer Aktion gibt, kannst Du jeden einzelnen dieser Punkte mit den Oberen durchsprechen.

Wolf

Ich sprach mit Don, dem Colonel und Miller über das Verschwinden der Permiso. Ich bin sicher, daß Miller alle Post weiterreichte. Ich weiß, daß Miller sehr gewissenhaft ist. Er hat die Permiso sicher nicht verlegt. Don teilte ihm den Inhalt der Umschläge nicht mit.

W.G.

In Sprache und Tonfall erinnert der Brief an „Inseln im Strom": ein Geheimcode zwischen Wolf und Ernest. Der Ton zwischen den beiden wird im folgenden Brief vertrauter, er ist mit persönlichen Anspielungen und Bemerkungen zu Militäroperationen und Rätseln vermischt, die wir nicht entschlüsseln können. Wie im vorherigen Brief werden die Namen amerikanischer Kontaktoffiziere oder kubanischer Techniker erwähnt, die sie in den Häfen trafen. Little Winston bezieht sich auf das Rettungsboot „Tin Kid".

(Briefpapier der Floridita)

24. August 1943

Lieber Papa,
verbrachte den Morgen an Bord und erstellte ein vollständiges Inventarverzeichnis. Einige alte Konserven unter meinem Bett erfaßten wir nicht.
Die Karte ließ ich vorne im Auto über dem Gaspedal.
Ich bekomme diesen Nachmittag Polaris.
Ließ fünf große Konservendosen mit Gemüse im Auto zurück, damit sie Martha auf der Finca verwenden kann. Gregorio weist darauf hin,

daß das Boot fünf oder sechs 500 g Konservendosen Gemüse nicht ohne beträchtlichen Müllanfall verwenden kann.
Können wir über Dons Mittelsmann kaufen? Wir würden 75 % sparen.
Was Pache und die Wiege für Nino betrifft: Gregorio hat alles aufgeschrieben und wird ihn morgen treffen. Für die Halterung des Feuerlöschers wird Gregorio einen Zimmermann beauftragen.
Das wär's, d.h. ich hoffe, Du bringst meinen Abendanzug gegen 19.00 Uhr vorbei. Ich gebe Dir dann den weißen Anzug. In der Reinigung wurde mir verprochen, ich erhielte ihn heute morgen gegen 10.00 Uhr zurück. Ich bin nicht zu Hause gewesen, aber wenn er noch nicht da sein sollte, rufe ich Dich an, und wir könnten Bumbys Hosen und meine zwei Jacken nehmen.
Die Strömung des Golfstroms ist bisher ungünstig. Nur sieben Marline bisher gefangen. Gestern erwischten wir allerdings einen großen blauen. Vielleicht bringt der Golfstrom jetzt mehr Fische.
Ich gab Gregorio einhundert Dollar, um die Arbeiten am Little Winston und andere Ausgaben zu bezahlen.
Heute telegraphiere ich Roy Hawkins, um den Termin für die Lieferung unseres neuen Getriebes zu erfahren.
Gregorio wird Juan rufen, um die alte Kombüse zu reparieren. Die neue Kombüse ist zu klein, aber als Ersatz O.K.
Wenn bei Dir alles O.K. ist, werde ich Dich hier nicht mehr treffen. Ich bin müde und würde mich gerne zu Hause ausruhen. F 5723 und sei heute Nacht in guter Verfassung.
Falls ich noch was erledigen kann, rufe mich an.

Dein Kumpel
Wolfie [Winston Guest]

Winston Guest war erster Offizier an Bord der „Pilar". Gregorio behauptet, er sei Winston Churchills Neffe und „muy preparado", d.h. gut erzogen und sehr gebildet, gewesen.

„Wolfie" war in England als ein guter Polospieler und „Don Juan" bekannt geworden. Der Sportler und der Schriftsteller trafen sich 1933. Als Hemingway nach Kenia kam, erfuhr er, ein gewisser Winston Guest zähle schon zwei gigantische Elefantenstoßzähne zu seinen Trophäen.

Mary Welsh schreibt in der Einleitung zu den 1965 im „The Atlantic Monthly" veröffentlichten Liebesgedichten Hemingways, daß ihr Ehemann „mit Winston Guest die Finanzierung des Unternehmens (die U-Boot Jagd) teilte ..." Einmal hätten sie sogar ein 740-er Unterseeboot ausgemacht und wären ihm bis auf 1,5 km nahe gekommen. Das Unterseeboot nahm Kurs Nordost. Die Crew der „Pilar“ erfuhr später, es sei in Richtung des Mississippis gefahren, wo es mehrere Männer an Land gesetzt habe. Das Funkgerät der „Pilar“ spürte zwei weitere Unterseeboote auf, die vielleicht durch andere Schiffe zerstört worden waren, doch „Ernest konnte seinen Traum nie verwirklichen, in einen Kampf mit diesen U-Booten verwickelt zu werden.“ Der ehemalige Soldat Winston Guest beendete seine Tage als Inhaber einer Fluglinie. In William Greens „The Observer's Aircraft Directory“ wird notiert, daß „Guest Aerovías de México, S.A.“ die kleinste der drei mexikanischen internationalen Fluglinien sei. Sie trage den Namen ihres Gründers Winston Guest.

Herrera Sotolongo kann nicht bestätigen, daß Winston Guest Churchills Neffe war oder in irgendeiner verwandtschaftlichen Beziehung zu ihm stand. „Mit Sicherheit war er ein britischer Agent — nicht so groß gewachsen wie ich, hellblond, immer gut gepflegt und sehr pedantisch.“

Juan Duñabeitía, Sinsky, als auch Sindbad der Seemann sind ein und dieselbe Person. Er war Kapitän in der kubanischen Handelsmarine und hatte für die García Linie gearbeitet. Dieser Gesellschaft gehörten die wenigen kubanischen Handelsschiffe.

Als sie die Eigentümer zu Beginn der kubanischen Revolution in die USA überführten, weigerte sich Sindbad mitzugehen und blieb in Kuba. Später kehrte er nach Spanien zurück, wo er in Bilbao einen Ausrüstungsladen für Fischer und Angler eröffnete. Aus Spanien schrieb er bis zu seinem Tod noch mehrere Briefe an Herrera Sotolongo. Beim Doktor liegen noch immer die Dokumente, die ihm Sindbad zur Aufbewahrung gegeben hatte. „Ich weiß wirklich nicht, wem ich sie schicken soll. Wahrscheinlich verbrenne ich sie.“

Bei der CIA Operation in der Schweinebucht im April 1961 wurden folgende Schiffe eingesetzt: die „Caribe“, die „Río Escondido“ und die „Atlántico“. Seltsamerweise waren dies die Schiffe, auf denen Sindbad Kapitän gewesen war. Die „Río Escondido“ gehörte einst einem der Somozas aus Nicaragua. Es war ein kleines Schiff von annähernd 2000 Tonnen. (Hemingway staunte einmal über den Luxus der Kapitänskabine, die zum restlichen Schiff überhaupt nicht paßte.) Die „Atlantíco", Sinskys Lieblingsboot, war das letzte Schiff im CIA Convoi, als die Söldnerbrigade 2506 auf kubanischem Boden landete. Ein anderer Freund Hemingways, Kapitän Zenón, stand auf der Kommandobrücke der „Atlantíco".

Das Schiff näherte sich mit halber Geschwindigkeit der Schweinebucht, als Zénon das Bombardement bemerkte.

Die Landungsboote versanken in der Bucht und dichte, schwarze Wolken stiegen auf. Die „Río Escondido", die Kriegsmaterial und Benzintanks geladen hatte, explodierte mit einem ohrenbetäubenden Knall.

Zénon hatte genug gesehen, die „Atlantíco" wendete und entfernte sich mit voller Geschwindigkeit. Die Maschinen der „Atlantíco" erreichten Drehzahlen, die weit über ihrer Leistungsgrenze lagen. Sie fuhren wie die Verrückten. Das Schiff verließ die Kriegszone, erreichte die offene See, umschiffte bei Cabo San Antonio Kuba und erreichte schließlich unbeschädigt Miami: einhundert Soldaten, die der Schlacht entkommen waren und den Kapitän als Helden feierten. Währenddessen erhielt der Funker eine kodierte Nachricht des Kommandeurs der Brigade mit dem Wortlaut: Der Fisch wird zu Hause verlangt. Mit anderen Worten: die „Atlantíco" wurde zur Schweinebucht zurückbeordert.

Zeñon fuhr nie wieder zur See.

Er galt als sehr geizig, und Hemingway zog ihn deswegen immer wieder auf: „Ich bin pleite, Kapitän", pflegte Hemingway zu sagen, „kannst Du mir kein Darlehen gewähren, bis ich einen neuen Nobelpreis gewinne?"

* * *

In „Inseln im Strom" teilt Antonio Thomas Hudson mit, daß jemand die Hütten der Schildkrötenjäger von Camagüey niedergebrannt habe und daß neun Leichen in der Asche lägen. Seltsamerweise war auch die Zahl der Hausangestellten auf der Finca, trotz der Wechsel, immer neun.

Thomas Hudsons Mannschaft zählte ebenso immer neun

Mitglieder und natürlich überleben neun Besatzungsmitglieder des deutschen Unterseebootes. Die neun Leichen der Schildkrötenjäger sind eine Warnung, ein Omen, das Hemingway in seinem Roman als exorzistisches und magisches Element benötigt, um zwischen seinen Kräften und denen des Feindes ein Gleichgewicht herzustellen.

Im Kampf gegen die Deutschen dürfen sie weder über- noch unterlegen sein. Die Crew unter Hudsons Kommando mag zwar militärisch besser ausgerüstet sein, aber für die Deutschen spricht die Zeit und die Gelassenheit. Sie wissen eine perfekte Kriegsmaschinerie hinter sich.

Die tatsächliche Besatzung der „Pilar" zur Zeit der Operation „Friendless" ist nicht vollkommen identisch mit der im Roman. Die Charaktere und Anekdoten werden vermischt. Manches wird weggelassen. Nur die Zahl neun bleibt unverändert.

| Akteure der Operation „Friendless": | Romanfiguren aus „Inseln im Strom" |
|---|---|
| Ernest Miller Hemingway | Thomas Hudson |
| Winston Guest (Wolfie), 2. Kommandeur, leitender Offizier, Millionär, Sportler, Inhaber einer Fluglinie. | Henry Wood |
| John Saxon, Funker, berufen von der amerikanischen Botschaft. Guter Trinker. Sein Sendegerät war nicht so oft kaputt wie im Buch. Er kannte sich bei seinen Geräten gut aus, konnte sie innerhalb von Sekunden auseinandernehmen und wieder zusammenbauen. | Willie, doch nur sehr „wenig Ähnlichkeit" nach Baker. „Niemand an Bord war einäugig", sagte Gregorio. Willie dagegen ist einäugig. „Er war auch nicht verhaßt", fügt Gregorio hinzu. |
| Gregorio Fuentes | Antonio, gleichzeitig Kapitän und Koch. Hudson mißbilligt die Späße, die die anderen Besatzungsmitglieder über Antonios Doppelrolle machen. |

| | |
|---|---|
| Francisco Ibarlucia, alias Paxtchi oder Pachi, Jai-alai-Spieler, belieferte die „Fronton" Cafeteria. Hemingways Trainer. Starb in den fünfziger Jahren in Mexiko. | Ara, „ein getreues Ebenbild" laut Baker. |
| Juan Duñabeitia, alias Sinsky oder Sinbad der Seemann. | Im Roman Juan. Möglicherweise gab ihm Hemingwy einige Züge von Dine, einem anderen Mitglied der Crew, das im Buch nicht erwähnt wird. |
| Ohne Ebenbild im Buch: Dine, Baske, kräftig, konnte mühelos die zahlreichen 50 kg Benzinkanister tragen. Gregorio erinnert sich an ihn als einen Mann, der im spanischen Krieg viel erleiden mußte. | Ohne Entsprechung im wirklichen Leben: Peter, der verhaßte Funker, offenkundig kein getreues Porträt des wirklichen Funkers John Saxon. |
| Fernando Mesa, Emigrant, früher Kellner in Barcelona, „körperlich schwach, wog ungefähr 60 kg." | Gil |
| Lucas, Kubaner (nach Baker „unbekannter Herkunft"). Lotse im Hafen von Caibarien. Diente als Führer in der Inselwelt Camagüegs. | George |

*Hemingway mit Charles „Buck“ Lanham an der Siegfried-Linie im September 1944.*

*Der Kriegsberichtserstatter während des Zweiten Weltkrieges.*

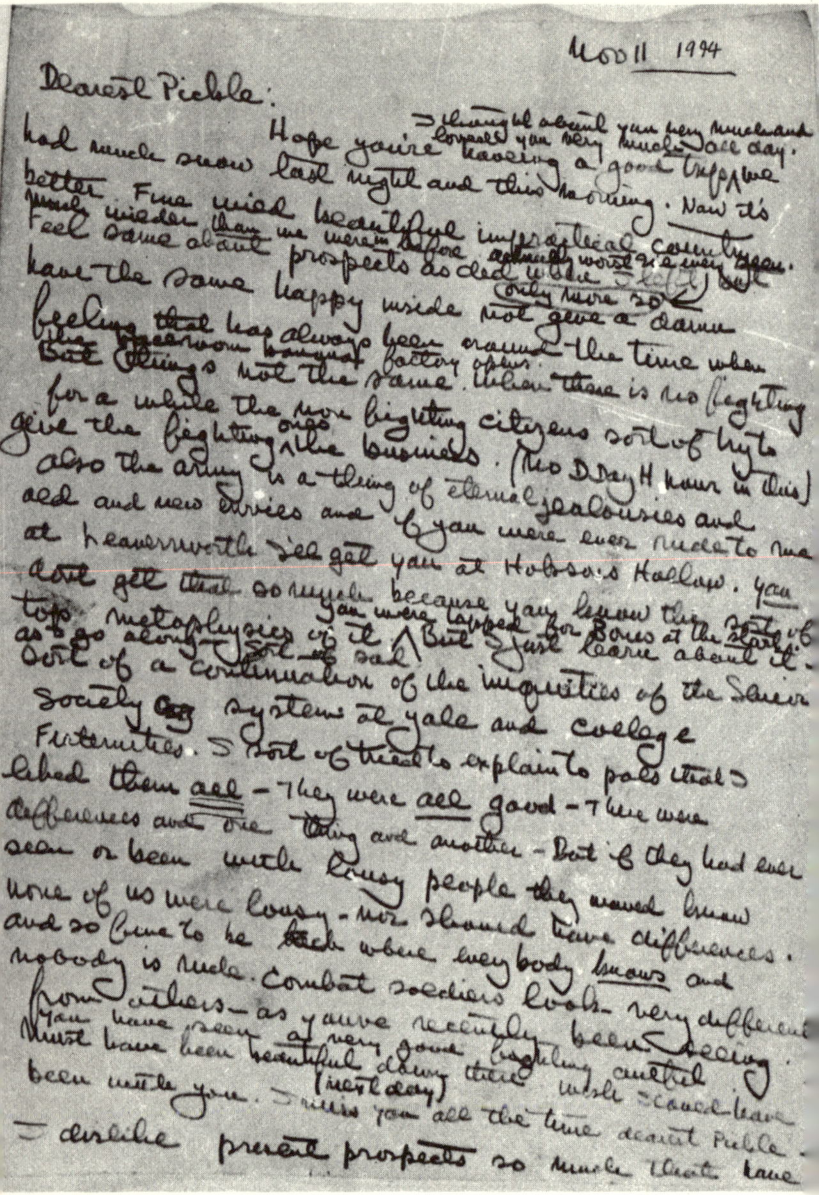

Nov 11 1944

Dearest Pickle:

Hope you're having a good trip. I thought about you very much and loved you very much all day. We had much snow last night and this morning. Now it's better. Fine wind beautiful impractical country. Feel same about prospects as did when I left. But mainly wider than we were before actually worse in a way. Have the same happy inside not give a damn feeling that has always been around the time when the factory opens. But things not the same. When there is no fighting for a while the non fighting citizens sort of try to give the fighting ones the business. (No D Day H hour in this) Also the army is a thing of eternal jealousies and old and new services and if you were ever rude to me at Leavenworth I'll get you at Hobson's Hollow. You don't get that so much because you know the sort of top metaphysics of it. You were tapped for Bones at the start of as I go along sort of sad. But I just learn about it - sort of a continuation of the iniquities of the Senior Society system at Yale and college Fraternities. I sort of tried to explain to pals that I liked them all - They were all good - There were differences and one thing and another - But if they had ever seen or been with lousy people they would know none of us were lousy - nor should have differences and so time to be back where everybody knows and nobody is rude. Combat soldiers look very different from others - as you've recently been seeing. You have seen a very same fighting. Must have been beautiful down there. Wish I could have been with you. (next day) I miss you all the time dearest Pickle. I dislike present prospects so much that have

*Teil eines Briefes von Hemingway an seine vierte Frau, Mary Welsh („Wildfang“).*

*Hemingway bei seiner Rückkehr aus dem Zweiten Weltkrieg auf Havannas Flughafen Rancho Boyeros, 25. März 1945. (PAA)*

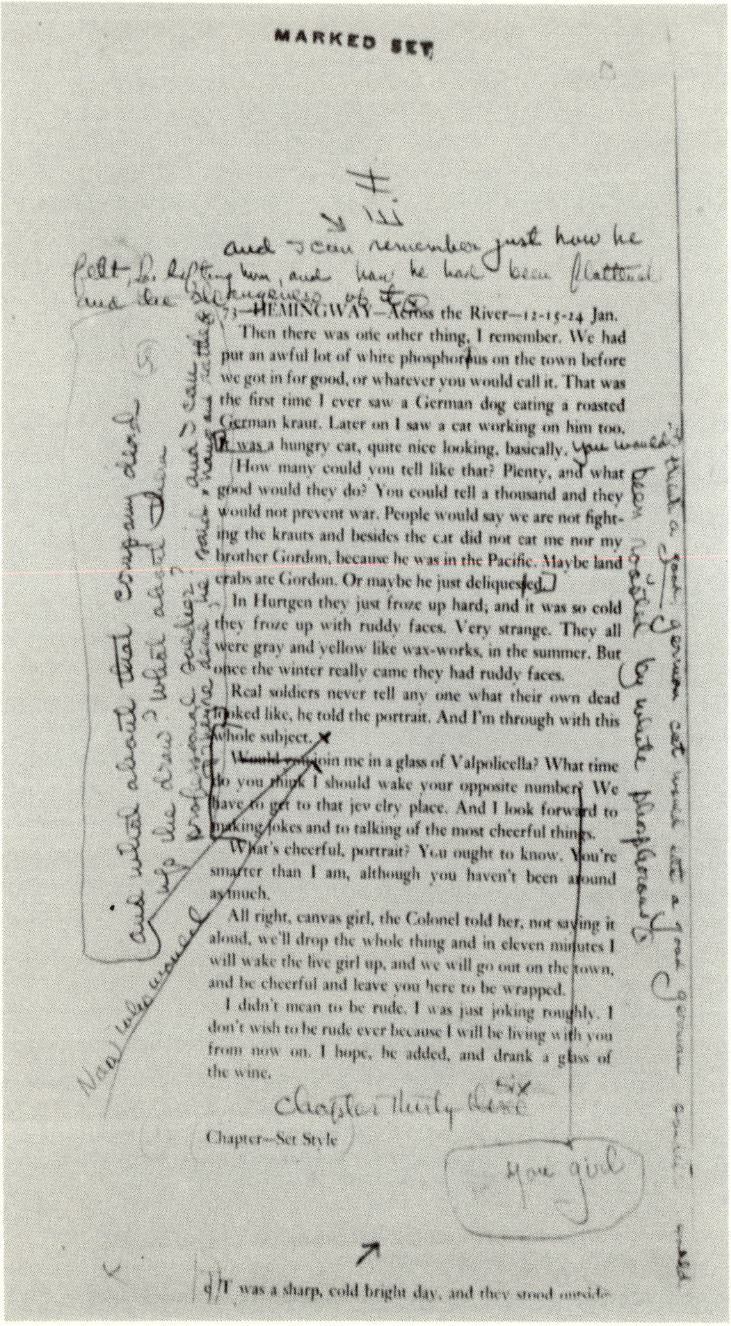

MARKED SET

73—HEMINGWAY—Across the River—12-15-24 Jan.

Then there was one other thing, I remember. We had put an awful lot of white phosphorous on the town before we got in for good, or whatever you would call it. That was the first time I ever saw a German dog eating a roasted German kraut. Later on I saw a cat working on him too. It was a hungry cat, quite nice looking, basically.

How many could you tell like that? Plenty, and what good would they do? You could tell a thousand and they would not prevent war. People would say we are not fighting the krauts and besides the cat did not eat me nor my brother Gordon, because he was in the Pacific. Maybe land crabs ate Gordon. Or maybe he just deliquesced.

In Hurtgen they just froze up hard; and it was so cold they froze up with ruddy faces. Very strange. They all were gray and yellow like wax-works, in the summer. But once the winter really came they had ruddy faces.

Real soldiers never tell any one what their own dead looked like, he told the portrait. And I'm through with this whole subject.

Would you join me in a glass of Valpolicella? What time do you think I should wake your opposite number? We have to get to that jewelry place. And I look forward to making jokes and to talking of the most cheerful things.

What's cheerful, portrait? You ought to know. You're smarter than I am, although you haven't been around as much.

All right, canvas girl, the Colonel told her, not saying it aloud, we'll drop the whole thing and in eleven minutes I will wake the live girl up, and we will go out on the town, and be cheerful and leave you here to be wrapped.

I didn't mean to be rude. I was just joking roughly. I don't wish to be rude ever because I will be living with you from now on. I hope, he added, and drank a glass of the wine.

Chapter—Set Style

IT was a sharp, cold bright day, and they stood outside

*Anmerkungen und Korrekturen auf den Fahnen zu „Über den Fluß und die Wälder“.*

## DER ALTE MANN

Der dritte Abschnitt von „Inseln im Strom“ erzählt von der Suche nach den Überlebenden eines deutschen Unterseebootes, das vermutlich Kurs auf die kubanische Küste hält.

Thomas Hudson und Antonio beobachten vom Ruderdeck der „Pilar“ aus den Strand von Guinchos bzw. Jumentos, wie sie ihn nennen. Sie finden keine Lebenszeichen von den Tortugueros, den Schildkrötenjägern, die gewöhnlich dort leben.

Ein schlechtes Zeichen. Sie ankern vor dem Riff, um ihre Wasservorräte aufzufüllen und nach Spuren der Deutschen zu suchen. Sie finden die Leichen der Tortugueros. Sie wurden ermordet. Zwei Fischerboote fehlen.

Als sie auf die Leiche eines Deutschen stoßen, folgert Thomas Hudson, daß sich die überlebenden Deutschen auf dem Weg zum kubanischen Festland befinden. Wenn sie die Deutschen nicht erreichen können, ehe sie die Keys durchfahren haben und die Central Highway errreichen, werden sie vorraussichtlich entkommen. Einmal in Havanna könnten die Deutschen mit einem spanischen Boot nach Europa fliehen.

Die genaue Lage des Riffs, auf dem das Massaker stattfand, ist aus dem Buch nicht zu erschließen. Das Camagüey Archipel besteht aus zahlreichen Riffen und kleinen Inseln, die auf der Karte wie Pockennarben wirken. Im Norden gehen die Keys in silber glänzende Strände, im Süden in trübes Moor über.

In dieser Gegend suchen Thomas Hudson und seine Crew den unsichtbaren Feind, die Unterseeboote. „Nach dem Krieg kommen wir hierher zurück“, sagt Hudson. Beinahe vierzig Jahre nach Hemingways Kriegsmission fährt Gregorio Fuentes in Begleitung eines Photographen und eines Journalisten wieder in die Region, „Inseln im Strom“ dient als Vorlage, als Seekarte. Nur noch die schmucklosen Türme der Grenzwache und ein paar Fischerlager prägen heute die Küste, wo früher die „Pilar“ segelte.

„Das Archipel hat sich stark verändert. Es ist leer, langweilig geworden“, urteilt Gregorio.

Gregorio kehrte als Gast zurück. Er mußte weder das Boot steuern, noch sich um das Essen kümmern. Er trug seinen besten Tropenanzug und einen schönen Panama Hut im Stil der vierziger Jahre. Auch hielt er es für ratsam, sein Gebiß für eventuelle offizielle Anlässe mitzunehmen — es gab leider keinen. Er schleppte einen gigantischen Koffer heran, von seiner Frau Dolores in unendlicher Geduld mit allerlei Sachen vollgepackt: Schuhe, Socken, Taschentücher und Hemden, so als ob er zu einer Weltreise aufbreche. „Sei artig und schreibe", sagte sie ihrem Mann zum Abschied vor ihrem Haus in Cojimar.

Das Boot war ein kleiner Kutter der Grenzwache, eine alte Luxusyacht, die in eine Militärschiff umgewandelt wurde.

Nach der Revolution waren dies die einzigen Boote, die mit den starken CIA Schnellbooten konkurrieren konnten. Ausgerüstet mit 50-kalibrigen Maschinengewehren wurden sie in die Schlacht geschickt.

Für Gregorio keine Überraschung: eine ähnliche Umwandlung war ja auch der „Pilar" während eines anderen Krieges widerfahren.

Um Key Romano, das in „Inseln im Strom" besonders hervorgehoben wird, zu erreichen, mußten wir die Mündung von Punta Practicos überqueren, um zum Leuchtturm von Maternillos auf Key Sabinal zu gelangen. Als wir uns Romano näherten, wo im letzten Jahrhundert noch ausgezeichnetes Pferdefleisch an Händler aus Havanna verkauft worden war, durchfuhren wir im Schrittempo den alten Bahama Kanal.

„Beweg Dich wie auf Zehenspitzen, die Stelle ist gefährlich", riet Gregorio dem Steuermann, einem jungen Mann in olivgrüner Uniform. Die alte Yacht hielt weiter Kurs Nordost. Tage, nicht Stunden schienen vergangen, seit wir den Hafen von Nuevitas verlassen hatten.

„Die Industrie ist mir bisher noch nie aufgefallen", erklärte Gregorio beim Blick zurück.

„Mein Gedächtnis läßt mich im Stich", fügte er hinzu. Gregorio konnte sich natürlich an Dinge, die zu seiner Zeit noch nicht existierten, nicht einnern. Die Industrieanlagen waren erst kürzlich aus dem Boden gestampft worden.

Inzwischen sind wir mitten in den Keys. Auf der Karte sind Sandbänke von kaum sechzig Zentimeter Wassertiefe vermerkt. Die Navigation macht große Schwierigkeiten. Passiert ein Unfall, ist man ganz auf sich gestellt; denn heute lebt kaum noch jemand in dieser Gegend. Nach der Revolution verließen die Bewohner die Keys. Sie versuchten ihr Glück auf dem Festland, wo sich die Lebensbedingungen von Tag zu Tag verbesserten. Nur auf Cayo Romano trifft man noch auf Menschen. Ganze drei Familien leben in der Siedlung Versailles. Auf der Spitze des Riffs erhebt sich ein Haus mit einem Zinkdach: Alcides Fals Roque und seine Familie wohnen hier.

Das Boot ankert hundert Meter vor dem Strand, bei Punta de Mangle. „Die Falses müssen zuhause sein", meint der Steuermann, „sie haben ihre Netze ausgelegt." Durch seinen Zeiss-Feldstecher mustert er den Strand. „Hier gibt's viele Fische", fügt er hinzu, ohne das Fernglas abzusetzen.

Auch wenn wir uns auf einem Kriegsschiff befinden: es herrscht kein Krieg. Es ist, als ob wir einen verborgenen Schatz heben wollen oder nach etwas Geheimnisvollem suchen würden. Etwas unwiederbringlich Verlorenes, nach dem niemand sonst sucht. Hemingway ist unser Schatzplan, unsere geheime Karte und einziger Bezugspunkt. Wir sind fast am Ziel.

Wir werden in eine Welt eintauchen, die vor vierzig Jahren mit Papa unterging. Gregorio ist zwar anwesend, aber er gleicht eher einer Person des Romans, versunken in seine Gedanken und auf dem schmalen Grat zwischen Realität und Phantasie balancierend. „Gregorio, fühlst Du Dich nicht wohl?" „Mir geht's gut, ich döse nur so vor mich hin." Wahrscheinlich wollte er sagen: Ich träume nur.

Alcides Fals Roque lebt seit mehr als einem Jahrhundert auf Cayo Romano. In dem Haus, das mit seiner Familie gewachsen ist. Als die Kinder geboren wurden, baute er an. Als sie erwachsen wurden und heirateten, fügte er neue Räume hinzu. Die letzten Jahre vertrieb sich Alcides die Zeit damit, die Wände seines Hauses mit bunten Bildern aus Magazinen zu tapezieren. Die ersten Bilder im Wohnzimmer waren Photos von Fidel Castro und Ernesto Guevara.

Sein Haus ist als einziges Gebäude vom alten Bahama Kanal aus zu sehen, sogar aus einer Entfernung von 1,8 km. „Das Haus ist wie ein Leuchtturm", bemerkt Gregorio und verfolgt dabei mit den Augen einen Schwarm Möwen, der zurück an Land fliegt.

* * *

> Es ist nicht er Ort, an den ein Mensch zurückkehren möchte: der Ort muß nicht einmal existieren.
>
> Der Mensch sehnt sich immer nach seiner erinnerten Vergangenheit.
>
> WILLIAM FAULKNER

Gregorio sieht besser aus als Alcides. Er wirkt kräftiger. Seine Haut ist zäh und runzelig; sein Körper ist noch muskulös. „Schließlich fuhr ich siebzig Jahre zur See", erklärt er. Doch Gregorios See ist nicht die von Alcides'. Gregorio fuhr an Bord der „Pilar", von Papa großzügig entlohnt. Alcides ist zwanzig Jahre jünger als Gregorio. „Ich bin verbraucht, mein Rücken ist gebeugt", sagt er.

Gregorio ist gut angezogen. Heute trägt er anstelle seines vornehmen Panama Hutes eine Baseball Mütze. Alcides trägt eine Armeekappe mit rotem Schild. Gregorios Stimme klingt klar und fest, Alcides spricht stockend und mit heiserer Stimme, so als ob etwas in seinem Halse steckt.

Die beiden verstehen sich, beide sind Fischer.

Wir werden Alcides' Familie vorgestellt. Die Frauen ziehen sich zurück, um Kaffee zu kochen, Kokosnüsse zu pflücken und einen kühlen Drink für uns zu mixen. Nur Alcides' Frau Zoila bleibt im Zimmer, sie bügelt die geflickten Hosen.

„Vor vielen Jahren segelten wir hier mit einem dunklen Boot mit zwei langen Auslegern", erinnert sich Gregorio. Alcides schließt die Augen, als suche er in seinen Erinnerungen nach einem Bild. Gregorio ergänzt: „Ein dunkles Boot mit zwei Segeln."

„Ah, aber mit dem Boot wurde nicht gefischt", fällt es Alcides ein. „Ich kann mich gut daran erinnern ... ein dunkles Boot mit Amerikanern an Bord."

„Bei Gott", ruft seine Frau Zoila.

„Damals war ich noch ein kleines Mädchen ...", und sie erinnert sich, daß ihre Mutter für die Besatzung wusch.

„Wie lange ist das schon her?" fragt Alcides wehmütig.

„Sehr lange", antwortet Gregorio knapp.

Die Frauen servieren den Kaffee. Gregorio stellt seine Tasse wieder auf den Tisch.

„Schmeckt er Dir nicht?“ fragt Zoila.

„Ich möchte ihn nur ein wenig abkühlen lassen“, antwortet Gregorio.

Gregorio und seine Begleiter brechen zum Key Confites auf. Ein heftiger Regenschauer verhüllt die Sonne, und der Nachmittagshimmel verdunkelt sich plötzlich. In der Nacht peitscht ein starker Westwind gegen die Nordküste und vertreibt den Regen. Gregorio ist an Deck. Vor fünfunddreißig Jahren existierte hier eine Marinestation, die auch in „Inseln im Strom“ erwähnt wurde, und wo die „Pilar“ Schweine, Truthähne und Hühner als Proviant an Bord nahm. Und die „La Enviada“ lieferte regelmäßig das Eis.

„Papa stolzierte immer am Strand umher, als ob er ihm gehörte“, erzählt Gregorio. 1977 waren vom alten Confites nur noch die Spuren der Gärten, inzwischen vollkommen verwildert, zu sehen.

Der Strand, auf dem Hemingway und seine Männer landeten, ist zurückgewichen, und die Felsen sind kahl. Gregorio scheint verärgert zu sein, als ob jemand dafür verantwortlich zu machen ist, daß das Key Land an die See abtrete. „Früher wuchsen hier so viele Pflanzen — nun ist alles kahl. So viele schöne Plamen, und keine einzige steht mehr.“ Es gibt noch ganze sieben Pinien auf dem Key. Hemingway pflanzte sie 1943. „Verdammt!“ ruft Gregorio, als er sie erblickt. „Wenn der alte Mann nur wüßte, daß seine Pinien noch immer hier stehen!“

„Einmal lief ein Handelsschiff vor Confites auf Grund. Es wurde zum Orientierungspunkt für die Crew auf der ‚Pilar‘.“ Gregorio meint die „Colabi“. Vom Wrack ist nur noch ein Stück Blech übrig, das verlassen aus dem einsamen Strand ragt.

Gregorio fühlt sich sichtlich wohl. Er bekommt ein AK — U 7 Gewehr, mit dem er etwas schießen kann. Und ihm wird das Steuerrad der alten Yacht anvertraut.

Er ist ein stolzer Kapitän und vollkommen Herr der Situation. Der Rum löst seine Zunge, er wird gesprächig und scheint sich köstlich zu amüsieren.

Humberto Pascual, erster Offizier des Bootes, schmeichelt ihm: „Alter Mann, Du bist wie ein Barometer, ein wahrer Seemann. Du könntest dieses Schiff auch mit geschlossenen Augen steuern. Du bist sehr vorsichtig, das ist gut. Du wirst lange leben."

„Wie Papas Pinien?" fragt Gregorio, und dann mit einem Lachen: „Ja, das ist es, so wie Papas Pinien."

Gregorio kennt den Roman „Inseln im Strom" nur vom Hörensagen. Wir lesen ihm die Abschnitte, in denen er vorkommt, vor und erklären ihm, daß mit Antonio er gemeint sei.

Im Roman amüsiert sich Willie über Antonios Berufe. Willie hält es für unangebracht, daß auf einem Kriegsschiff oder auf einem anderen bedeutenden Schiff der Kapitän gleichzeitig als Koch arbeitet. Thomas Hudson weist ihn zurecht: „Antonio versteht es besser als wir alle, Dich eingeschlossen, mit kleinen Booten umzugehen." Gregorio scheint wie Antonio die Witze über die Doppelrolle nicht lustig zu finden.

Am nächsten Tag legt Gregorio Fuentes am Paredon Grande an, an dem schwarz-gelben Leuchtturm. Im Buch versucht Antonio, dort Informationen zu beschaffen. Gregorio: „Es ist noch wie damals. Vielleicht ist das kleine Haus dort hinten neu."

Der Leuchtturm steht an einer häufig befahrenen Stelle im alten Bahama Kanal. Zur Zeit von Hemingways Abenteuer verfügte er über ein starkes Leuchtfeuer, das bis auf sechzig Kilometer gesehen werden konnte. Sein heutiges Feuer strahlt noch weiter, es hat eine Reichweite von weiteren vierundzwanzig Kilometern. Der Leuchtturm ist hundert Jahre alt.

„Der in Maternillos hat ein bronzenes Geländer, das von der Ferne wie Gold schimmerte", erinnert sich Gregorio. „Und dann erinnere ich mich, wie wir das Boot zwischen Media Luna und Guillermo in den Sand setzten."

„Ja", antwortet Humberto Pascual, der diese Gegend wie seine Westentasche kennt, „das ist leicht möglich, daß ihr dort gestrandet seid."

Hemingway schildert Media Luna als ein sehr schönes Key. Im Buch orientiert sich Thomas Hudson an diesem Key, um sein Boot Richtung Pasa de Contrabando zu steuern, einer engen Passage, die nur Fischer kennen und die tief genug ist, sein Boot durchzulassen. Hudson hielt durch sein Fernglas Ausschau nach dem Rumpf eines halbversunkenen Schiffes, einem der vielen Wracks in diesem Gebiet, als sein Schiff auf Grund lief.

Als wir die Stelle erreichen, können weder Gregorio Fuentes noch der Photograph noch ich das Wrack entdecken, trotz des Zeiss Fernglases. Es scheint die erste Ungenauigkeit im Roman zu sein. Gregorio und ich steigen in ein Ruderboot, um die Gegend abzusuchen, Gregorio sitzt am Ruder. Wir entfernen uns vom Boot, machen wie im Buch beschrieben eine halbe Drehung, aber Pech. Gregorio kann sich nicht mehr genau erinnern.

„Ich sagte Dir ja bereits, mein Gedächtnis läßt nach."

Plötzlich stoßen die Ruder gegen Metall. Ich springe ins Wasser. Es ist nicht tief. Der Sand ist weiß und sehr fein. Ich sehe einen stählernen Schiffspfeiler, einen verrosteten Kessel: die Reste eines Schiffes, das knapp unter der Wasseroberfläche liegt. Zu gebrauchen ist nichts mehr. Dreißig Jahre sind eine lange Zeit, selbst für einen stabilen Schiffsrumpf.

„Wie ich Dir schon sagte, wenn Papa so ein Buch schreibt, kannst Du darauf wetten, daß alles wahr ist", meint Gregorio.

* * *

Gregorio erzählt uns weitere Anekdoten über ihre Fahrten. Einmal hatte der Kapitän der „Pilar" ein im Golfstrom treibendes Fischerboot gesichtet und steuerte die „Pilar" darauf zu.

In dem Boot fanden sie einen Fischer, der von einem Fisch übel zugerichtet worden war. Hemingway bot dem Verletzten sofort eine Flasche Whiskey an. Der Mann litt unter unerträglichen Schmerzen und war wohl schon Stunden unter der heißen Sonne dahingetrieben.

Die nächste Anlegemöglichkeit war Nuevitas, einige Hundert Kilometer entfernt. Das Fischerboot hatte keine Chance, schnell dorthin zu gelangen, ebensowenig die „Pilar".

Hemingway wandte sich an Gregorio: „Was können wir unternehmen?"

„In zehn Stunden werde ich durch die Keys sein", antwortete Gregorio.

„Also los, Gregorine!"

Gregorio bestieg das Beiboot, ein kleines Motorboot, und nahm denVerletzten an Bord. Hemingway reichte ihnen noch drei Flaschen Whiskey. Der Verletzte leerte die erste Flasche in einem Zuge und wurde ohnmächtig. „Er braucht das", meinte Hemingway. „Das ist das einzige, was er machen kann." Sie waren zwar alle selbst starke Trinker, aber wie der Mann die Flasche gepackt und den Whiskey hinunter gestürzt hatte, versetzte selbst sie in Staunen. Gregorio legte ab.

Er hat das Erlebnis wieder klar vor Augen: der alte Mann mit dem glasigen Blick. Die Whiskeyflasche. Der Mann stöhnt im Halbschlaf. Das Bein schwillt schnell an.

Gregorio bietet ihm noch mehr Whiskey an. Der Verletzte nimmt große Schlücke und Gregorio, der auch etwas Kraftstoff braucht, leistet ihm Gesellschaft. Es blieb kein Tropfen übrig. Die leeren Flaschen werfen sie über Bord, als sie die Piers von Nuevitas sichten. Ein amerikanischer Militärkrankenwagen erwartet sie bereits. Die „Pilar" hatte vor Stunden einen Notruf gefunkt.

Sie tragen den Mann zum Krankenwagen. Gregorio bleibt beim Boot. Der Fischer hat gerade noch Zeit, ihm zum Dank die Hand zu drücken.

Seit damals war Gregorio nicht mehr in Nuevitas, und uns alle interessiert nach der Erzählung das weitere Schicksal dieses Fischers. Ein Offizier unserer Grenzwache schlägt schließlich vor, einen der alten Fischer zu besuchen.

Miguel Montenegro Roque ist achtzig Jahre alt. Während des Zweiten Weltkrieges segelte er in dem Gebiet, in dem sich die deutschen Unterseeboote herumtrieben. Doch er kann nur wenig aus dieser Zeit berichten; er kann sich nicht mehr erinnern.

Aus dem Haus tritt ein anderer Fischer, um die unerwarteten Gäste zu begrüßen.

Der Offizier unseres Bootes erklärt ihm, daß wir uns spontan zu diesem Besuch entschlossen hätten. Gegorio sei ein alter Fischer und Seemann, der während des Krieges in dieser Gegend war und nun mit einem Photographen und einem Schriftsteller zurückgekommen sei. Sie möchten eine Dokumentation über die alte Zeit machen. José „Felo" Roque ist 63 Jahre alt. Er kann sich nur mit Mühe setzen. „Oh, diese Arthritis", stöhnt er. Er ist aus Nuevitas und fischte sein ganzes Leben, „aber das Fischen ist auch nicht mehr das alte — selbst von den „Quelonios" — den Schildkröten — gibt's nur noch wenige."

„Das stimmt", pflichtet Gregorio bei. „Mit der Fischerei

geht's bergab. Es wird zuviel gefischt."

„Das kommt von den vielen Fischgründen. Früher hatte man nur zwei, drei oder höchstens vier. Es waren Punta de Piedra de Sabinal, Punta de Ganado, Aguada del Inglés, Cayo Romano, El Mangle und noch einer in La Guajaba."

In diesen Fischgründen segelte die „Pilar" während ihrer Unterseebootjagd. An Bord tranken sie Rum und legten sich den Deutschen als Köder aus. Währenddessen verdienten sich die einfachen Fischer aus Camagüey ihren Lebensunterhalt mit ihrer harten Arbeit.

„Zu viel Fischen vertreibt den Fisch", bemerkt Felo Roque. „Heute sammeln sie sogar Schildkröteneier."

Roque entsinnt sich, daß er während des Zweiten Weltkrieges oft fischte. „Wir verkauften die Schildkrötenpanzer für vierzig Cent das Pfund. Zu billig. Damals bekam man kein Geld."

Wir bitten ihn, daß er uns die Boote der Schildkrötenfischer schildert, die während des Krieges in dieser Gegend benutzt wurden. In seinem Roman beschreibt Hemingway das Schiff, das die schiffbrüchigen Deutschen benützen, als das Boot von Schildkrötenjägern.

„Nun, das Boot war ein schmales Segelboot, kein Motorboot. Die „Canario" von Alcides Fals ist eines der Boote.

Mein Boot war fünfeinhalb Meter lang und fast zwei Meter breit. Es besaß einen Mast und ein Botalón-Segel. Während ich arbeitete, band ich das Segel am Mast fest. Natürlich war das Boot ohne Anker. Ein offenes Boot, ohne Verdeck. Und dann die Sonne!

Das Netz wurde für neun Tage ausgeworfen. Wir verwendeten spanischen Zwirn und später schlechte Baumwollschnüre.

Zum Kochen hatten wir nichts an Bord. Aber auf dem Key hatten wir einen Holzofen. Wir aßen Reis, Fisch und Schildkrötenfleisch und tranken Kaffee. Und einen Schluck Rum, um den Körper zu kräftigen."

Gregorio ist in der Stimmung, eine Flasche zu entkorken. Geschickt öffnet er sie mit einem Messer.

„Hast Du auch in dieser Gegend gefischt?" fragt Roque.

„Fischen, wirklich Fischen, nein. Ich war in einer Mission unterwegs."

„Welche Art von Mission war das?"

„Eine wissenschaftliche", erklärt Gregorio. „Wir fuhren auf einem Boot, das für Forschungen unterwegs war."

„Vielleicht seid ihr euch hier schon mal begegnet", warf ich ein.

„Ich fuhr auf einem dunklen Boot, der ‚Pilar'."

„Ein dunkles Boot", wiederholt Roque und starrt unentwegt auf Gregorio. „Ein dunkles, starkes Boot. Ein breites Boot mit zwei langen Auslegern, die wie Hummerzangen aussahen. Ein Boot mit Amerikanern und einem Kapitän von den Kanarischen Inseln. Dann war da noch ein kräftiger Kerl, ein Millionär und ein anderer mit einem Bart, den nannten sie den Americano."

„Das war mein Boot! Ich bin der Kanarier."

„Oh, verdammt", entgeistert schaut „Felo" Roque Gregorio an. „Ein verrücktes Leben. Dann warst Du das! So plötzlich wie Du damals auftauchtest, warst Du wieder verschwunden!"

„Ein ganzes Leben ist seitdem vergangen. Doch Du erinnerst Dich."

„Ich kam jeden Tag zu Euch an Bord. Erinnerst Du Dich nicht an den kleinen Jungen? Ihm schenktest Du immer Euren Tagesfang. Das war ich."

„Das warst Du ...?" wiederholt Gregorio. Und er bekennt: „Ich kann mich an Dein Gesicht wirklich nicht mehr erinnern."

„Ich war das", bestätigt Roque. „Und dann war da noch ein Feund von mir, Vincente der Andalusier. Wenn er heute nur hier sein könnte! Er sagte mir, daß er Euch für ewig Dank schulde. Einer von Euch rettete sein Leben. Er transportierte ihn durch die inneren Keys nach Nuevitas, wo man sich um seinen Fuß kümmerte."

„Ich war derjenige. Ich brachte den Mann nach Nuevitas. Wo ist Vincente?"

„Laß mich Deine Hand schütteln, bei Gott."

„Trinken wir einen Schluck Rum!"

„Hätte Dich Vincente doch nur sehen können!"

„Fährt er nicht mehr zur See?"

„Er ist nun schon seit vielen Jahren bei Gott. Er war bereits ein alter Mann, als Du ihm das Leben gerettet hast. Er starb vor ungefähr zwanzig Jahren."

„Was war ihm damals zugestoßen?"

„Ein Stachelrochen hatte seinen Fuß durchbohrt. Auch ich war mit dem Boot unterwegs. Plötzlich sah ich sein Boot. Er lag darin, die Augen blutunterlaufen und aus den Höhlen hervortretend.

Mir konnte er noch zuflüstern, was geschehen war.

Ich riet ihm, sich festzuhalten und auf das amerikanische Boot zu warten, eine sehr gute Yacht. Ich erzählte ihm, daß ihr gut ausgerüstet seid, mit einer großen Kombüse im Vorderdeck und daß ich euch kenne. ‚Geh und finde sie', sagte er. Aber ich konnte euch nicht treffen. Er begegnete euch schon vorher.

Ich erinnere mich noch an den Wein, den ihr mir immer angeboten habt", erinnert sich zum Abschluß des Gesprächs der alte Fischer aus Nuevitas. „Die Weinschläuche hingen überall auf dem Boot. Ja, ich erinnere mich noch sehr gut an das Boot — wie könnte ich es auch jemals vergessen!"

* * *

Auf dem Dach des Hotels Ambos Mundos befand sich eine kleine Bar. Dort saß Ernest Hemingway oft, einen Drink vor sich, und schaute zu, wie sich die Nacht langsam über Havanna senkte. Oft war er auch an seinem Fenster im fünften Stock des Hotels zu sehen, von wo aus er auf das Alte Havanna, den Kathedralsplatz, den Hafen und die Dächer der Stadt blicken konnte.

Dieses Panorama schildert Hemingway in seinem Artikel für die Zeitschrift Esquire „Der Marlin. Ein Brief aus Kuba."

Heute erhebt sich gegenüber ein Hochhaus und versperrt den Ausblick, den Hemingway so liebte. Das neue Gebäude fügte der kolonialen Architektur eine tödliche Wunde zu.

Marcelin Piñeiro arbeitete schon zu Hemingways Lebzeiten als Zimmerkellner im Ambos Mundos. Nach dem Tode des Schriftstellers legte Piñeiro Hemingways alte, abgegriffene Ausgabe des „Don Quixote" wieder in das Zimmer, dorthin wo sie immer gelegen hatte. Dann und wann machte er wieder das Bett oder wischte den Staub vom leeren Arbeitstisch in Erinnerung an den ehemaligen Gast. Unten beim Eingang, in der Obispo Straße, erinnert heute ein Schild, daß in den dreißiger Jahren der Autor von „Der alte Mann und das Meer" hier gelebt hat.

1934 traf der kubanische Schriftsteller Fernando G. Campoamor erstmals mit Hemingway zusammen. Bis dahin waren die beiden nur brieflich miteinander bekannt gewesen. Ihr Treffen im Hotel Ambos Mundos war der Beginn einer jahrzehntelangen Freundschaft. Unzählige Male betrachteten die beiden von der kleinen Bar auf dem Ambos Mundos die herrlichen Sonnenuntergänge.

Campoamor entsinnt sich, daß der Boxer Kid Tunero in jenen Tagen zu Hemingways engen Freunden zählte. Der Schriftsteller war von dem vornehmen Verhalten des Boxers sehr beeindruckt. „Der Junge ist anständig", meinte Hemingway liebevoll. „Er schlägt nie maßlos zu. Seinen Gegnern erweist er sich als Meister, aber er stellt niemals bloß." Auf einem Photo, das Campoamor aufbewahrte und das jetzt im Wohnzimmer der Finca Vigía zu sehen ist, riecht der Boxer an einer Blume.

* * *

In Alt-Havanna, bei der Kathedrale, liegt ein ganz besonderes Lokal. Drei Künstlergenerationen überschritten seine Schwellen. Es ist ein unangenehmer, heißer Ort, aber selbst im wilden Havanna der fünfziger Jahre zog er die Gäste aus dem luxuriösen Tropicana an.

Das Lokal trägt den Namen La Bodeguita del Medio. Sein Besitzer Angel Martínez kam in den späten dreißiger Jahren nach Havanna. Zu seinen häufigen Gästen zählte Ernest Hemingway, der seit den vierziger Jahren darin verkehrte. In seiner Begleitung: Paco Garay. Er war ein kubanischer Zollinspektor und mit einer Amerikanerin verheiratet, die Sittiche in die USA exportierte.

Angeblich reimte Hemingway damals den Spruch, der noch heute auf einem Schild in der Bar steht: „Mein Daiquiri in der Floridita. Mein Mojito in der Bodeguita."

Angel Martínez erzählt, er habe Hemingway die Geschichte des Mojito erzählt, des Drinks, der die Bodeguita unsterblich gemacht hat. Es ist ein Cocktail aus Rum, Zucker, Eiswürfeln, Wasser und Pfefferminze. Martínez behauptet, Francis Drake habe den Drink kreiert, deshalb sei er anfangs noch Drake genannt worden.

Campoamor weiß anderes zu berichten. Er sagt, Hemingway habe nie einen Fuß über die Schwelle der La Bodeguita gesetzt. Das Schild sei nur ein Werbeschlager für seinen Freund Martínez gewesen.

Als Margaux Hemingway, die Enkelin des Schriftstellers, 1978 Havanna besuchte, erklärte sie, die Namen von Martínez und der Bodeguita hätten in ihrer Familie einen legendären Ruf. Nach der Revolution übergab Martínez das Lokal an den Staat. Er führt es nun als Geschäftsführer.

Martínez hält an seiner Geschichte fest. Er erinnert sich auch, daß Hemingway die Einsamkeit fürchtete. Martínez gebraucht einen geläufigen kubanischen Ausdruck, um den amerikanischen Autor zu charakterisieren: „Era un saco de madarrias". Mit anderen Worten: Er war ein schwieriger Kerl.

* * *

Die Bewohner Havannas, die in den dreißiger Jahren regelmäßig die belebte Hauptverkehrsader, die Obispo Straße, entlanggingen, stießen früher oder später zwischen dem Hotel Ambos Mundos und der Floridita auf eine auffallende Person.

Es war ein ungefähr dreißigjähriger Mann, der in Gedanken versunken in Richtung Bar schlenderte.

Er trug Mokassins und ein Baumwollhemd. Was die Aufmerksamkeit der Passanten weckte und mehr als einmal einen spöttischen Kommentar hervorrief, waren seine khakifarbenen Shorts. Von diesem, für Kuba unüblichen, Kleidungsstück war er nicht abzubringen.

Der Gang zur Floridita war zugleich der Gang zum Daiquiri. Die Kubaner kannten andere Mittel gegen die tropische Hitze, aber der Schriftsteller liebte Constantes gekühlten Cocktail.

Der alte Stadtteil, der Spazierweg des Schriftstellers und die Floridita blieben lange unverändert.

Dann schien der Einbau einer Klimaanlage in der benachbarten Bar, der Pan American, den Aufbruch in eine neue Ära zu markieren: der Beginn des Endes der Floridita.

Die Pan American eröffnete 1948 oder 1949. Die Stammgäste können sich an das genaue Datum nicht mehr erinnern. Sie war die erste Bar in Kuba mit einer Klimaanlage. Antonio Meilán, einer der ältesten Barkeeper in der Floridita, erinnert sich, wie seine Gäste in die kühle Pan American strömten.

„Jeder bestätigte uns, daß unsere Getränke köstlich seien, aber die Hitze sei unerträglich. Wir hatten große Ventilatoren an der Decke, und der Windzug brachte die Frisuren der Damen in Unordnung."

Schließlich konnte Constante, der Besitzer der Floridita, nicht mehr anders: Er ließ ebenfalls eine Klimaanlage einbauen. Lange Zeit hatte er darauf bestanden, die Floridita in ihrem alten Zustand zu belassen: mit den weit geöffneten elf Türen.

Kubanische Bars und Lebensmittelgeschäfte, „Bodegas" genannt, hatten immer lange, dunkle Holztheken, die von der Straße frei zugänglich waren. Hinter dem Tresen arbeiteten immer mehrere Barkeeper. Und auf den Regalen hinter ihnen standen Hunderte von Flaschen, meistens alkoholische Getränke.

Jeden Tag wurden die Rolläden der Floridita hochgezogen, um das Café zu öffnen. Man hatte dann den Eindruck, mitten auf der Straße und gleichzeitig unter Dach zu sein.
Diese Form des Lokals kam ursprünglich aus Spanien, in Kuba fand sie eine schnelle Verbreitung: An jeder Ecke entstand eine „Bodega". Waren es ursprünglich Krämerläden mit einer angeschlossenen Bar, so prägten mit der Zeit die reinen Bars das Bild. Eine von ihnen: die Floridita. Den Drink nahm man im Stehen und stellte einen Fuß auf die Metallstange knapp über dem Boden. Obwohl die meisten Bodegas hohe Barhocker für ihre Gäste bereithielten, wurden diese kaum in Anspruch genommen.

Als sich Constante schließlich durchrang, eine Klimaanlage in seiner Bar zu installieren, stellte er den Technikern eine Bedingung: „In Ordnung, baut das verdammte Ding ein, aber laßt mein Lokal offen." Sie mußten ihm erklären, daß dies unmöglich sei. Constante im Gegenzug unterbreitete seine Theorie über die Kühlung. Nicht umsonst war er der Schöpfer des Daiquiri gewesen!

„Das Wichtigste beim Eis ist", so dozierte er immer, „es bei jedem Drink als eine neue Herausforderung zu sehen. Nicht umsonst hat auf unserer Insel das Eis einen besonderen Charakter."

Antonio Meilán, der alterfahrene Barkeeper, erinnert sich noch genau an den Tag, als er in der Floridita zu arbeiten begann. Es war am 30. Oktober 1939. Damals war Hemingway bereits ein häufig gesehener Gast.

„Hemingway schien der Einbau der Klimaanlage in der Pan American nicht zu beeindrucken. Er blieb der Floridita treu."

Hemingway liebte offene, helle Plätze, und daß er der Floridita den Vorzug vor der Pan American gab, hatte vielleicht auch andere Gründe: Wenn er in einer Bar Probleme mit seinen Fäusten regeln mußte, verschafften ihm die fehlenden Wände einen größeren Aktionsradius und boten die Möglichkeit, den Gegner auf die Straße zu werfen.

Nachdem die Klimaanlage in der Floridita eingebaut war, hatte Hemingway noch ein, zwei Zusammenstöße, aber es war nicht mehr das gleiche. Er mußte zum Kämpfen nach draußen gehen, und bis er die Straße erreicht hatte, war sein Zorn meist verraucht.

* * *

Der Schriftsteller Lisandro Otero erinnert sich, wie er als junger Journalist eines Nachmittags den berühmten Schriftsteller in der Floridita traf. Hemingway saß an der Theke und schrieb. Otero ging zu ihm hin und stellte sich vor. Als Antwort erhielt er einen Faustschlag, dem er zwar ausweichen konnte, der ihm aber nahelegte, sich in sicherer Entfernung von Hemingway niederzusetzen.

Lisandro Otero war wie vor den Kopf gestoßen. Hemingway war sein Idol und ihn nun in der Bar, nur ein paar Meter entfernt, zu erblicken, allein und im Schreiben vertieft, erschien ihm wie eine Begegnung mit Gott. „Dabei wollte ich ihm nur sagen, daß ich Student sei und alle seine Werke bewundere. Damals bewunderte ich einfach alles."

Otero war an jenem Tage nicht allein. Sein stämmiger Begleiter rief in das Lokal: „Was zum Teufel ist mit dem alten Säufer los?" Otero redete beschwichtigend auf seinen Freund ein, und sie verschwanden zum Essen in einem Nebenzimmer der Floridita.

Als sie bezahlen wollten, erfuhren sie, daß Hemingway ihre

Rechnung bereits beglichen habe.

Beim Gehen rief der „alte Mann" die beiden zu sich und versuchte, sein Verhalten zu erklären.

„Es ist so, daß einen die Leute immer stören, besonders dann, wenn man sich gerade konzentriert." Er wandte sich an Otero: „Weißt Du, wo ich in San Francisco wohne? Komm doch an einem Nachmittag einmal vorbei."

Am darauffolgenden Sonntag kam Otero auf die Finca Vigía. Er teilte einem Hausangestellten mit, daß er der Student sei, den Hemingway kürzlich in der Bar Floridita getroffen habe.

„Natürlich wollte ich ihm nicht sagen, daß ich der Bursche war, dem Hemingway einen Faustschlag versetzen wollte." Hemingway begrüßte ihn unter der Türe. Auf der Finca fand gerade eine Party statt. Das Wohnzimmer war voller Leute. „Die meisten von ihnen waren Amerikaner", und ein Trio sang Flamenco Lieder.

Höflich forderte Hemingway Otero auf, sich wie zu Hause zu fühlen und bat darum, ihn zu entschuldigen, da er sich um die anderen Gäste kümmern müsse.

René Villareal bot auf einem Tablett Drinks an. Otero trank einen Whiskey on the rocks. Nach einer halben Stunde entschloß sich Otero zu gehen, da er sich fehl am Platz fühlte, und er verließ die Finca Vigía, ohne sich vom Gastgeber zu verabschieden.

Fast zwanzig Jahre danach verfaßte Otero, inzwischen einer der angesehendsten kubanischen Autoren, ein Essay über Hemingway, in dem er die literarischen und politischen Qualitäten des Autors pries und die Anekdote von ihrem Zusammentreffen in der Floridita wiedergab.

Hemingway ist noch heute einer seiner literarischen Vorbilder, und er hält Lady Brett in „Fiesta" für eine der größten Frauengestalten der Literatur.

Der Karrikaturist Juan David erzählt eine ähnliche Geschichte über Hemingway.

Der Schriftsteller und seine Frau Mary saßen an einem Nebentisch in einem Café. Das Café „El Templete" gibt es zwar bis heute, doch bietet es heute vornehmlich Speisen an. David erinnert sich noch an das genaue Datum: an diesem Tage kapitulierte die deutsche Wehrmacht, es war der 8. Mai 1945.

Ein fahrender Künstler erschien im Lokal. Ohne daß es Hemingway bemerkte, skizzierte er den berühmten Autor. In Minuten war das Bild fertig. Der Zeichner trat an den Tisch des Autors und hoffte, mit dem Bild ein klein wenig Geld zu verdienen. Gewöhnlich erhielt er ein oder zwei Pesos von seinem Modell. Er unterbrach das Gespräch zwischen Hemingway und Mary. „Unterstützen sie bitte einen kubanischen Künstler."

Hemingway schaute erstaunt auf die Skizze, schlug mit der Faust auf den Tisch, zerriß das Papier, warf die Fetzen auf den Boden und schimpfte dabei: „Das kann ja mein Sohn besser."

Als der Mann das traurige Ende seines Werkes sah, entgegnete er: „Ja, ihr Sohn verfügt über genug Geld, um seine Studien zu bezahlen. Hätte ich das Geld, wäre ich auch ein besserer Künstler. Das wenige, das ich kann, habe ich mir selbst beigebracht." Darauf stürzte er aus dem El Templete.

Hemingway erkundigte sich bei den anderen Gästen nach dem Mann. Keiner kannte ihn. Schnell ging Hemingway nach draußen, um nach dem Mann Ausschau zu halten, konnte ihn jedoch nirgends entdecken. Als Hemingway später das Lokal verließ, hinterlegte er beim Geschäftsführer des El Templete eine Zwanzigdollarnote für den mittellosen Künstler und die Nachricht, es tue ihm leid.

* * *

Die heute als Floridita bekannte Bar hieß früher „La Piña de Plata" — die silberne Ananas. Das Lokal eröffnete 1820 in einer Stadt, die durch ihre zahlreichen rechtwinkligen Ausbuchtungen in der Stadtmauer einem Zahnrad glich. Sie ähnelte Städten wie Avila in Spanien, Nancy in Frankreich oder Turin in Italien.

Die Stadtmauern konnten die 85.000 Einwohner nicht mehr umfassen. Außerhalb ihrer Grenzen schossen Vorstädte aus dem Boden. Durch die Tore der Stadtmauer ergoß sich täglich ein Strom von Menschen.

Das bedeutendste Stadttor war das bei Monserrate, das in die O'Reilly und in die Obispo Straße führte.

Zahlreiche Passanten trafen sich hier unter dem Tor, und Berichte sagen: „An der Ecke von Obispo und Monserrate erfuhr man alle Neuigkeiten. Dann geht's in die Bodega ‚La Piña de Plata', eine günstig gelegene Taverne, um kurz ein Glas Wein oder etwas Stärkeres zu trinken."

Leute aus allen Schichten der Bevölkerung saßen und tranken an den schlichten Tischen oder an der Theke. Selbst die gut gekleideten Herren der Gesellschaft waren in der Bodega zu treffen, wo sie Gin, Rum oder Vermouth tranken, während die Damen unter seidenen Sonnenschirmen in den Kutschen auf ihre Getränke warteten: Zuckerwasser, Limonaden oder Fruchtsäfte.

Die Geschichte des Eis als kühlenden Zusatz begann schon vor der Eröffnung der La Piña de Plata. 1810 erreichte die erste Schiffsladung Eisblöcke aus Boston Havanna.

Mit der Einfuhr dieser Köstlichkeit kamen eisgekühlte Fruchtsäfte und Limonaden schnell in Mode in der drückenden, kubanischen Hitze. Das Servieren der tropischen Früchte in Form kühler Getränke, Shakes, Sorbetts oder Eiscreme „war die Bresche in der Mauer von Vorurteilen." Bis dahin war keine Dame in einer Bodega zu sehen gewesen.

Natürlich mußten Lokale wie die La Piña de Plata etwas umgebaut und das Bild der groben Bodegones verfeinert werden. Aber von nun an saßen in der La Piña de Plata und anderen Lokalen „einheimische Damen" und genossen hinter diskreten Rolläden oder Vorhängen, die dennoch das Licht von der Straße hereinfließen ließen, kühle Drinks oder Süßspeisen.

Während der ersten amerikanischen Intervention (1898-1902) wurde die La Piña de Plata in „El Florida" umbenannt, ein Name, der eher dem Geschmack der hohen Herren in der kubanischen Wirtschaft und Politik entsprach. Cocktails erfreuten sich nun noch größerer Beliebtheit. Die Bar wurde von ihren Gästen als „La Floridita" bezeichnet. Und auch in den Büchern Hemingways erscheint sie mit dem weiblichen Artikel „La Floridita".

Constantio Ribailagua, ein „Cantinero", begann 1914 in der Floridita zu arbeiten. Er war ein Katalane, und die Gäste gaben ihm den Namen Constante. Nach einiger Zeit wurde er dank seiner beträchtlichen Ersparnisse Besitzer der Floridita.

In den vierziger Jahren trafen sich bei Constante in der Mittagszeit die führenden Köpfe der kubanischen Gesellschaft —

Geschäftsleute und Politiker. Die Floridita wurde ihr bevorzugter Treffpunkt.

Constante erwarb bald den Ruf als Meister seines Faches. Für Hemingway war er der Beste: „Seine Arbeit ist ein Fest der Perfektion und der Sauberkeit." Constante ersann schätzungsweise 150 Cocktails, die meistens mit Rum, Zucker und kubanischen Früchten zubereitet waren.

Sein Meisterstück war der Daiquiri. Nach dem Urteil Fernando G. Campoamors, dem „Geschichtsschreiber des kubanischen Rums", verdankt der Daiquiri seine herausragende Stellung einzig und allein Constante.

In einer Übersicht über die berühmtesten Bars der Welt, die in der Dezemberausgabe des Esquire 1953 erschien, wird die kubanische Floridita mit der Raffles Bar in Singapore, dem Hotel Shelbourne in Dublin, dem Club 21 in New York, der Ritz Bar in London, dem Ritz in Paris und der Bar des Hotels Palace in San Francisco verglichen.

Irgendwann in den dreißiger Jahren war Hemingway bei einem seiner Spaziergänge über die Obispo Straße oder die parallel dazu gelegene O'Reilly in die Floridita getreten und bald Stammgast geworden. Er richtete sich an einem Ende der Bar eine gemütliche Ecke ein. Für alle Eintretenden wurde er eine Art Gastgeber.

Bis Ende der fünfziger Jahre trafen sich in der Floridita die meisten Berühmtheiten. Seit Mitte der sechziger Jahre hat die Bodeguita del Medio diese Funktion übernommen. Zweifellos hatte Hemingways Präsenz zum Prestige der Floridita beigetragen.

Nachdem Hemingway der Nobelpreis verliehen worden war, schmückten die Freunde seinen Stammplatz in der Floridita mit einer Büste des Autors. Noch Jahre nachdem die Floridita in Staatseigentum übergeführt worden war, verwehrten die Kellner und die Geschäftsleitung jedem Gast, sich auf Hemingways Platz unter die Büste zu setzen.

Fernando G. Campoamor geht nur noch selten in die Floridita. Spöttisch bemerkt er, dies läge daran, daß man sich nicht auf Papas Stuhl setzen dürfe. Er vertraut uns an, daß er der Geschäftsleitung geraten habe, den alten Mythos zu begraben und die Ecke wieder zu beleben.

„Nicht, daß sie ein Seil oder eine Kette gespannt hätten wie in einem Museum — nein, sie verboten einfach jedem, sich dort hinzusetzen."

Nach Aussagen Campoamors führte Hemingway gerade in der linken Ecke den „Daiquiri Spezial" ein, auch bekannt als „Papa-Double" oder „Hemingway-Spezial" oder dem nur selten gebrauchten, von Hemingway aber bevorzugten Namen „Wilder Daiquiri". Das Besondere an ihm war der fehlende Zucker. Der Daiquiri, wie überhaupt alles, was Hemingway trank, war ungesüßt. Manche meinen, Hemingway habe Zukker verschmäht, weil er Diabetiker gewesen sei. Sein Hausarzt Herrera Sotolongo versichert, daß dies nicht der Fall gewesen sei.

In „Inseln im Strom" sagt Thomas Hudson, während er sich rasiert: „Ich mag keinen Zucker und rauche nicht, aber bei Gott, ich genieße alles, was sie in diesem Lande destillieren."

Er meinte damit den guten, hochprozentigen Zuckerrohrschnaps, den er nicht nur pur trank, sondern den er sich nach der Rasur auch großzügig in sein Gesicht rieb. Er ist heute noch in Kuba so billig wie ein Gesichtswasser.

Der klassische Daiquiri ist eine Mischung aus Rum, Limonen und Zucker über gestoßenem Eis, mit einem Schuß Maraschino.

Hemingway berstellte bei Constante immer einen Daiquiri ohne Zucker. Später, sicherlich um Zeit und Energie zu sparen, bestellte er gleich einen doppelten. Und damit entstand der „Wilde Daiquiri", der „Daiquiri à la Papa".

Hemingways Abneigung gegen Zucker ist Kernstück einer längeren Passage in „Inseln im Strom".

Während seiner zahlreichen Gespräche mit Honest Lil, den Kellnern, dem Mayor und Ignacio Natera Revello bestellt Hudson mehrmals Drinks (stets einen Daiquiri), und er wiederholt stereotyp: ohne Zucker.

Am Ende des Abschnitts taucht Hudsons Ex-Frau auf und fragt ihn, wieviel Drinks er gehabt habe. Hudson erklärt: ungefähr ein Dutzend.

Bei einer anderen Gelegenheit fragt ihn der Barkeeper Serafín, ob er seinen eigenen Rekord brechen wolle. Hudson entgegnet, er wolle nur in Frieden einen trinken.

Wie hoch der Rekord lag, wird nicht erwähnt. Ein Dutzend

Daiquiris schien Hemingways durchschnittliches Quantum bei einem Barbesuch gewesen zu sein; diese Menge entsprach ungefähr einer 0,75 Literflasche.

Antonio Meilán, ein hervorragender Barkeeper, erzählt, Hemingway habe an einem Nachmittag mehr als ein Dutzend Daiquiris trinken können. Hatte er seine Thermosflasche vergessen, nahm er einen seiner Spezials in einem großen, mit Eiswürfeln gefüllten und in ein Handtuch gewickelten Glas mit auf seinen Nachhauseweg.

Über den Ursprung des Daiquiris kursieren die unterschiedlichsten Gerüchte. Constante hat nie behauptet, der Vater des Daiquiri zu sein. Er sagte nur, in der Floridita sei er zur edlen Reife gelangt.

Constante starb am 2. Dezember 1952. Hemingway nahm an seiner Beerdigung teil und sagte: „Der Meister der Barkeeper ist tot. Die Floridita war sein Werk. Er war ein ausgesprochen anständiger Mann. Die Zubereitung der Cocktails war das Werk eines Künstlers."

Nach Constantes Tod führte seine Witwe die Bar weiter. Zu Ehren des großen Barkeeper wollte sie, unterstützt von Hemingway und einigen Freunden, eine Gedenktafel für ihren verstorbenen Mann anbringen. Eine Säule schien der geeignetse Platz zu sein: Sie befestigte daran ein Portrait ihres Ehemannes und bestellte einen goldenen Lorbeerkranz.

Mario Arellano, ein Dekorateur, der damals die Floridita neu anstrich, besaß einen Kranz aus einem anderen Metall, der fünfhundert Dollar kosten sollte. Die Witwe bestand auf reinem Gold. Hemingway unterstützte sie: „Constante verdient eine Goldkrone."

Der neue Kranz kostete fünftausend Dollar, aber er war immer noch nicht aus reinem Gold. Der Dekorateur hatte den Kranz nur in ein Goldbad getaucht und die Gelddifferenz in seine eigene Tasche gesteckt.

In der Floridita scheint die Zeit stehengeblieben zu sein. Die Kellner wirbeln unverdrossen hinter der Theke, und man trifft Antonio Meilán in der prächtigen weiß-purpurnen Uniform des Barkeepers. Der letzten Renovierung 1975 fielen leider Constantes Bild und Kranz zum Opfer. Und ohne Hemingway und Constante ist das Lokal nicht mehr dasselbe.

Als Mary Hemingway 1977 Kuba besuchte, lehnte sie es ab, in die Floridita zu gehen. Sie sagte, die Prostituierten und „Maricones“ (Schwulen) seien verschwunden und sie habe kein Interesse mehr. Einige Mitglieder der kubanischen Begleitung verübelten ihr diese Bemerkung; aber ihre Haltung ist auf eine gewisse Art verständlich. Sie wollte keinen Ort wiedersehen, der für sie nur noch Museumscharakter gehabt hätte.

Heute zählt die Küche der Floridita zum Besten in Havanna. Man kann zwischen vorzüglichen Hummer- und Fischgerichten wählen, und die Bar ist noch immer erstklassig. „Hemingway scheint immer noch da zu sein.“ Mit diesen Worten erklärt Fernando G. Campoamor die Beliebtheit der Floridita. Die 21 Barhocker und 10 Tische des Lokals sind fast immer besetzt.

Als im Jahre 1954 die Büste Hemingways in der Floridita enthüllt wurde, brachten die Freunde darunter noch eine Gedenktafel in Bronze an:

Unserem Freund Ernest Hemingway
Nobelpreis für Literatur
Floridita

„Das verdiene ich gar nicht“, sagte Hemingway zu den Kellnern. „Das ist zuviel der Ehre.“

* * *

In „Inseln im Strom“ verewigte Hemingway die Floridita, ihre Bediensteten und ihre Gäste. Die Darstellung von Serafín García Lago stimmt. Es ist wahr, daß sich Lago durch Personen wie Honest Lil in der Bar belästigt fühlte. Eine andere Person im Buch ist Pedrico, der im wirklichen Leben Manuel Lopéz Laza hieß, sein Spitzname war Pedrito. Ignacio Natera Revellos Vorbild war Alvaro González Gordon, der jüngste Sohn des Marquis von Torre Soto, dem Oberhaupt der Familie González de Jerez de la Frontera, einer alten Winzerfamilie.

Einer von Hemingways Freunden, Mario „Mayito“ Menocal, identifizierte für Carlos Baker Natera Revello, aber er vergaß zu erwähnen, daß die Hauptzüge der Romanfigur des „schlechten Bürgermeisters“ auf seinem eigenen Bruder Raul García Menocal, dem Bürgermeister Havannas in den vierziger Jahren, basierten.

Eine andere Romanfigur ist Emmanuel Seale (er ist dabei, als Thomas Hudson und der „schlechte Bürgermeister" die Toilette aufsuchen), geboren auf Barbados. In der Floridita kann man sich noch an ihn erinnern. Er war ein sehr gepflegter Mann, der auf der Herrentoilette arbeitete. Seale versuchte zu verbergen, daß er Rosenkreuzler war. Hemingway kannte sein Geheimnis: Er läßt seine Romanfigur ein Traktat dieser Organisation lesen.

Hemingway ließ in diese Figur ebenso Charakterzüge von Juan Eleuterio García, „Juanito, der Zeuge Jehovas", einfließen. Juanito schien stark an mythische Theologie zu glauben.

Hemingway machte schon oft über Juanito und seinen Job als „Guardiajurado" lustig: Da Juanito für Ordnung sorgen mußte, war er häufig gezwungen, gegen das Gelöbnis der Nächstenliebe zu verstoßen und einige zu verprügeln, die frech wurden oder sich weigerten, ihre Rechnung zu zahlen.

* * *

An der Bar oder an einem der Tische der Floridita waren immer Hemingways Freunde zu finden: Spencer Tracy, Errol Flynn, Marlene Dietrich, Ava Gardner, Babara Stanwyck und Robert Taylor; und die Lateinamerikaner, die Hemingway eher flüchtig kannte: Hugo del Carril, Libertad Lamarque, Pedro Armendariz und Arturo de Córdoba, der eine Hauptrolle als Partisan im Film „Wem die Stunde schlägt" spielte.

In baskischen Espadrillos oder Mokassins, in Bermuda Shorts und einem leichten Baumwollhemd herrschte Hemingway über die Floridita.

Im Gegensatz zu den Kubanern, die die Bars aufsuchten, sprach Hemingway wenig. Wenn er etwas sagte, redete er sehr leise. Die Barkeeper erinnern sich an ihn als einen kräftigen Mann: „Er war wie eine Eiche und schlug jeden nieder, der ihn angriff." Hemingway erklärte, dies sei seine Methode, denen, die laut würden und Ärger stifteten „einen Rat zu erteilen."

Für Juanito, den Zeugen Jehovas, war er oft eine wertvolle Hilfe.

Hemingway kam gewöhnlich früh in die Floridita, trank zwei

Dauquiris und ging gegen Mittag, kehrte gegen siebzehn Uhr zurück und trank noch ein Dutzend.

Zwischen Winter 1959 und Sommer 1960 kürzte er sein Pensum. Er hatte viel Gewicht verloren. „Plötzlich fehlte er", erinnert sich Antonio Meilán. „Er sagte, er reise nach Spanien oder in die USA, um sich operieren zu lassen. Stattdessen tötete er sich."

Im Sommer 1960 herrschte in Havanna der Ausnahmezustand. Thomas Hudson konnte während des Zweiten Weltkrieges noch eine glückliche Zeit in der Floridita genießen. Eine merkwürdige Ruhe hatte trotz der Feindseligkeiten zu keiner Verschlechterung der Versorgungslage geführt.

1960 änderte sich die Situation grundlegend. Die Revolutionsregierung wurde mit den ersten Schwierigkeiten mit der Washingtoner Regierung und mit dem Beginn einer lang andauernden Wirtschaftsblockade konfrontiert.

Scheinbar unbeeindruckt von alledem ging das Leben Hemingways und seiner Freunde weiter. Antonio Mailán erzählt, wie ihm Hemingway Marlin Filets mitbrachte. Der Barkeeper erinnert sich an Errol Flynn als einem „muy pala paga", als „unzuverlässigen Schuldner"; trotzdem wurde ihm immer Kredit eingeräumt. Hemingway lästerte oft, daß der Geldsack in Capitain Bloods Hosen zugenäht worden sei.

Hemingway war außergewöhnlich großzügig. Ehe er zu seinen Reisen aufbrach, beglich er stets seine noch offenstehenden Rechnungen in der Floridita und legte noch zwanzig Prozent Trinkgeld dazu. Er meinte: „Falls mir etwas passiert, möchte ich, daß sie sich meiner erinnern und mich vermissen."

In „A Situation Report" wies Hemingway die Vorwürfe einiger Amerikaner zurück, die ihm ankreideten, daß er in Kuba und nicht in seinem Heimatland lebte. Die Untersuchungen des Senators Mc Carthy beschäftigten alle Welt. Dessen ungeachtet antwortete Hemingway seinen Kritikern, er brauche sich nur in sein Auto setzen und zur Floridita fahren, wenn er Landsleute sehen wolle.

* * *

Honest Lil ist die schillernste Figur unter den Stammgästen der Floridita in „Inseln im Strom". Ihr Vorbild Leopoldina Rodriguez, „Honest Leopoldina", glich ihr in Aussehen und der Empfindsamkeit gegenüber rohem Verhalten und Obszönitäten.

Hemingway schildert sie, wie sie in ihrer Ecke in der Floridita sitzt — genau gegenüber seinem Stammplatz. Sie traf sich dort gewöhnlich mit fünf oder sechs Prostituierten, die regelmäßig in die Floridita kamen. Fernando G. Campoamor und Antonio Meilán können sich noch gut an sie erinnern: Sie war eine „sehr elegante, vornehme und gebildete" Mulattin.

Leopoldina war eine mittellose Frau, „eine Prostituierte aus Not". Ernest nahm sie mit auf die Finca und half ihr, wo er konnte.

Es wird behauptet, sie sei zu diesem Leben gezwungen gewesen, um die Erziehung und das Medizinstudium ihres Sohnes zu finanzieren; doch dies scheint nur ein Gerücht zu sein.

Als sie gegen Ende der fünfziger Jahre starb, war kein Sohn zu sehen. Ein einzelner Mann, der ihrem Sarg folgte, kam für ihre Beerdigung auf. Es war ein grauhaariger, bärtiger Amerikaner, der eine Guayabera, große Mokasasins und weite, ungebügelte Hosen trug.

* * *

Die Umgebung der Floridita hat sich nur wenig verändert: Die O'Reilly Street ist noch immer eine enge Straße, in der die Fußgänger angefahren werden, wenn sie nicht flink genug den Autos ausweichen. Auch die Obispo Straße, die bedeutendste Durchgangsstraße, die eng mit Hemingways Jahren in Kuba verbunden ist, blieb die alte. Sie beginnt oder endet — bei der Floridita und teilt sich neun Querstraßen später vor dem Ambos Mundos.

Zwei Straßen weiter steht das Gebäude, in dem früher die amerikanische Botschaft untergebracht war. Ihm widerfuhr das gleich Schicksal wie dem Steinhartschen Haus: Es wurde ebenfalls in eine Schule verwandelt und trägt den Namen „Forjadores del Futuro" — Gestalter der Zukunft.

Das Zaragozana, eines der großen kubanischen Restaurants in den zwanziger Jahren und eines von Hemingways Lieblingslokalen, stand bis zum Beginn der sechziger Jahre. Heute liegt es in Trümmern. Vieles hat sich in den letzten Jahren in Havanna verändert. Aber die charakteristischen Gerüche, wie sie in „Inseln im Strom" beschrieben werden, durchziehen noch immer die Straßen.

* * *

William Faulkner glaubte, Hemingway wäre Gott begegnet. Es war das Jahr 1952. Erst kurz zuvor war „Der alte Mann und das Meer" erschienen. Mit dieser Erzählung strafte Hemingway seine Kritiker Lügen, die bei dem Roman „Über den Fluß, und in die Wälder" über den Autor hergefallen waren und das Werk als „sentimental und romantisch" bezeichnet hatten.

In der kurzen Erzählung, sie umfaßt kaum hundert Seiten, schildert Hemingway die einfache Geschichte eines alten Mannes, der mit einem großen Fisch kämpft. Faulkner gesteht, daß ihn diese Seiten sehr bewegt hätten. Ähnlich empfanden zahlreiche amerikanische und europäische Autoren. Vladimir Nabokov, der einmal lästerte, Hemingway sei „ein Autor für Kinder", mußte anerkennen, daß „die Beschreibung des schillernden Fisches und die rhythmische Bewegung der Erzählung großartig" sei.

Hemingways große kubanische Erzählung „Der alte Mann und das Meer" zählt heute zu den Klassikern, trotz einiger sentimentaler Passagen (wie z.B. das Gebet Santiagos für den Baseballspieler Joe DiMaggio). Hemingway gestand auf einer kleinen Feier anläßlich der Verleihung des Nobelpreises auf der Finca Vigía:

> Dieser Preis gehört Kuba, denn in Kuba hatte ich die Idee für dieses Werk, und ich habe es hier geschrieben, hier unter den Menschen von Cojimar, deren Mitbürger ich bin. In allen Übersetzungen ist meine Wahlheimat präsent. Und hier stehen alle meine Bücher und mein Haus.

Die unendlich tiefe See des Buches ist nicht unbedingt kubanisch. Sieht man von einigen kubanischen Pinselstrichen ab, könnte die Erzählung in Java oder im Mittelmeer spielen. Jeder Fischer auf der Welt würde sich in Santiagos kleinem Boot zuhause fühlen und genauso tapfer handeln. Es gibt geringfügige Ausnahmen. Als sich Santiago verloren glaubt, beobachtet er den Horizont und denkt, daß er sich ja noch immer an der Küste orientieren könne. Doch sofort kehrt sein Vertrauen in die See zurück, und er bestärkt sich in seiner Überzeugung, daß niemand verloren gehen muß, wenn er die See gut kennt.

Nach Carlos Bakers Recherchen wurde der erste Rohentwurf des Buches im April 1951 fertigegestellt. Das Originalmanuskript erreichte am 10, März 1952 Scribner's. Die Erzählung erschien am 1. September 1952 im Life Magazin und wurde am achten desselben Monats bei Scribner's als Buch veröffentlicht.

Die Erzählung hat einen interessanten Hintergrund. Der Erzählkern erschien bereits 1936 als „Blaues Meer. Ein Brief vom Golfstrom“ in der Aprilausgabe des Esquire. Hemingway wollte den Text in ein größeres Werk einbauen. Er plante eine Trilogie: „Die Erde, die See und die Luft“, ein sehr ehrgeiziges, an Proust erinnerndes Vorhaben, das er mit Malcolm Cowley besprach.

Innerhalb des Plans sollte „Der alte Mann und das Meer“ die Schlußsequenz des Kapitels über die See bilden. Offensichtlich blieben die anderen Teile über die Erde und die Luft im Zusammenhang mit seinen Erfahrungen im Zweiten Weltkrieg bloße Vorhaben oder, nach Baker: „in den vier Wänden der Vorstellung“.

Nach Baker war es Leland Hayward — er drehte den Film —, der Hemingway davon überzeugte, „Der alte Mann und das Meer“ separat zu veröffentlichen. Zunächst lehnte Hemingway ab. Hayward beharrte auf seiner Position und legte Hemingway dar, daß er die Erzählung seinem Werk immer noch anfügen könne. Die Erzählung habe unabhängig vom Rest des Romans ihren eigenen Wert.

Als Hemingway den Nobelpreis erhielt, sagte er, er hätte ein fünfhundert Seiten starkes Werk über Cojimar und seine Bewohner schreiben können, aber er habe es vorgezogen, sich auf das Schicksal Santiagos zu beschränken und einen glaubwürdigen alten Mann und Fisch zu schaffen.

Der Kampf mit einem Fisch stellt sowohl in „Inseln im

Strom“ als auch in „Der alte Mann und das Meer“ einen Höhepunkt dar. Ähnliche Situationen, unterschiedliche Bedeutungen?

Nuancen müssen berücksichtigt werden. In „Inseln im Strom“ versucht ein Junge, dadurch zum Mann zu werden, daß er ein edles Tier tötet. In „Der alte Mann und das Meer“ symbolisiert Santiago die Beharrlichkeit, die Notwendigkeit, jederzeit den Mann vor sich selbst zu beweisen. Identische Dialoge verbinden beide Charaktere. Bezogen auf den Fisch an der Leine gestehen beide, der Junge und der Alte: „Oh Gott, wie ich Dich liebe!“

William Faulkner schloß daraus:

> Schon früh erlernte er seine Arbeitstechnik, und er verfolgte sie konsequent weiter bis zum heutigen Stand. Wenn er nicht mit dem Schreiben Schluß macht, wird er noch ein Meisterwerk schaffen. Sein letztes Buch „Der alte Mann und das Meer“ halte ich für sein bestes. Er fand etwas, was er zuvor nie gefunden hatte und das ist — Gott. Bis dahin bewegten sich seine Charaktere in einem Vakuum, sie waren ohne Vergangenheit, doch plötzlich ist er in „Der alte Mann und das Meer“ auf Gott gestoßen. Es gibt den großen Fisch — Gott schuf den großen Fisch, den Santiago fangen mußte, Gott schuf den alten Mann, der den großen Fisch fangen mußte, Gott schuf die Haie, die den Fisch fressen mußten. Gott erschuf sie alle und liebt sie alle. Wenn Hemingways Werk weiterhin davon ausgeht, wird er sich noch steigern können. Wir sollen aber nicht zuviel erwarten: Viele neue Hoffnungen enden tragisch oder im Unglück. So war es bei Fitzgerald und bei Sherwood Anderson.

Eine Unzahl von Rezensionen zu „Der alte Mann und das Meer“ sind in den Aktenordnern auf der Finca Vigía zu finden. Unter ihnen eine von Hemingways Freund Ivan Kashkeen:

> VAPROSY LITERATURA
> 1964
> Ivan Kashkeen
> Santiago wurde von Innen heraus geschrieben. Viele sehen in der Erzählung eine christliche Symbolik. Aber Hemingway gestaltet immer einfache, aufrichtige Charaktere — lassen wir ihnen ihre Interpretationen.

* * *

Ein einzelner Mann, der in einem kleinen Boot im Golfstrom driftet, ist schwer zu finden. Selbst wenn die Boote und Flugzeuge der Küstenwache gemeinsam nach ihm suchten, könnten sie ihn nicht aufspüren.

Seine Fischerkollegen in Cojimar müssen ihn als verloren betrachtet haben. Doch ein Kind, Manolin, der Gehilfe, wartete auf ihn, die Augen auf den Horizont gerichtet. Er glaubte an den alten Mann. Er glaubte, daß dieser einsame Mann den Gezeiten und dem Strom trotzen und überleben würde. Und so wartete er, obwohl die Kajüte des alten Mannes leer an den Strand geschwemmt wurde.

Der Mann führte seinen einsamen Kampf im Strom fort. Hilfe von den Flugzeugen war nicht zu erwarten: die See erscheint für den Piloten wie eine unbewegte, metallisch glänzende Fläche.

Er hatte seit vierundachtzig Tagen keinen Fisch mehr gefangen, und Manolins Eltern verboten ihrem Jungen, den Mann weiterhin zu begleiten. Sie erklärten, der alte Mann habe Pech. Dann segelte er auf's Meer hinaus. Nach einem Tag stieß er auf einen Marlin, und er wußte sofort, daß es ein ganz großer war.

Die Figur des alten Santiago wurde nach einem lebenden Menschen gezeichnet, den Hemingway während der Prohibitionszeit traf. Der Autor hatte seine ersten Abenteuer auf dem Golfstrom gerade hinter sich.

Auf einigen Bildern Hemingways ist Carlos Gutiérrez als junger Mann in kurzen Hosen zu sehen. Mit auf den Bildern: die ersten Marline, die Hemingway fing. Hemingway erwähnt ihn in „Blaues Meer. Ein Brief vom Golfstrom", er mochte Carlos sehr.

Gutiérrez war der erste Steuermann auf der „Pilar", und er war ein ebenso guter Freund Hemingways wie Gregorio, der spätere Steuermann. Gregorio möchte gerne glauben, daß seine eigene Version von der Geschichte des alten Fischers der von Gutiérrez überlegen ist: Er erzählt, daß Hemingway und er Ende der vierziger Jahre unweit des Hafens von Cabañas einen Fischer sahen, der von einer ungewöhnlichen Kraft über die Wellen gezogen wurde, als ob sein Boot einen Motor gehabt hätte.

Es war ein wackliges, altes Boot. Sie wollten dem Fischer ihre Hilfe anbieten und nahmen Kurs auf das Boot. Ein Mann und ein Junge saßen darin. Der Mann stemmte sich gegen seinen Sitz, die straff gespannte Leine fest umfaßt. Da erkannten sie, daß eine Kraft, die am Ende der Leine hing, das Boot zog, das das Meer wie ein Messer durchschnitt. Um mitzuhalten, mußte die „Pilar" voll aufdrehen.

Der Mann trug kein Hemd, er war dünn, aber kräftig und schrie sie zur Begrüßung an: „Verschwindet, Bastarde! Laßt mich allein!"

Hemingway befahl Gregorio, die „Pilar" in Entfernung zu halten, während er den Kampf zwischen dem Mann und dem Fisch verfolgte. Hemingway verstand den Fischer; er respektierte die Entscheidung des Mannes und seine einsamen Bemühungen.

Der Kampf währte einen halben Tag. Schließlich wies Hemingway Gregorio an, das Rettungsboot mit etwas Proviant für die Fischer zu starten.

Wieder brüllte der Mann: „Hurensohn! Verschwinde!"

Gregorio konnte das kleine Boot schnell erreichen und warf das Paket, das ein paar Snacks, Bier, eine Flasche Rum und ein paar belegte Brote enthielt, an Bord.

„Es war ungefähr hier", sagt Gregorio, indem er auf eine Stelle im Wasser deutet. Wir sind auf der Höhe von Cabañas an Bord der „Hill Noe", Gregorios kleinem Boot.

„Es war ein Fischer aus Cabañas; er stammte aus Mallorca. Inzwischen ist er verstorben."

Man wundert sich, wie Gregorio den genauen Ort im Wasser des Golfstromes ausmachen konnte, wo er und Hemingway vor vielen Jahren Zeugen jenes Kampfes gewesen waren.

Vielleicht stimmt seine Geschichte, und der Schriftsteller übernahm Ausschnitte für seine Erzählung. Vielleicht ist alles auch nur ein Märchen, ersonnen und ausgeschmückt von Gregorio. Tatsächlich wird die Geschichte eines großen Kampfes unter den Fischern an der Nordküste Kubas häufig erzählt.

„Haben und Nichthaben" stellt ein frühes Kapitel von Hemingways Roman über den Golfstrom dar. Es gleicht „Inseln im Strom" in mehr als nur einem Punkt:

— drei Geschichten, die ursprünglich unabhängig voneinan-

der waren, wurden in einer Erzählung zusammengefaßt;
— eine ganze Reihe merkwürdiger Charaktere, von denen sich der Erzähler allmählich lossagt, ohne sie in die Handlung zurückzuführen;
— und schließlich ein ähnlicher Schauplatz: an Bord eines Schiffes, wo die Protagonisten einem Maschinengewehrfeuer zum Opfer fallen.

Die Menschen und die Landschaften Kubas tauchen in Hemingways Werk wieder auf, als er aus dem Zweiten Weltkrieg zurückkehrt. Doch nun ist der Künstler erfahrener und beherrschter. Eine grobe und unruhige Person wie Harry Morgan in „Haben und Nichthaben" scheint in Hemingways Nachkriegswerk keinen Platz mehr zu haben.

Zweifellos war Hemingway gereift, und die Ängste vergangener Jahre machten den Erinnerungen eines Mannes Platz, dessen Tage vielleicht schon gezählt waren. Die Konflikte, die nach sofortigen Lösungen verlangten — gerechte und ungerechte Kriege, soziale und politische Kämpfe, der Flüchtlingsstrom auf dem Balkan, Armeeveteranen, die ihrem Schicksal auf einem Florida Key überlassen wurden — all diese Konflikte verloren für ihn an Dringlichkeit. Ihn beschäftigen die ewigen Fragen der Menschheit: Leben und Tod, Liebe und Haß.

Die Helden Hemingways — der Deserteur Frederick Henry, der Außenseiter Harry Morgan und der Kämpfer Robert Jordan — wurden Philosophen, Menschen, die sich mit der Vergangenheit befassen: Oberst Richard Cantwell, der Künstler Thomas Hudson und der Fischer Santiago.

Der Krieg ist vorüber und Hemingway, der zurückgezogen lebende Mann, möchte ein Proustsches Werk schreiben, transzendente und umfangreiche Memoiren. Er vertraut seinen Freunden an, daß er vorhabe, alles, was er über die Erde, die See und die Luft wisse, niederzuschreiben; seine frühen Tage in Paris, seine Impressionen bei einem Sechs-Tage-Rennen und seine Erlebnisse bei einer Bombardierung aus einer geringen Höhe als Teil von Mitchells Mannschaft.

Er richtet seine Anstrengungen auf dieses Ziel, doch eine Kette unvorhersehbarer Zwischenfälle durchkreuzt seine Pläne: Krankheiten (eigene und die seiner Kinder), Verkehrs- und Flugzeugunfälle, Familienprobleme. Das Proust nachempfundene Werk wurde nie verwirklicht, und das Hemingwaysche Werk ist Fragment geblieben.

Auf der Finca Vigía entstehen die Werke „Paris — ein Fest fürs Leben“ (eine Rückkehr zum Schauplatz von „Fiesta“), „Über den Fluß in die Wälder“ (eine Rückkehr zur Szenerie von „In einem anderen Land“), „The Dangerous Summer“ (erneute Hinwendung zu „Fiesta“ und dem Thema aus „Tod am Nachmittag“) und die Artikel in der Zeitschrift Look über Afrika (eine letzte Rückkehr zum Hintergrund von „Die grünen Hügel Afrikas“ und den Geschichten von Harry Street und Francis Macomber).

Sein Hauptaugenmerk galt jedoch dem nur halb vollendeten „Inseln im Strom“ und Santiagos Geschichte. Beide Stücke wollte er in ein größeres Werk einfügen.

Die Lebensstufen der Menschen (und damit auch Hemingways Entwicklungsstufen) sind in diesen einzigartigen Büchern dargestellt:

Zuerst die Kindheit, in „Inseln im Strom“ repräsentiert durch Hudsons Söhne und durch Manolin, dem Fischerjungen aus „Der alte Mann und das Meer“.

Dann Rogers, der Thomas Hudsons verlorene Jugend verkörpert, und Hudson selbst als der erfahrene, gereifte Mann, der in tiefe Depressionen versinkt, wenn er an sein vergangenes Leben denkt. Zum Schluß folgt in Santiago die Darstellung des hohen Alters. Santiagos Lebensphilosophie wurde durch die erlittenen Schicksalsschläge geprägt.

Die Zeitenfolge und die Aufteilung der Erzählelemente auf verschiedene Zeitebenen entstammt der kubistischen Literaturtheorie, die Hemingway durch Gertrude Stein kennenlernte.

In den Werken seiner letzten Schaffensperiode gelang Hemingway die vollendete Umsetzung dieser Techniken. Einzelcharaktere vereinigen sich zu einer Identität, und in einer Szene in „Der alte Mann und das Meer“ redet Santiago zu seinen einzelnen Körperteilen, zu seiner Hand, seinem Kopf und seinen Nerven.

*Hemingway mit Gary Cooper und Freunden in der Floridita in der Neujahrsnacht 1951.*

*Hemingway und Errol Flynn in der Floridita, 1960.*

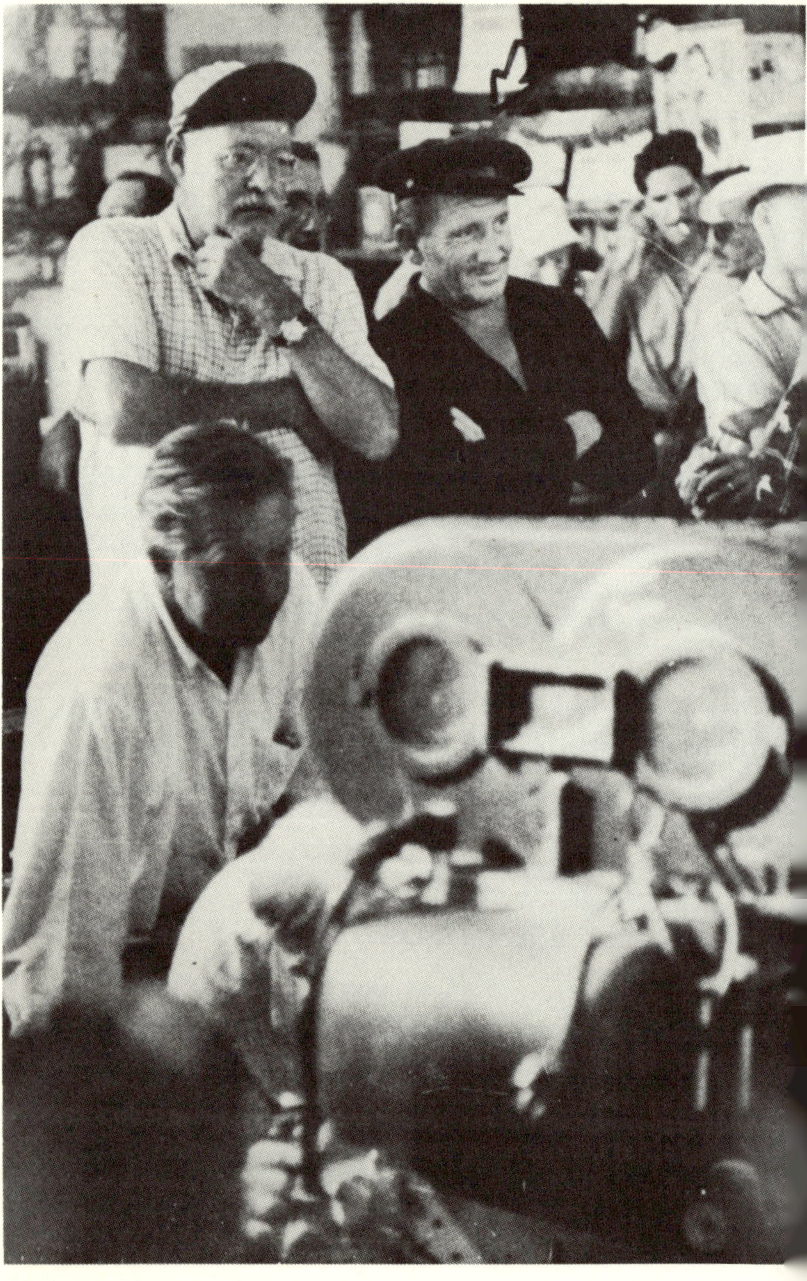

*Hemingway und Spencer Tracy bei den Aufnahmen zu dem Film „Der alte Mann und das Meer“.*

*Mit dem Fischer Ramirez in der La Terraza in Cojimar bei der Verfilmung von „Der alte Mann und das Meer". (H. Wallace)*

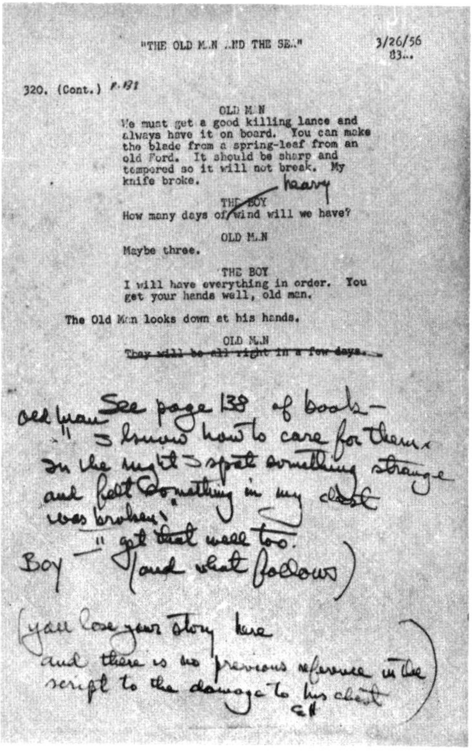

"THE OLD MAN AND THE SEA" 3/26/56
83...

320. (Cont.) p. 131

OLD MAN
We must get a good killing lance and always have it on board. You can make the blade from a spring-leaf from an old Ford. It should be sharp and tempered so it will not break. My knife broke.

THE BOY
How many days of heavy wind will we have?

OLD MAN
Maybe three.

THE BOY
I will have everything in order. You get your hands well, old man.

The Old Man looks down at his hands.

OLD MAN
~~They will be all right in a few days.~~

See page 138 of book —
Old man " I know how to care for them.
In the night I spat something strange
and felt something in my chest
was broken."
Boy — " get well too.
(and what follows)

(you lose your story here
and there is no previous reference in the
script to the damage to his chest
EH

*Korrekturen an dem Drehbuch von „Der alte Mann und das Meer".*

*Fischer im Hafen von Cojímar bei Hemingways Ankunft an Bord seiner Yacht, der „Pilar". (Raul Corrales)*

*Gregorio Fuentes vor Hemingways Büste in Cojímar. Es war die erste Skulptur, die zu Ehren des Literaturnobelpreisträgers errichtet wurde.*

*Anselmo Hernández, Züge des Fischers aus Cojímar floßen in die Romanfigur Santiago ein.*

*Gregorio Fuentes (das Vorbild zu Antonio in „Inseln im Strom") bei der Landung auf einem Schauplatz der Erzählung, dem Cayo Confites.*

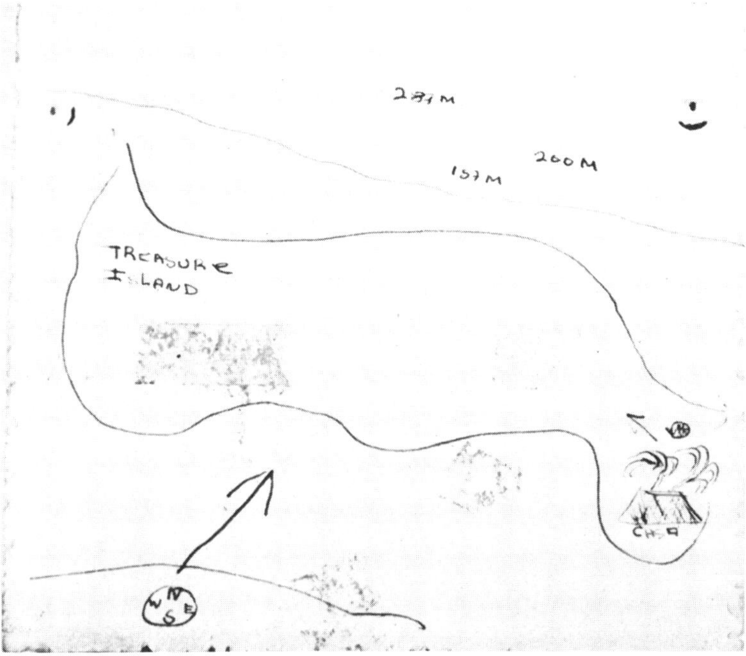


*Skizze von Hemingway, eventuell von Cayo Paraíso.*

*Gregorio Fuentes landet auf Cayo Paraíso im Winter des Jahres 1974. (Enrique de la Uz)*

*Hemingways Stammplatz und seine Büste in der Floridita. Der Barkeeper Eugenio Rob Iedo pflegt die Erinnerung an den berühmten Gast — der Platz an der Theke ist immer sauber geputzt. (UPI)*

* * *

Santiagos Rat, den Fisch bei Sonnenuntergang in Ruhe zu lassen, mag Ichtlyologen erstaunen.

Dank seiner Beobachtungsgabe, seinen Erfahrungen als Fischer und umfangreicher Studien wußte Hemingway genau, worüber er schrieb.

Manche Fische schwimmen dem Licht entgegen, andere entfernen sich davon. Während der Schwertfisch z.B. nachts gefangen wird, taucht der Blaue Marlin in den Nachtstunden in die Tiefe des Meeres hinab; er wird nur tagsüber gefangen.

Santiago befürchtete, daß sein Fisch tief untertauchen und die Leine zerreißen würde. Entweder war es ein Irrtum oder dichterische Freiheit Hemingways, den Fisch erst am nächsten Tag auftauchen zu lassen. Denn Blaue Marline weichen keinem Kampf aus, und sie tauchen immer auf, um zu sehen, was los ist.

Was nun die Angelleinen anbelangt, so werden zunächst drei einfache ausgeworfen, ehe die lange Angelleine mit Haken, die auf der gesamten Länge verteilt sind, eingesetzt wird. Wie tief die Leine hinabgelassen wird, hängt von der Mondphase ab. Bei Neumond werden die kurzen, bei Vollmond die langen Leinen verwendet.

Santiago hatte seine eigene Methode. Er fuhr allein in einem Boot, das eigentlich für zwei gedacht war. Und er setzte seine Leinen nach eigenem Gutdünken ein, auch wenn er die klassischen Leinen für den Marlin verwendete.

In „Der alte Mann und das Meer" wird die Preparierung der Köderfische detailliert geschildert. Die kubanischen Fischer beherrschen diese Kunst auf eine bewundernswerte Art und Weise.

Das Fleisch des Marlins wird hochgeschätzt und ist sehr teuer. Santiago erkennt an dem Schlag, den er an seiner Leine verspürt, daß ein Marlin angebissen hat. Ein Marlin drischt zwei oder drei Mal mit seinem Schwert auf den Köder ein, ehe er ihn verschlingt. Ganz anders der Hai. Er beißt zu und zerrt an der Leine. Wird mit Auslegern gefischt, vibriert die Klammer, an der die Leine befestigt ist, bei jedem Schlag des Marlins und löst sich, wenn der Fisch den Köder packt.

In der Laichzeit kommen die Marline gewöhnlich zu zweit, manchmal sogar zu dritt: ein Weibchen und zwei Männchen. Sie können dann sehr leicht gefangen werden; denn wohin der eine auch schwimmen mag, die anderen folgen.

Schwierig ist es, das Maul des Fisches hin zum Fischer auszurichten. Santiagos Marlin befand sich nicht in dieser Position. Der Haken in seinem Maul saß nicht gut.

Santiago fischt in östlicher Richtung des Stromes, als er die „Tiefe See“ erreicht, wie sie im Buch genannt wird, und die die Fischer aus Cojimar „el hondón“ nennen. Dies widerspricht der gängigen Praxis. Es ist genauso merkwürdig wie die Behauptung, der Fisch benötige vierundzwanzig Stunden zum Auftauchen. Hier machte Hemingway von seiner dichterischen Freiheit Gebrauch.

* * *

Der Filmdirektor Fred Zimmermann sandte Hemingway das Drehbuch von „Der alte Mann und das Meer“. Die Korrekturen und Anmerkungen Hemingways in diesem Text dokumentieren Hemingways gründliche Kenntnisse im Fischfang und seine enge Verbundenheit mit den kubanischen Fischern, die er mit seinem Buch unsterblich machte.

Die Änderungen, die er in seiner typischen, runden Handschrift anmerkte, betrafen eher technische als literarische Details. Er befaßte sich sehr ernsthaft mit dem Film und versuchte, die typischen Ungereimtheiten Hollywoods zu eliminieren.

Im September 1956 bekannte er in einem seiner letzten Aufsätze, die er für Look schrieb: „Das Drehbuch ist fertig, und ich möchte nie mehr etwas dergleichen machen.“

* * *

Miguel Angel Quevedo war Eigentümer der Bohemia, dem in Kuba verbreitetsten Magazin. Er war schwul und rühmte sich, daß nie eine Frau seinen Besitz betreten habe; eine Farm, auf der er jede Woche große Feste veranstaltete, die von den prominentesten Künstlern und Politikern Kubas besucht wurden. Nach dem Sieg der Revolution verließ er Kuba.

Sein Magazin veröffentlichte er weiterhin, allerdings unter dem neuen Namen Bohemia Libre. 1970 verübte er in Caracas Selbstmord.

Seit 1950 galt er als der Zar der kubanischen Presse, und so war er ziemlich verärgert darüber, daß ihm das Magazin Life mit der Veröffentlichung von „Der alte Mann und das Meer" zuvorgekommen war.

Er ließ seine Beziehungen spielen und übte Druck auf die amerikanische Botschaft aus, bis er schließlich die Rechte für die spanische Übersetzung des Buches erhielt.

Der Karikaturist David berichtet, Quevedo habe ihn eines Nachmittags rufen lassen und ihm gesagt: „Sie kennen doch jeden. Suchen Sie Hemingway auf und richten Sie ihm aus, daß ich seine Geschichte veröffentlichen möchte."

„Tut mir leid, ich bin mit Hemingway nicht näher bekannt."

„Das macht gar nichts. Gehen Sie und sagen Sie ihm, daß ich das Buch publizieren möchte."

David traf Hemingway in der Floridita, und dieser nahm das Angebot über fünftausend Pesos an. Allerdings stellte er zwei Bedingungen: erstens, Lino Novás Calvo sollte mit der Übersetzung beauftragt werden und zweitens, für die fünftausend Pesos sollten Fernsehgeräte für die Patienten des El Rincón Sanatorium angeschafft werden.

Es bleibt unklar, was mit dem Geld geschah. Die Dokumente, die auf der Finca Vigía gefunden wurden, deuten auf einige Unregelmäßigkeiten hin. In mehreren Briefen versichert die Geschäftsleitung der Bohemia, daß die Geräte unverzüglich gekauft bzw. demnächst ins Sanatorium geliefert würden. Lino Novás Calvo teilt Hemingway in einem Brief mit, daß er mit den dunklen Machenschaften der Geschäftsleitung nichts zu tun habe, und er sei betroffen über Hemingways langes Schweigen.

Die Angelegenheit endete schließlich mit der Lieferung der Geräte, und Jahre später, in den sechziger Jahren, gehörte Lino Novás Calvo zu den konterrevolutionären Autoren Kubas. Er saß als Chefherausgeber der Bohemia Libre in Miami. Quevedos Farm, auf der einst Frauen keinen Zutritt hatten, wurde ironischerweise zum ersten Trainingslager für weibliche Soldaten, die als Mitglieder des Bataillons „Lidia Doce" ihre Militärausbildung auf der Farm absolvierten.

* * *

Carlos Baker berichtet, daß 1953 sieben Leser Hemingway schrieben, daß „der alte Mann in dem Teil der Welt und in dem Jahr niemals den Rigel (hellster Stern im Orion) sehen konnte“, wie im Buch behauptet werde. Hemingways Kommentar zu den Zuschriften: „Nett von Ihnen, mir zu schreiben.“

Dr. Herrera Sotolongo erklärt, daß es aus wissenschaftlicher Sicht den „Hautkrebs“, wie er Santiago zugeschrieben wurde, nicht gebe. Er habe darüber auch mit Hemingway gesprochen, aber dieser habe darauf bestanden, die Textstelle unverändert zu lassen, nicht aus Eigensinn, sondern aus der künstlerischen Freiheit heraus. Santiagos Krankheit könnte aus Sicht der Medizin als „Cloasma“ bezeichnet werden, eine durch übermäßige Sonneneinstrahlung hervorgerufene Schuppenflechte, aber es war ganz gewiß kein Krebs, kein „gutartiger Hautkrebs“, wie Hemingway schrieb.

Hemingway selbst litt unter dieser Hautkrankheit, was leicht erklärbar ist. Sie rührte von seinen langen Aufenthalten in der Sonne an Bord der „Pilar“ her. Da er gegenüber Sonnenstrahlen sehr empfindlich war, bekam er sehr leicht einen Sonnenbrand. Auf seiner Nase und Stirn bildeten sich Schuppen. Um seine strapazierte Haut zu schonen, griff er zum Elektrorasierer, nicht zur Rasierklinge, wenn er sich rasieren wollte. Oft verstrich ein ganzer Monat, ehe er sich rasierte; denn er wollte seine angegriffene Haut nicht noch mehr reizen.

* * *

Den nachfolgenden Pressebericht bewahrte Hemingway auf, und er markierte den Abschnitt, in dem er erwähnt wurde.

DIARIO DE LA MARINA
17. Oktober 1947

SANTO DOMINGO WILL KUBA, VENEZUELA UND GUATEMALA VOR DEM INTERNATIONALEN GERICHTSHOF
ANKLAGEN.

Unter den Angeklagten befindet sich auch Exminister Alemán, der beschuldigt wird, die Verschwörung mit 350.000 Dollar unterstützt und den Revolutionären Regierungslastwagen übergeben zu haben.

Ein drei Pfund schweres Dossier, das führende Regierungsfunktionäre Kubas, Venezuelas und Guatemalas beschuldigt, an der kürzlich fehlgeschlagenen Invasion in der Dominikanischen Republik beteiligt gewesen zu sein, wird heute durch die Regierung unter Präsident Rafael Leónidas Trujillo dem Internationalen Gerichtshof vorgelegt. Dies meldete heute das Büro der Vertretung der Dominikanischen Republik in New York.

Diese Anklageschrift wird zusammen mit zahlreichen Dokumenten dem Internationalen Gerichtshof übergeben, um zu beweisen, daß „die Regierungen Kubas und Venezuelas mit Hilfe der sowjetichen Delegation der Hauptstadt Guatemalas zahlreiche Waffen für die geplante Invasion kauften."

Die Dokumente versuchen zu belegen, daß der Präsident Venezuelas, Rómulo Betancourt, die Invasionstruppen finanziell unterstützte.

Nach Meldungen aus Venezuela zog der Präsident seine Unterstützung zurück, „als er erkannte, daß sein Geld sinnlos vergeudet wurde." Der Bericht fährt fort, daß nach Betancourts Rückzieher die Revolutionäre vorwiegend durch Regierungsvertreter Kubas und Guatemalas unterstützt wurden. Der Bericht bekommt eine zusätzliche Brisanz durch die Behauptung, daß ungefähr ein Dutzend Veteranen der amerikanischen und kanadischen Luftwaffe den Befehl gehabt hätten, Militärstellungen in Ciudad Trujillo und andere strategisch wichtige Punkte in der Dominikanischen Republik zu bombardieren.

Nach Aussagen des Berichts gewährte der amerikanische Schriftsteller Ernest Hemingway diesen Männern in seinem Haus nahe Havannas Unterschlupf. Es war bereits mehrmals als Sprecher der Revolutionäre aufgetreten. Die in die Verschwörung verwickelten amerikanischen Piloten kehrten kürzlich nach Miami, Florida zurück und erklärten, daß sie zwar in Hemingways Haus gut mit Essen und Getränken versorgt worden seien, aber man habe ihnen die versprochene Geldsumme für das Unternehmen nicht ausbezahlt.

Einige erhielten anstelle der versprochenen sechs- bis achttausend Dollar lediglich einhundert Dollar. Der Bericht besagt, daß es Beweise dafür gebe, daß die Bomben, die an Bord der Flugzeuge gefunden wurden, von einer Schiffsladung stammten, die das amerikanische Verteidigungsministerium an die Republik Venezuelas verkauft hatte.

Hervorgehoben wird die „Gleichgültigkeit der kubanischen Regierung gegenüber Beweisen für revolutionäre Aktivitäten." Es wird ergänzt, daß selbst nachdem ein Vertreter der Dominikanischen Regierung durch den Sprecher der Revolutionäre, Ernest Hemingway, darüber informiert worden sei, daß die Invasionsarmee „auf siebentausend Mann angewachsen" sei und ihr Training öffentlich an verschiedenen Orten Kubas durchführe, die Regierung unter Präsident Grau San Martin die Existenz einer solchen revolutionären Bewegung verneinte.

Im Informationsbüro der Dominikanischen Republik in New York hieß es, daß die Meldungen über die kürzliche Festnahme einzelner Mitglieder der Invasionstruppe und die Beschlagnahme ihrer Waffen durch die kubanische Armee von der dominikanischen Presse als Beweis für eine Verschwörung angesehen werde, die die amerikanische Presse und andere amerikanische Staaten immer bezweifelt hatten.

Der Bericht hebt auch hervor, daß einige amerikanische Zeitungen den Bericht über die Existenz einer Invasionsarmee als eine Erfindung des Präsidenten Trujillos betrachteten, die seinen eigenen politischen Zielen dienen sollte.

Dieses Mal mußte Hemingway sich aus dem Staube machen; denn die Presse hatte ihn bezichtigt, in ein internationales Komplott großen politischen Ausmaßes verwickelt zu sein. Drahtzieher im Hintergrund war die opportunistische Regierung unter Präsident Ramón Grau San Martín. Ihr Ziel war es, einige „besonders aufrührerische" Studenten loszuwerden, unter ihnen: der junge Fidel Castro. Einige kamen bis Key Confites, wo sie auf Waffen und Boote gewartet hatten, die sie nach Santo Domingo übersetzen sollten, um gegen Trujillos Diktatur zu kämpfen.

Allem Anschein nach war dies nur eine von vielen Verschwörungen, in die Hemingway, so hatte man den Eindruck, aus einer Art Sportgeist heraus verwickelt war; das Ganze schien eine Wiederholung seines spanischen Abenteuers zu sein.

„Hemingway spendete etwas Geld für die Confites Aktion", erzählt Herrera Sotolongo. „Und als wir von seiner geplanten Festnahme erfuhren, besorgte ich ihm im Aerovías Q Büro in der Prado Straße ein Ticket für Miami. Das Flugzeug sollte um 15.00 Uhr starten. Wir erreichten den Flughafen wenige Minuten vor dem Abflug der Maschine. Als die Verfolger Hemingway auf der Farm suchten, war er bereits in den Vereinigten Staaten.

Leutnant Correa erschien mit einer Truppe Soldaten an dem Nachmittag auf der Finca Vigía. Als Mary sie des Hauses verweisen wolte, richtete Correa sein Gewehr auf sie. Mary rettete ihr Leben, indem sie erklärte, sie sei schwanger und Hautpmann der amerikanischen Armee. Sie konnte Correa allerdings nicht davon abhalten, sämtliche Waffen mitzunehmen; doch sie wurden dank Herrera Sotolongos Intervention am nächsten Tag zurückgegeben.

Correa hatte in Spanien gekämpft und sich dann den korrupten Politikern angeschlossen, die Havanna in den vierziger Jahren regierten. Er machte bei der Armee Karriere und avancierte zum Leibwächter und Vertrauten eines der verhaßten Regierungsmitglieder des Batista Regimes. Während des bewaffneten Aufstandes gegen Batista wurde Correa ermordet.

Eine Woche nach Correas Auftritt auf der Farm kehrte Hemingway nach Havanna zurück. Er brachte seine Waffen an Bord der „Pilar" und versenkte sie in der Bucht von Casablanca, was Herrera weniger gefiel, denn unter den Waffen befand sich auch seine geliebte Luger.

Hemingway war über die zahlreichen verschwörerischen Aktivitäten in Havanna zwischen den dreißiger und vierziger Jahren gut unterrichtet.

In dem Artikel „Das große blaue Meer" von 1949 beschrieb er seine Empfindung, wenn er an Bord der „Pilar" den Hafen Havannas verläßt und die Festung von Cabaña passiert, wo viele seiner Feunde als politische Gefangene inhaftiert gewesen waren.

1951 berichtet er in seinem Artikel „The Shot" von zwei politischen Flüchtlingen, denen er mit fünfhundert Dollar die Flucht aus dem Lande ermöglichte. Sie waren fälschlicherweise beschuldigt, an einem Verbrechen beteiligt gewesen zu sein, bei dem zwei Menschen getötet und fünf verletzt wurden. Die Tat war nach einem bekannten Muster ausgeführt worden: Von einem Auto aus wird auf ein Haus gefeuert, in dem Gegner vermutet werden. Wenn diese aus dem Haus stürzen, um auf das vorbeirasende Auto zu schießen, werden sie von einem nachfolgenden Auto aus erledigt.

Einer der Flüchtlinge behauptete, „der Freund eines Feundes von Hemingway“ zu sein, der einen Regierungsposten innegehabt hatte, und den man mit fünfunddreißig Cent in der Tasche auf der Straße erschossen aufgefunden hatte.

Er meinte Manolo Castro, einen Verbrecher, der am 22. Februar 1948 niedergeschossen wurde. Präsident Grau San Martín hatte ihn trotz seiner Verwicklung in zahlreiche Verbrechen, unter anderem wurde ihm die Ermordung des Studenten Hugo Dupotey in der Ciollo Bar zur Last gelegt, zum Sportminister ernannt. Obwohl er die Dreißig bereits überschritten hatte, war Manolo Castro eingetragener Student für Maschinenbau. Man dachte, er unterrichte am Department of Design und gleichzeitig galt er als Mitglied der „Revolutionären Legion“. Er war eng mit Masferrer befreundet, einem anderen berühmten Gangster jener Zeit.

* * *

Julio Suárez kam zwei Mal zur Welt. Das erste Mal auf natürlichem, menschlichen Weg. Seine Mutter taufte ihn auf den klangvollen Namen Indamiro, und von seinem Vater erbte er den gleichfalls wohlklingenden Nachnamen Restano. Seine zweite Geburt erlebte er in den Tagen des Kampfes gegen Batistas Diktatur in der Sierra Maestra.

Als Untergrundkämpfer stieß Indamiro Restano in La Plata zu Fidel Castros Kommando. Der Führer der Revolution bat Restano, seinen Namen zu wiederholen. Er mußte für ein Ohr, das den einfachen Klang von Pedro, García, Juan und González gewöhnt war, seltsam klingen. Aus einer lustigen Stimmung heraus schlug Castro Restano vor, seinen Namen abzulegen und stattdessen einen einfacheren, z.B. Julio Suárez, anzunehmen.

Nach dem Ende des Befreiungskampfes zog der Untergrundkämpfer Restano in einer ausgebleichten Uniform, mit einem dichten Bart und einem neuen Namen und Titel in Havanna ein: Hauptmann Julio Suárez.

Mit Hemingway hatte er sich schon lange vor dem Krieg angefreundet. 1942 war der Autor in seinem Kabrio vor dem Büro der kommunistischen Partei vorgefahren und hatte sich nach einer Adresse erkundigt.

Er traf dort Julio Suárez an, der sich an diese erste Begegnung noch gut erinnert: „Er war damals ein junger Kerl mit einem ausländischen Akzent und sprach die Worte sehr langsam aus. Wir kamen ins Gespräch. Ich sagte ihm, daß mir ‚Die Killer' gut gefielen.

‚Nun, wenn Du gute Ansichten hast, steig ein.'

Er öffnete die Tür seines Wagens. Ich stieg ein, und wir fuhren zur Farm. Dort servierte ein Diener Toast, Butter, Tee und Whiskey. Hemingway schenkte sich ein ganzes Glas Whiskey on the rocks ein und legte sich auf's Sofa.

‚Ich habe auf allen Banken der Welt Geld, das meiste Geld habe ich in der UDSSR, wo sie meine Bücher veröffentlichen und lesen.'

Ich wollte ihn unbedingt für den Kommunismus gewinnen. Ich wollte, daß die ganze Welt kommunistisch wird.

An einige Besonderheiten kann ich mich gut erinnern. So beeindruckten mich beispielsweise seine langen Fingernägel. Er erklärte mir, er schneide sie nie.

Einmal waren seine Shorts zerrissen, so daß man sein Hinterteil sehen konnte. An jenem Tag diskutierten wir über die Demokratie und die demokratischen Parteien. ‚Na ja', sagte ich, ‚in Deinem Land ist eine so schlecht wie die andere.'

Mich beeindruckten Hemingways zahlreiche Hemden, die am Kleiderständer hingen. Sie waren alle weiß und gebügelt.

‚Ich weiß nicht, weshalb ich so viele Hemden besitze', meinte er. ‚In Kuba ist es so heiß, daß man nur leichte Kleidung tragen sollte oder keine.'

Ich war jung und hitzig, aber er widersprach mir nie. Wahrscheinlich wollte er mich nicht entmutigen und hörte mir zu.

Wir sprachen über die zweite Front. Er wich diesem Problem aus. Die Yankees verzögerten die Eröffnung der zweiten Front, und er wandte ein, das sei auch keine einfache Sache, das brauche Zeit.

‚Sicher', argumentierte ich, ‚doch einen Zerstörer könnt ihr an einem Tag bauen!'

‚Das geht, weil Akkordlohn gezahlt wird', antwortete er. ‚Stalin würde mit dieser Entlohnung auch den Krieg gewinnen.'

Wir diskutierten oft über die politische Koalition der Alliierten. Ich bewunderte die Rote Armee und er ebenfalls."

* * *

Samuel Feijóo erzählt, daß er oft mit dem kleinen Zug von Casablanca nach Cojimar fuhr, wo er sich für einen Peso ein Ruderboot für einen ganzen Nachmittag mietete. Einmal fuhr er den Cojimar Fluß hinauf zu stillen, abgelegenen Plätzen, „wo es einige schöne kahle Riffe und ein wunderbares Echo gab."

Er hatte seine Aquarellfarben und eine Leinwand dabei. An einer kleinen, weißen Sandinsel legte er an. Er genoß die Einsamkeit und begann sofort zu malen.

Samuel Feijóo, einer unser ruhelosesten und talentiertesten Maler, vielleicht der beste von allen, liebt stille Gewässer, die Einsamkeit, Felsen, glitzernde Fische, Sonnenuntergänge und Landschaften.

Feijóo berichtet, daß sich an dem Nachmittag ein Boot näherte, in dem ein kräftiger Mann saß, dem Aussehen nach ein Ausländer.

Der Mann ruderte an ihm vorbei, drehte sich plötzlich um und fragte mit lauter Stimme: „Darf ich herüberkommen?"

Feijóo sagt, daß er verärgert gewesen sei. Er haßte es, beim Malen gestört zu werden. Trotzdem lud er den Fremden ein.

Der Amerikaner setzte sich neben ihn und lobte seine Aquarellfarben.

„Sie kennen sich in der Malerei aus?"

„Ja, ich verstehe viel davon. Ich war in Paris und kenne mich in der Kunst gut aus. Das sind gute Aquarellfarben. Und dieser Platz eignet sich vorzüglich zum Malen.

Ich bin umgekehrt, weil ich Ihre Aquarellfarben sah. Das sind Juwelen, Juwelen!"

Feijóo erzählt, daß er schon immer gute Aquarellfarben besaß und fährt fort, die seltsame Begegnung zu schildern.

„Wir sprachen über die Einsamkeit. Ich erklärte ihm, daß ich hierher gekommen sei, um in der Einsamkeit zu malen. Er sagte mir, daß es ihm ähnlich ergehe. Er brauche die Einsamkeit, da ihn die Welt anöde, und Leute ihn wahnsinnig machten. Er werde immer mißverstanden, er habe keine Freunde und die, die sich an ihn anhängten, täten dies nur, weil er ein berühmter Mann sei. In Wirklichkeit seien sie Freunde seines Ruhmes.

Ich fragte ihn nach seinem Namen. Bis zu diesem Tag kannte

ich nur ein einziges Buch Hemingways: ‚In einem anderen Land'.

Der Fremde begann zu schluchzen, und ich versuchte ihn zu trösten, daß er zumindest in seinem Boot Freunde habe: seine Whiskeyflaschen.

‚Nein, das sind keine Freunde. Ich werde nicht einmal betrunken. Sie bieten mir nur eine kleine Flucht aus der Welt.'

Er weinte.

‚Verdammt noch mal, Junge, weine doch nicht. Laß Dich nicht unterkriegen'.

‚Unser Problem ist, daß wir beide ewige Verlierer sind.'

‚Failures unto death', wiederholte er mit seiner gewaltigen Stimme.

Dann schluchzte er wieder, lehnte sich an mich und umarmte mich.

Nach drei oder vier Stunden, in denen er seinen Gefühlen freien Lauf gelassen hatte, brachte er mich wieder nach Cojimar zurück. Er band mein Boot an seinem fest und zog mich. Eigentlich wollte ich rudern, doch er meinte, ihm tue die Übung gut.

Ich entgegnete: ‚Mir ebenfalls.' Und so kehrten wir nach Cojimar zurück: Jeder saß am Ruder, ich auf der einen Seite, er auf der anderen.

Als wir anlegten, liefen viele Leute zusammen, um ihn zu begrüßen: Prostituierte, Strichjungen und Schmuggler. ‚Heming! Heming!' riefen sie. Da erkannte ich, daß er Hemingway war. Die Menschen am Pier gaben ihm die nötige Zuwendung auf ihre Weise, und ich warnte ihn: ‚Diese Leute sind wie Dreckwasser. Sie haben es nur auf dein Trinkgeld abgesehen.'

‚Ich kümmere mich nicht um die Farbe des Wassers. Ich muß meinen Durst löschen.'

Er lud mich zum Essen in die La Terraza ein. Hemingway bestellte Hummer.

Wir sprachen über ‚In einem anderen Land', ein Buch, das mir damals sehr gefiel, und ich erzählte ihm, daß mir Gary Coopers Interpretation im Film gefalle.

‚Na ja, etwas Mumm war schon nötig, um es zu schreiben. Viele Schriftsteller verfügen zwar über die nötigen Fähigkeiten, aber es mangelt ihnen an Mut, etwas daraus zu machen.'

Etwas später sagte er: ‚Ich suche Solidarität. Deshalb bin ich nach Kuba gekommen.'

‚Aber das Leben hier ist schrecklich!'

‚Sicher, aber in meinem Land ist es schlimmer. Hier lächeln Dich die Menschen wenigstens an. Das ist die Wahrheit.'

Danach sahen wir uns noch öfters. Wir wechselten jedoch keine Worte miteinander, ich mochte die Leute nicht, mit denen er zusammen war."

# SEGELN VOR DEM WIND

Die Meinung von Nicolas Guillén, Kubas Nationalpoeten, über den Meister der amerikanischen Literatur ist sonderbar. Das erste, was er über Hemingway sagt, ist, daß er sehr schlecht spanisch gesprochen habe, mit einem Akzent.

„Ich sagte ihm: ‚Du sollst mehr mit P & T reden.‘

‚Wer ist P & T ?‘ fragte er.

‚Prostituierte und Tagelöhner.‘

Und da war noch die Sache mit der Angeltour. Wir waren zu fünft an Bord: Hemingway, seine Frau, der Kapitän, eine aufgeblasene Dame, die mir als eine prominente Amerikanerin vorgestellt wurde, und ich.

Hemingway saß da, einen Drink in der Hand. Als wir El Morro passiert hatten und die offene See erreichten, vernahmen wir einen lauten Knall, der das leichte Brummen der Motoren übertönte. Seine Herkunft war eindeutig.

‚Ernest!‘ protestierte Mary.

Hemingway antwortete, indem er sein Bein hob und erneut einen fahren ließ.

‚Oh, Gott!‘ rief Mary.

Hemingways Gesicht blieb unbewegt. Ich wußte nicht, wie ich mich in der Situation verhalten sollte.

Das Boot segelte weiter vor dem Wind, volle Kraft voraus.“

* * *

Alejo Carpentier spielt in einer Angelegenheit, die Hemingways Aufenthalt in Kuba betrifft und die Nachforschungen wert ist, eine wichtige Rolle. Lisandro Otero wies mich als erster darauf hin. Ich begann meine Nachforschungen im Juli oder August 1973, und Otero fragte mich: „Was fanden sie auf der Finca? Dokumente?“

Zunächst war ich auf eine Anzahl interessanter Briefe gestoßen; es waren jedoch nur wenige, und die meisten handelten von Familienangelegenheiten und persönlichen Themen. Das Material war zwar gut, aber wir hatten gehofft, Briefe von Gertrude Stein, Scott Fitzgerald und Sherwood Anderson zu finden. Nichts.

Otero meinte, kein Wunder, sie seien alle in einem Feuer vernichtet worden.

Alejo Carpentier war angeblich Zeuge des Ganzen gewesen. Andere kubanische Autoren erfuhren durch Carpentier von dem Vorfall, so Pablo Armando Fernández und Roberto Branly. Beide erwähnten dies, als ich mit meinen Nachforschungen begann. Sie bedauerten, daß Mary das Recht gehabt hatte, die Briefe zu vernichten.

„Ich sah die kostbarsten Briefe in Flammen aufgehen", klagte Pablo Armando und ahmte dabei Carpentiers französischen Akzent und lebhafte Gestik nach. „Briefe von Scott Fitzgerald, Gertrude Stein und Joyce."

Carpentier behauptete, Mary habe ihm erklärt, sie erfülle damit den Willen von Ernest: Seine persönlichen Briefe sollten verbrannt werden.

Es geschah so: Mary kam ein paar Wochen nach Hemingways Beerdigung aus den Staaten, um die unveröffentlichten Manuskripte ihres Ehemannes abzuholen, die in einem Safe der National Bank of Cuba deponiert waren. Darunter befand sich das Original von „Inseln im Strom" und höchstwahrscheinlich auch Auszüge von „Paris — ein Fest fürs Leben", einige unveröffentlichte Nick Adam Stories und der Rohentwurf von „The Garden of Eden". Sie wollte auch einige Bilder, Bücher und Briefe mitnehmen.

Eines Nachmittags ließ Mary Carpentier rufen und teilte ihm mit, sie wolle die Korrespondenz Hemingways verbrennen und brauche dazu seine Hilfe. Pablo Armando Fernández schildert uns diese Szene, die einen gewissen Reiz ausstrahlt, sehr lebendig. Carpentier hatte ihm alles berichtet: Hemingways Witwe kniete vor dem Feuer, inmitten des üppigen Gartens, bei ihr Carpentier, dem sie jeden Brief reichte, damit er einen letzten Blick darauf werfen konnte, ehe sie den Brief dem Feuer übergab.

Als ich Carpentier interviewte, um mir die Informationen bestätigen zu lassen, zeigte er sich erstaunt und stritt alles ab.

„Briefe verbrennen? Ich? Das habe ich nie gemacht!"

„Nun ja", antwortete ich, „verschiedene Leute gaben mir diese Information, zum Beispiel Branly und Pablo Armando."

„Nein, nein! Sie müssen sich täuschen. Ich kann mich an nichts dergleichen erinnern."

„Sie berichteten, Sie hätten herrliche Briefe von James Joyce und Scott Fitzgerald gelesen."

„Nein, mein Freund, das stimmt nicht."

Es gibt in Kuba viele Möglichkeiten, wie solche Legenden entstehen können. Möglicherweise war ein Besuch Carpentiers auf der Finca Vigía der Grund.

Und da ist noch eine herrliche Anekdote über das Verhältnis Hemingways zu Carpentier. An einem Tag gegen Ende des Jahres 1959 war Hemingway in Havanna gelandet; sein Freund Fernando C. Campoamor holte ihn auf dem Flughafen ab.

„Oh, Ernest, Carpentier läßt Dir Grüße ausrichten. Er möchte Dich auf der Finca besuchen."

„George Carpentier?" scherzte Hemingway. „Der Boxchampion?"

# DER CHAMPION

„Über den Fluß und in die Wälder“ erwies sich als ein Flop, was freilich nicht an Hemingways mangelnder Disziplin lag. Er hatte die Fahnenabzüge des Buches sehr gewissenhaft durchgesehen.

Hemingway reagierte auf die Kritik sehr mutig und leicht ironisch: „Der beste Roman, den ich je geschrieben habe“, erklärte er am 11. September 1950 im Time Magazin.

„Es ist witzig, daß ich mit fünfzig Jahren erneut meinen Titel verteidigen muß. Ich habe ihn als Zwanzigjähriger mit „In einem anderen Land“ gewonnen, mit Dreißig („Haben und Nichthaben“) und mit Vierzig („Wem die Stunde schlägt“) verteidigte ich ihn, und ich habe nichts dagegen, ihn auch noch mit Fünfzig zu verteidigen.“

Die Überschrift des Time Artikels lautete: „The Champion Against The Ropes“.

Raymond Chandler versuchte, Hemingway zu verteidigen: „Er versucht in einer Figur, die ihm selbst sehr ähnelt, die Haltung eines Mannes darzustellen, der am Ende ist und das auch weiß und darüber verbittert und zornig wird. Allem Anschein nach ist er sehr krank gewesen, und er wußte nicht, ob er genesen würde. Gehetzt brachte er seine Gefühle zu Papier, die er empfand, als er alles vor Augen sah, was er in seinem Leben so geschätzt hatte.“

Der Champion beschränkte die Verteidigung seines Buches nicht auf den Bereich außerhalb des Ringes. Die von Hemingway auf der Finca Vigía durchgesehenen und verbesserten Fahnenabzüge zeugen von seiner Arbeitsweise und seinem Können. Die Fahnenabzüge mit ihren Kreisen, Pfeilen, Ergänzungen und Streichungen sind ein hervorragendes Beispiel für sein Bemühen um Perfektion.

Fahnenabzug 6 ergänzt das Original mit einer Erläuterung. Colonel Cantwell kehrt an die Stätte seiner Jugend, in das ehemals umkämpfte Fossalta, zurück. Hemingway fügt ein paar wichtige Zeilen hinzu:

„Wo Fruchtbarkeit, Geld, Blut und Eisen sind, da ist dein Vaterland. Nur Kohle brauchen wir noch. Etwas Kohle sollten wir haben.“

Auf der Rückseite von Seite zehn bemerkt Hemingway: „Das ist schön und bewegend, aber im letzten Satz verliere ich den Faden." Hemingway bezieht sich auf die Beschreibung einer Landschaft. Er redigiert weiter: „Ich interpretiere es so: Wo morgens und abends die Kinder spielen; vielleicht würden sie es auch heute noch tun, etc. Das Satzzeichen, das ich wählte, verdeutlicht dies vollkommen." Und er ergänzt für sich: „Du kommst zu schnell und verlierst zu schnell den roten Faden, Kid. Du hast ihn in Fossalta, Fornaci (Fornace) und Monastier (Monastir) verloren. Doch wenn das die Interpunktion ist, die du willst, ok. Vielleicht besser. Aber ich lasse nicht immer aus Schludrigkeit ein Komma weg."

„Über dem Fluß und in die Wälder" kann als eine Studie betrachtet werden über das Verhalten eines fünfzigjährigen Mannes, der nach einem intensiven Leben (ein Leben wie es Hemingway selbst geführt hatte) mit seinem eigenen Tode konfrontiert wird. Jeder Leser des Buches weiß, daß sich Colonel Cantwell gegen Ende des Romans mit seinem Fahrer Jackson über die letzten Augenblicke im Leben des Generals Thomas „Stonewall" Jackson unterhält, und er wiederholt die letzten Worte des Generals: „... wir wollen über den Fluß setzen und im Schatten der Wälder ruhen." Dies war nicht einfach ein so dahin gesprochener Satz. Vielmehr zitiert hier Hemingway bewußt aus einem Buch, das er gelesen hatte: „I Rode With Stonewall" von Henry Kyd Douglas.

Auf Seite 228 dieses Buches, das sich auf der Finca Vigía befindet, sind jene sechs Zeilen, die zu Cantwells Bemerkung und zu dem Titel des Buches anregten, mit blasser Tinte eingerahmt. Am linken Rand steht in Hemingways Handschrift: Über den Fluß und in die Wälder.

* * *

William Faulkner erklärte dem Literaturkritiker Harvey Breit: „Die besten zeitgenössischen Erzähler sind Wolfe, Erskine Caldwell, Dos Passos, Hemingway und ich." Und indem er sich auf eines seiner früheren Statements bezog, sagte er: „Ich stellte Wolfe auf den ersten Platz, mich auf den zweiten und Hemingway auf den letzten. Ich sagte, wir seien alle Versager. Ich wählte die Autoren nach ihren vergeblichen Bemühungen aus, das Unmögliche zu erreichen. Ich glaube, daß Wolfe das Unmöglichste versuchte, als er die Literatur auf die gesamte menschliche Erfahrung zurückführen wollte. Ich setzte Hemingway an letzter Stelle, denn er blieb innerhalb der Grenzen seines Wissens. Sein Können ist bewunderswert, aber er hat nie das Unmögliche versucht."

Faulkners Worte ärgerten Hemingway. Er dachte, Faulkner halte ihn für einen Feigling, weil er „innerhalb der Grenzen seines Wissens" geblieben sei.

Ein Kritiker vermutete, daß die deutlichen autobiographischen Züge in „Inseln im Strom", der Mut und die Lauterkeit Thomas Hudsons möglicherweise eine Reaktion auf Faulkners Urteil waren. In einem der Papiere, die auf der Finca Vigía gefunden wurden, schreibt Hemingway:

> „... auf seinem Totenbett. Ich halte ihn für einen Angeber, der zwar ein großes Talent als Schriftsteller hatte, dies aber schlecht verwandte und wegen seiner Sauferei, Hollywood und den üblichen Fehlern der Berufssüdstaatler sich als laues Lüftchen entpuppte. Bei der Vorstellung der neuen Bücher war er immer in New York zu sehen, und er küßte die Ärsche derer, die ihm Preise verliehen. Sag ihm, daß ich in ganz Europa für ihn als dem größten amerikanischen Schriftsteller geworben habe. Er tat mir wegen seinem Säufertum leid, und ich hoffte, er könnte irgendwo seinen ehrlichen Lebensunterhalt verdienen, ohne in Hollywood herumzuhuren. Sag ihm, er sei eine Hure und ein gräßlicher Schwätzer mit einer einschmeichelnden Stimme und dem unverbrauchten, whiskey-gesteuerten Talent eines Angsthasen aus den Südstaaten."

Der Text wurde auf ein Blatt Papier mit dem Briefkopf „Finca Vigía, San Francisco de Paula, Cuba" geschrieben. Nur noch die zweite Seite ist vorhanden. Der Titel fehlt. Aber der Text bezieht sich eindeutig auf Faulkner: Südstaatler, Säufer, der größte amerikanische Autor, Hollywood etc.

William Faulkners Bemerkung bestürzte Hemingway; denn sie traf seinen Stolz und sein Wesen. Trotzdem bewahrte er ein signiertes Photo des Autors von „Sanctuary" auf, und in einem Interview mit George Plimpton erklärte er in der Paris Review, daß er Faulkners Werke gerne herausgegeben hätte.

Er bat seinen Feund Colonel Charles T. Lanham Faulkner einen Brief zu schreiben, in dem er alle Heldentaten Hemingways auflistete.

„Ich wollte mir ein Honorar von 250 Dollar verdienen", antwortete der Meister vom Yoknapatawpha Country dem harten Mann von der Finca Vigía, „und ich sagte einiges, was nicht für die Öffentlichkeit bestimmt war. Ich hoffe, Sie nehmen meine aufrichtige Entschuldigung an."

* * *

> „Ich halte die kubanische Revolution für eine historische Notwendigkeit."
>
> EH zu General Charles T. Lanham, 12. Januar 1960

Die finanzielle Verbindung Ernest Hemingways zu der von Fidel Castro geführten Untergrundbewegung „26. Juli" blieb beschränkt auf den Erwerb einer kleinen Statue von José Martí, angefertigt durch den kubanischen Bildhauer Fidalgo, deren Verkauf der Fidelista Organisation zugute kam.

Hemingways Solidarität mit den Gegnern Batistas war stark gefühlsbetont. Während des Aufstandes war Hemingway immer gut über die Vorgänge informiert, aber er verhielt sich überwiegend distanziert. Herrera Sotolongo erinnert sich, daß sie auf der Finca Vigía Radio Rebelde hörten, das von der Sierra Maestra aus sendete.

Als Herbert Matthews 1957 in die Sierra Maestra stieg, um Fidel Castro zu interviewen, machte er zuvor auf der Finca Vigía Halt. Hemingway und der erfahrene Lateinamerikaexperte der New York Times waren zusammen in Spanien gewesen. Und der Besitzer der Finca sagte einmal über Matthew, er sei „so tapfer wie ein Dachs". Auch nach seinem Interview mit Castro verbrachte der Journalist eine Nacht auf der Finca. Herrera Sotolongo war Gast an diesem Abend nach dem Interview.

„Entgegen Batistas Behauptung, daß Castro tot ist, lebt Fidel und kämpft in der Sierra", erzählte Matthews seinen Freunden. Er bewies dies ein paar Tage später mit Photos in der New York Times.

Zwei Jahre später verteidigte Hemingway die Kubanische Revolution. Die Schauprozesse gegen die Verbrecher aus der Zeit der Batista Diktatur und die vollstreckten Todesurteile hatten die kubanische Revolution zur Zielscheibe der amerikanischen Presse gemacht. Vierundzwanzig Stunden nach dem Sieg der kubanischen Revolution wurde Ernest Hemingway wieder zum Kämpfer.

In einem telephonischen Interview mit einer Radiostation in Ketchum, Idaho, erklärte Hemingway, daß sich Castro durchsetzen werde, vorausgesetzt das Ausland interveniere nicht. Er schilderte die Batista Leute als Mörder und Folterer und erklärte, daß die Revolution dem Volk nütze; die Gerichtsverhandlungen seien fair und öffentlich. Kuba, das ihm zur Heimat geworden sei, erlebe einen „glücklichen Augenblick in der Geschichte".

Als die Falschmeldungen über Fidel Castros Tod kursierten und in einem UPI Telegramm wiedergegeben wurden, brauste Hemingway nach den Aussagen des Journalisten Luis Gómez Wangüemert auf: „Das ist eine Lüge! Sie wollen der Bewegung nur schaden. Fidel kann nicht sterben! Fidel muß die Revolution durchführen!"

Als Hemingway später von Havanna in die Vereinigten Staaten reiste, erwartete ihn am Flughafen eine Schar Reporter. Sie verunglimpften die Kubaner und ihre Revolution. Hemingway ließ sie eine Weile reden, ehe er sie unterbrach. „Sind sie fertig, Gentlemen? Ich denke, daß in Kuba alles in Ordnung ist. Wir, die ehrbaren Leute, glauben an die kubanische Revolution."

Dieses Gespräch mit den Journalisten verdeutlichte, daß sich der Veteran selbst „in einem andern Land" befand.

„Hemingways letzte Tage sind sehr interessant", sagt Herrera Sotolongo, „denn sie belegen seine Bindungen in die Revolution. Hemingway begrüßte die Revolution.

Er mochte Fidel als Mensch. Sie waren nicht befreundet, aber Fidel bewunderte ihn. Ich entsinne mich, daß 1949 Fidel unbedingt Hemingway in seinem Haus aufsuchen wollte. Er wollte mit ihm reden. Der Besuch fand nie statt, obwohl Fidel oft davon gesprochen hatte. Er pflegte zu sagen: ‚Höre, ich möchte mit dir zu ihm gehen. Ich möchte ihn treffen, mit ihm reden.'

Mehrere Male erzählte ich Hemingway: ‚Ich werde jemanden

mitbringen, einen Freund, der mit dir reden will.' Da Fidel viel am Hals hatte, kam der Besuch nie zustande. Sie trafen schließlich Jahre später beim Angelwettbewerb zusammen. Es war während der Verleihung des Hemingway Preises. Merkwürdig — der berühmte Hemingway erhob als einer der ersten seine Stimme zur Verteidigung der Revolution. Es ist nur wenigen bekannt, denn als die Revolution siegte, weilte er in den Vereinigten Staaten.

Er war zum Skifahren nach Sun Valley gereist. Seine Rückkehr nach Kuba stand unmittelbar bevor. Damals lief in den USA eine wilde Kampagne gegen die kubanische Revolution. Fidels erster Besuch in die Vereinigten Staaten folgte. Die Kampagne wurde durch die Presse, die sich lautstark gegen die Verhandlungen und Hinrichtungen wandte, verschärft.

Hemingway erhob seine Stimme gegen diese Kampagne, was nur wenigen bekannt ist, denn es wurde zu wenig darüber berichtet. Für eine Lokalzeitung verfaßte Hemingway einen Artikel, der auf der Titelseite erschien. Darin schrieb er, daß die ‚Blutbad-Propaganda' eine Lüge sei. Er sei über die Vorgänge in Kuba informiert und könne jedem versichern, daß die Zahl der Hinrichtungen in Kuba übertrieben sei.

Das gedruckte Wort genügte ihm nicht, er meldete sich auch über eine lokale Rundfunkstation zu Wort.

Als der Artikel den Nachrichtenagenturen zuging, wurde ihm keine Beachtung geschenkt. Keine einzige bedeutende Zeitung in den Vereinigten Staaten druckte Hemingways Kommentar!

Ein paar Tage später kam Hemingway nach Kuba und brachte den Artikel mit. Er befindet sich in Fidels Besitz, denn wir schickten ihn ihm. Bei einem seiner ersten Fernsehauftritte hatte Fidel den Artikel dabei und kommentierte ihn. Hemingway ist immer auf der Seite der Revolution gestanden. Er wäre in Kuba auch gestorben, wenn gewisse Umstände seinen Tod nicht beschleunigt hätten."

Gregorio Fuentes berichtet uns, Hemingway habe von Beginn des Aufstandes an gebilligt, daß an Bord der „Pilar" Waffen der Bewegung versteckt wurden.

„Er bemerkte, was ich tat, griff aber nie ein. Er ließ mich machen. Als er nach dem Sieg der Revolution an Bord kam und mich in der Milizuniform erblickte, umarmte er mich und sagte: ‚Ich liebe dich mit jedem Tag mehr.' Er weinte. Wir redeten in unserer eigenen, geheimen Sprache. Vollkommen geheim. Sie wird mit mir ins Grab gehen. Wir hatten unsere eigene Weise zu sprechen oder zu schweigen. Wir verstanden einander. Nur so kann man Kämpfer sein. Verschwiegen. Zusammen mit den Jungen, die der Bewegung ‚26. Juli' angehörten, beteiligte ich mich in Cojimar an der Revolution. Ich fragte Hemingway nie nach, was er davon halte. Und er stellte mir keine Fragen. Im Gegenteil, wir wußten, daß jeder weiß, was er zu tun hat, und daß keiner dem andern ein Leid zufügen würde."

* * *

Rodolfo Walsh, ein argentinischer Journalist und Korrespondent der Prensa Latina, kabelte die Nachricht über Hemingways Ankunft im revolutionären Kuba in alle Welt.

Es war Anfang November 1959. Die Nachricht erschien ungekürzt in mehreren Zeitungen Havannas. Bohemia, das auflagenstärkste Magazin in Kuba, druckte die Meldung, ohne der Agentur Glauben zu schenken.

Prensa Latina war aus New York von Hemingways Abflug nach Kuba unterichtet worden. Von Mitternacht an wartete Walsh auf dem Flughafen, kein anderer Pressevertreter war da. Mit Walsh wartete der Photograph „Mickey", der auch Hemingway begrüßen wollte.

Der Schriftsteller stieg aus dem Flugzeug und begrüßte sie herzlich. „Nun, was gibt's Neues? Haben Sie etwas über Camilo erfahren?" Camilo war ein gefeierter Guerilla, der auf einem Flug von Camagüey nach Havanna verschwunden war.

„Keine Nachrichten darüber."

„Wir sind noch nicht unter den Einfluß des Nordens geraten", sagte Hemingway und bezog sich dabei auf die Wetterlage.

Er trug ein Sportjacket, eine gestrickte Krawatte, senffarbene Hosen und war „beladen mit kleinen Koffern."

Antonio Ordoñez, der Stierkämpfer, begleitete ihn. Er sah „sehr elegant" aus.

„Was reden sie in den USA über Kuba?"

„Nichts. Die New Yorker reden zur Zeit nur über eine Fernsehsendung. ‚Die 64.000 Dollar Frage.' Doch mich informierte meine Frau über die Vorgänge in Kuba."

REVOLUCION
5. November 1959
ERNEST HEMINGWAY
wieder in Kuba
ANGEKOMMEN
— Ein weiterer Kubaner
— Kein Yankee
— Für Fidel

HAVANNA, 4. November (PL) — „Ich bin glücklich, wieder hier zu sein, denn ich betrachte mich selbst als Kubaner", erklärte der amerikanische Schriftsteller Ernest Hemingway, als er gestern Nacht aus New York kommend in Havanna landete. „Ich glaube nichts von dem, was in der ausländischen Presse über Kuba verbreitet wird. Meine Sympathien gelten der kubanischen Regierung und der Beseitigung unserer Schwierigkeiten", sagte er und betonte dabei das Wort „unseren". Er fügte hinzu: „Ich möchte nicht für einen Yankee gehalten werden."

Hemingway begleiteten der spanische Stierkämpfer Antonio Ordñez und dessen Frau. Am Flughafen begrüßten sie Verwandte und eine große Zahl von Feunden aus San Francisco de Paula, wo er lebt, und Journalisten der Prensa Latina, die ein Exklusivinterview erhielten.

Gefragt, ob er seine früher geäußerten positiven Aussagen über die kubanische Revolution aufrecht erhalte, bestätigte er dies.

„In New York, wo ich bei meiner Rückreise aus Europa zwischenlandete, beschäftigt die Leute nur ein Skandal in einem Frage- und Antwortspiel und die Rolle, die Van Doren darin spielte."

Als er den Zoll passiert hatte, überreichten ihm seine Nachbarn aus San Francisco de Paula eine kubanische Flagge; sie dankten ihm dafür, daß er sich im Ausland für Kuba einsetzte.

Im Mai 1959 antwortete der Autor (nach einem in der Granma kürzlich erschienenem Bericht) in einem Artikel auf die fortgesetzten Angriffe der amerikanischen Presse gegen das revolutionäre kubanische Rechtswesen: „Ich kannte einen der

Hingerichteten. Selbst wenn er hundert Mal hingerichtet worden wäre, hätte diese Strafe nicht ausgereicht, um seine grausamen Verbrechen zu büßen."

Hemingway bezog sich noch auf die Lage in Kuba vor dem Januar 1959: „Ich kannte drei fähige Lehrer, die aber keine Stelle bekamen, weil sie nicht über genügend Pesos verfügten, um sich eine Lehrerstelle zu kaufen." Er schloß den Artikel: „Ich vertraue auf die Castro Revolution; denn sie wird vom kubanischen Volk getragen. Ich glaube an seine Sache."

Euclides Vázquez Candela, damals stellvertretender Herausgeber der Zeitung Revolución, berichtet von seinen persönlichen Erfahrungen mit Hemingway. Im April 1959, am Vorabend des geplanten Besuchs von Fidel Castro in den Vereinigten Staaten, überbrachte Luis Herrera Sotolongo Candela eine Nachricht Hemingways. Der Schriftsteller wollte seine persönliche Meinung zu Castros Besuch äußern und dem Führer der Revolution Ratschläge für sein Auftreten in der amerikanischen Öffentlichkeit geben.

Candela ließ sich von Herrera Sotolongo zu Hemingways Haus führen. Auf dem Weg bemerkte Herrera Sotolongo: „Ernest muß sehr daran interessiert sein, mit Ihnen zu reden. Zu so später Stunde hat er sich bisher nur mit sehr wenigen Leuten getroffen."

Über zwei Stunden lang unterrichteten Mary Welsh und Hemingway Vázquez Candela über die Themen, „auf denen die Yankee Presse herumreiten würde": die Hinrichtungen, die Gesetze zur Veränderung der Wirtschaftsstruktur, die neuen Wirtschaftsgesetze, die Agrarreform, internationalen Beziehungen und die Entschlossenheit der revolutionären Regierung die Abhängigkeit von der US-Administration zu beenden.

Als Guillermo Cabera Infante noch Filmkritiker für die Zeitung Carteles war, pflegte er beim Bier in den Kneipen zu sagen: „Manchmal möchte ich Hemingway sein." Bei anderer Gelegenheit versicherte er seinen Freunden, er würde gerne mit Faulkner oder Fitzgerald tauschen. In Wirklichkeit wurde er verantwortlicher Redakteur des Kulturteils der Revolución, und er brannte darauf, eine führende Rolle in der neuen revolutionären Kulturpolitik zu spielen.

In dieser Zeit begegnete er dem berühmten Schriftsteller. Sie trafen sich kurz in einem Restaurant in Madrid, und Hemingway ließ Castro viele Grüße übermitteln.

1967 kehrte Cabrera Infante der Revolution den Rücken. Er zog nach London, wo er in einer mit kubanischen Flaggen und Perserkatzen dekorierten Wohnung lebte. Seine Arbeit über Hemingway gibt dennoch Zeugnis von der Treue des großen Autors zur kubanischen Revolution.

„... die Einwohner von San Francisco de Paula überreichten Hemingway bei seiner Ankunft eine Fahne, die er küßte. Die Photographen verpaßten die Geste und baten ihn, sie zu wiederholen. Hemingway wurde wütend: ‚Meine Herren, dieser Kuß war aufrichtig!‘ Die Geste kennzeichnete Hemingways Verhältnis zu Kuba, dem Land, das er so gut kannte, und das er 1935 als „ein herrliches Übel“ bezeichnet hatte.

Damals hatte Hemingway auch einem jungen Maler den Ratschlag erteilt: Kuba ist ein Land, von dem man eher abreist, als daß man hierher zurückkehrt. Er hatte dies so begründet: ‚Ein junger Maler kann sich hier nicht seinen Lebensunterhalt verdienen.‘ Nun kehrte er zurück. ‚Weshalb ist es ein Ort, an den man zurückkehrt?‘ ‚Weil jeder Künstler dem Ort, den er am besten kennt, zwei Dinge schuldet: entweder er zerstört ihn oder er macht ihn unsterblich.‘

Hemingway kehrte mehr als einmal nach Kuba zurück, um das Land und seine Einwohner zu verewigen. Kehrte er nun zurück, um die Revolution unsterblich zu machen? Er hatte mehrmals gesagt, er wolle ein Buch über die Revolution schreiben. Lebte er noch, hätte er seinen Plan vielleicht verwirklicht.

Jedenfalls war ihm Kuba zur Heimat geworden. Ich erinnere mich an unser Zusammentreffen in Madrid, wo ich auf meiner Reise in die UDSSR zwischenlandete. Er speiste mit Feunden nahe der Gran Via in einem Restaurant.

‚Wie geht's in Kuba?‘ fragte er mich und fügte sogleich hinzu: ‚Es ist alles bestens. Ich hätte nicht zu fragen brauchen.‘

Bevor er zu seinem Tisch zurückkehrte, sagte er: ‚Richte Castro meine besten Grüße aus. Wir vertrauen ihm.‘

Dazu machte er eine Geste, die ich nicht verstand. Meinte er Spanien, seine Freunde oder nur uns beide?“

* * *

Knapp einen Monat nach Hemingways Beerdigung fand auf der Veranda der Finca Vigía eine Feier statt.

Mary Welsh hielt dreißig Seiten feinsten Papiers mit dem roten Briefkopf der Finca Vigía in den Händen. Jedes Blatt war unten signiert. Fidel Castro war als offizieller Vertreter des kubanischen Volkes anwesend. Dabei waren auch Gregorio Fuentes und die Brüder Herrera Sotolongo: José Luis und Roberto.

Der Verlesung ging eine kurze Begrüßung voraus. Mary Welsh wollte Castro die Papiere überreichen, dieser lehnte mit einem Kopfschütteln ab: „Nein, Senora. Das erledigen Sie."

Die Papiere waren in englisch und spanisch geschrieben. Es war das Testament, das die Übertragung der Finca Vigía und der persönlichen Sachen des Autors „zum Wohle des kubanischen Volkes" regelte. Hemingway schlug darin vor, auf der Finca Vigía einen Treffpunkt für junge Künstler und ein botanisches Zentrum einzurichten. Seine Bibliothek, die mehr als neuntausend literarische Titel und Sachbücher umfaßte und im Haus verbleiben sollte, könnte für diesen Zweck verwendet werden.

Das Dokument enthielt noch viele Ratschläge zur Erhaltung der Finca Vigía und eine detaillierte Beschreibung der dort aufbewahrten Gegenstände.

In Übereinstimmung mit dem Testament erhielt Gregorio Fuentes die „Pilar". Hemingway hinterließ verschiedenen Freunden aus San Francisco de Paula seine 22-kalibrige Winchester, einen Buick 1950 und einen Plymouth 1953. Die National Bank of Cuba regelte die Auszahlung der noch ausstehenden Gehälter. Jeder Beschäftigte erhielt einen Zusatzbetrag.

„Fidel hatte auf der Finca Vigía angerufen, um mit Mary einen Besuch zu vereinbaren", erinnert sich Herrera Sotolongo. „Ich habe keineswegs die Vorkehrungen dazu getroffen, wie Mary in ihrem Buch behauptet."

Fidel erschien in der Abenddämmerung. Die drei Oldsmobile, in denen er und seine Begleiter gekommen waren, parkten unter den Bäumen vor der Garage. Neun Männer in olivgrünen Uniformen standen um die Autos. Fidel ging allein ins Haus. Er begrüßte Mary Welsh und Herrera Sotolongo. Man machte ihn mit den übrigen Anwesenden bekannt.

„Es ist ihr Haus", sagte Mary. „Nehmen Sie bitte Platz." Fidel wollte sich in Hemingways Sessel setzen, das Barett auf dem Kopf und eine dicke Zigarre in der Hand, als Mary meinte:

„Das war Papas Stuhl."

Fidel saß noch nicht. Augenblicklich schnellte er hoch. Mary lächelte und sagte: „Oh, nein, Sie haben mich mißverstanden. Setzen Sie sich bitte."

Ein leichtes, von Mary zubereitetes Essen wurde serviert.

„Was Sie von den Sachen hier haben möchten, nehmen Sie mit", sagte Fidel.

„Die Gemälde, unsere Bildersammlung."

Später entschied sie sich noch für eine Kommode, die in ihrem Zimmer stand, und für die Manuskripte, die Hemingway in einem Banktresor aufbewahrte. Sie interessierte sich auch für die Bett- und Tischwäsche, das Porzellan und Tafelsilber.

Gemeinsam machten sie Pläne für das Museum. Es gab eine wertvolle Ausgabe von Hammonds American Atlas und eine ebenso wertvolle Ausgabe der Werke Mark Twains. Man sprach darüber, die Garage in einen Lesesaal umzuwandeln. (Heute ist dort eine Kunstgalerie untergebracht).

Fidel blieb zwei Stunden auf der Finca Vigía. Die Jagdtrophäen erregten seine Aufmerksamkeit. Er lauschte der Geschichte von dem großen Kudu, der im Eßzimmer hing, und er untersuchte die Waffen. Mary wollte ihm die Mannlicher Schoenauer 256 schenken, „Papas Lieblingswaffe". Fidel lehnte dankend ab, er wollte das Gewehr als Teil des Hemingway Museums auf der Finca belassen.

Mit der Schallplattensammlung war es das gleiche. Castro und Mary vereinbarten, daß sie sinnvoll gebraucht werden sollte.

„Hier lief immer Musik", pflichtete Herrera Sotolongo bei.

Als das Haus offiziell übergeben wurde, schrieb Glenway Wescott in der New York Times, daß die Vernichtung unveröffentlichter Werke Hemingways unbedingt verhindert werden müsse, er traute Mary eine solche Tat zu.

Mary erklärte in „How It Was", daß nur die zahllosen alten Zeitschriften Hemingways im Feuer vernichtet worden seien, das sie unterhalb des Tennisplatzes angefacht hatte. Darunter waren mehrere Jahrgänge des Stierkampfmagazins El Ruedo und The Economist. Ihre engen Feunde Roberto Herrera Sotolongo, Valerie, Mayito Menocal, Elicio Argüelles und René Villarreal schütteten mehrere Schubkarrenladungen von Zeitschriften in das offene Feuer.

Im selben Buch erklärte Mary, daß sie die günstige Gelegenheit wahrnahm, Juwelen und verschiedene andere Wertsachen im Wert von fast einer halben Million Dollar an sich zu nehmen, und in ihrem Handgepäck außer Landes zu schmuggeln.

Die Finca Vigía blieb fast ein ganzes Jahr geschlossen. Die Steinharts, Hemingways Nachbarn, verließen ungefähr um die Zeit von Hemingways Tod das Land. Eine Einheit der Flugabwehr wurde vorübergehend in ihrem Haus einquartiert, um von den Höhen herab, notfalls einen Teil der Stadt zu verteidigen. Doch die sechzehn sowjetischen 100-Millimeter Kanonen, die im Innenhof der Villa Steinhart aufgestellt worden waren, schwiegen.

Gleichzeitig waren Waisenjungen und frühere Bettler auf dem Gelände der Finca Vigía zur militärischen Ausbildung einquartiert worden. Das Haus durften sie allerdings nicht betreten. Irgendwie fanden sie einen Zugang zum Keller des Hauptgebäudes; sie „organisierten" eine beträchtliche Menge Alkohol von Hemingways Vorrat.

Der Schweizer Photograph Luc Chessex, der Ende 1961 in Kuba ankam, wollte seinen Photobericht über Kuba mit ein paar Aufnahmen vom Haus des „kürzlich verstorbenen Schriftstellers" beginnen. Eine Gruppe ausgelassener und lebhafter Jungen empfing ihn auf der Finca Vigía:

> „Ich kam am Nachmittag des 30. Dezember 1961 an, und sie brachten mich am 4. Januar 1962 von der Finca wieder fort. Von dem vielen Alkohol war ich praktisch bewußtlos."

Mit Chessex wurden auch die Jungen vom Grundstück weggebracht. Fast ein Jahr später besuchte Fidel Castro zum ersten Mal das Hemingway Museum. Der kubanische Führer kam mit einem Kapitän der amerikanischen Schiffe, die im Auftrag der Kennedy Administration Nahrungsmittel und Arznei nach

Kuba transportiert hatten. Dies war ein Teil des Ausgleichs für die Freilassung der gefangenen Mitglieder der Brigade 2506, die im April 1961 in der Schweinebucht gelandet und schnell besiegt worden waren.

* * *

BOHEMIA
30. September 1977

HEMINGWAY ERGRIFF IMMER PARTEI FÜR DIE REVOLUTION erklärt Mary Welsh, seine Witwe, in einem Interview mit Luis Baez in Bohemia.

In gebrochenem Spanisch, mit englischen Brocken vermischt, unterhielt sich Mary Welsh mit unserem Reporter über Ernest Hemingway.

„Ich habe ein Buch über mein Leben geschrieben. Natürlich hat es viel mit Ernest zu tun. Ich schrieb es, weil so viele Lügen über Ernest verbreitet worden sind, und ich wollte einige Dinge klar stellen. Tausende von Lügen. Tausende von Lügen wurden verbreitet.

Als Fidel in Havanna einmarschierte, standen wir voll auf seiner Seite. Man muß sich an die alten Regierungen erinnern — und ich bin alt genug, um mich daran zu erinnern — unter denen Kuba litt. Immer regierten Diebe Kuba. Sie glichen sich wie ein Ei dem andern: Grau San Martín, Prío oder Batista. Wir erlebten sie alle, so daß uns niemand etwas vormachen kann. Es stimmt, daß Batista Ernest mehrmals zum Lunch einlud, aber Ernest fand immer eine Ausrede.

Er war davon überzeugt, daß sich mit Fidel vieles zum Wohle des Volkes verändern würde. Als Fidel noch in den Bergen kämpfte, hatte er schon große Hoffnungen in ihn gesetzt. Deshalb freute er sich, als er ihn schließlich beim Angelwettbewerb traf — es war dies das einzige Mal.

Ernest stand immer auf Seiten der Revolution, immer auf der Seite Fidels. Alles andere sind Lügen und Unterstellungen."

* * *

Nach sechzehn Jahren kehrte sie nach Kuba zurück. An einem heißen Julitag 1977 ging sie den Fußpfad zur Finca Vigía hinauf, vielleicht zum letzten Mal.

Sie machte ein Bild vor dem Haus. Eine Schar Metro-Goldwyn-Mayer Kameraleute begleitete sie, angeführt von Sidney Pollack, der „How It Was" verfilmen wollte. Sie besuchte ihre ehemalige Schneiderin Josefa in San Francisco de Paula, und sie suchte Gregorio Fuentes in Cojimar auf. Dann kehrte sie in ihr ehemaliges Haus zurück und bat um einige Bücher aus der Bibliothek, die sie gerne mitnehmen wollte. Es waren 173 Bücher von 43 Autoren, unter ihnen jene, die Hemingway in Interviews mit Lillian Ross und George Plimpton als seine Lieblingsautoren bezeichnet hatte.

Fidel Castro empfing Mary im Palast der Revolution. Er erklärte ihr, daß ein jüngst verabschiedetes Gesetz der Nationalversammlung es unmöglich mache, Werke des nationalen Erbes aus dem Lande zu schaffen, dazu zähle auch Hemingways Eigentum. Er bedauerte, ihrem Wunsch nicht entsprechen zu können, gleichzeitig bot er ihr seine Unterstützung für die Verfilmung von „How It Was" an.

Nach ihrer Rückkehr in die Vereinigten Staaten äußerte sich Mary Welsh dennoch begeistert über ihre Reise nach Kuba. Sie hatte alle Dinge, die einst Ernest und ihr gehört hatten, in bestem Zustand vorgefunden.

Margaux Hemingway, die Enkelin des Schriftstellers, besuchte ein paar Monate später die Finca Vigía. Ihr Besuch verlief ganz anders. Margaux ging durch die Zimmer des Hauses und durchstreifte den Garten. Sie hielt vor einem der Liegestühle beim Swimming Pool. In einem war sie zusammen mit ihrem Großvater photographiert worden. Sie bat die Photographen, die sie begleiteten, zu warten.

Sie setzte sich nieder und schluchzte leise.

LUNES DE REVOLUCION
14. August 1961

## REQUIEM FÜR EINEN AMERIKANER
von Carl Marzani

Sein Tod war so seltsam wie sein Leben. Er war einer der größten Schriftsteller unserer Zeit, ein hervorragender Stilist, dessen Einfluß auf die Welt der Literatur nur mit James Joyce zu vergleichen ist. Tief in seinem Innern fühlte er sich als ein Fremder in einer Welt, die er nicht erschaffen hatte; diese Welt, die durch sein Vaterland vertreten wurde, lehnte er ab. Er schuf sich in der Folge einen Kult des Individualismus!

Ich schreibe nicht gern über dieses Thema, denn man sollte die Privatsphäre einer Familie nicht verletzen. Frau Hemingway hatte erklärt, daß der Tod ihres Mannes ein Unglücksfall sei, und die Behörden sowie die Presse unterstützten diese Erklärung. In unserer orientierungslosen, zersplitterten Gesellschaft, die eines geistigen Vorbildes so dringend bedarf, kommt Hemingways Tod große Bedeutung zu. Er war ein vitaler Schriftsteller mit gewaltiger Wirkung auf die ältere Generation und mit einem fortdauernden Einfluß auf die Jüngeren. Er lebte gemäß seiner eigenen Lebensphilosophie und den Umständen seines Todes kommt eine Bedeutung zu, die nicht geleugnet werden kann. Ich bin davon überzeugt, daß Hemingway selbst wünschte, daß die Wahrheit bekannt würde, denn er war ein Mann unbestrittener Aufrichtigkeit.

Die Tatsachen, die in der Presse verbreitet wurden, lassen fast keinen anderen Schluß zu, als daß es sich bei Hemingways Tod um einen Freitod handelt. Es ist nicht nur zweifelhaft, daß ein Mann, der sein Leben lang den Gebrauch von Waffen gewöhnt war, versuchen würde, ein geladenes Gewehr zu reinigen. Die Presse berichtete, daß kein Werkzeug zum Waffenputzen aufzufinden war, wo sich der „Unfall" ereignet hatte, und daß der Tod unverzüglich eintrat. Im Polizeibericht steht ebenso wie im Totenschein die knappe Bemerkung: „Der Sheriff erklärte, daß die Wunde durch den Mund aufwärts verlaufe, und daß beide Gewehrläufe abfeuerten." Jeder weiß, und Hemingway kannte sich in Todesarten aus, daß ein Schuß in den Gaumen zum sicheren und sofortigen Tod führt. Das schließt die Möglichkeit eines Unfalls praktisch aus.

Wie kam es zu der letzten Entscheidung? Hemingway war krank und befürchtete den langsamen Verfall seiner physischen und geistigen Fähigkeiten. Diese privaten Gründe können nicht unabhängig vom gegenwärtigen sozialen Klima gesehen werden, den

> Spannungen und der Verzweiflung, die in den Ohren Hemingways wie die Trompetenklänge kurz vor einer hereinbrechenden Katastrophe klingen mußten. Ich glaube beispielsweise nicht, daß die Invasion in Kuba ohne Einfluß auf Hemingway geblieben ist. Er lebte seit vielen Jahren in Kuba und liebte dieses Land. Viele der bärtigen Führer zählten zu seinen Freunden. In einem Kommentar zu seinem Tode schrieb die Zeitung Revolución: „Er war einer von uns." Er liebte die Treue und die Aufrichtigkeit; zu den Vorfällen der letzten Monate hätte er sicherlich nicht geschwiegen.
>
> Die amerikanische Presse, die die Privatsphäre einer berühmten Persönlichkeit nie geachtet hatte, kommentierte Hemingways Tod sehr zurückhaltend. ...

Die Depression, die über Hemingway kam, führte weit weg von Kuba zu einem tödlichen Ende. Hemingway suchte offensichtlich wie viele wilde Tiere seine Geburtsstätte auf, um dort zu sterben.

Seine letzten Schritte unternahm er, um einen Schlüsselbund zu finden: die Schlüssel, die man vor ihm versteckt hatte. Er fand sie, öffnete den Schrank und lud das Gewehr. Der Jäger verwendete nach den Aussagen seines Bruders Leicester eine silberne, doppelläufige 12-kalibrige Richardson. Carlos Baker meint hingegen, es sei eine Boss Schrotflinte gewesen.

Welche Waffe er gegen sich gerichtet haben mag, Freunde der Familie jedenfalls haben sie zerlegt. Die Einzelteile wurden an geheimen Plätzen vergraben, um zu verhindern, daß sie Souvenirjägern in die Hände fallen.

Die kubanischen Rundfunksender gehörten zu den ersten, die die Nachricht an jenem Sonntagmorgen im Jahr 1961 — es war der 2. Juli — verbreiteten. Die kubanischen Medien fügten der Nachricht einen schlichten und aufrichtigen Nachruf hinzu: „Ein Freund Kubas ist tot."

Zwei Ortschaften waren von der traurigen Nachricht besonders betroffen: Cojimar und San Francisco de Paula.

Am nächsten Morgen erschien in Kuba wie üblich nur eine Morgenzeitung — Revolución. Das Blatt berichtete teilnahmsvoll über den Todesfall.

Ernest Hemingway wurde am 6. Juli 1961 auf einem Friedhof, nahe den Bergen von Sawtooth, Idaho, zu Grabe getragen. An der Beisetzung nahmen ungefähr fünfzig Menschen teil, die meisten waren Einwohner von Sun Valley. Hemingways Söhne und Mary baten Pater Robert L. Waldmann von der Kirche Our Lady of Snows in Sun Valley, einen Abschnitt aus dem Prediger Salomon zu lesen:

„Herr, gewähre deinem Knecht Ernest Hemingway die Vergebung seiner Sünden", sprach der Prediger zu Beginn seines Gebets. „Herr schenke ihm ewigen Frieden ..."

Als er aber die Bibel aufschlug, las er die Zeile von Hemingways Lieblingsvers: „Ein Geschlecht vergeht, das andere kommt, aber die Erde besteht ewig." Entweder aus Verwirrung oder Zurückhaltung überging der Pater den Satz, der als Motto über der „verlorenen Generation" gestanden hatte: „The sun also rises".

* * *

Photos in einer Schreibtischschublade auf der Finca Vigía beweisen, wie sehr Hemingway, der lockere, unbekümmerte Künstler, darauf achtete, sich ein Image zu verschaffen, das ihm als Schutzpanzer dienen würde.

Auf seiner ersten Safari 1933-34 schien er sich in der Rolle des allmächtigen weißen Jägers zu gefallen.

Edmund Wilson verglich Hemingway mit einem Hollywood Schauspieler. Später bemerkte er zu Hemingways Afrikareisen:

„Das einzige, was wir über die wilden Tiere erfahren, ist, daß Hemingway sie töten will. Die Eingeborenen stellt uns Hemingway, obwohl er eine scharfsinnige Beschreibung eines Stammes von erstaunlich flinken Läufern liefert, als einfache, untergeordnete Menschen dar, die Hemingway unwahrscheinlich bewundern."

Als Hemingway in den fünfziger Jahren zu seiner zweiten und letzten Safari aufbrach, bezahlte das Look Magazin dieses Abenteuer. Hemingway mußte dafür einen Bericht liefern. Er prüfte sehr sorgfältig die Abzüge der Bilder, die Earl Theisen geschossen hatte, und wies die zurück, die schlecht getroffen oder wenig schmeichelhaft waren.

Auf der Finca Vigía werden die gesamten Abzüge aufbewahrt. Mit einem Füller hatte Hemingway ein deutliches NEIN auf ein Photo geschrieben, das ihm zeigte, wie er sarkastisch auf einen toten Löwen herablächelte. Aber er hieß jene Bilder gut, die ihn als den erfahrenen und abgehärteten Jäger zeigten.

Er war auf die Bilder stolz, oft zeigte er sie seinen Freunden und erzählte ihnen, wie er von den Masai Kriegern die Jagd mit dem Speer lernte, und wie er „einem Panzer mit Hörnern" — einem Rhinozeros — mutig entgegengetreten war und dessen Angriff widerstanden hatte.

Es gibt noch gut zweitausend andere Photos auf der Finca, unter ihnen welche, die in den vierziger Jahren von Taylor Williams im Pahsimeroi Tal aufgenommen worden waren, Hemingways Sammlung von Robert Capas Kriegsphotos, ein Bild, das Hemingway zusammen mit dem Boxchampion Tom Heeney in Bimini zeigt, Bilder von Mitgliedern der US-Luftwaffe auf der Finca Vigía und solche, die ihm Ordoñez, Dominguín, Marlene Dietrich, Rocky Marciano und viele andere mehr widmeten.

Betrachtet man diese Bilder, bekommt man eine Vorstellung von Hemingways großen Leidenschaften: Fischen, Docks, Strände, Strandvögel, Häfen und Küstenstreifen. Wir sehen Hemingway zusammen mit Mary auf dem Turm der Farm, unbekannte Gäste, einen gefangenen Marlin, Hemingway mit einem Elephanten im Ringling Brothers Zirkus, Hemingway in Afrika und in der Floridita. Photos aus Spanien, Bilder vom chinesisch-japanischen Krieg mit Hemingways Bemerkungen und natürlich Aufnahmen von der „Pilar".

Unter den Photos und Papieren auf der Finca Vigía fand sich kein einziges Bild von Hadley Richardson, Hemingways erster Frau.

* * *

Im Frühjahr 1960 stand Hemingway zum letzten Mal vor dem Bücherbord, das ihm als Arbeitstisch diente. Er arbeitete an dem umfangreichen Werk „Ein gefährlicher Sommer" (ein Auftrag von Life) und an der endgültigen Fassung von „Paris — ein Fest fürs Leben". Als aber die Zeit der Abreise heranrückte, säuberte er den Tisch von den vielen Blättern und Rohentwürfen und den zahllosen stumpfen Stiften. Er stellte seine Royal Arrow Schreibmaschine auf eine Ausgabe von „Who's Who in

*Hemingway liest die Nachricht, daß er den Literaturnobelpreis gewonnen hat. (UPI)*

*Hemingway mit Anastas Mikoyan (rechts) und dem Botschafter der Sowjetunion in Mexiko, Vladimir Bazikin, Finca Vigía 1960.*

*An der Türe der Finca Vigía nach dem Bekanntwerden der Verleihung des Nobelpreises an ihn. (Hans Malberg)*

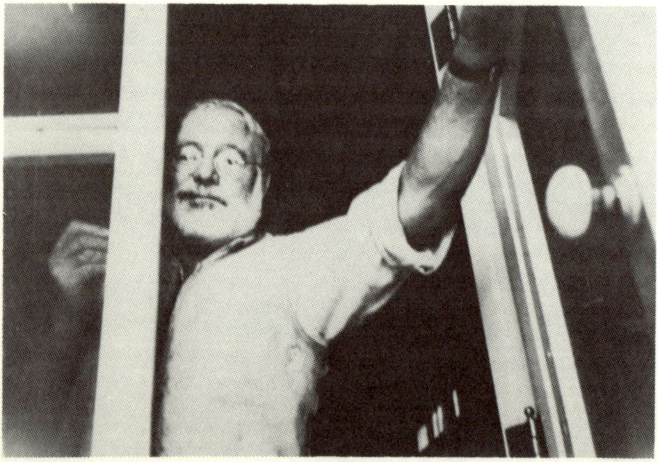

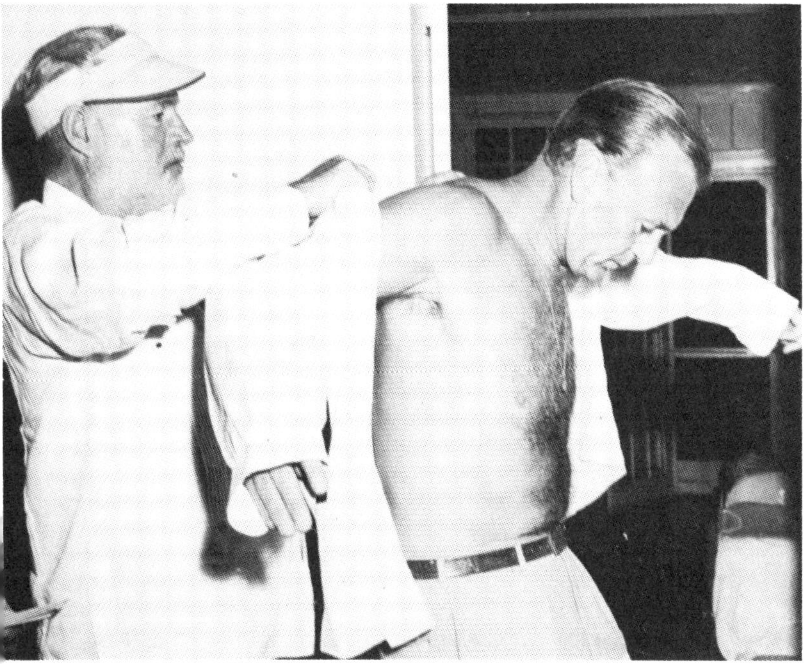

*Hemingway hilft seinem Freund Gary Cooper in eine Guayabera nach dessen Ankunft in Kuba im Jahr 1956. (UPI)*

*Photo Marlene Dietrich, mit einer Widmung für Ernest „Ers" Hemingway. (J. Engstead)*

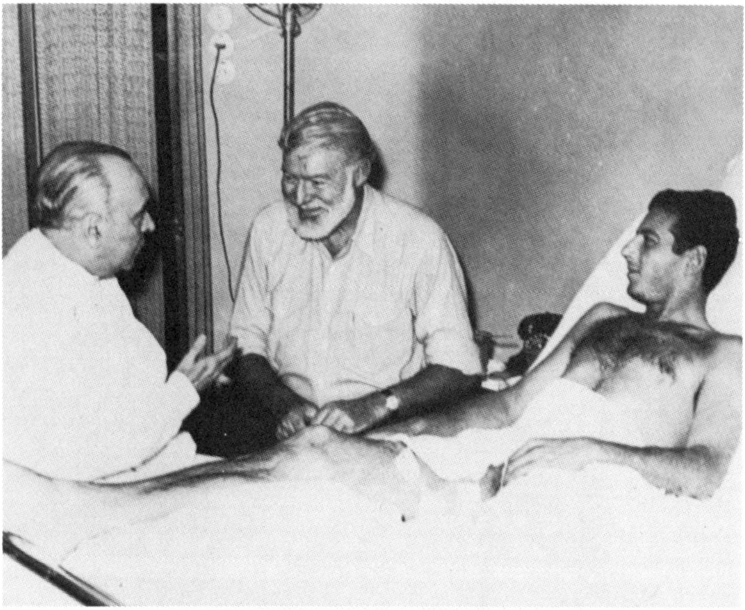

*Ernest Hemingway besucht den Matador Antonio Ordoñez in einem Madrider Krankenhaus nachdem dieser bei einem Stierkampf verwundet wurde, 1959. (UPI)*

*Antonio Ordoñez grüßt Hemingway während eines Stierkampfes, Spanien 1959. (UPI)*

America“ und legte zwei neue, frisch gespitzte Bleistifte sowie ein Dutzend Blätter Kohlepapier, den Klumpen Kupfererz, den er als Briefbeschwerer gebrauchte, seine Brille, eine Schreibtafel, die er bei Dialogen verwendete, und ein Buch über die Eroberung des Westens auf den Tisch.

Die Papierstapel, Bücher, Broschüren und Zeitungen, die er bei seiner Arbeit um sich hatte, werden auf der glatten Arbeitsplatte immer fehlen. Er pflegte Papier auszubreiten, als ob es ein Bettlaken wäre, vielleicht wollte er damit das Manuskript, an dem er gerade arbeitete, verbergen oder schützen. Die Photos aus den fünfziger Jahren zeigen einen Autor, der von so viel Papier umgeben ist, daß für seine Schreibmaschine kaum noch Platz ist.

Er arbeitete stehend, in Bermuda Shorts, ohne Hemd, fast immer barfuß, nur manchmal trug er Mokassins, allerdings ohne Socken, und eine Flasche Vichy Wasser immer zur Hand.

In Kniehöhe, auf halber Höhe des Bücherschrankes, bewahrte er ein Magazin und vier Bücher auf: eine deutsche Übersetzung seiner Stories, die Romane „Guadalquivir“ von Joseph Poyre, „John Colter“ von Burton Harris, „The People of the Sierra“ von J.A. Pitt und die erste Ausgabe des 1953 veröffentlichten Magazins Nucleus.

Auffallend in dem Raum ist auch das Fliegerhandbuch, das Hemingway auf den Fußboden legte, um die Türe offen zu halten.

Wer gerne persönliche Daten über den Schriftsteller sammelt, interessiert sich sicher für den Inhalt der Tischbar, die neben seinem Sessel im Wohnzimmer stand. Es waren sechs Flaschen El Copey Sprudel aus Havanna, eine Flasche White Horse Scotch, eine Flasche Gordon's Gin, eine Flasche Old Forester, eine Flasche Cinzano Vermouth und eine halbleere Champagnerflasche ohne Etikett.

Die Museumssammlung umfaßt neuntausend Bücher und fünfhundert Platten, die Hemingway in einem Schrank hinter seinem Stuhl aufbewahrte. Von den Klassikern gefiel ihm besonders Beethoven, in der Unterhaltungsmusik bevorzugte er Benny Goodman.

Nur in wenigen der Bücher stehen Anmerkungen, aber häufig lugt ein Blatt Papier mit einer handgeschriebenen Notiz zwischen den Büchern hervor. So zum Beispiel folgender Briefumschlag, auf dessen Rückseite der Satz gekritzelt worden war: „Eine Frau wird eher mit ihrem Mund ihr eigenes Grab schaufeln, als daß sie sich mit ihren eigenen Händen den Lebensunterhalt verdient."

In eine Ausgabe von Emily Brontes „Wuthering Heights", 1935 in London erschienen, notierte Hemingway mit Tinte mehrere Zahlen, dazu in drei Spalten auf den Einband, die Rückseite des Buches und sogar über den Titel des englischen Klassikers. Damals sorgte sich Hemingway offensichtlich um seine Gesundheit. Die erste Spalte gibt die Uhrzeit, die zweite Hemingways Temperatur und die dritte seinen Pulsschlag an:

| | | |
|---|---|---|
| 7.45 | 35.9 | 60 |
| 12.00 | 37 | 66 |
| 16.00 | 36.7 | 66 |
| 18.00 | 36.6 | 54 |

Er führte diese Aufzeichnungen vom 25. November bis zum 6. Dezember eines nicht angegebenen Jahres, ergänzt mit kurzen Erklärungen für die leichten Schwankungen: „zum Essen" oder „zum Telephon".

Auf der letzten Seite der Ausgabe „Wuthering Heights" steht eine Bemerkung ganz anderer Art. Sie betrifft den ersten Entwurf von Hemingways Pariser Memoiren, der den Titel trägt: „The Lean and Lovely Years". Später wurde der Titel geändert in „Paris — Ein Fest fürs Leben". Hemingway begann dieses Buch zwischen Herbst 1957 und Frühjahr 1958 auf der Finca Vigía. 1956 hatte er bereits in einem ersten Ansatz die frühen Jahre seiner Freundschaft mit Scott Fitzgerald beschrieben.

Der Schriftsteller erinnert sich an seine Abenteuer mit der „lost generation"

THE LEAN AND LOVELY YEARS
Die drei Hügel
Verbindung
Eine Reise nach Lyon

Ich war mit Scotts Terminvorschlag einverstanden und bestätigte ihn telefonisch.

Die Geschichte von der Reise nach Lyon zählt zu den besten aus „Paris — ein Fest fürs Leben". Hemingway und F. Scott Fitzgerald wollten zusammen mit dem Zug nach Lyon reisen. Als der Zug abfuhr, fehlte Scott. Er war ein zerstreuter junger Mann und hatte den Termin verschwitzt. So befand sich Hemingway mit wenig Geld in der Tasche allein im Zug Richtung Süden.

Ein anderes interessantes Stück in der Bibliothek auf der Finca Vigía ist das Originalmanuskript der berühmten Erzählung „In Another Country", in der „Now I Lay Me" als zweiter Teil erscheint, allerdings noch ohne Titel. Der Stoff erschien später als zwei getrennte Erzählungen in „Männer".

„In Another Country" wurde erstmals im März 1927 in Scribner's Magazin veröffentlicht und „Now I Lay Me" zusammen mit drei weiteren Erzählungen in „Männer".

Nick Adams ist der Held einer der ersten Romane Hemingways, mit dem er allerdings nicht sehr weit kam. Das auf der Finca Vigía gefundene Originalmanuskript, das die beiden Erzählungen verbindet, war vielleicht das Fragment des geplanten Romans.

Auf der Finca Vigía führten Hemingway und Mary Welsh einen merkwürdigen Briefwechsel. Sie sandten sich gegenseitig Postkarten und Weihnachtsgrüße. Oft nahm Hemingway Drucke berühmter Kunstwerke, z.B. der französischen Impressionisten, und widmete sie in einem extravaganten Französisch Mary. Er unterschrieb mit den Namen der Künstler. Gaugin und Van Gogh zählten zu seinen Opfern. Diese liebevollen Fälschungen versorgten Mary mit einer Sammlung persönlichster Mitteilungen der größten Meister.

Es gibt witzige Karten zu Weihnachten, Thanksgiving und zum Valentinstag. Auf eine Karte, auf der eine Ente mit beweglichen Augen abgebildet ist, schreibt Hemingway:

Monsieur le Conde de
Hemingwé
Chateua La Vigía
SF de P

Auf eine leere Karte schrieb Hemingway Mary eine zärtliche Nachricht:

> Meinem geliebten und teuren Kätzchen, das diesem Weihnachtsfest und den übrigen 364 Tagen des Jahres einen Sinn gibt.

Eine Karte mit einem Pariser Motiv ist rätselhafter:

An mein Kätzchen in Liebe
Chistopher Columbus

Darunter zwei Krallen.

Auf einer anderen Postkarte mit einer Ente notierte Hemingway eine Adresse, mit der er McCarthys inquisitorische Neugierde herausforderte:

Tovarich Hemingstein
Hotel Bessere Welt
Havanna, Kuba
UdSSR

* * *

Unter den zahlreichen Ehrungen, die dem Schriftsteller zuteil wurden, war keine so bizarr wie die Benennung eines Isolators nach Hemingway. Dieser war in den Keramikwerkstätten Gilberto Seón Alfonso hergestellt worden. Die Arbeiter selbst wählten den Namen. Er erschien ihnen wegen des großen elektrischen Widerstandes des Isolators besonders treffend.

Manche der Orte, denen im Leben Hemingways in Kuba große Bedeutung zukam, gibt es nicht mehr. So der Club de Cazadores del Cero (Jagdclub), wo sich Hemingway und sein jüngster Sohn Gigi im Taubenschießen gemessen hatten.

Der an Havannas Küste gelegene Club Internacional de Pesca hat sich seit Hemingways Zeit sehr verändert. Er wurde dem Oberkommando der kubanischen Marine unterstellt und diente unter anderem als Anlegeplatz der sowjetischen Unterseeboote. Vor kurzem wurden Gespräche darüber geführt, den

Club wieder zu einer touristischen Attraktion zu machen. Es besteht die vage Hoffnung, daß eines Tages die „Pilar" dort wieder Anker werfen kann.

Das Morro Castle, Hemingways geliebter Krämerladen in Zulueta 259, gibt's noch. Aber das Restaurant La Zaragozana, in dem Hemingway während des Krieges häufig verkehrte, existiert nicht mehr.

Das Basque Center, ein weiteres Restaurant, lag einst am Malecon und an der Prado Straße, im damaligen Havanna eine vornehme Gegend. Es wird in „Inseln im Strom" erwähnt. Der frühere Inhaber Juanito hatte genügend Geld verdient, um in der Dritten Straße im Stadtbezirk Vedado ein neues Basque Center zu eröffnen. Es ist heute ziemlich bekannt.

Nur noch wenige Menschen, mit denen Hemingway zusammen kam, lebten 1980 noch: Ramón Jordán, Hemingways Zechkumpan im El Brillante, einer Bar in San Francisco der Paula; die Kellner in der Floridita: Armando Blanco, Luis Blanco und Guillermo Ramos; und Antonio Sánchez „Cotan", der Gitarrist eines in der Floridita auftretenden Trios. Hemingway hatte Sánchez Hörner der von ihm erlegten Tiere geschenkt. Ana Tsar (die Jugoslawin) verfiel um 1976 dem Wahnsinn. Marcelino Pineiro, der Kellner aus dem Ambos Mundos, starb 1977.

Ana Tsar verließ als letzte von Hemingways Angestellten die Finca Vigía. Als das Anwesen zu einem Museum wurde, behielt man Ana, damit sie sich um die Katzen und deren Nachkommen kümmere. Später erweiterte sie ihr Arbeitsfeld und kümmerte sich um alle herrenlosen Haustiere, die auf der Farm auftauchten. Sie war sehr gewissenhaft. Jeden Tag ging sie um die Mittagsstunde mit zwei dampfenden Töpfen den Pfad zur Farm hinauf. Die Töpfe enthielten einen Brei, dessen beißender Geruch in einer Klage, die Hunderte von Anwohnern unterzeichnet hatten, als „penetrant und zersetzend" bezeichnet wurde.

Ana und ihre Katzen schufen ein Problem. Die Stunde, in der die Sonne in ihrem Zenit stand, hieß nun die „Todesstunde"; denn es war unmöglich, zu dieser Stunde auf der Finca zu bleiben. Es war auch nicht ratsam, Touristen oder ausländische Delegationen zu der Stunde auf die Farm zu bitten.

Schließlich beschloß die Museumsführung, „unsere Kollegin

Ana Tsar in den Ruhestand zu versetzen“ und die noch verbliebenen sechzig Katzen abzuschaffen. Sie besaßen damals „keine Ähnlichkeit mehr mit der ursprünglichen Katzenrasse, die Hemingway gezüchtet hatte.“

Die in „Der alte Mann und das Meer“ geschilderten Stätten in Cojimar existieren noch: die Haifischfabrik La Triburonera; das Restaurant La Terraza, das auch in „Inseln im Strom“ erwähnt wird; die Bodega de Perico und natürlich der Strand, an dem Santiagos Boot lag. Inzwischen wurde am Strand ein Ernest Hemingway Fischer-Club gegründet.

Die Schauplätze und manche Details aus „Inseln im Strom“ haben sich natürlich beträchtlich verändert. Früher gab es tatsächlich in der Nähe Havannas eine Bar für verrückte Kerle, und diese unglücklichen Kreaturen trugen wirklich, wie im Roman beschrieben, Uniformen aus Zuckersäcken.

Die Hütten der Bettler schossen 1933, dem letzten Jahr der Diktatur Machados, aus dem Boden. Bei ihrem Anblick sagt Thomas Hudson, er trinke, um dieses Elend zu vergessen. Vier dieser Slums lagen nahe beeinander: Isla de Pinos, Llegay-Pon, La Cueva del humo und Las Yaguas. Sie verschwanden nach dem Sieg der Revolution.

Der Wert von Hemingways Gemäldesammlung, die Mary Welsh mitnahm, wurde auf mehrere Millionen Dollar geschätzt. Zu der Sammlung gehörten „Der Hof“ von Joan Miró, Paul Klees „Monument in Arbeit“ und Juan Gris' „Stierkämpfer“ und „Gitarrenspieler“.

„Gitarrenspieler“ mochte Hemingway besonders. Es hing über seinem Bett. In „Inseln im Strom“ sagt Thomas Hudson über dieses Gemälde, es sei „nostalgia hecha hombre“. Der Text fährt fort: „Über dem Bücherregal auf der anderen Seite des Zimmers hing Paul Klees „Monument in Arbeit“. Und weiter: „Über dem anderen Bücherregal hing eines der Waldbilder von Masson: ‚Der Wald von Ville d'Avray“.

Die in den „Inseln im Strom“ beschriebenen Bäume stehen noch immer im Garten der Finca Vigía: der prächtige Mango, der Avocado und der Ceiba. Der Avocado, dessen Früchte Hemingway genauso schätzte wie die Kubaner, trägt noch immer Früchte.

In „Inseln im Strom“ schilderte Hemingway das Viertel von

Jesús Mariá, die Ausweisung der französischen Prostituierten in den dreißiger Jahren, den Rauch aus den hohen Schornsteinen der Elektrizitätsgesellschaft Havannas, die Bucht, in der die Clipper landeten, und die Burg von Atarés, auf der Colonel Crittenden erschossen wurde.

Die Gedenktafeln, Büsten, Denkmäler an diesen Orten und auch der nach Hemingway benannte Isolator lassen Hemingway nicht aus dem Gedächtnis der Kubaner geraten. Nur José Martí, Kubas Nationalheld, wurde eine größere Liebe und Verehrung auf der Insel zuteil als Hemingway.

* * *

Der Hemingway, der in Kuba lebte,wurde oft mit Gauguin verglichen. Seine lebendigen Schilderungen von Kuba und seine treffenden Betrachtungen sind als Huldigung an Kuba zu verstehen und sind Ausdruck von Hemingways großer Liebe zu diesem Land. Ein kubanischer Literaturkritiker erkannte richtig, daß die detaillierten Schilderungen der kubanischen Landschaft in Hemingways Werk auf gleicher Stufe stehen mit seinen Arbeiten über die Wälder des mittleren Westens Amerikas, die rauhe spanische Sierra und die schneebedeckten Spitzen Österreichs und Deutschlands. Der Kritiker fügte hinzu: „Dieses Vermächtnis wird nicht vom Staub des Hemingway Museums bedeckt werden, sondern wird als Widmung an Kuba lebendig bleiben."

Von den acht Romanen Hemingways spielen drei vor kubanischem Hintergrund: „Haben und Nichthaben", „Der alte Mann und das Meer" sowie „Inseln im Strom". Zwei spielen an spanischen Schauplätzen: „Fiesta" und „Wem die Stunde schlägt"; zwei sind in Italien angesiedelt: „In einem anderen Land" sowie „Über den Fluß und in die Wälder" und nur einer in den Vereinigten Staaten: „Die Sturmfluten des Frühlings".

Teile von „Fiesta" spielen in Paris und einige Szenen aus „In einem anderen Land" in der Schweiz. Bimini ist ein Schauplatz von „Inseln im Strom" und Key West von „Haben und Nichthaben".

Hemingway hat stets nur Worte des Lobes für die beiden Plätze in Havanna gefunden, die er als die geeignetsten zum Schreiben empfand: das Hotel Ambos Mundos und die Finca Vigía.

Hemingway nützte die günstigen Arbeitsbedingungen, die das Eckzimmer im fünften Stock des Ambos Mundos bot: der Ausblick, der kühle Luftzug und die hervorragende Bedienung. Er verfaßte in diesem Zimmer mehrere Artikel und Stories und begann „Wem die Stunde schlägt", was allerdings umstritten ist. McLendon behauptet beispielsweise, Hemingway habe den Roman in Key West begonnen, andere Autoren meinen, es sei in Paris gewesen, auf der Reise nach Spanien. Mag es sein, wie es will, im Ambos Mundos und auf der Finca Vigía nahm „Wem die Stunde schlägt" Gestalt an und dort wurden auch die größten Teile geschrieben.

Nachdem Hemingway die Finca Vigía gekauft hatte, beendete er den Prolog zu „Men at War", und nach seiner Rückkehr aus dem Krieg in Europa begann er mit seinen letzten Büchern. Er arbeitete am „The Sea Book", das in „Inseln im Strom" einfloß. Er beendete sowohl „Über den Fluß und in die Wälder" als auch „Der alte Mann und das Meer". Er begann „Paris — ein Fest fürs Leben". Außerdem machte er sich an seinen unvollendet gebliebenen Roman, der in den zwanziger Jahren an der französischen Riviera spielt: „The Garden of Eden".

Dann vollendete er unter großer Anstrengung, unterstützt von zahlreichen Freunden seinen umfangreichen Artikel „The Dangerous Summer".

Dies und ein paar Zeitungsartikel, Vorworte und zwei kleinere Erzählungen sowie einige Notizen schrieb Hemingway in Kuba, das meiste davon auf der Finca Vigía.

Es ist einem Ort, an dem ein Künstler arbeitet, eine große Bedeutung zuzumessen. Hemingway selbst griff dieses Thema immer wieder auf: Das Ambos Mundos und die Finca Vigía lobte, rühmte er immer wieder als hervorragende Arbeitsstätten.

Hemingway lebte dreiunddreißig Jahre in seinem Geburtsland. Der Zeitraum läßt sich in drei Abschnitte gliedern, deren bedeutendster zwölf Jahre dauerte.

Der erste Zeitabschnitt reichte von seiner Geburt in Oak Park, Illinois, bis zum Jahr 1918, als er nach Kansas City ging, um als Volontär bei einer Zeitung zu arbeiten. Die Jahre in Key West von 1928 bis 1939 bildeten den zweiten Abschnitt. Der dritte Zeitraum umfaßt seine beiden letzten Lebensjahre, die er in Krankenhäusern und mit kurzen Aufenthalten in Ketchum, Idaho, verbrachte.

Lange Zeit hatte er in Europa gelebt: Spanien, Italien, Deutschland und Frankreich. Zu Beginn seiner Schriftstellerkarriere hatte ihn Paris für vier Jahre in seinen Bann gezogen. Er reiste nach Afrika, Asien, Kanada, Mexiko und Peru. Aber immer wieder kehrte er nach Kuba zurück.

In Havanna arbeitete er und von hier aus schickte er seine Manuskripte nach New York. Er konnte sich auf die qualifizierten Schreibkräfte verlassen, die saubere Abschriften seiner Manuskripte anfertigten.

Ernest Hemingway verbrachte ein Drittel seines Lebens in Kuba. Zweiundzwanzig Jahre wohnte er auf der Finca Vigía, einem zu Beginn des Jahrhunderts auf einem Hügel erbauten Haus, von dem man auf den Golfstrom und die Lichter Havannas blicken konnte. Er wurde oft darum beneidet: Weshalb lebte er nicht in den Vereinigten Staaten, sondern in einem kubanischen Dorf, umgeben von ärmlichen Häusern und Hütten, in denen Zimmerleute, Gärtner und Fabrikarbeiter wohnten? Er hatte mit der Tradition Mark Twains und William Faulkners gebrochen, indem er einige hundert Meilen Richtung Süden entschwand.

Die Tatsache, daß Hemingway in Kuba lebte, beschäftigte viele.

Elizabeth Hardwick fragte 1969 in ihrer Besprechung von Carlos Bakers Biographie „Ernest Hemingway — A Life Story": Was veranlaßte Ernest Hemingway zur Flucht aus den Vereinigten Staaten? Eine verständliche Frage. Für sie bestand das Problem nicht darin, daß Hemingway in Kuba lebte, sondern daß er die USA verlassen hatte.

Er ist aber immer ein amerikanischer Schriftsteller geblieben. Dies zeigte sich besonders in seinem Auftreten und in seiner Kleidung: ein kräftiger Mann mit einer gesunden Gesichtsfarbe, der eine leichte, karierte Jacke trug, lässige Bermuda Shorts und Sandalen in einer Stadt, deren Bewohner auch heute noch lange Hosen, Hemden und Straßenschuhe gemäß der klassischen spanischen Tradition tragen.

Hemingway antwortete seinen Kritikern und nannte viele Gründe, darunter einige scherzhafte, weshalb er seinen Wohnsitz in Kuba gegründet habe. Er nannte die Vielfalt der Mangobäume in seinem Obstgarten, die Jungen, die er trainierte und mit denen er Baseball spielte, die Hahnenkämpfe und die Welt der winzigen Insekten und kleinen tropischen Tierchen, die am Rande seines Swimming-Pools lebten.

Diese Gründe brachte er aus purem Spaß vor. Sie erwiesen sich als ein zweischneidiges Schwert, als sich die Kubaner in den Streit einmischten und Hemingway beschuldigten, das Land mit den Augen eines Touristen zu betrachten. Dieser Vorwurf wog schwer in einem Land, das blutete und sich auf die Revolution vorbereitete. Wo, so fragten sie, blieb das politische Verständnis eines Schriftstellers seiner Größe? Keine Politik, aber endloses Gerede über Mangobäume, kleine Eidechsen am Swimming-Pool, Daiquiris und Hahnenkämpfe.

Natürlich waren dies nicht die eigentlichen Gründe, weshalb Hemingway in Kuba lebte. Sie lagen tiefer. Er hatte sie oft zärtlich angesprochen.

Die negative Reaktion der amerikanischen Administration auf ein politisches Ereignis von weltweiter Bedeutung — die kubanische Revolution — gab jenen Kräften Auftrieb, die mit der Insel abrechnen wollten. Dies forderte zwangsläufig verschiedene kubanische Kritiker heraus, sich an der Kontroverse zu beteiligen. Und so nahm alles seinen Anfang. Es begann kurz nach Hemingways Beerdigung. Eine Schwadron amerikanischer Biographen feuerte die ersten Schüsse ab. Carlos Baker, ein ansonsten gut informierter Autor, geriet schnell in die Falle. Sein Kapitel über die letzte Phase in Hemingways Leben in Kuba ist voller Widersprüche. Liest man die Seiten, gewinnt man den Eindruck, Kuba sei nur ein exotischer Ort und eigentlich ein Unfall im Leben des Schriftstellers.

Das Schreckgespenst eines internationalen Konflikts und die angespannten Beziehungen zwischen Kuba und den Vereinigten Staaten — beide standen zeitweise am Rande eines Krieges — haben dazu beigetragen, eine Geschichte neu zu schreiben. Schon vor der Revolution hatte Hemingways langer Aufenthalt in Kuba einige Verwunderung hervorgerufen und möglicherweise verstärkten die nachfolgenden politischen Entwicklungen die antikubanische Stimmung einiger Menschen. Es war die Reaktion auf die unbeantwortete Frage: Weshalb entschied sich Hemingway für ein Leben außerhalb seines Vaterlandes?

Freunde und Biographen Hemingways sollten nicht vergessen, daß er in einem freiwilligen Exil lebte!

Seine Unruhe hatte in den Schützengräben von Fossalta begonnen, wo ihm die Ärzte 277 Granatsplitter aus seinem Bein herausoperierern mußten. Sie setzte sich fort in der Dachkammer am linken Seineufer, in den spanischen Gaststätten und Hotels.

Zunächst wohnte er in Paris im vierten Stock der Rue du Cardinal im Quartier Latin und zog dann um in die Rue de Notre Dame des Champs 113.

Nach seiner Rückkehr aus Europa lebte er in Key West in der Whitehead Street. Später folgten die zweiundzwanzig Jahre auf der Finca Vigía uind schließlich die Zeit im Haus am Big Wood River, wo er, alt und ausgelaugt, beschloß, seinem Leben ein Ende zu setzen.

Hemingway meinte es wirklich aufrichtig, als er sagte, er liebe die Bäume, seine Katzen und Hunde und die nahegelegene schöne, sonnige Stadt. Er war auch ehrlich, als er erklärte, daß ihn vor allem das große blaue Meer — sein Name für den Golfstrom — nach Kuba gezogen habe. Ein anderer Faktor spielt noch eine Rolle: die Lebenshaltungskosten. Kuba war nicht nur schön, sondern ebenso billig und ermöglichte Hemingway das Leben eines Fürsten.

Heute klingt dies merkwürdig in einem Land, das schwer zu kämpfen hatte, um zu überleben, wo Geschäfte, Bars und Restaurants nur unzureichend beliefert wurden oder sogar jahrelang geschlossen blieben.

Sogar der Golfstrom, in dem Hemingway einst Marline fischte, wurde zu einer militärischen Operationszone. Die Yachten der Millionäre wurden mit Artillerie bestückt und zu Schnellbootgeschwader zusammengefaßt. Durch ihre starken Maschinen und ihre hohe Geschwindigkeit eigneten sich die ehemaligen Yachten vorzüglich zur Verteidigung von Kubas Küste kurz nach der Revolution. Hemingways Yacht blieb dieses Schicksal, obwohl sie in sehr gutem Zustand und kriegserprobt war, nur deshalb erspart, weil sie dem berühmten Schriftsteller gehörte. Sein Haus und sein Anwesen wurden aus demselben Grund verschont. Eigentlich hätte sich die Finca Vigía als Kinderhort, Schule oder Militärgebäude gut geeignet. Ihre Lage auf dem Hügel über der Stadt mit der guten Weitsicht wäre für die Flugabwehr hervorragend geeignet gewesen.

Doch da gibt es die Romane Hemingways, seine Sammlung von Aufsätzen und die Geschichte, die er über Kuba schrieb. Seine Beziehungen zur Insel reichten vierzig Jahre zurück: Zuerst kam er als Sportangler in die kubanischen Gewässer, dann als Gast ins Ambos Mundos und schließlich als der Besitzer auf die Finca Vigía.

Hemingway war mit den Kubanern tief verwurzelt. Er schrieb über Kuba, schilderte die Landschaft und das Volk. Für einen Schriftsteller seines Formats, den man den Schöpfer des „einzig wahren Stils des Jahrhunderts" nannte, ist dies höchst bedeutsam. Es meinte mehr als die Vorliebe für Mangobäume und Hahnenkämpfe, bedeutete mehr als ein billiges Leben inmitten einer schönen Szenerie, die ihn manchmal an Spanien erinnerte. Kuba zog ihn ganz in seinen Bann. Hier ließ er sich nieder, lebte und arbeitete er, schloß Freundschaften, genoß das Leben und verwandelte seine Umgebung in Kunst. Was konnte ein Schriftsteller mehr von seinem Wohnsitz verlangen? Er lebte auf der Insel, weil er nirgendwo sonst diese Stimmungen und Möglichkeiten fand.

# DIE HEIMAT DES SOLDATEN

Jede Geschichte hat ein Ende, würde Hemingway sagen.

Der Mann mit dem Schnurrbart, dem Stahlhelm, der Fallschirmweste, einem Bündel Granaten vor seiner Brust, drei Feldflaschen um seine Hüfte gespannt und einen Karabiner in der Hand, war eine der populärsten Gestalten an der Siegfried Linie im Winter 1944. Man konnte ihn zwischen rauchenden Ruinen eines Bauernhofes, weniger als fünfhundert Meter von den deutschen Truppen entfernt, antreffen, wo er einen vorgeschobenen Kommandoposten, der den offizielen Namen „Task Force Hemingway" trug, eingerichtet hatte.

Deutschland stand vor der Kapitulation. Hemingway leistete nicht nur als unerschrockener Kriegsberichterstatter, sondern auch als mutiger Captain außergewöhnliche Dienste. Vielleicht lebte er hier zum letzten Male seine Abenteuerlust voll aus. Die Offiziere und einfachen Soldaten der Infanterie Division werden sich an den „alten Kampflöwen" und „General" Papa mit seinen mit Wein, Gin oder Cognac gefüllten Feldflaschen gut erinnern.

Und doch ging damals etwas zu Ende. „Als er aus dem Krieg zurückkehrte, war sein Haar ergraut", erinnert sich Gregorio.

An Bord eines silbern glänzenden Flugzeugs, einer zweimotorigen Pan American Maschine, die von Miami nach Havanna flog, kehrte er in die Vergangenheit zurück. Er landete auf dem Flughafen Rancho Boyeros. Er trug eine Gabardineuniform, Kampfstiefel und hatte eine Narbe auf der Stirn. Er sah noch immer gut aus.

„Die Uniform stand ihm so gut wie einem Offizier aus West Point", sagt Herrera Sotolongo.

Er war im Krieg gealtert, der Mann, der nach seiner eigenen Prophezeihung unsterblich war.

Ihm verblieben noch sechzehn Jahre.

* * *

So bahnen wir uns unseren Weg, Boote gegen den Strom, unaufhörlich in die Vergangenheit zurückgeworfen.

F. Scott Fitzgerald, „The Great Gatsby"

Die Hurrikans und schlechten Zeiten sind vorüber und die Ruhe kehrt auf die Finca Vigía zurück. Wieder verfolgt man Filmvorführungen und lauscht Familiengeplauder im Wohnzimmer oder man spielt nach dem Dinner um die Meisterschaft im Kanaster.

Leise zieht sich Hemingway mit einem Buch und einem Glas Wein in seinen Sessel zurück. Er überläßt die Meisterschaftsspiele Mary Welsh, Herrera Sotolongo und einem der „boys“: Sinsky oder Pater Andrés.

Doch was gibt's sonst im Innern des Hauses außer freundlichen Gesprächen, harmlosen Spielen und den Vorführungen eines Filmes, der weit weg gedreht wurde und die sadistischen Marinesoldaten zeigt, denen der Schriftsteller unerbittliche Rache geschworen hatte? Nichts. Es passiert nichts weiter im Haus. Nach den Aussagen der wenigen Auserwählten, die auf der Finca Vigía Zugang hatten, waren die angeblichen ständigen Parties auf dem Hügel im „Haus des Amerikaners“ nur Teil einer Legende.

Zumeist hat Hemingway einen ausgefüllten Tag: Er schreibt an der Liebesgeschichte von Renata und Colonel Cantwell oder an den Erzählungen vom verzweifelten Thomas Hudson oder über Santiago, dem alten Mann aus Cojimar. Sein Morgenprogramm ist intensiv: Er bewegt sich wie ein Boxer, wechselt von einem Fuß auf den andern, und er ist in Schweiß gebadet. Gehetzt bedeckt er das Blatt Papier auf der Schreibtafel mit Worten. Dies ist Hemingway bei der Arbeit, auf der Suche nach der klaren, englischen Prosa.

Vielleicht besuchen ihn seine drei Söhne, oder möglicherweise nur zwei von ihnen. Hemingway schreibt die Geschichte des Mannes Thomas Hudson, der die schmerzhafteste Einsamkeit der Welt erfährt, als er das Telegramm mit der Nachricht vom Tod seiner beiden jungen Söhne bei einem Autounfall in Frankreich erhält.

„Wir werden versuchen, das Beste daraus zu machen“, sagt Thomas Hudson im Buch. Hemingway vollbringt in seinem Leben und Werk sein Bestes.

Einst versetzte er Robert Jordan auf einen Hügel in Spanien: er liegt im Hinterhalt und erwartet mit seinem Schnellfeuergewehr in aller Ruhe den heranrückenden Leutnant Berrendo.

Doch nun beschäftigt sich Hemingway mit dem alten Fischer Santiago, der in seinem kleinen Boot, umgeben von Haien, um seinen großen Fisch kämpft und der weiß, daß ein Mensch zwar vernichtet, aber nicht endgültig besiegt werden kann.

Oder er beschäftigt sich mit Colonel Cantwell, der herzkrank ist und eine junge Frau liebt, aber sich nach etwas jenseits des Flusses und der Wälder sehnt. In gewisser Weise war dies auch Ernest Hemingways Suche.

Vielleicht ist Adriana Ivancich zu Gast, Hemingway macht ihr den Hof und sucht zugleich nach dem Namen des Mädchens im Buch (er entschied sich für Renata, die ewig Jugendliche).

Möglicherweise hört er von einem alten Freund oder einer von ihnen ist anwesend, und er spürt das Bedürfnis über Männerfreundschaft zu schreiben. So erzählt er die Geschichte einer Gruppe rauher, entschlossener Männer, die ein deutsches Unterseeboot jagen.

Hemingways Männer stehen ständig im Kampf, sie suchen immer wieder die Konfrontation und nehmen Risiken auf sich. („Wer die Gefahr sucht, wird darin umkommen", lautet eine Warnung in „Don Quichote".)

In „Über den Fluß und in die Wälder" sorgt sich Robert Cantwell, ein alter und herzkranker Oberst, um die Stätten, wo Dante, Giotto, Tizian und Piero della Francesca ihre Meisterwerke schufen. In Gesprächen mit seinen Freunden erläutert Hemingway, weshalb alle Stätten, an denen Dante lebte, ewig erhalten bleiben sollten.

Was soll man dann mit einer Ecke in einem Zimmer machen, wo der Schriftsteller einige der unvergänglichsten Charaktere unserer Zeit schuf?

Mary Welsh sagte, der Platz sei ohne Ernest bedeutungslos. Wir verstehen auch, daß Herrera Sotolongo nur ungern an seine zweite Heimat zurückkehrt und nur gelegentlich danach schaut, „wie die Dinge stehen". Und da ist die Sehnsucht aller, die Ernest Hemingway auf der Finca besuchten: Gregorio Fuentes, Kid Mario, Luis Villarreal, Pichilo, Pancho Castro und Gilberto Enríquez. Die Uhren sind auf der Finca Vigía stehengeblieben. Der Ort ist erstarrt.

Gertrude Stein, die Hemingway viel über Kunst lehrte, war nie dort, Scott Fitzgerald, ein anderer Freund aus den Pariser

Jahren, auch nicht. Hätte Gertrude Stein in der Finca Vigía einen guten Platz zum Leben gesehen? Auch wenn Hemingway die Finca Vigía nicht entdeckt hatte, so hatte er zumindest die gute Eingebung, sie nie aufzugeben. Man fragt sich, wie sich Fitzgerald, jener scheue Mann mit den zugekniffenen Augen und dem erstarrten Lächeln, in einem kubanischen Wald voll riesiger Farne, Bäume und Tamarinden gefühlt hätte.

Scott starb am 21. Oktober 1940, ein paar Wochen, bevor Hemingway den Rechtstitel für die Finca Vigía erhielt. Er erfuhr nie etwas von der Farm, doch hätte es ihm wahrscheinlich gut getan, einmal hierher zu kommen.

Hemingway beschrieb seinen Freund schonungslos. In „Paris — ein Fest fürs Leben" schilderte er einen Besuch in Fitzgeralds Appartement in der Rue de Tilsit, wo ihm Fitzgerald ein riesiges Buch zeigt, in dem er alle seine veröffentlichten Erzählungen zusammen mit den damit verbundenen Einnahmen verbucht hatte: „Er zeigte sie uns voller Stolz, so als sei er der Verwalter eines Museums."

Unter den Dokumenten auf der Finca Vigía findet sich keine vergleichbare Auflistung, nur zwischen den Mappen in den Ordnern gibt es einige Blätter, auf denen Hemingway den Verkaufspreis seiner Bücher notierte.

Hemingway hatte angeordnet, daß alle seine persönlichen Papiere vernichtet werden sollten, obwohl er sich nach der Unsterblichkeit sehnte.

Kein Mensch kann ständig als Stoiker auftreten oder ständig kämpfen. Das ist auch nicht nötig. Ausruhen gehört zum Lebenslauf, Tod und Vernichtung ebenfalls. Vielleicht hätte die Finca Vigía besser mit ihrem letzten Herrn untergehen sollen. Aber sie steht noch heute, ein solides, weißes Haus, das auf festen spanischen Fundamenten ruht, ein dauerhaftes Zeugnis für Hemingways Leben in Kuba.

Francois Mauriac erklärte einst, er habe keine Angst davor, nach seinem Tode vergessen zu werden, vielmehr fürchte er sich eher, nicht ausreichend genug vergessen zu werden. Ernest Hemingway plagten ähnliche Sorgen. Und der starke Mann wurde am Ende schwach und absonderlich; er verlor seine letzte Schlacht an ein zwölfkalibriges, mit Silber geschmücktes Gewehr.

# Anhang

## BRIEFE UND FRAGMENTE

Bei den vielen Unterlagen — Entwürfe zu Erzählungen, Notizen, Rezensionen und vieles andere mehr —, die Ernest Hemingway auf der Finca Vigía hinterließ, befand sich eine große Anzahl an Briefen von Freunden und Verwandten. Eine Auswahl von diesen Briefen wird hier neben einigen Fragmenten von Erzählungen zum ersten Mal veröffentlicht. Als eine Entdeckung müssen die Liebesbriefe bezeichnet werden, die Hemingway während des Zweiten Weltkrieges von Europa aus an Mary schickte und die Ausdruck seiner großen Liebe sind. Leidenschaftliche Liebeserklärungen und sehnsuchtsvolle Schilderungen der schönen Zukunft auf der Finca Vigía wechseln sich ab mit der Beschreibung des beklemmenden Alltags des Kriegsberichterstatters.

Angesichts der Kriegsereignisse scheinen Hemingway die Worte zu fehlen. Beim näheren Hinsehen entdeckt der Leser einen anderen Grund: die Zensurbehörde, oder mit Hemingways Worten: die „Vorschriften des Großen Sporthaus", das ihn täglich in die „Bananenfabrik" schickt.

Diese Briefe aus dem Krieg, geschrieben zwischen November und Weihnachten 1944, sowie die Briefe an Adriana Ivancich aus der Nachkriegszeit bringen uns eine bislang weitgehend unbeachtet gebliebene Seite Hemingways näher: seine Zärtlichkeit.

Mary Welsh-Hemingway und Hemingways Verwandte erklärten, daß er eine Veröffentlichung seiner Briefe stets abgelehnt habe. Doch schließlich veröffentlichten sie seine Korrespondenz, indem sie den Worten des Hemingway-Biographen Carlos Baker vertrauten, daß die Briefe „die breite Aufmerksamkeit verdienen, die seinen Büchern schon immer zukam."

Die ersten Briefe Hemingways, die noch zu seinen Lebzeiten veröffentlicht wurden, erschienen in Edmund Wilsons Essay „Emergence of Ernest Hemingway" und stellten den Schriftsteller in ein schlechtes Licht. Vielleicht hatte Hemingway aufgrund dieser Erfahrung jede weitere Veröffentlichung seiner persönlichen Papiere abgelehnt.

Anfang 1981 publizierte Charles Scribner's Sons jedenfalls eine breite Auswahl von Hemingways Briefen mit dem Einverständnis Mary Welshs. Carlos Baker war der Herausgeber. Dieses literarische Ereignis, das sich gegen den ausdrücklichen Wunsch des Schriftstellers richtete, zerstreute meine eigenen Bedenken.

Einige Worte André Gides erleichterten mir zudem die Entscheidung, den persönlichen Nachlaß Hemingways von der Finca Vigía zu veröffentlichen:

„Zweifellos gibt es welche im Literaturbetrieb, die so empfindsam und bescheiden sind, daß sie nur die Büsten großer Männer betrachten wollen und sich über die Veröffentlichung intimer Papiere und persönlicher Briefe empören: Es scheint, daß sie vor allem daran Anstoß nehmen, daß es mittelmäßige Geister als wohltuend empfinden können, wenn sie entdecken, daß ihre Helden genauso unvollkommen wie sie selbst sind. Sie sprechen dann von Indiskretion, und aus einer romantischen Stimung heraus reden sie sogar von Grabschändung oder zumindest von schädlicher Neugierde und sagen: Laßt den Mann in Ruhe! Nur sein Werk zählt! Sicher. Doch ich schätze das, was er seiner Größe zum Trotz schrieb, als eine kostbare und unerschöpfliche Quelle des Lernens."

Hemingway liebte Spitznamen, als Lesehilfe deshalb im folgenden eine Aufschlüsselung der von ihm in seinen Briefen verwendeten Spitznamen.

| | | |
|---|---|---|
| Ehefrauen: | Wildfang | Mary Welsh |
| | Marty, Mook | Martha Gellhorn |
| Söhne: | Bum, Bumby | John |
| | Mousie | Patrick |
| | Gigi, Gig | Gregory |
| Schwestern: | Beefy | Carol |
| | Sunny | Madeleine |
| | Marce | Marceline |
| | Ura | Ursula |
| Freundinnen: | Kraut | Marlene Dietrich |
| | Tochter | Adriana Ivancich |
| Freunde: | Buck | Gen. Charles T. Lanham |
| | Wolfie | Winston Guest |

# INHALT

* * *

## NOTIZEN ZU EINER ERZÄHLUNG

[Die folgenden Skizzen entstanden ohne Zweifel in den zwanziger Jahren. Der hier angegebene Absender tauchte auf allen literarischen Produkten Hemingways aus jenen Jahren auf der Seite links oben auf.]

Ernest Hemingway
Guaranty Trust Co. of N.Y.
I, Rue des Italiens
Paris O France

## BENCHLEY: DAS BILD UND DIE WIRKLICHKEIT

Die Geschichte bis jetzt. In der Geschichte spielen zwei im Ausland lebende Personen (Frances E. Butcher) die Hauptrolle. Sie arbeiten beide im Verlagswesen, aber die Branche steckt in einer tiefen, langanhaltenden Krise, und beide beschließen, sich Vollbärte wachsen zu lassen und Radfahrer beim Sechstage-Rennen zu werden. Nur eines hält sie davon zurück: Sie können weder zählen noch haben sie jemals auf einem Fahrrad gesessen. Doch das bringt sie nicht aus der Ruhe, und bald sind sie dabei, Geld zu beschaffen. Wir sehen sie einige Zeit dieser Arbeit nachgehen. Dann liegen sie wieder auf der faulen Haut; denn sie wissen, daß es auch leichter geht. Das Geschäft läuft besser, aber nun greift die Polizei ein. Als der alte Platz verkauft wird, kommt Benchley vorbei. Er geht nur einen Schritt hinter Lincoln. Lincoln beschleunigt, aber Benchley weiß genau, was die alte Mähre zum Traben bringt. Er schiebt ihm eine Fünfdollarnote der Konförderierten unter den Sattel und erringt einen leichten Sieg.

Lincoln steigt ab, und sie gehen hintereinander die Fifth Avenue hinunter. Es ist vor der Zeit der Straßenbahnen. Benchley kann's nicht verstehen. Er wendet sich an die vorbeigehenden Passanten, aber keiner will ihm sein Benzin abkaufen: Der Tag des Automobils ist noch nicht gekommen. Benchley hat ein Paket mit Ausgaben des Alten und Neuen Testaments, die er verkaufen will, doch niemand interessiert sich dafür. Ein Passant hält an und klärt Benchley höflich darüber auf, daß sie noch immer in der Zeit vor Christi Geburt leben. Benchley dankt ihm, ist jedoch vollkommen verwirrt. In genau diesem Augenblick geht Misses Frances E. Butcher vorüber.

Von Armut getrieben haben sie versucht, auf der Straße Geld zu machen und sich dabei auch dem Müßiggang hinzugeben. Benchley ist entsetzt und beschließt, daß, wenn sich ihm jemals die Gelegenheit bietet, wird er gegen dieses schändliche Geschäft vorgehen. In diesem Punkt setzt nun unsere Geschichte ein.

* * *

## BENCHLEY UND DER JUNGE LINCOLN

Jemand klopfte Benchley auf die Schultern. Ein merkwürdiger Platz, dachte Benchley, doch er blickte auf.

„Benchley“, sagte ein großer Mann mit einem verbeulten Hut. Er reichte ihm die Hand.

„Ah, der Weichensteller“, grüßte Benchley.

„Woher wußtest Du, daß unter diesem Hut nicht Washington steckte?“ fragte Lincoln schnell.

„Ha ha“, lachte Benchley. „Wie sollte man nicht den alten Weichensteller erkennen!“

Im Gleichschritt gingen sie die Avenue hinunter.

„Viele umgestellt?“ fragte Benchley.

„Nicht viele. Und Du, Robert, wie läuft's bei Dir?“

„Nicht so gut“, anwortete Benchley.

„Möchtest Du, daß ich Dir eine Geschichte erzähle?

Eine neue Lincoln Geschichte?“

„Nein“, erwiderte Benchley.

„Möchtest Du, daß ich Dir davon berichte, wie ich die Gettysburg Ansprache verfaßte? Einige Schriftstellerinnen schrieben ein nettes Stück darüber.“

„Ich las es“, sagte Benchley. „Ein nettes Stück.“

„Möchtest Du hören, was ich Stephan Douglas in Illinois tat?“

„Trinken wir etwas zusammen“, schlug Benchley vor. Sie betraten einen Saloon. (Das ist wichtig. Heutzutage trinkt jeder in einer Biographie. Es ist eine Tatsache, daß in heutiger Zeit fast jeder überall trinkt. Das muß man aber tadeln.)

„Hast Du Washington getroffen?“ fragte Lincoln.

„Nein. Hast Du Stonewall Jackson getroffen?“

„Nein. Sahst Du Stewart?“

„Nein, dafür aber Andrew Johnston.“

„Ah ja, ich habe eben Charlie MacArthur gesehen.“

„Was treibt MacArthur zur Zeit?“

„Keine Ahnung. Was macht Johnson zur Zeit?“

„Ach, hören wir damit auf“, meinte Lincoln. „Möchtest Du hören, wie ich die Sklaven befreite?“

„Aber ja“, sagte Benchley. „Was ist mit den Sklaven, Lincoln?“

„Ich habe sie eben befreit“, anwortete Lincoln.

„Wie denkst Du, wird sich die Sache entwickeln?"

„Es ist noch etwas zu früh, um darüber etwas zu sagen. Was hast Du eigentlich gemacht, Robert?"

„Geschrieben".

„Wurde etwas veröffentlicht?"

„Schneller, als ich schreiben konnte."

„Fühlst Du Dich gut?"

„Wie meinst Du das?"

„Nun so", Lincoln holte tief Luft und streckte seine Arme. „Überall an der Spitze."

„Ich bin ziemlich beschäftigt", anwortete Benchley.

„Sie nennen mich nun den Sklavenbefreier", erklärte Lincoln.

„Schöner Name", entgegnete Benchley. „Klingt besser als Weichensteller."

„Bin nicht so sicher", meinte Lincoln. „Auf den alten Namen war ich stolz."

„Nun", meinte Benchley, „Ich muß nun weiter. Komm und besuche mich doch gelegentlich, Sklavenbefreier."

„Für Dich Weichensteller", sagte Lincoln und legte seinen Arm fürsorglich auf die Schulter des jungen Mannes.

Benchley ging die Straße hinab. Es war sehr merkwürdig gewesen, Lincoln wiederzutreffen. Seltsam, wie groß Lincoln war.

* * *

## HEMINGWAYS LOGBUCH (AUSZUG)

2. Mai: abgelegt um 11.30 Glas 29,92 — Wind dreht von Süd nach West — dann NW — frischt gegen 13 Uhr auf — Fahre Westwärts — 14.55 einen Schwertfisch eine Meile westlich von Banes gesichtet. Westlich von Madrid drückt ein großer Schwertfisch den Ausleger auf Backbord nieder 15.30 — er kämpfte gut — sprang 10 oder 12 mal, bricht nach NW aus — am Haken um 16.20 (Nr. 1) — 3 Meilen westlich von Cabañas einen guten Balao gefangen — 16.50 nimmt der Wind wieder zu — richtiggehend rauh, als wir 18.00 in Cabañas einlaufen — ankern im Westteil des Hafens — viele Moskitos, daß wir den Hafen verlassen und außen vor der Boje ankern — Marty rudert mit dem Skiff hinaus und schwimmt während Gregorine kocht — solange es Tag ist keine Moskitos — leichter Regen um Mitternacht ...

7. Mai: abgelegt um 14.45 Glas 30.08 — gleiche Strömung — frische ONO-Brise — See rauh aber nicht so rauh wie bei einer gleichzeitigen starken Strömung — Wasser klar und tiefblau — viele kleine fliegende Fische — 15.10 vor der Festung von Cabañas ein Barracuda hereingezogen — 15.20 einen großen weiblichen Delphin gefangen — 15.55 Gregorio sichtet auf der Höhe der Zementfabrik zwei Marline ziehen westwärts — verfolgen sie in die offene See — einer am Backbord Ausleger einer an Steuerbord — EH übernimmt den Fisch an Backbord — fängt an zu springen — der andere Fisch nimmt den Köder an Steuerbord — läßt ihn wieder los — das Schiff verfolgt ihn während EH mit dem anderen Fisch kämpft ... bringt ihn längsseits und an Bord — viele fliegende Fische und Vögel.

10. Juni: schrieb 870 Worte — abgelegt um 15.00 Glas 29.97 — Strömung nicht so stark wie an anderen Tagen — Wasser blasses Blau — frische ONO-Brise — Pat draußen — Fahren westwärts Richtung Punta Brava — zwischen Nacional Hotel und dem Almendaras (Fluß) gute Fischgründe — Italien erklärt den Krieg — 24 Jahre seit dem letzten Mal — Politik: immer noch derselbe gemeine Schakal.

* * *

## GRACE HALL-HEMINGWAY „UNSERE VORFAHREN" (AUSZUG)

[Bei dem Manuskript lag eine handgeschriebene Notiz vom 25. Juli 1940.]

Mein lieber Sohn Ernest,
das ist die Familienchronik, die ich letzten Sommer niederschrieb. Sie umfaßt 200 Jahre und fünf Generationen.

Meine Quellen waren: die Memoiren von William Edward Miller (dein Ur-Ur-Großvater); die mündliche Überlieferung meiner Großmutter über ihren Vater, die Mutter, ihren Ehemann und die Kinder; die Erinnerungen meiner Mutter an ihre Vorfahren und dann meine eigenen Erinnerungen.

Vielleicht bewahrst du es für deine Kinder auf. Es gibt keine weitere Kopie. Damit es nicht verloren geht, habe ich es für Euch aufgeschrieben.

Ich hoffe, Du kannst es gebrauchen. In Liebe Deine Mutter
Grace Hall-Hemingway

William Edward Miller (der Ur-Ur-Großvater): Nach seiner Heirat ließ er sich in Sheffield nieder. Als Musiker war er sehr bekannt. Für ihn ging ein Traum in Erfüllung: er wurde Besitzer einer Violine aus Cremona. Und er war einer der besten, wenn nicht gar der beste, Violinspieler Englands ... Eines Tages hörte er den bekannten Prediger John Wesley, der sein ganzes Leben verändern sollte: er schwor, sein Leben dem Evangelium zu widmen. Er fühlte, daß seine geliebte Violine bei dem Ziel im Wege war und rührte sie nie wieder an. Bis zum heutigen Tag ist sie im British Museum zu besichtigen.

Mary Dunhill Miller Hall (die Ur-Großmutter) und Ernest Miller Hall (der Großvater): Sie war eine Frau von großer Strenge, der sich der Ehemann und die Kinder unterordneten. Sie war aktiv in der Methodistischen Kirche und ließ sich keine Predigt entgehen. Nach dem Tod ihrer jüngsten Tochter folgten die Eltern ihrer ältesten Tochter nach Amerika. Zurück ließen sie den zwölfjährigen Ernest und den zehnjährigen Gillum. Nach drei Jahren hatten sich die Eltern in Dyersville eingelebt, und sie schrieben den beiden Söhnen, daß sie nachkommen sollten. Ernest war inzwischen ein großer Verehrer der Erzählungen von Charles Dickens. Die beiden machten sich also auf die abenteuerliche Reise.

Mein Vater Ernest war ebenfalls ein sehr gläubiger Mann, er betete oft zurückgezogen in seinem Zimmer, „ging und sprach mit Gott".

Dr. Clarence E. Hemingway (der Vater): Ein Jahr nach dem Tod meiner Mutter heiraten wir beide. Dr. Hemingway hatte sein Examen hinter sich und arbeitete als praktischer Arzt in Oak Park. Mit meinem Vater verstand er sich so gut, daß er immer sagte, er hätte zwei Väter. Selbstlos half er, wo er konnte, und die Menschen dankten es ihm.

Unsere Ehe wurde mit sechs Kindern gesegnet:

| | |
|---|---|
| Marceline | Musikerin, Bildhauerin |
| Ernest | Erzähler |
| Ursula | Bildhauerin |
| Madeleine | Pianistin, Harfenistin |
| Carol | Schriftstellerin |
| Leicester | Redakteur |

* * *

## BRIEF VON PAULINE PFEIFFER

November 1940

Lieber Ernest,

die Kinder kamen in einer ausgezeichneten Verfassung an. Sie sehen gut aus, sind voller Träume von wilden Tieren und einer großen Freude. Gigi geht wieder zur Schule und Patrick wird in Atem gehalten, stell Dir vor, von wem — von Canby. Nicht im Traum dachte ich daran, doch machte ich ihm den Vorschlag — eigentlich hatte ich es schon mit Evan abgemacht. Canby geht es dieses Jahr viel besser, er trinkt weniger, und man kann sich auf ihn verlassen, so daß ich Patrick in seine Obhut gab. Er brauchte eine Beschäftigung und stürzte sich gleich auf die Arbeit. Zunächst war ich skeptisch, ich dachte, er faßt es als eine nachträgliche Bestätigung auf. Ich schrieb Evan und sandte ihm den Lohn für zwei Wochen. Ich schilderte ihm die Situation und entgegenkommend wie Evan immer ist, verstand er die Situation. Also alles ist okay.

Ohne Vergleich sind die Fasane. Ich probierte noch nie etwas so Vollkommenes. Der Geschmack, die Zubereitung, die Qualität und das Gewicht — alles war perfekt. Danke, daß Du mich erinnert hast — glaube aber nicht, daß das viel bedeutet — ein altes Lied aus der Hitparade. Sie waren jedenfalls köstlich.

Von Onkel Gus bekam ich einen Brief, in dem er mir schrieb, daß Du der Meinung bist, Patrick sei ein ausgezeichneter Schütze. Und wenn Du irgendwelche Schwierigkeiten hast, für ihn ein Weihnachtsgeschenk zu finden, solltest Du Ihm ein Gewehr schenken. Onkel Gus fragt mich nun, ob ich das richtig finde. Es scheint eine dieser Schrotflinten zu sein.

Nach Patricks Beschreibung eine dieser Winchester um neunzig

Dollar. Das scheint mir doch ein zu großes Geschenk zu sein für einen Jungen mit zwölf Jahren. Wie denkst Du darüber? In dem Alter hattest Du sicher genausoviel Freude für etwas weniger Geld.

Wenn Du also glaubst, daß das ein passendes Geschenk für ihn ist, ist es da nicht besser, Du und Onkel Gus schenkt es ihm? Von Patrick hörte ich, daß Du demnächst in New York sein wirst. Ich schreibe schon mal Onkel Gus, ihr könnt euch ja dann treffen und das mit dem Gewehr klären. Ich wollte Dir nur mitteilen, wie ich in der Sache denke. Vielleicht geht es Dir ebenso. (...)

Sobald Du unten bist, laß es mich wissen. Viel Glück

Pauline

Gerade hörte ich, daß Du und Mart verheiratet seid. Die besten Wünsche und viel Glück.

* * *

## BRIEF AN INGRID BERGMAN

15. November 1941

Liebe Frau Bergman,
ich war glücklich, von Ihnen in der Paramount Angelegenheit zu hören, wenn auch die Neuigkeiten in Ihrem Brief nicht erfreulich waren. Ich denke, daß es weiterhin möglich ist, daß Sie die „Maria" spielen. Zu dem Film gibt es noch eine Reihe von Abmachungen und Versprechen.

Sam Goldwyn lehnte zunächst ab, daß Cooper für Paramount spielt: nun sieht es so aus, als ob das klar ist. Paramount hätte die größten Schwierigkeiten mit dem Film bekommen ohne Cooper. David Selznik bemühte sich sehr erfolgreich in der Angelegenheit mit Cooper, um Howard Hawks als Regisseur und Sie als „Maria". All dies ist vertraulich, und ich schreibe es Ihnen nur, weil wir weiterhin hoffen, Sie in der Rolle des Mädchens zu sehen. Niemand würde ich lieber in der Rolle sehen, und bislang sperrte ich mich gegen jede andere Besetzung.

Mrs. Hemingway läßt Ihnen die besten Wünsche ausrichten, und wir beide hoffen, daß wenn wir uns das nächste Mal treffen, wir nicht wieder eilig nach China aufbrechen müssen.

Mit den besten Grüßen
Ihr Ernest Hemingway

## BRIEF VON HOWARD HAWKS

11. Oktober 1943

Lieber Ernest,
über unser Telephongespräch habe ich mich sehr gefreut.

Von Howard Hughes kaufte ich für einen unverschämt hohen Preis „Haben und Nichthaben". Es war zwar ein gutes Geschäft für mich, doch laß es uns das nächste Mal zwischen uns festmachen, daß Du auch das Geld bekommst. Wir sind nun bei der Hälfte des Drehbuchs und werden zum Ende des Monats fertig sein.

Vielleicht komme ich zum 15. November hinunter nach Havanna, um an der Küste und im Hafen einige Szenen zu drehen, wenn es reicht noch einige Fischereiszenen. Slim freut sich jetzt schon darauf, mit Dir umherzuziehen, während ich arbeite. Kannst Du mir Näheres über die gegenwärtigen Möglichkeiten mitteilen? Das Transportieren ist eine der größten Schwierigkeiten heutzutage.

Ernest, kennst Du einen Politiker da unten, der uns beim Filmen eine Hilfe sein kann oder ein paar Seeleute, die sich in den Keys und in Havanna auskennen? Jede Hilfe von Dir ist mir willkommen.

Im Imperial Valley jagten wir, Slim, David und ich, erfolgreich Tauben; die ganze Gefriertruhe war voll, und jeden Tag, wenn wir Tauben essen, denken wir an die Hemingsteins.

Es machte mir großen Spaß, bei der 4. Kompanie der Air Force Schießunterricht zu geben. Wie schnell die jungen Burschen lernen!

Laß es mich wissen, ob Du am 15. in Havanna bist, daß wir das etwas koordinieren.

Mit den besten Grüßen
Howard Hawks

P.S.: Bei der Gelegenheit: Humphrey Bogart wird den Harry Morgan spielen, ich glaube, das ist eine gute Wahl.

*Hemingway und Adriana Ivancich (Vorbild zu Renata in „Über den Fluß und in die Wälder". Cortina d'Ampezzo 1950.*

*Hemingway an der Hausbar auf der Finca Vigía.*

*An der Haustür der Finca Vigía in den letzten Lebensjahren.*

*Vier ausgezeichnete Piloten besuchen Hemingway auf der Finca Vigía, 1954.*

*Hemingway bei der Verfilmung von „Der alte Mann und das Meer".*

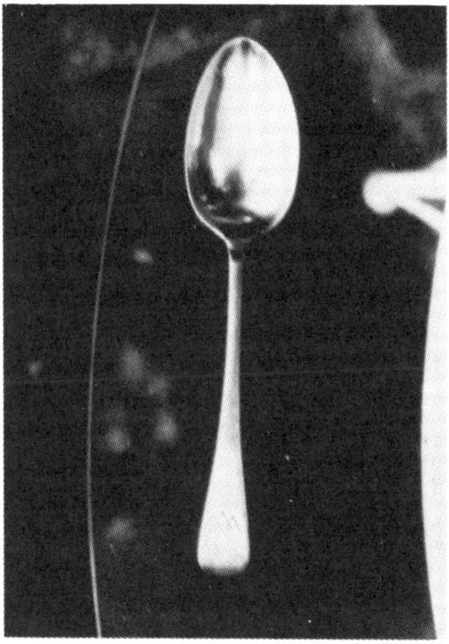

*Das Symbol der Finca Vigía wurde auf den verschiedensten Gegenständen versehen. Die drei Bergspitzen stellen sowohl die drei Hügel Paris' dar, als auch die drei Hügel der Finca Vigía. Die Indianerpfeilspitze symbolisiert den Stamm der Ojibwa, in deren Gebiet Hemingway einen großen Teil seiner Kindheit verbrachte. Die beiden Balken, dargestellt durch die drei Striche, weisen auf den Rang des Hauptmanns hin, den sowohl Ernest als auch Mary während des Zweiten Weltkrieges inne hatten. (Celso Rodriguez)*

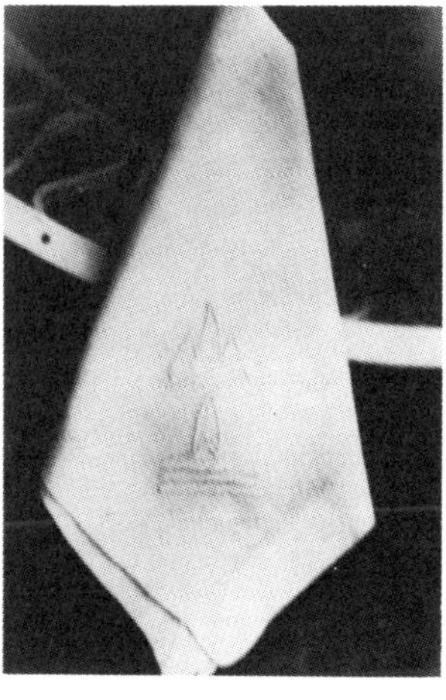

*Die Royal-Reiseschreibmaschine an ihrem üblichen Platz auf dem Bücherbord der Finca Vigía. (Enrique de la Uz)*

## BRIEF AN MARY WELSH

Mittwoch, den 8. November 1944

Geliebter Wildfang:
Bald nach Dir reiste Sergt ab. Kurt Show von den irregulären Truppen kam mit Jean, Marcel und einem Brief von Stevie vom Hauptquartier. Der Transport wird losgehen, und wir hauen ab. Einige Reparaturen sind noch für den Transport nötig, wir werden übermorgen bei Tagesanbruch aufbrechen. Jimmy Cannon ist auch dabei.
Moretti kam mit Nachrichten über Bumby, und ich treffe ihn in wenigen Minuten in der Bar. Dave Bruce rief an, um mit mir an diesem Abend zu essen. Heute nachmittag werde ich Shaef treffen und meine Befehle erhalten. Ich nehme Richard nicht mit. Marcel lasse ich zurück. Sorge Dich nicht um die Zukunft, sondern hoffe, daß mit der Zeit alles besser wird. Es war schon immer so. Fühle mich momentan nicht sehr glücklich, und Du wirst es verstehen, daß es mich zermürbt, fern der Schlacht — oder der Flasche — zu sein, und ich träume davon zu leben, zu schreiben, ein Doppelbett zu besitzen und unser schönes, prima Leben, das vor uns liegt, zu genießen. Stevie schreibt, dies sei die wirkliche Arbeit, und wir würden den Ruhm davontragen.
Teague muß sich darauf freuen. Hoffentlich kriegen wir gute Verstärkung.
Mary, meine Geliebte, ich liebe Dich so sehr, und ich kann dem nichts weiter hinzufügen. Außer daß ich Dich immer noch mehr liebe. Ich fühle mich nur leer, krank und sehne mich die ganze Zeit nach Dir, es ist, als ob die Hälfte von mir fehle, mehr als die Hälfte.
Meine Allerliebste, seien wir geduldig und tapfer und gut, trotz allem, was uns die Menschen und die Welt anzutun versuchen.
Es tut mir leid, unsere Gemeinsamkeit auf diese Weise zu gefährden, es ist ein Anschlag — aber es ist das letzte Mal. Und ich glaube, daß nicht alles so sein wird, wie wir es uns wünschen, wenn ich jetzt nicht gehe und Buck und Co. im Stich lasse, nur weil ich nicht gehen will. Ich kann sie in dieser verdammt großen Sorge, die wir alle teilen, dem Krieg, ein wenig glücklicher machen.
Wie ich Dir nach meinem Treffen mit Beadle mitteilte, schätze ich es wirklich, an der Leitung einer solch gewaltigen, unglaublichen und weltverändernden Sache mitgewirkt zu haben. Es ist schön, Dein Vertrauen zu genießen und zu wissen, daß Du mich und die Atmosphäre hier verstehst.
Alles was ich jemals tun kann, um Dich dafür zu entschädigen, daß ich Dich allein ließ, ist, mit Deiner Hilfe etwas zu machen, das Dein Opfer entschädigen kann.
Ich verstehe so gut, daß Du nun an die Front gehst — nicht wegen des

Ansehens — nicht wegen einer Anschauung — sondern (vielleicht bin ich nur selbstgefällig und irre mich), um etwas über mein Ziel zu erfahren. Wie auch ich stolz war, etwas über Dein Ziel zu erfahren. Unnötig zu erwähnen, daß Du mir mit Bumby einen großen Gefallen tust. Ich weiß, daß Du es ebenso weißt.

Ich schreibe in diesem dummen, moralischen, vielleicht kitschigen Ton, weil es eines unserer schönsten Abenteuer war, zu versuchen, uns gegenseitig zu verstehen, des anderen Ziele und Werte zu begreifen und uns nicht nur zu lieben und zu streiten. Du kennst das „Ich liebe Dich, Du bist eine Schlampe. Doch oh Gott, wie sehr liebe ich Dich." Die Schule des Liebens. Doch laß uns ein wirkliches Verständnis füreinander aufbringen, das so dauerhaft ist wie Beton, verstärkt mit den Eisenstäben unserer Liebe.

Geliebter Wildfang, ich möchte so gerne ein glückliches Leben mit Dir führen. Ich möchte nicht immer so ernst sein wie jetzt. Ich möchte so vergnügt wie möglich sein. Und im Innern möchte ich Dir treu und aufrichtig dienen, so wie einige sehr langweilige Leute ihrem Land dienen wollen und noch traurigere Leute ihrem Gott dienen wollen — aber manchmal sich dabei sehr glücklich fühlen. Du bist ein richtiger kleiner Gott mit einem Gesicht, bei dessen Anblick mein Herz jedes Mal höher schlägt, und einem liebreizenden Körper mit einem netten großen Hintern. Wildfang, ich liebe Dich — und wir werden es zusammen schaffen — zusammen ist viel besser als getrennt. (Könnte darauf eingehen. Habe aber keine Zeit.)

Mein lieber Wildfang, ich möchte versuchen, Dir ein guter Ehemann zu sein und zu arbeiten, daß Du stolz auf uns sein wirst — und weil die Arbeit von uns gemeinsam getan werden muß. Allein könnte ich es nicht schaffen.

Im Bett, in der Schnee-Eifel machten wir ein Gedicht. Ich sollte es niederschreiben, statt dessen lebten wir es. Wir und all die Jungs. Nun Liebste muß ich gehen.

Phil darfst Du nicht trauen — er ist ein krummer Hund — oder vielmehr ein schlechter Soldat mit einem falschen Gesicht.

Er sprach mit der MP und dem Colonel und fragte sie: „Weshalb könne er kein Mädchen haben, wenn E. Hemingway eines habe?"

Auf die fixe Idee, ich hätte ein Mädchen, kam er, weil ich mich die Nacht zuvor bei ihm entschuldigt hatte, ich müsse gehen, um ein nettes Mädchen zu treffen. Dies gestand mir das arme Schwein letzte Nacht, als er auf einen Drink zu mir kam und bis zwei Uhr in der Früh da blieb. Ich verhielt mich sehr kühl. Es war schrecklich. Du weißt, daß der Bursche in meinem Haus Drinks serviert bekommen hatte. Er hatte auf meinem Boot gefischt.

Ich forderte ihn auf, sich im Zimmer umzusehen und festzustellen, ob er nicht etwas entdecke, das er noch anzeigen könne. Dies brachte ihn zum Weinen. Deswegen wird er wahrscheinlich etwas viel Schlimmeres anstellen.

Scheißkerle hasse ich zutiefst, Liebste. Ein Fehler gefällt einem Scheißkerl immer. Vermutlich traue ich meiner Nase für solche krummen Hunde nicht. Hier kannst Du helfen. Jeder kann bezeugen, daß Butch ein Scheißkerl ist. Doch sie erscheinen in den unterschiedlichsten Gewändern.

Bis dann, geliebter Wildfang. Ich liebe Dich von ganzem Herzen.

Dein Einziger

Lege Deinen Scheck bei. Wir setzen aus Spaß große Summen für den großen Zaster. Unter uns. Doch in unserer Familie (ich und Du) setzen wir 10% der Wettsumme. Manchmal 1%. Das ist eine Regel des Hauses. Du schuldest mir fünf Eier. — Kaufe Dir bitte davon Hausschuhe, da ich keine Zeit dazu habe. Ich liebe Dich.

EH

Vorschrift des Großen Sporthauses.

* * *

## BRIEF AN MARY WELSH

11. November 1944

Geliebter Wildfang:

Ich dachte die ganze Zeit in großer Liebe an Dich. Hoffentlich hattest Du eine angenehme Reise. Gestern Nacht und heute Morgen schneite es bei uns sehr heftig. Nun ist es besser. Ein wunderbar wildes, schönes und unwegsames Land, viel wilder als wir bisher erlebten und wirklich das überwältigendste, das ich jemals sah. Ich denke noch genauso über unsere Aussichten wie bei meiner Abreise. Ich fühle mich innerlich noch genauso glücklich und scher mich den Teufel um das Gefühl, das immer aufkommt, wenn der Ballsaal der Bananenfabrik öffnet. Die Lage ändert sich, wenn die Kämpfe aussetzen und die nichtkämpfenden Zivilisten irgendwie versuchen, den Kämpfenden auch noch die anderen Arbeiten aufzulasten. In der Armee gibt's ständig Eifersüchteleien und alte und neue Mißgunst und wenn Du mir gegenüber jemals grob wirst, werde ich Dich bei Gott bei Hobson's Hallow schnappen. Du bekommst das nicht so sehr mit, weil Du diese Art der Metaphysik kennst. Schon am Start beim Mogeln erwischt worden. Mit jedem Schritt vorwärts lerne ich dies jetzt — irgendwie traurig, eine Art Fortsetzung der Ungerechtigkeiten des Seminarsystems in Yale und in den Studentenvereinigungen. Ich suche nach Worten, um den Ältesten zu erklären, daß ich sie gern habe — sie waren alle gut —. Doch gab es Unterschiede

und eines ist nicht wie das andere. Wenn sie einmal lausige Gestalten gesehen hätten oder mit welchen zusammengewesen wären, hätten sie gewußt, daß wir nicht so lausig und keine Unterscheidungen nötig sind. Jeder weiß dann vom anderen und führt sich auch nicht auf.
Fronstsoldaten unterscheiden sich sehr stark voneinander, wie Du kürzlich gesehen hast. Du sahst eine ausgezeichnete Kampfeinheit. Muß schön dort unten gewesen sein. Wäre gerne bei Dir gewesen.
(Nächster Tag) Ich vermisse Dich ständig, geliebter Wildfang — die gestrigen Aussichten gefielen mir nicht so, daß ich Dich etwas früher als üblich weglegen mußte. Ich meine das poetisch — (nicht wirklich weglegen — und auch nicht aufhören zu vertrauen, lieben und zu hoffen —). War gestern der alten Hure, der Unwissenheit der Menschen sehr nahe — doch schlau hielt ich Abstand — klingt angeberisch — doch, Du hättest Dich gefreut.
Schnee, Schnee, nichts als Schnee, Regen, Regen, nichts als Regen — ein lausiges Wetter — hoffentlich ist es bei Dir besser. Schnee macht die Minen zu einem wirklichen Problem — gestern geriet ein Jeep, dessen Windschutzscheibe so dreckig und vereist war, daß der Fahrer nichts mehr erkennen konnte, auf einer Straße, die als OK erklärt worden war, in ein Minenfeld. Der Jeep war auf dem Weg zu einer Stadt, die ebenfalls als OK bezeichnet wurde, die, wie sich aber später herausstellte, von Krauts gehalten wurde. Solche Geschichten können zu unglücklichen Ergebnissen führe.
Ich gehe zu meinem Freund Buck hinauf. Er fühlt sich elend — Grippe, Halsweh und andere solcher Probleme.

(Später)

Liebling, was für ein lausiger, miserabler Brief.Ich dinierte mit Buck drei Stunden lang im Wagen. Wir sprachen über vieles — technische Sachen und Probleme, die mit dem Winter aufkamen etc., und ich erzählte ihm von Dir und unseren guten Erwartungen und wie glücklich ich mit Dir war (lies: mit Dir bin).
Wir waren ziemlich albern und lustig, meine gesamte Winterkleidung wurde für den Fall meines Todes verteilt — Blazzard bekommt die Jacke und ich seine nächste Schnapsration — das Boot gibst Du Buck, wenn Du es nicht möchtest.
Bei Gott, ich hasse es hier herumzuhängen. Jeden Morgen wie alle bereit, mich beim Ballspiel ins Zeug zu legen — nichts.
Man kann nicht zu Fuß gehen, Liebling, denn der Schnee, Matsch und Schlamm klebt an den Schuhen und von den Straßen vertreiben dich die Lastwagen. Ich nehme täglich drei Mahlzeiten zu mir, was mir gut tut, mich aber fett wie ein Schwein macht. Einige spielen Karten, andere wiederum streiten sich. Mit meiner Lieblingsbeschäftigung, umherzustreifen, zu schauen und das Gelände kennenzulernen, ist es vor-

bei, denn in dem Regen, Schnee und Dreck kann man nichts mehr erkennen, und in den Wäldern kann man sowieso nichts sehen.

Später — (In der Nacht des 13.)

Vor dem Dinner las ich den Jungs laut vor (San Ten) — las es nun zum zweiten Mal und finde es immer besser — las auch erneut Marshal de Saxe. Es ist schwer, etwas zu lesen, an dem man sich festbeißen kann. Ich verstehe, weshalb Du nur selten liest — denn Du wartest immer darauf, daß irgendetwas beginnt — mit Dir ist es die ganze Zeit so — bei Dir beginnt jeden Morgen etwas um zehn Uhr.

Ich bin verteufelt gut aufgelegt und mache die ganze Zeit Späße für die Jungs, glaube also nicht, daß ich Trübsal blase.

Doch alles kann jederzeit in Bewegung geraten und daß sich nichts bewegt, liegt nicht in meiner Verantwortung. (Und ist auch nicht nach meinem Geschmack). Ich glaube, daß es mir sehr schwerfällt, mich zu entschließen, irgend etwas zu tun, aber wenn ich darauf vorbereitet wäre, ginge ich gerne. Verurteilte man mich dazu, an einem bestimmten Tag um sechs Uhr morgens erschossen zu werden und sie würden mich nicht erschießen, würde ich sie darum anflehen. — Es geht schon in Ordnung, dies zu schreiben; denn ich will diesen Brief nicht eher senden, als daß sich etwas verändert. Ich schreibe Dir nur täglich ein wenig, um etwas von der Einsamkeit zu verlieren — im Kampf kann man viel schreiben — doch während des Wartens geht nichts.

Werde morgen fortfahren, sofern kein Ballspiel stattfindet. Gute Nacht, liebster Wildfang. Bitte liebe mich sehr. Ich freue mich so sehr auf ein heißes Bad (gemeinsam).

Wir leben hier alle zusammen in einem Raum, der gleichzeitig Eß-, Wohn -, Arbeits-, Karten- und Badezimmer ist — kein Privatbereich — nicht wie im alten Farmhaus.

Nächster Tag — 14. November

Zu anständig, um auf den Boden zu spucken — doch so vornehm, daß wir alle in der Küchenspüle baden. Ich schlafe in meinem ungemütlichen Schlafsack in einem Bett beim Fenster — auf dem Feldbett daneben ein anderer Bursche — zwei weitere im anschließenden Zimmer, das gleichzeitig das Eßzimmer ist und in dem sich auch ein Ofen befindet. Wir hielten ihn Epernay und Jean kaufte 37 Flaschen des vorzüglichen Brut — der gleiche wie im Ritz — 1.20 pro Flasche — Ich besitze einen alten Vorderlader, mit dem ich einen Champagnerkorken abfeuern kann. Ich schoß dem Koch eine Zigarette aus der Hand — Traf Pelkey hinterm Ohr — sagte beide Schüsse voraus — Sie ist als Dr. Hemingsteins Geheimwaffe bekannt — Wir beschossen noch viel — Jeden Abend — Heute besuchte ich wieder Buck — Wir fachsimpelten überhaupt nicht — Nur der Marshal de Saxe, das Schreiben, die Zukunft etc.:

Nächster Tag — 15. November

Standen letzte Nacht, wie Du es nennst, unter Feuer — nicht sehr schlimm, würde jedoch einen Feuerwehrmann ziemlich beeindrucken — etwas schlechter Tag heute — Die Deutschen haben ungefähr 19 Batterien Artillerie hier — Stevie und ich gingen zwischen ihnen hindurch, um sie genauer zu sehen — das Haus wackelte ziemlich — an der Front Schnee und Nebel — die Wälder sind hin — sah alles genau an und versuchte, es mir deutlich einzuprägen — ging mit Buck Essen. Wir erzählten uns allerlei dummes Zeug, und er erzählte Geschichten nach dem Muster „Wenn jemand Dir das Gefühl vermittelt, ein Homosexueller zu sein" — Schäme mich sehr, daß ich mich nicht an meinen Lehrer an der High School heranmachte — War aber zu schüchtern.

Liebling, wäre ich kein solcher Schwachkopf ... könnte ich Dir verdammt interessante Briefe schreiben. So aber zeichne ich nur Deinen Mann, wie er sich mühsam mit einem Jeep (Bumm) durch den Schnee quält (Bumm), bis zu den Knieen im Dreck (Bumm), im Wald (Bumm), umgestürzte Bäume (Bumm), notdürftig reparierte Häuser, die über das Krautland starren (Bumm Bumm), in Kraut-Dörfern (Bumm Bumm tot tot tot tot), im Bett (Bumm Bumm doppeltes Bumm). Er redet eine halbe Stunde mit sich, ehe er am Morgen aufsteht: „Ich will an überhaupt nichts denken, nur still hier liegen, weder fragen noch hoffen, nur ausgestreckt liegen, nicht denken und mein verdammtes Herz ausruhen." Doch stattdessen denke ich an meinen Wildfang, der in die Bar kommt, in das Zimmer, sich an den Tisch setzt, wache und spreche, schlafe, wache, in der Zeit, wenn sie heißes Wasser haben — wir gehen den Fluß entlang, im Bett, wiederhole im Bett, im Bett, auf dem Boot: besonders auf dem Boot und im Doppelbett, wir nehmen einen Drink und streiten. Du erklärst mir, wann ich mich dumm benahm, stehst zu mir, wenn ich angegriffen werde, wir zaubern zusammen ... Oh Wildfang, ich liebe Dich so sehr. So sehr. Das Warten bekommt mir nicht; doch ich versuche, mit Späßen noch das Beste daraus zu machen.

Liebling, ich höre jetzt auf. Ich liebe Dich, wie Du wohl weißt. Ich hoffe, Dir geht es gut. Schreibe bitte. Ich will Dir diesen Brief erst später schicken, schreibe Dir vorher noch einen anderen Brief.

Ich liebe Dich mein Darling,
Dein Einziger

* * *

## BRIEF AN MARY WELSH

15. November 1944

Geliebter Wildfang:

Habe Dir einen langen Brief geschrieben, schrieb über das, was hier jeden Tag so los ist, er wird Dir schnellstens geschickt werden. In der Zwischenzeit eine kurze Nachricht, um Dir mitzuteilen, daß ich noch immer liebe. (Stärker als jemals zuvor). Es ist viel los, kann wahrscheinlich nicht vor sieben oder zehn Tagen zurücksein, hängt von den Umständen ab. Tubby geht's gut, Buck geht's gut, den Feunden geht's gut.

Die Aussichten sind auch gut. Meine Moral ist gut.

Habe von Dir noch nichts gehört. Meine allerliebste Geliebte, ich liebe Dich immer mehr. Im Brief, der noch kommt, schreibe ich Dir, wie sehr und wie und weshalb — obgleich ich unter der Zensur nicht sehr gut schreibe. Steckte nie in einem größeren und weniger versprechenden Trubel als jetzt.

Lasse es Dir bitte gutgehen, beobachte und lerne Neues kennen und gehe mit jedem aus, doch Du sollst wissen, daß ich Dir im Kopf und im Herzen und, was sollen wir sagen, mit dem Hoden treu bin. Es kommt mir so vor, als hättest Du mich auf eine Patrouille durch ein dicht bewaldetes Land, mit beträchtlichem Schnee, viel Stacheldraht, Ruinen, der einen und der anderen Sache geschickt — (Du schicktest mich nicht, ich wollte lieber bei Dir sein, aber ich mußte in dieser schlechten Zeit etwas aushelfen.)

Es ist noch nicht der Tag X, und es geht mir gut, Passe aber auf uns auf.

Erhieltest Du den Brief von Willie?

Hoffentlich war er nicht so scheußlich ernst und traurig. Ich bin zu 90% vergnügt, vielleicht auch mehr und mache ziemlich gute Späße, auch wenn die Zeiten schlecht sind.

Liebling: ein Sextett oder Oktett grauenhafter Kerle, Helden sogar Carson, werden für 20 Minuten vorbeischauen und zum Hauptquartier gehen. Dort werden sie eine jener verlogenen Verlautbarungen erhalten, die in ihren Händen aufblühen wird, wie einer jener dürren chinesischen Stäbe, der sich im Wasser in einen Drachen verwandelt (erinnere Dich), doch wir leben hier — und nun bin ich so furchtlos, daß es sogar mich beeindruckt — daß wir in das Kindertheater gehen müssen und uns zusammen gemütlich erschrecken lassen. Viel Bumm — Bumm jetzt hier. Ich liebe Dich, meine Liebste.

Schreibe mir bitte, wenn Du Zeit hast. Kommst Du aber nicht dazu, verstehe ich dies, und es ist OK.

Geliebter Wildfang, wir sind ziemlich bald auf dem Boot. Weihnachten in Havanna (oder auf den Bermudas).

Der Deinige

16. November, nachmittags
Fühle mich wohl und glücklich.
Liebe Dich sehr.
Papa

* * *

## BRIEF AN HENRY LA CORSITT FÜR MARY WELSH

Wildfang:
Für Deine Akten eine Kopie des Briefes für den Fall meines Todes.

16. November 1944

Herrn Henry La Corsitt
Editor Colliers
Lieber Henry:
Sie forderten mich nie dazu auf, einen Begünstigten für die Versicherung zu nennen, die Colliers für mich abschloß. Ich ernenne hiermit Mary Welsh von Life and Time Inc., 4 Place de la Concorde zur einzigen Begünstigten dieser Versicherung und widerrufe mit diesem Brief alle früheren Begünstigten, die vielleicht genannt worden sind. Ich schloß mit meiner Frau Martha Gellhorn-Hemingway vor ihrer Abreise aus New York einen Gütervertrag auf Gegenseitigkeit ab, und sie ist gut versorgt worden.
Zusätzlich zu dem Geld, das Colliers vorschoß, gab ich noch 3950 Dollar aus meiner eigenen Tasche dazu. Würdest Du bitte 1500 Dollar davon an meine Frau Martha G. Hemingway überweisen; denn sie schoß mir das Geld vor, und den Restbetrag auf mein Konto bei der Guaranty Trust Co. of N.Y., Fifth Avenue Branch, N.Y.C., einzahlen.
Dein sehr ergebener

Ernest Hemingway

Beigefügt ist die Kopie des Briefes, der im Falle meines Todes von hier abgeschickt werden soll.

* * *

## BRIEF AN MARY WELSH

16. November 1944

Meine Liebste:
Heute hatten wir schönes Wetter — das erste Mal, seit ich hier bin, und wir spielten wunderschön, wir gingen bei jedem Wetter hinaus —

Schnee oder Dreck — Wir hatten einen leichten Wind — Ich hätte alles darum gegeben, wenn Du es gesehen hättest. — Ich stand früh auf und schrieb einen Brief für den Fall meines Todes (die Versicherungssumme beträgt 50.000, sagen sie) an Colliers. Ein Durchschlag geht an Dich. Dann waren die Probleme vergessen, und ich fühlte mich so glücklich, als ob ich an einem schönen klaren Herbsttag mit der Hundemeute in einem guten Land jagen würde.
Wir hatten einen außergewöhnlichen Morgen (kannst Du jemanden heiraten, der so etwas schreibt?), aber gelegentlich werde ich es für Dich besser formulieren. Jedenfalls trat ich dem alten sch.- RC mehrmals in den Arsch. Dann ging ich mit Buck in die Wälder. Alles ist gut. Der morgige Tag wird schwieriger, aber wir werden OK sein und sobald der Kampf losgeht, wird es sowieso gut sein. Heute hätten wir 6 Krauts töten können (genauer gesagt, Jean und Red hätten es tun können) — Sie entkamen vor unserer Nase über ein Feld in eine Schlucht. — Die Krauts galoppierten — starke, gesunde, kräftige Krauts — sie entkamen, um am nächsten Tag erneut zu kämpfen — Red sagte: „Papa, bitte Papa!“ und Jean sagte: „Herr H., denken Sie nicht, daß wir könnten, Sir?“ Sie stürzen aus einem Haus, als die Panzer vorbeifuhren. Es war ein merkwürdiger Morgen — Die O.P. beschossen viel, sehr viel. Du hättest den Anblick der Schlacht genossen, alles so klar, wie auf einem alten Schlachtgemälde. Der beste Standort, den ich jemals hatte, um eine Schlacht zu verfolgen. Die Krauts galoppierten geschickt entlang der gesamten Front. Kein bedeutender Vorfall, aber ich denke, der einzige, den man erwähnen kann.
Buck ist sehr zuversichtlich. Die Dinge verlaufen so, wie er es erwartete — es gab Kämpfe, wo man sie voraussah — sie waren dort leicht, wo man es dachte — schwer, wo man es nur vermutet hatte.

18. November

Darling, mußte zwei Tage auslassen — Es gab nichts Gutes, über das man schreiben konnte — verschlechtern den Ort des Dichters — Wahrscheinlich war es niemals schlimmer. Nein. Der Wald war nie sehr gut — Die Krauts sind geschlagen, und wir müssen diesen Überrest nur noch zerstören — Aber es ist, als ob man den Würfen eines erfahrenen Spielers gegenübersteht, der alle Tricks kennt und noch vier gute Gelegenheiten im Spiel hat — oder einem Boxer, der noch über 4 von 10 Runden gehen kann — oder sogar über sechs ... Irgendwie schwer zu begreifen. Gestern hörte ich Red Moeller im Radio (Schlachttagebuch). Der Unterschied zwischen seinem vorgetragenen Kommuniqué und unserem sonderbaren Leben war fast obszön. Ich verstehe etwas davon und mag Red. Ich freue mich, daß Du an die Front gingst (nicht, um anmaßend wie Sam zu sein und beispielsweise einige Jungs zu verachten), sondern um einen Standpunkt zu haben, zu sehen und abzuwägen und unser Ziel zu kennen. Zum Teufel, ich muß es versuchen, nur verstehen und nicht voreingenommen sein. Doch Wildfang, dieser Krieg ist ohne Vergleich — Ich bin genau an dem Punkt angelangt, an dem ich 1918 war — Habe das Trinken fast aufgegeben, brauche einen klaren Kopf, muß auf Draht sein. Möchte Dir auch gefallen. Wünschte mir auch, daß viele Krauts aus dem Weg geräumt würden. Dort wo wir schlafen, bebt es ununterbrochen die ganze Nacht — ich ritze Worte in die Wände — Wenn Sam wach ist, denke ich an Dich und liebe Dich und denke an uns und das Boot und wie schön es sein wird, wenn wir verheiratet sind — nicht unterm Joch stehen — stolz sein. Wenn Sam schläft, kann ich von allem träumen, was mir gefällt. Das ist eigentlich wunderbar. Zum Beispiel, ehe wir losschlugen — wir wußten, da war etwas — dachte ich, nun habe ich noch sieben Stunden. So träume ich von Dir — wirklich — ich erfinde keine Träume, auch keine Tagträume — es war ein eigentümlicher, schöner Traum von Dir. Dann träumte ich von Boise, meiner Lieblingskatze, und von Littlest Kitty, und dann erwachte ich und dachte voller Sehnsucht an Dich und welches große Glück ich hatte, auf Dich zu stoßen. Beinahe jede Nacht träume ich seltsamerweise von dem Weißen Turm. Ich denke, daß es damit zusammenhängt, daß ich Dich dort das erste Mal sah. Geliebter Wildfang, mein Liebling, denke an das Boot und das dunkle Blau des Golfstroms, an seine Strudel und die fliegenden Fische in den kleinen Buchten und wir auf der schwankenden Schiffsbrücke; nur mit Shorts bekleidet steuern wir das Boot und ankern bei Nacht hinter dem Riff bei Paraíso. Die See schlägt auf den wunderbaren Sand und bricht über das Riff herein; und wir setzen das Boot gut ans Ufer. Es herrscht vollkommene Stille, nur die Gewalt der Strömung ist spürbar. Wir liegen, unsere Beine berühren sich und trinken Kokosnußwasser, Zitronensaft und Gin. Über der rechten Schulter erblicken wir die wunderbaren, blauen, kleinen Berge, und ich frage: „Wildfang, gefällt es Dir sehr?" (Vermutlich kennst Du höhere Berge, und das ist OK. Aber diese sind herrlich.)

Und Du antwortest irgendetwas, und dann kommt die Nacht und ein anderer Tag, und morgens schlafen wir so lange wie wir wollen, frühstücken, machen einen Kopfsprung über Bord, schwimmen ans Ufer und wandern nackt über den weiten Strand des Atolls, während Gregorio das Boot säubert, und wir haben viel zu tun, geliebter Wildfang. Wir können auf der Farm ein herrliches Leben führen. Gute Bücher lesen und gute Musik hören, gesund bleiben und hart und gut arbeiten und uns immer lieben.

19. November

Mein Wildfang, dies ist der Abend des nächsten Tages, doch es erscheint mir viel später, es ist blöde. Heute gab es wieder schwere Kämp-

fe im Wald; wenn Du sie nur sehen könntest. Die Krauts sind zäh, klug, sehr geschickt und stark. Wir werden einige töten und aufreiben. Heute waren Red und Jean wie blutrünstige Löwen. Der Wald, vieles, alles niedergemacht und in jeder Hinsicht am Ende. Minen und nochmals Minen, Todesfallen, getarnte Explosivkörper, Mörser und MG-Feuer im Wald. Flinke Krauts dringen ein. Miese Zeiten.
Lassen wir das Thema also besser Liebling und überlegen wir uns, wie es ist, wenn Du mit dem Flugzeug aus Miami kommst. Ich werde draußen auf dem Flughafen Rancho Boyeros sein, Du wirst durch den Zoll kommen, und wir werden durch ein wunderbares Land fahren, zu unserem Wohnsitz, dort, wo unser herrliches Leben beginnen wird. Du wirst erschrocken sein — nicht alles auf der Welt ist zerstört, Liebling — und wenn alles zerstört ist, so haben wir doch das prächtige Haus, um darin inmitten der Verwüstung zu schreiben und zu arbeiten. Und wir werden besser dran sein als fast alle anderen. Auf alle Fälle ist es unser Job zu schreiben und nicht einfach nur gut zu leben. Und wir besitzen ein Boot und können einen Küstenabschnitt aufsuchen, der vom Hurrikan nicht getroffen wurde.

20. November

Liebling, ich erhielt den Brief über Bum — Sehr guter Job, nichts zu tun. Dann auch keinen Ärger. Alles kommt nun unter die Überschrift „Zu schlecht“. Doch Pech für unseren Bum. Pech für jeden. Doch Du warst wunderbar und über alles Lob erhaben, wie Du dies so schnell in die Hand nahmst und alles so schön und gut erledigtest. Will es Dir erzählen — nicht darüber schreiben — Das ist mir nun alles klar. Du bist meine Heldin — freue mich, daß die Reise gut verlief. Deinen Brief vom 14., in dem Du schriebst, daß Du West nachhause schicktest, habe ich bekommen.
Es ist herrlich, einfach herrlich. Doch ich will Dir dazu noch einen extra Brief schreiben.
Bin heute Nacht ohne Schwung, irgendwie müde. War den ganzen Tag mit Buck zusammen. Wir hatten Probleme. Wildfang, dieser Kampf hat Belleau Wood zu einer gänzlich widerlichen Geschichte gemacht.
Ich wachte, dachte über gestern nach und was der heutige Tag wohl bringen würde — und erwachte so glücklich wie immer. Dann begann ich, über unser gemeinsames Leben nachzudenken und erlitt einen richtigen Schwächeanfall (so wie Du damals); so machte ich 50 Liegestützen und mixte den restlichen Scotch, der noch in der Flasche war — sie war bis auf 1/8 leergetrunken — mit etwas Wasser zu 4 Drinks. Ich trank sie und stürzte hinaus in den Regen. Der Regen tat gut. Als ich Buck traf, ging es mir schon besser. Er sagte: „Ernie, weißt Du, was diese Angeber versuchen?“ Ich antwortete: „Nein.“ Und er erzählte es mir,

und wir gingen zum Ballspielen. Wildfang, ich wünsche, ich könnte Dir darüber schreiben. Hier findet eine der bittersten und schlimmsten Schlacht in der Geschichte statt. Deshalb schreibe ich in dieser dummen, gepreßten Weise. Das Feuer der Artillerie und der Granatwerfer ist das heftigste, das ich erlebte, seit ich 1918 als Junge im P-Unterstand war. Wenn es ein großes Feuergefecht gibt, dann rollt es daher wie ein Sturm.
Buck sagt: „Ich liebe Gegenangriffe. Laß die Angeber einen Gegenangriff machen. — Wir werden sie alle Töten. Wir werden getroffen. Aber wir werden diese Angeber so weit bringen, daß sie sich wünschen, nie geboren zu sein."
Das beste, was ein Mann meiner Meinung nach jetzt tun kann, ist, neben dem Allerschönsten, Krauts zu töten. Ein sehr enger Standpunkt. Ich sehe Dich verärgert, doch ich weiß, daß Du eine Kämpferin bist und Verständnis hast. Ich verspreche Dir, daß ich nichts übertreibe und auch nichts verniedliche und, soweit ich es kann, auf unsere Interessen Rücksicht nehme.
Bald werden wir hier gewonnen haben. Vielleicht bin ich dann auch niedergeschlagen. Tubby sagte Hank, daß ich nie deprimiert sein könnte.
Doch niemand kennt mich wirklich, außer Dir, meine allerliebste Geliebte. Es ist so wie bei Deinen Freunden, die ganz und gar nicht verstehen, daß Du wirklich schreibst, doch Du verstehst, und ich verstehe, und ich möchte besser schreiben als jemals zuvor, Dir eine Stütze sein, mich um meine Kinder kümmern, Dich lieben und Dir ein zuverlässiger Partner sein. Ich möchte versuchen, Dich glücklich zu machen, ein guter Ehemann, Vater und Schriftsteller sein und nie mehr in meinem Leben von Dir fern sein, hoffentlich schaffen wir es.
Du hast ja recht, wenn Du schreibst, daß wir nicht voreilig sein sollen, dem anderen gegenüber nicht unnötig kritisch oder gar geringschätzig sein, sondern anspruchsvoll.
Wildfang, wir sind beide verständig und im wesentlichen sehr gerecht, laß uns so umsichtig sein, niemals voreingenommen, sondern immer verständnisvoll. Es gilt nur, eine erwachsene Einstellung einzunehmen. — Manchmal bin ich unglaublich dumm. Aber wenn Du Dich damit abfinden kannst und weißt, daß ich nicht stur bin, denke ich, daß wir es schaffen können.
Ich lege alle meine Zigaretten für Dich zurück — Halte das für OK, denn ich biete sie jedem an, wenn sie knapp sind — falls alle knapp dran sind, erhälst Du keine.
Heute Nacht bin ich müde, Wildfang. Verzeihe mir den lausigen Brief — will morgen mehr schreiben — vielleicht morgens. Was ich sicher und genau weiß, ist, daß ich Dich liebe und die guten Nachrichten

über West sind die besten, die ich jemals hörte. Ich bin so stolz über Deine Reise und Dich, daß ich es nicht ausdrücken kann. Mary, ich bin so froh, daß die Dinge geregelt und OK sind, daß ich es Dir nicht schreiben kann. Glaube das mir. Beginnen wir unser gemeinsames Leben bald und kämpfen wir so tapfer und geschickt, wie Buck kämpft. Aber wir können freundlich sein und müssen nicht erbarmungslos sein — einzig dann werden wir erbarmungslos sein, wenn uns die Menschen unsere Zeit stehlen und unser Leben zerstören wollen. Du lehrst mich, sowohl zuvorkommend als auch rücksichtslos am Telephon zu sein — und ich werde es lernen. Wildfang, beim Erwachen fragtest Du mich einmal, was wir auf den Bermudas zu trinken hätten, und ich hatte völlig vergessen, daß ich noch 7 Kisten Vorkriegs-Gordon-Gin habe, der letzte auf der Welt. Ich glaube nicht, daß es angebracht ist, ihn abends zu trinken. Doch auf jeden Fall läßt es sich daraus etwas mixen. (Ich kann köstliche Martinis machen) und dann habe ich noch Noilly Prat.

Ich denke, daß wir so glücklich und müde sind und uns so wohl fühlen, daß wir nachts nichts trinken müssen — Doch für einen Drink nach dem Aufwachen eignet sich Scotch vorzüglich, auch wenn es kein Perrier-Jouet gibt. Ich höre immer noch Wolfie, wie er auf dem Boot umherging. „Was ist los Wolfie?" „Ich möchte einen Drink, Papa."

Magst Du Scotch mit gutem Soda ohne Eis? Hervorragend. Ebenso Whiskey sour aus Whiskey mit Limonensaft und Soda.

Und so stelle ich mir unser Frühstück am Morgen vor: 2 Eier, guten Schinken oder kanadischen Speck und ein großes Glas Tomaten-, Grapefruit- oder Orangensaft, Papaya- und Mangofrüchte. Jedes Frühstück ist gut und köstlich — Du kannst so lange schlafen, wie Du möchtest — und manchmal habe ich schon viel gearbeitet, bis Du aufwachst — und dann haben wir den ganzen Tag Spaß, freuen uns an dem, was ich schon gearbeitet habe. Dann kannst Du alles machen, was Dir gefällt (gerade die Morgen sind herrlich). Du hast unendlich viel Zeit, um am Swimming-Pool zu lesen und zu faulenzen — und laß alles, dessen Du überdrüssig warst, langsam und stark und gut in Dich zurückfließen (ich auch) — und Du wirst Dich gewiß nicht langweilen. Wir werden so glücklich sein wie immer, wenn Du nicht arbeiten mußtest. Stundenlang werden wir Musik hören — und alles, was Du Dir wünschst, werden wir in New York im Liberty Music Shop kaufen. Auf jeden Fall strenge ich mich für Dich so stark an, wie ich nur kann (Ich bin mir mein eigener, strenger Richter ab jetzt, das schwöre ich). Ich werde das Beste schreiben und ein guter, liebevoller Ehemann sein. Ich weiß, was Du mir gibst, und ich will versuchen, Dir zu zeigen, wie sehr ich dies schätze. Es wird herrlich sein, Wildfang — und jetzt fangen wir damit an. Ist das nicht herrlich?

Der morgige Tag scheint im Vergleich zu gestern und heute gut zu werden. Dann noch ein paar weitere solcher Tage und ich werde ins Hotel kommen — nicht braungebrannt wie die Angeber. Unsere Gesichter sind aschfahl, wir gleichen in unserer Farbe angesengtem Federvieh, keine Sonne, ständig Regen, nun bist Du ein echter Mann. Ich bin die ganze Zeit hungrig und esse wie ein Scheunendrescher, gestern verschlang ich 5 Steaks von einer Kuh, die die Artillerie erlegt hatte. Ich sah, wie sie fiel, notierte mir die Koordination und sandte John, die Filets herauszuschneiden. Zwischen uns und den Krauts. Sie töteten Krauts, während sie die Kuh schlachteten. Red bereitete ein paar Steaks und brachte sie mir.

Jeden Morgen mache ich 50 Liegestützen und eine Anzahl Kniebeugen. John und Red kämpften heute wieder den ganzen Tag. Es gab sonst nichts Spektakuläres, nur Gutes, Kluges und Nützliches.

Ich mache Fortschritte beim Kartenlesen und bemühe mich, die gräßlichen Absichten der Krauts zu verfolgen. Teil meiner Erziehung. Wildfang, ich werde Dir morgen mehr schreiben.

Es kommt mir vor, als hätte ich Dir dies heute Nacht schon einmal geschrieben. Gute Nacht, Allerliebste.

Bin zu müde, um mit dem Schreiben aufzuhören — entschuldige, ich bin so dumm. Liebe Dich, drücke Dich für immer eng und fest an mich.

Dein einziger Geliebter

Papa

* * *

## BRIEF AN MARY WELSH

21. November 1944

Allerliebste:

Worüber soll ich Dir heute Nacht schreiben? Die Schlacht dauert nun schon 6 Tage. Sie ist die Urform aller Schlachten, heute peitscht der Regen und die Bäume stürzen um wie bei einem Hurrikan. Mary, noch viel mehr liegt darnieder. Hank Gorell, der heute das Schlimmste mehrere Stunden sah, schreibt es für die United Press auf. (Gestern flog er mit einer Piper unter starkem Beschuß über den Frontabschnitt. Ich versuchte, ihn zu decken.) Er hat eine Frau und ein Kind zuhause (und verdient 150 in der Woche). Es ist schlimm und auch mehr als unnötig, ohne Schutz und Deckung umherzustreifen. Ich bin es müde und froh, es nicht zu müssen.

Wenn Du ein Entgegenkommen um die Breite eines Haares anstelle von Blumen liebst, könntest Du mit ihnen jede Vase füllen. Ich habe mich bislang nicht darum gekümmert, doch Du mußt genügend dar-

über in Deinen Heiratspapieren gelesen haben. Ich dachte heute an Noel und ich haßte ihn bereits, bevor ich an ihn dachte, was eigentlich schäbig ist. Ich haßte ihn einfach deshalb, weil er Dir Dein Geld und (...) und so viele Karten abgenommen hat und Dich doch nicht liebte. Hier ist ein Entgegenkommen um eine Haaresbreite, 2 Yard oder um eine halbe Haaresbreite so bedeutungsvoll wie eine Sardine in Portugal oder der wertlose Gin in unserer herrlichen Bar daheim im Ritz.
Es gibt nichts zu trinken — weder vor noch nach der heutigen Schau. Alles im Wald gleicht Custers letzter Stellung, wenn jener berühmte Führer auf diese Weise die Entscheidung gesucht und die Indianer geschlagen hätte. Gestern schlug eine hervorragende Einheit gleichzeitig mit den Krauts los. Die Krauts machten einen Gegenangriff, griffen an, griffen an und griffen an. Sie stürzten sich wie die Lemminge in den tödlichen Abgrund. Die Jungs warten, bis sie auf 20 Yards heran sind — man kann bis zu den Knien zwischen ihren Leichen waten. An manchen Stellen brechen sie dennoch durch, schlitzäugig wie die Japaner. Vermutlich schreibe ich so reißerisch wie Noel.
Vergib mir bitte diese widerliche Bemerkung. Doch es ist ein sehr aufsehenerregender Kampf — außer mir und Gorell ist niemand hier, um ihn der Nachwelt zu überliefern. Er schildert ihn so schlecht, daß es einfach widerlich ist. Ich kann Dir nicht genau und aufrichtig darüber schreiben, aber ich verspreche Dir, am Tage X, zur Stunde X ...
Es ist ein Kampf, wie er nur sehr, sehr selten zuvor geführt worden ist. Und die Leute sind so verdammt unglaublich toll, wie es sich niemand jemals vorstellen kann. Ich erlebte Höhepunkte des Kampfes der USA und der Alliierten, Wildfang, es hätte Dir das Herz zerrissen.
Es war so großartig, gut gelungen und himmlisch — ohne dieses Erlebnis hätte ich die Amerikaner nie wirklich kennengelernt.
Wildfang, Du bist ein Experte, wie ich auch. Ich könnte Dir Zahlen und Einzelheiten mitteilen, aber dies ist während einer Schlacht nicht zugelassen. Glaube mir bitte, daß ich nicht einfach nur leidenschaftlich eingenommen bin, noch übertreibe oder Aufsehen erregen will. Morgen ist ein neuer Tag, und wir werden die Sache schon hinkriegen. Ich glaube, daß alles gut verläuft. Ich liebe Dich, meine Allerliebste. Entschuldige bitte, wenn ich oft nur Andeutungen mache und so schlecht schreibe.
Ich drücke Dich ganz fest an mich, geliebter Darling, Du bist meine große Liebe und ganze Hoffnung, unser herrliches Leben und unsere Zukunft. Ich liebe Dich immer und besonders heute Nacht und morgen früh und ewig.

Dein Einziger

* * *

## BRIEF AN MARY WELSH

21. November 1944

Geliebter Wildfang:

Seit dem Beginn hier schrieb ich Dir jeden Tag, bis auf die beiden Tage, an denen ich nicht konnte. Ich hielt es für besser, Dir immer eine schnelle Nachricht zukommen zu lassen. Ich freue mich sehr über Deine Nachricht von Bumby und bin verdammt stolz auf Dich. Auch bin ich glücklich darüber, daß Du mit West reden konntest und wir nun eine schöne Zukunft vor uns haben. Es ist herrlich!

Liebster Wildfang, ich schreibe Dir, weil wir miteinander nicht reden können. Hier reden beständig die Leute, es stört mich sehr, dazu ist noch sonst viel los.

Dennoch schreibe ich jede Nacht etwas, über das Boot, über uns und wie sehr ich Dich liebe. Nimm alles leicht, was passiert. Oft fällt es sehr schwer. Es gäbe so viel zu schreiben.

Derzeit bin ich OK, war sehr ausgelassen und hoffentlich ein wenig nützlich. Ich bin so eine Art Meckerkasten für alle Fälle.

Wenn ich jemals über diesen bitteren Kampof schreiben kann, wird es eine großartige Geschichte werden. Ich kann dabei nicht liebevoll über die Seele des Mannes schreiben, der Mann selbst ist dazu da, bewundert zu werden.

Kannst Du Dir eine Schlacht im Wald vorstellen, eine wirkliche Schlacht im Wald ist etwas ganz Besonderes. Das Feuer rollt wie das Meer.

Das scheint zunächst alles zu sein, Wildfang, ich möchte Dir nur noch sagen, wie sehr ich Dich liebe.

(...)

Dein Einziger

* * *

## BRIEF AN MARY WELSH

22. November 1944

Geliebter Wildfang:

Erhielt heute Deinen Brief vom 17. Nov. — d.h., er benötigte nur fünf Tage, und ich freue mich sehr. Ich denke gerne an meinen Wildfang, den zierlichsten Offizier der Welt, der mit großen Schritten zwischen den Tischen hindurchgeht, an denen die langbeinigen Bürger sitzen, die ihr Pulver verschossen haben und Dich anstarren. Zum Teufel, warum kann ich nicht bei Dir sein? Guter alter Willie, unser Partisan. Ich kann ihn sehen und hören, wie er zu Dir kommt, um Dich zu sehen und zu sprechen, und Dir mit seiner großen Klappe einen Witz erzählt und wie die Augen meines Wildfanges aufleuchten. Wildfang, ich vermisse Dich so sehr. Zwei schlechte Tage lang konnte ich Dich mit meinem inneren Auge gar nicht sehen — Du warst vollkommen verschwunden. Dann, nach zwei Tagen erschienst Du mir wieder ganz klar und herrlich, nun kann ich Dich sehen und freue mich die ganze Zeit darüber. Ich sehe Dich wunderbar mit Deinem süßen Hundeblick.

Heute gab's erneut einen bitteren Kampf. Wir erreichten fast alle Ziele durch Bucks Scharfsinn, Weitsicht, Aufmerksamkeit und seinen verflixt guten Fähigkeiten als Kommandeur. Er ist mutiger als ein Dachs — vermutlich auch tapferer als ein Mungo — oder als ein verwundeter Leopard (aber er ist nicht verwundet, wohl aber so gefährlich wie dieser). Ich weiß nicht, was Tapferkeit ist, aber Buck ist tapfer und so klug, daß er mir ein wahrer Lehrmeister ist. Ich kenne nun alle seine Schwächen, was für das menschliche Verständnis gut ist. Wir hatten für 2 Tage keinerlei Alkohol zur Verfügung, und Du wirst Dich darüber freuen zu erfahren, daß ich mit oder ohne Alkohol derselbe bin. Vielleicht bin ich etwas ruhiger und freundlicher, obwohl ich ihn genoß und brauchte. Oft rettete er einem den verdammten Verstand, die Selbstachtung und was nicht alles. Daneben verschaffte er mit großen Genuß, und ich mag ihn. Wir nannten ihn immer den Giganten-Killer, und niemand, der nicht mit Giganten zu tun hatte, nicht sehr häufig gegen sie kämpfen mußte, hat ein Recht, sich gegen den Giganten-Killer auszusprechen.

Wildfang, könnte ich Dir Einzelheiten nennen oder Zahlen oder irgend etwas Genaues, das Du und ich verstehen könnten.

Ich kann nicht, trotz dieser Schau. Doch Du mußt wissen, daß heute der schwerste Tag dieses Kampfes ist. Heute war es großartig, ich bin Buck wirklich eine Hilfe — ich meine nur moralisch bzw. was die Zuversicht anbelangt, eigentlich bin ich sein Meckerkasten. Ich hoffe, daß er bald zurückkommt. Liebe mich bitte so innig, wie ich Dich auch liebe, ich werde zurückkehren, und wir werden ein herrliches Leben führen. Meine Allerliebste, die verdammt Schönste und Lieblichste.

Am nächsten Tag — 23. November

Du weißt ja, daß ich Dir jede Nacht schreibe, nur um Dir nahe zu sein und mit Dir zu reden. Vermisse das fast am allermeisten. Mit Dir zusammen zu sein, verschafft mir Sicherheit; es ist, als ob ich wüßte, beide Flanken sind OK. Dir fern zu sein, bedeutet das Gegenteil. Mein Wildfang, zunächst schneite es, dann hatten wir ein paar Tage schönes Wetter und nun regnet, regnet und regnet es. Die Leute werden Tag und Nacht völlig durchnäßt. Diesem Wetter ausgesetzt zu sein, ist auch ohne das ständige Granatfeuer, den Mörsern und kleinen Waffen schlimm genug, doch sie halten durch und kämpfen und kämpfen.

Wildfang, ich bin müde und schlafe in einem trockenen Schlafsack auf einem Bett, währenddessen kämpfen die Leute nun schon den achten Tag. Alle sind blaß wie Wasserleichen, Bartstoppeln im Gesicht, und der Wald vor uns ist nur noch ein einziges Trümmerfeld. Die Bäche sind angestiegen, sie reichen bis zur Hüfte, und sie führen gelben Dreck mit sich; im Wald kann man bis zu den Knien durch tote Krauts waten. Man wird nie wissen, wieviele Krauts wir töteten; denn es ist unmöglich, sie zu zählen. Die Krauts schleppten auch viele ihrer Toten weg. Wenn ich versuchte, Dir dies hier zu schildern, würdest Du es mir nicht glauben. Doch es ist einer der größten Kämpfe unserer Geschichte.

Du weißt, wie sehr ich mich davor fürchtete, ehe es losging, denn ich wußte, wie schlimm es sein würde. Doch dann erschienen mir die beiden letzten Tage wie ein Geschenk. Es war eiskalt, und es gab nichts zu trinken — es war, als ob Dir jemand eine Million Dollar vererbt hätte. Ich gewann mein altes Gefühl der Unsterblichkeit zurück, das ich mit 19 empfunden hatte — inmitten eines wirklich schlimmen Bombardements. Keine vorsichtige und auch keine ärgerliche Einschätzung der Möglichkeiten, zum Teufel damit und auch nicht mehr das Gefühl, alles wegwerfen zu wollen — nichts mehr davon — nur noch das alte, klare Gefühl, von dem wir uns leiten ließen.

Es ist ein herrliches Gefühl, so teilte ich es mit Buck, als ob es eine Schnapsration wäre. Es war schön zu geben, ohne es zu besitzen, danach zu leben, ohne es zu empfinden. Plötzlich besaß ich es wieder. Dies klingt in einem Brief verdammt blöde, würde aber in einen Roman passen.

Wildfang, ich schreibe Dir solch dumme und egozentrische Briefe — Buck ist mutiger als jeder andere Mann, den ich kenne (der vollkommen geistig gesund ist),und ich meine nicht, daß diese widerliche Geschichte ihm oder mir dabei half, mutig zu sein. Ich möchte sagen, sie half uns, glücklich zu sein, und dies inmitten dieser endlosen und fortdauernden Tragödie, dieser wichtigen Sache. Ich lerne so viel, Wildfang, und Du bist nicht da, damit ich mit Dir reden kann, Du mit Deiner scharfen und klaren Intelligenz, die mich verbessern könnte. Ich bin so gerne bei Dir, Wildfang, und ich brauche Dich so sehr wie einen Kompaß.

Nun denke ich die ganze Zeit daran, wie schön es mit Dir ist und welch wunderbares Leben wir führen können.

Ich überlege mir gerne, wie schwer es uns fallen wird, uns wieder zu trennen, wenn wir an unsere Arbeit müssen und wie glücklich wir regnerische Tage verbringen können und wie glücklich ich mich fühle, einfach bei Dir zu sein und zu lesen, während Du arbeitest. Und ich denke gerne an die herrlichen Plätze, die ich kenne und die wir aufsuchen können, an die wunderbaren Orte, die wir abends in den Städten besuchen können und von denen ich weiß, daß sie Dir gefallen werden. Ich kenne New York ziemlich gut und wo man dort die Nächte sehr angenehm verbringen kann und wo es Dir wohl auch gefällt. Die eleganten Lokale: 21 — Stork — El Morocco — The Colony (gefällt mir nicht) und die guten, mittleren wie Thurber und Co und die Lokale, in die der Mob geht. Kennst Du die Kneipen? Und Mädchen, Wildfang, es wird herrlich sein, einem Esser wie Dir, den 21-er Fraß vorzusetzen. Aber ich möchte, daß wir beide auf dem Dach des alten Pacífico in Havanna speisen, wo es das beste und ungewöhnlichste Essen auf der ganzen Welt gibt. Ich erzählte Dir einst davon (...) Wolfie hat schon überall in der Welt gegessen und ist ein alter 21-und Colony-Kunde, und er hielt das Essen im Pacífico für das beste — das Beste existiert nicht — aber es ist trotzdem köstlich.

Fats Waller ist gestorben, aber es gibt noch immer Kneipen,in denen Maxine O 'Sullivan herrscht, und es gibt hervorragende Plätze in der großen Stadt. Wenn Du abends richtig fit sein willst, mußt Du bis 10 Uhr morgens schlafen können. So tust Du es einfach. (Gewöhnlich wache ich um 7.45 Uhr auf. Ich werde zwar müde, weiß jedoch damit umzugehen.) Ich unterbreche die Telephonleitung. Und wenn ich aufwache, werde ich die Zeitung lesen, wieder schlafen und dann bin ich die ganze Nacht munter wie morgens beim Zeitunglesen. Wir können ins Museum of Modern Art gehen und die guten Gemäldeausstellungen und das Metropolitan (4 wunderbare Bilder, die Dir das Herz zerreißen werden) sowie das Naturgeschichtliche Museum besuchen (worüber Du vielleicht spottest, doch es ist teilweise wirklich großartig). Und wir werden immer durch den Park spazieren, Ausstellungen besuchen und umherstreifen.

Ich lernte, um 22.30 Uhr ins Bett zu gehen; denn ich weiß, daß sich nur der frühe Morgen zum konsequenten Schreiben eignet. Der Kopf ist dann am klarsten, und man hat keine Ausflüchte.

Doch anstatt meine elenden Gewohnheiten gegen unvernünftige Schläge zu beschützen (wofür ich in der Vergangenheit kämpfen mußte), werde ich mit Deiner Hilfe meine Verhaltensweisen in der Stadt ziemlich ändern; denn wir verstehen und achten uns und sind nicht unvernünftig. (Wildfang, es ist so herrlich, jemanden zu lieben, der nicht so unvernünftig ist wie eine jener dummen, läufigen Gänse von Bryn Mawr.)

Wildfang, ich schrieb Dir noch eine lange Seite, warf sie jedoch weg, da sie zu persönlich gehalten war, als daß ich sie mit der Post schicken konnte. Ich liebe Dich sehr.

Glaube nicht, daß ich in diesem Brief nur Phrasen drosch. Gute Nacht, meine allerliebste Geliebte. Morgen kommt ein neuer Tag, und ich

weiß, wann ich zurückkehre (Bald können wir abreisen). Und Du triffst Deine Vorkehrungen (Vorhaben, Reisevorbereitungen, Ämter etc.) und regelst alles, so daß Du unbesorgt reisen kannst. Nun ich denke, daß es so, wie es jetzt ist, wunderbar ist. Und ich liebe Dich für ewig. Mein Urteil über unsere Jungs und den Kampf hier wurde heute vollkommen bestätigt, absolut bestätigt.
Nun gute Nacht, liebster Wildfang — war heute Nachmittag wieder in dem Spektakel des Ballsaales der Bananenfabrik — bin müde.
Liebe Dich. Ich wünschte, ich könnte Dir ein Gedicht schreiben, um Dir meine Liebe auszudrücken. Ich liebe Dich so sehr, mein Liebling, großartiger, wunderschöner, allerliebster Wildfang,

Dein Einziger

* * *

## BRIEF AN MARY WELSH

24. November 1944

Mein allerliebster Wildfang:
Ich schrieb Dir jede Nacht, doch es ist schwer, jemandem den man liebt, über eine Schlacht zu schreiben und Briefe zu verfassen, von denen man weiß, daß sie fremde Leute lesen werden. Deshalb sende ich Dir nun diese kurze Mitteilung, um Dir zu sagen, daß ich drei Briefe geschrieben habe, darunter ist ein etwas längerer. Ich werde sie bald alle schicken. Ich liebe Dich so sehr, meine allerliebste Geliebte, und ich möchte Dir hier nur mitteilen, daß ich Dir keinesfalls nicht schreibe, sondern die Briefe nur noch nicht weggeschickt habe.
Hier findet der erbitterste Kampf statt, von dem ich jemals hörte. Wenn ich damit anfange, kann ich auch diesen Brief nicht zur Post geben.
Ich lege Dich nicht weg, ich behalte Dich, wie alles, das ich besitze und worauf ich ewig hoffe.
Ich schrieb Dir viel über das, was wir unternehmen werden und eine Menge Einzelheiten über unsere Zukunft. Wildfang, liebe mich bitte sehr innig, so innig, wie ich Dich liebe, denn ich brauche Dich sehr.
Heute gings wieder in den Ballsaal zu den Bananen. Stand den Morgen zusammen mit Buck auf. War heute die ganze Zeit an seiner Seite. Er ist großartig. Sicher wird er noch General.
Alles, was ich mir wünsche ist, mit Dir im Bett zu sein.
Jeder ist irgendwie müde, doch heute schien wieder die Sonne. Die Sonne von Austerlitz. Die einzige Nachricht lautet: Ich liebe Dich, meine allerliebste Geliebte. Lies das Gedicht noch einmal. Es erzählt Dir, was Du mir bedeutest. Ich bin sehr glücklich, ich hätte gerne noch

ein paar zusätzliche Tage und würde dann zu Dir heimkommen und nie mehr weggehen.

Dein zärtlicher Ehemann.
Dein Einziger

* * *

## BRIEF AN MARY WELSH

25. November 1944

Meine Allerliebste:
Ein weiterer dieser Tage. Ich hielt mich bei Buck auf, aß mit ihm und fuhr eben im Mondschein durch den Wald nach Hause. Fühlte mich heute ziemlich niedergedrückt. Wünschte, Du könntest einen Tag bei uns in einer Schlacht verbringen. Du bist ein viel besserer Reporter als ich. Ich bin so stark in Anspruch genommen, daß ein Tag den anderen aus meinem Gedächtnis bläst. Du könntest alles genauestens aufschreiben und was du nicht verstündest, würde ich Dir erklären. Ich bin es leid, Journalisten Dinge zu erklären, die sie nicht verstehen können. Wildfang, ich vermisse Deinen herrlich klaren, gesunden, ehrlichen und kompetenten Kopf so sehr, wie ich Deinen märchenhaften, zierlichen Körper vermisse, und Dein hübsches Gesicht, bei dessen Anblick mir jedes Mal das Herz bricht.
Schließlich werde auch ich allen Stoff über diese Sache hier aufgenommen und verdaut haben. Und wenn ich es nicht präzise genug aufschreiben kann, so werde ich später in der Lage sein, in einem Buch eine Schlacht aus dem Gedächtnis zu beschreiben. Doch ich wünschte, Du wärst hier aus den historischen Gründen und könntest die Dinge sehen, so wie ich sie sehe. Ich wurde in die Sache so stark hineingezogen, daß ich mich dazu zwingen muß zu beobachten und zu notieren, anstatt nur Probleme zu berücksichtigen. Die Hälfte der Zeit bin ich zu müde, um zu beobachten. Um die Müdigkeit zu überwinden, fahre ich oft stehend in unserem Jeep mit, lehne das Gewehr an den Fahrersitz und versuche, so viel wie möglich aufmerksam zu beobachten und darüber nachzudenken.
Wenn ein Schriftsteller aufhört zu beobachten, ist es aus mit ihm. Deshalb beobachte ich immer wieder, Wildfang; aber ich wünschte, ich könnte dies alles vor Deinen lieblichen, scharfen und frischen Augen miterleben ...
Ich kann Dich nicht einfach weglegen. Du verstehst, auch wenn wir uns dies so vornahmen. Wir geben das „Ich kann alles aufgeben und Du auch.“ auf.
Falls mir irgendein Unglück zustoßen sollte, erinnere Dich bitte daran

und sage es auch Willie; denn ich möchte, daß er weiß, daß ich Dich immer geliebt habe, ich wiederhole: immer, und ich habe dafür gekämpft die ganze Zeit über, ohne Dich zu vergessen, noch die Kinder, noch die Arbeit, die ich noch vor mir habe. Es ist ein Schritt hin zum Erwachsenwerden. Ich will ein Hurensohn sein, wenn dies kein schwieriger Weg ist.
Wildfang, Du weißt, daß wir in den Schilderungen, die uns erzählt werden, wiederkehren, wenn wir für die Leute wichtig waren. Ich bin daher stolz und freue mich, über die Leute der Luftwaffe etwas von Dir zu erfahren.
Oben bei Buck grüßen mich alle GIs, und die Posten präsentieren die Gewehre. Ich erklärte ihnen, daß ich Zivilist sei und keinen Anspruch auf militärische Ehrerbietungen habe. Jeder weiß das, und es gibt darüber keinerlei Mißverständnisse. Sie grüßen mich weiter.
Doch nicht dieses hält mich hier, wie Du mein Wildfang erkennen würdest, könntest Du auf unser Land blicken.
Und was nun? Erzählte ich Dir schon, daß Dein Bild für zwei schlimme Tage aus meinem Gedächtnis vollkommen verschwunden war? Doch ich blieb zuversichtlich — ich blieb zuversichtlich (es ist ein schlechtes Zeichen, wenn man einen Satz wiederholt) und am nächsten Morgen warst Du wieder da, so deutlich und herrlich, so als ob George Dir die Tür zur Bar öffnet und ich könnte Dich eintreten sehen, ehe Du mich bemerkst.
Wildfang, vermutlich ist es besser, wenn wir damit rechnen, daß ich noch eine Woche länger hier bleibe. Ich muß einen Termin festsetzen. Ich lege das besser fest und erzähle es Buck, dann werde ich auch daran festhalten, sofern Buck nicht in der Klemme sitzt. Er ist nicht meine einzige Verpflichtung in diesem Spektakel.
Wenn ich Deine Reisetermine durcheinanderbringe, kannst Du auch früher fahren, zuerst Deine Leute besuchen und Dir ein Visum für Kuba zu besorgen.
Ich glaube, daß dies amerikanische Bürger nicht brauchen — es geht nur darum, die Gültigkeit des Passes für Kuba bestätigen zu lassen. Ich möchte am 2. Dezember dann in Paris sein — vielleicht auch etwas eher. Ehrlich gesagt, rechne ich nicht damit, daß es beim derzeitigen Wechselkurs eine Woche reichen wird, doch ich versuche, so viel wie möglich zu bekommen.
In New York muß ich viel Geschäftliches erledigen: 1 Tag Colliers, 1 Tag Scribners und 1 Tag mein elender Rechtsanwalt. Ich bin zu müde, um mit dem Boxen anzufangen, wenn man mir dort jedoch einen Schlag versetzt, werde ich mit George trainieren.
Am Morgen werde ich zum Doktor gehen und mich gründlich untersuchen lassen. (Ich versuche, auf Dein Eigentum aufzupassen). Es ist ein

großer, alter Lastwagen, und ich sehe besser nach, ob er Öl, Benzin oder Schmierfett braucht.
Ich schrieb den Kindern, sie sollten ihre Pässe verlängern lassen und bei Panamerican ihren Flug nach Kuba für den Beginn ihrer Weihnachtsferien buchen. Gewöhnlich haben sie 7 bis 10 Tage frei — von Weihnachten bis ins neue Jahr.
Wie lange braucht man, um nach Hause zu kommen, wenn man sich einmal dazu entschlossen hat?
Erhielt weder gestern noch heute einen Brief von Dir. Nun befürchte ich, daß Du mir nicht schreibst, da Du mich bereits zurück erwartest. Es wird keine Zeit bleiben, diesen Brief zu beantworten. Bei Gott, ich hoffe, daß ich mit meiner ursprünglichen Zusage, am 20. zurückzukommen, keinen Mist baute, doch jetzt bleibt's wie versprochen.
Wir werden uns eine große Hilfe sein und viel Vergnügen haben.
Wildfang, ich höre jetzt auf. Das verdammte Radio läuft, die Leute reden, und der Brief wird schlecht, deshalb mache ich jetzt Schluß.
Ich liebe Dich jetzt und für den Rest meines Lebens.

Dein Einziger

Später:

Buck rief gerade an. Hatte 12 Minuten geschlafen und gedacht, es sei Morgen. Er wollte mit mir reden. Der Junge wollte mir dafür danken, daß ich ihm heute auf den Fersen geblieben bin, und ich sagte: „Leck mich am Arsch, Colonel."
Ich vertreibe mir meine Zeit hier nur aus Spaß. Werde nicht sentimental, schlauer, böser, unwürdiger, alter Mann, und leg Dich jetzt richtig schlafen. Morgen öffnet wieder der Ballsaal der Bananenfabrik.
Grüße bitte Bill Walton von mir. Sage ihm, daß ich ihn vermisse und daß der Ratschlag, den ich ihm erteilte, ehrlich und wohlüberlegt ist. Wirklich. Das ist nur etwas ganz Persönliches, und er wird wissen, was ich meine.

EH

* * *

## BRIEF AN MARY WELSH

26. November 1944

Meine Geliebte:
Die Tage vergehen, und es gibt nichts weiter zu schreiben, Wildfang. Heute kam ich eilig von Buck zurück — ich speiste mit Tubby — danach schenkte mir der Chef zwei Flaschen Brandy, die ich morgen dem Mob bringen werde. Ich habe gerade einen 42seitigen Bericht (bzw.

Alltagsbeobachtungen) des Divisionspsychiaters gelesen. Sehr interessant. Machte mir Mut, da er zwar alles über Angst, aber nichts über Mut weiß. Ich glaube, daß er ihn sogar irgendwie verachtet, und tatsächlich ist er von seinem Standpunkt aus betrachtet schlecht; denn breitet er sich jemals im Lande aus, wird er wahrscheinlich den Psychiatern das Geschäft verderben (abfällige Bermerkung meinerseits).
Wir alle leben hier mit unserer verdammten Sorge und unserem abstumpfenden Stolz. Unser Speer ist zerbrochen, doch kein Hurensohn auf Erden wird uns jemals schlagen. Und der Psychiater weiß nichts davon. Vielleicht ist es ihm auch bekannt, aber es interessiert ihn nicht ...
Wildfang, wenn ich müde nach Hause komme, vergib mir bitte schon im voraus; es wird schnell vorbei sein, und ich werde versuchen, nicht langweilig zu sein. Keine Vergünstigungen. Nur lange im Bett liegen und Dir alles, was mir in den Sinn kommt, erzählen. Und vielleicht gefällt es Bumby, den verdammten Fluch zu brechen, und dann ist es vorbei.
Erhielt wieder keinen Brief. Vielleicht morgen. Sehr langweilig!
Wildfang, dies ist kein Brief voller Selbstmitleid. Vielmehr ist es so, daß ich wirklich ein Schriftsteller bin und meine Vorstellungskraft nicht einfach wie einen Wasserhahn oder etwas anderes zudrehen kann. Ich bedauere die Menschen, alle Menschen, aber vor allem die Infanterie. Ich gehe weg von hier und weiß, daß ich unmenschlich war und nur die Ergebnisse betrachtete (Ich liebte meine Freunde, aber ich zeigte kein Mitleid).
Der Blitz ermüdete Dich, nicht wahr? Obwohl Du immer mutig und vorbildlich warst? Manchmal denke ich, daß ich auch vom Boot müde bin. Zum Teufel mit der Müdigkeit. Kommen wir wieder in Form, erholen wir uns, seien wir tüchtig und arbeiten wir gut. Wir sind Partner.
Ich liebe Dich, Allerliebste, meine Schönste, Ehrlichste, Schwierigste und Unkomplizierteste und Großartigste.
Ich sehe Dich ganz deutlich vor mir, es ist ein schöner Anblick.
Ich drücke Dich sehr fest an mich, allerliebstes Herz.

Dein Einziger

* * *

## BRIEF AN MARY WELSH

27. November 1944

Liebster Wildfang:
ich wollte Dir fünf Briefe schicken; denn es gefiel mir nicht, nur über Briefkästen zu reden, beabsichtigte, es über Hank Gorell zu erledigen. Dachte dann aber, daß er in Paris vielleicht besoffen ist oder vergißt, sie

abzuliefern, bzw. daß sonst irgendetwas dazwischenkommt. (Nichts von dem, worum ich ihn gebeten hatte, hat er jemals für mich getan, vergaß meine Post, vergaß anderes). So halte ich es für sinnvoller zu warten, bis ich die Post sicher zustellen lassen kann. Die Briefe sagen Dir, daß ich Dich liebe.
Letzte Nacht wachte ich auf und erkannte, daß jeder meine Briefe aus Deinem Briefkasten nehmen und mich als Absender identifizieren kann. Was könnte die gesamte Fleet Street davon abhalten, das zu tun? Ich dachte, daß ich dumm und Dir gegenüber unachtsam gewesen war. Möglicherweise hörte ich deswegen seit Tagen nichts von Dir, weil Du meine Briefe nie erhalten hast. Deshalb hatte ich die großartige Idee, diese Briefe jetzt zu schicken, aber auch diesen Plan ließ ich fallen. Ich beabsichtige, am Samstag hier abzureisen und in der Nacht in Paris anzukommen, hoffentlich.
Wir hatten es immer am schwersten. Ich hörte, daß Bill Watson bei der 1. Armee sei, und rief dort an, hatte aber kein Glück. Dann mußte ich schnell zu Buck kommen, Es gab wieder ein großes Bananen-Festival. Colliers nehme ich nicht so wichtig, dennoch versuche ich, gute Artikel zu schreiben, schließlich bin ich ja Profi. Heute fand ich heraus, daß sie den gesamten guten ersten Teil kürzten — den witzigen Teil — wohl aus Rücksicht auf ihre Snobs, sie verwendeten weder die Bilder, noch die Namen, Zahlen etc., der Zensor hat sich wieder durchgsetzt. Den Jungs bleibt anstelle unsterblichen Ruhms nur gottverdammte kurzlebige Erwähnung. Wie klingt das? Es ist nur, um Dir nach allem, was wir getan haben, ein gutes Gefühl zu verschaffen. (Ich schickte ihnen ein entsprechendes Telegramm).
Geliebter Wildfang, ich liebe Dich sehr.
Schicke Dir dies nun in aller Eile; denn ich muß zurück in die Bananenfabrik.
Ich werde nicht lange brauchen, alles zu packen und in die Staaten zurückzukehren.
Mein ganze Liebe gehört immer Dir.
(Schreibe dies für die Daily Mail, für Deinen Ex-Mann, der Dein Konto plündert, und für jedes Arschloch, der das liest und nicht lesen sollte).

Dein Einziger

* * *

## BRIEF AN MARY WELSH

Mittwoch, den 29. November

Geliebter Wildfang:
Ich nütze die Gelegenheit, zusammen mit Willies Brief, dies zu

schicken. Wildfang, wir werden am Samstag noch nicht zurück sein. Ich hoffe, daß wir Montag-, Dienstag- oder Mittwochnacht zurück sind. Es ist herrlich, Willie zu sehen und mit ihm über Dich zu sprechen. Seit der Nacht, in der Willie bei Dir war — es war seine letzte in Paris — habe ich nichts mehr von Dir gehört. So warte ich jeden Tag geduldig, aber kein Brief. Der letzte war über die Nacht, in der Du das schöne Geschenk kauftest und Willie aus dem Buch vorlas. Nahm Willie mit zu den Jungs, er mag sie und ist sehr beeindruckt. Ihm bietet sich die Möglichkeit, einen wunderbaren Kampf unmittelbar mitzuerleben. Alle Jungs lieben ihn, er ist prima und außerordentlich klug. Ich bin sehr glücklich darüber, daß er nun hier ist; denn wenn etwas passiert, kann er die Geschichte des Kampfes schreiben.
Wildfang, Liebling, ich liebe Dich so — Ich möchte — verdammt, ich werde nicht schreiben, was ich möchte ...
Ich würde alles hergeben, um Dich hier zu haben; denn Du verstehst und beobachtest besser als ich.
Mann, wir brauchen einen Photographen hier für Willies herzzerreißende Reportagen, Mary. Bei Gott, ich wünschte, ich hätte einen Film über diesen Kampf drehen können wie damals „Die Spanische Erde".
Ich nahm Willie heute morgen mit zu Buck. Erst zum Abendessen waren wir zurück.
Red läßt mich die Briefe seines Mädchens lesen, da ich keine Briefe erhalte. Heute erhielt er einen wunderbaren. Er hat fürchterliche Schwierigkeiten, aber er ist wunderbar. Vor ein paar Tagen schaute er auf die große Karte in der Küche, deutete mit seinem Finger auf Mühlheim bei Köln und sagte: „Papa, bei Gott, ist das die Stadt, die wir gestern einnahmen?"
Ich muß nun das Licht ausmachen und schlafen gehen. Ich liebe Dich meine Allerliebste, immer und ewig. Hoffentlich geht es Dir gut und Du weißt nur gute Neuigkeiten. Bald werde ich bei Dir sein, und wir werden dann unser herrliches Leben beginnen. Ich telegraphierte Colliers und bat um die Erlaubnis, die Hurrikanschäden auf meinem kubanischen Besitz zu beheben, nach Hause zurückzukehren und so werde ich im Juli dort sein.
Ich berichtete Dir bereits, daß sie den ganzen Teil mit Dorothy M. Dennis aus der Geschichte gestrichen haben, ebenso die Abschnitte über die männlichen Korrespondenten etc. Die Bilder verwenden sie genausowenig wie die Erwähnung der befreiten Truppenteile. War nicht ermutigend. Ich telegraphierte ihnen meinen Glückwunsch zu ihrem vollendeten Sabotagestück, doch wenden wir uns unseren eigenen Geschäften zu. Mein allerliebster, herrlicher Liebling.

Ich liebe Dich
Dein Einziger

## BRIEF AN MARY WELSH

Donnerstag, 30. November 1944

Geliebter Wildfang:

Ich weiß nicht, ob Du meine Briefe bzw. die Briefe von Willie Walton erhalten hast. Das letzte Mal schriebst Du mir am 17. November, einen Tag, nachdem die Bananenfabrik auf vollen Touren lief, und es wird wohl nicht einen Hurensohn geben, der sich nicht an jenen berühmten Tag und an jenes denkwürdige Jahr erinnern wird. Willie und ich verbrachten heute einen herrlichen Tag zusammen. Ein herrlicher Tag in diesen Briefen ist ein Tag, den man hinter sich lassen kann und (vertippt), der Satz sollte ursprünglich lauten: ein herrlicher Tag in dieser Gemeinde ist einer, an dem Du einfach weggehen kannst. Willie ist von der Infanterie begeistert, jenem altmodischen Berufsstand, der nach dem Diktat der Meteorologie vor allen anderen die Führung übernimmt. Willie ist ein prima Kerl, und ich habe versucht, ihm alles zu zeigen, so wie ich es auch Dir zeigen würde. Die Jungs mögen ihn genauso sehr, wie sie Dich mögen würden. Doch ich bin immer vorsichtig. Voraussichtlich reise ich bald ab und bin am Dienstagabend, den 5. Dezember, oder am Morgen des 6. Dezembers in Paris. Wildfang, wäre es möglich, daß Du Deine Arbeit soweit erledigen könntest, daß wir drei, vier oder fünf Tage zur Verfügung hätten, um Paris wirklich zu sehen? Es wäre der Mühe wert. Wir könnten all die herrlichen Dinge unternehmen, wenn Du nicht jeden Tag arbeiten müßtest. Ich kann mein Stück in New York oder sonstwo schreiben und könnte ein Paris-Stück schreiben, wenn wir Zaster brauchen. Und wir können uns in Ruhe das anschauen, was wir schon eingesackt haben. (Ich hatte nie die Zeit, mich umzusehen; denn es macht keinen Spaß, alleine herumzugehen)... Ich liebe die Stadt und würde keine anderen Verabredungen treffen und gerne den Zirkus, Rennen, Konzerte, Montparnasse, Montmartre, Parc Montsauris, nochmals Montmartre (in Ruhe), le Boxe, den Salon d 'Automne und den Salon des Refuses besuchen und mehrere heiße Bäder nehmen. Gleich um welchen Preis gut essen und überall umherstreifen, egal ob es regnet oder die Sonne scheint.

Ich hätte mich zu dem Termin auf den Weg machen sollen, doch jetzt habe ich alles verpfuscht. Es ist so, als ob die Feuerwehr fünf Wochen zu spät erscheint. Genießen wir daher Paris, wir können noch oft nach New York fliegen.

Heute Nacht verbrachten wir witzige Stunden mit den Divisionspsychiater. Er kam, um uns für seine zukünftigen Arbeiten zu beobachten. Werde es Dir erzählen, es ist viel lustiger, wenn man es erzählt. Willie und ich schreiben ein Stück, in dem der Div. Psych als komischer Gauner auftritt. Alles wird nun ein bißchen verrückt — 4 mehr, die für uns, ich meine Dich und mich, gehen.

Es ist übel, keinen Photographen hier zu haben, der so etwas wie heute fotographiert. Ich liebe Dich immer, liebster Wildfang. Werde Dich bald sehen.
Entschuldige den wertlosen Brief.

Papa
Ich liebe Dich

* * *

## BRIEF AN MARY WELSH

Weihnachten 1944

Meine allerliebste Geliebte:
Dein Brief war das Schönste und Herrlichste, das ich je erlebte. Es war merkwürdig, daß ich, während ich den ersten Teil las, an das dachte, was ich Dir so unzureichend in Worte faßte, als Du damals die Treppe herauf kamst.
In der folgenden Nacht schickte ich Dir eine Nachricht, Du weißt, daß ich Dich liebe und alles ist OK.
Frau M. tauchte auf (Das ist wirklich eine Neuigkeit). Ich war wegen Weihnachten freundlich und zuvorkommend. (Erklärte Buck, daß ich Dich heiraten würde, wenn Du mich haben möchtest). Sie kam und wollte uns das rauben, was uns gemeinsam hätte gehören sollen. Aber der Gegenangriff brach an seinem eigenen Gewicht zusammen. Sagte nichts Böses. Tat auch nichts dergleichen. Doch schließlich wußte jeder, ich und sie — schweigend im Vertrauen auf ihre Schönheit — (so wie die Deutschen auf ihre Panzer vertrauen), daß meine wahre Liebe nicht da war, genausowenig wie mein Herz, und alles endete in Höflichkeit und Freundlichkeit. Und keiner wurde zum Narren gehalten. Die Soldaten mögen Frau M. nicht. In einigen Kreisen benimmt sie sich wunderbar, nicht so hier. Wenn Du da gewesen wärst, wäre es so gewesen, als ob durch ein Wunder, alle unsere wirklichen Lieben da wären, stattdessen sind uns Bryn Mawr, Bergdorf Goodman und Lancaster zugeteilt.
Wildfang, seit Paris ist das Wetter klar und beißend kalt. Die Luft ist so, wie in manchen tiefergelegenen Teilen der Schweiz: gesund und gut für die Lunge. Eine herrliche Luft.
Ich war ziemlich krank, als ich hier ankam. Dann vertraute ich der Luft und der Sonne und riskierte es, draußen zu bleiben (konnte am ersten Tag kaum gehen. War wesentlich kränker, als ich dachte), und ich fühlte mich von Minute zu Minute besser und stärker. Heute bin ich wieder ganz bei Kräften. Deine Lederjacke erweist sich als wirklicher Lebensretter.

Uns geht es gut. Der Kampf verläuft wunderbar und beinahe unglaublich gut. Ich habe alle Daten zusammengetragen und werden sie morgen Wert geben. (Er ist hier und wird Dir dies bringen).
Ich vermählte mich wegen Dir mit Time and Life, damit Du wegen mir kündigst. Nicht weil ich den Auftrag habe, die Sphynx zu bauen oder weil ich eine Bananenfabrik besitze, sondern weil ich hoffe, daß Du mich heiratest, einen guten Mann heiraten, vorausgesetzt, er erweist sich als ein solcher.
Wildfang, sobald ich arbeite, so wie hier draußen, bin ich so nüchtern und so korrekt. Es war sehr zermürbend, an meiner eigentlichen Aufgabe nicht arbeiten zu können und darüber hinaus krank zu sein und sich nur in ganz bestimmten Vierteln dieser herrlichen Stadt bewegen zu können. Vier Jahre hatte ich keine Möglichkeit gehabt, an meiner eigentlichen Aufgabe zu arbeiten.Ich habe es satt.
Marty dachte, daß ich Dich vielleicht nur heirate, weil mir nichts anderes mehr übrig bleibt (Ich meine nicht, daß Du mich heiraten mußt.), und ich erklärte ihr, daß Du mich wirklich und aufrichtig heiraten willst, auch weshalb und wie sehr ich Dich liebe, aber das weißt Du ja, deshalb möchte ich Dich nicht mit der Aufzählung langweilen. Doch möglicherweise kann ich die Gründe so zusammenfassen, daß Dich die Kürze amüsieren wird. Schauen wir, ob ich sie im Winter zusammenfassen kann.
Kopf, Körper, Bett, Herz, Zukunft, Gesicht, Seele, Zuversicht, Vertrauen, der Wunsch, Partner zu sein, TWH, BWH oder, falls uns jemand anmeckert, T H W, B H W (an diesem Punkt empörte sich Herr Scrooby), der Wunsch, Ruhe im Leben zu finden (manches davon erwähnte ich nicht). Ich erwähnte nicht unsere Kleider und das Verlangen, so mit Dir zu liegen, daß Dein Kopf dort liegt, wo er hingehört, und Musik zu hören. Ich sprach nicht von der See, die wir erobern werden und auch nicht darüber, daß Du mein niedliches Kätzchen bist, mein einziges, oder ließ, wie wir es nennen, Liebe mit viel Spaß durchblicken. Ich sagte nicht, daß Du für mich Religion, König und Vaterland, Familie, Heimat, Staat, Wirtschaft, Reinheit, die First National Bank of Key West Florida, alle Wertpapiere, Hypotheken, Pfandrechte oder Besitzübertragungen, die Pracht eines zahmen Schwarmes von Seebarben im Schein der Morgensonne, nichtgelesene Ausgaben des New Yorker, vom Anstoßpunkt erzielte Tore, eiskalte Daiquiris ersetzt (es könnte 6 Seiten so weitergehen).
Allerliebster, geliebter Wildfang in der gelben Bettjacke mit dem zauberhaften, süßen Mund und die Bugfigur aller meiner Schiffe und diejenige, die genau weiß, was sie will und besitzt. Ich liege neben Dir, bin Dein Partner, der das und nichts anderes sein will. Ich liebe Dich über alles.

Ich möchte genau so sein, wie Du mich haben möchtest (in meiner Eigenheit, so wie Du Deine Eigenheit besitzt, das klingt blöde, aber Du weißt, wie ich das meine), und ich möchte, daß Du mir dabei hilfst, so zu werden, wie Du es möchtest, so wie Du einem Pferd helfen würdest. Und ich werde hervorragend wie ein Pferd für Dich ins Rennen gehen, aber zuhause werden ich weder ein Pferd, noch der letzte Teil eines Pferdes sein, sondern Dein guter, liebender, vernünftiger, aber witziger Ehemann, den Du hoffentlich heiraten wirst und mit dem Du, so hoffe ich, ein herrliches Leben führen wirst.
Ich liebe Dich, Darling, liebste Mary, und ich werde Dich mein ganzes Leben lang lieben.

Mit Hochachtung
Ernest Hemingway

Der Tag nach Weihnachten

Traf gerade Wert und er meint, daß es nichts ausmache, ob Willie geht oder dableibt, Du kannst kommen. In dreißig Tagen wirst Du bei mir sein. Wir hatten eine Konferenz.
Es scheint einigen Zweifel darüber zu geben, ob er Willie gehen läßt oder nicht. Aber es gibt Wege, wie er den Austausch einleiten kann. Falls Willie nicht geht, kannst Du sobald Du willst kommen.

[An Weihnachten war Hemingway beim 22. Regiment Command Post in Rodenbourg. Col. Ruggles schickte einen Jeep los, um Martha Gellhorn aus Luxembourg zu holen. Er dachte, daß dies für Ernest eine angenehme Überraschung sei.]

* * *

## BRIEF AN MARY WELSH

27. Dezember 1944

Meine allerliebste Geliebte:
Ich wollte Dir letzte Nacht schreiben, war jedoch zu müde. Die Nacht zuvor konnte ich bis 6.00 Uhr morgens nicht schlafen und schrieb Dir dann den letzten Brief.
Diesen Morgen überflog ich in einer Maschine die ganze Show, um alles klar in meinen Kopf zu bekommen, arbeitete alles mit den Karten und Berechnungen aus und reichte das gesamte Material weiter an Wert, so daß er es verwenden kann. Habe einen hervorragenden Bericht, den ich mit einer farbigen Beilage ergänzen könnte (so wie ich es bei der Schnee-Eifel-Geschichte machte), und er meinte, falls Colliers ihn mit den Karten nicht wolle, würde er sich vielleicht gut für Life eig-

nen. (...) Ich werde ihn mitnehmen, falls es der Zensor zuläßt. Wert möchte, daß ich für Life arbeite. Doch mir wäre es lieber, wenn keiner von uns beiden je wieder journalistisch arbeiten müßte. Ich denke, wir können es so machen und ein glückliches Leben führen. Doch wenn Du ein Leben mit Journalismus willst, können wir uns auch so einrichten. Aber mache Dir wegen mir keine Sorgen, wenn ich versuchen würde, über Dich Einfluß in derselben Organisation zu gewinnen. Ich möchte einzig und allein das tun, was Du willst.
Wenn's geht, möchte ich ein Buch schreiben. Mehr als beinahe alles andere, nicht ein Kunstwerk, sondern ein Werk, das ich mein Leben lang haben werde. Wenn Du dabei an mir festhalten könntest, könnten wir uns dann auf alles konzentrieren, was Du am liebsten machen möchtest, und ich würde es respektieren.
Ich halte es nicht für egoistisch, meine Sache vielleicht zuerst zu machen. Für mich ist das so wichtig wie, wer zuerst ins Badezimmer darf.
M. habe ich seit ihrem Gegenangriff nicht mehr gesehen, obwohl sie hier in Werts Hotel wohnt.
Wildfang, ich wünschte, die Wolkendecke würde sich ein wenig auflösen, vielleicht wird's dann besser. Nachher gehe ich hinaus zu Buck und bleibe dort über Nacht.
Am allerliebsten wünschte ich uns, daß wir verheiratet wären und ich derjenige wäre, der arbeitet, nicht, um ein hohes Tier zu sein oder Privilegien zu besitzen, sonder daß Du viel Zeit haben würdest, meine Frau zu sein, wenn Du das möchtest.
Nicht die Ehefrau von E.H., dem Schriftsteller, nur die Ehefrau Deines Ehemannes, Partnerin, Partnerin beim Spaß, Partnerin in guten und in schlechten Tagen und die Mutter unserer Kinder. Doch wenn Du dies alles nicht willst, begnüge ich mich mit dem, was ich kriegen kann.
Den Journalismus hasse ich wirklich — mehr als Du vielleicht die Drinks oder gar die Römisch-Katholische-Kirche haßt —, aber ich würde es eher auf mich nehmen, als Dich zu verlieren. Doch ich vermute, daß es einen früher oder später zerstört, wenn man etwas tut, was man verabscheut oder gegen seine Natur ist. So wie es ist, macht es mich ziemlich fertig.
Ich glaube wirklich, daß Du mit mir glücklich sein kannst, wenn ich arbeite; denn es widerspricht nicht Deiner Natur, einen Ehemann zu haben, gesund und wirtschaftlich abgesichert zu sein. Nichts spricht dagegen, daß Du nicht mehr Deinen Kopf gebrauchen, keine herrlichen Orte mehr aufsuchen oder nicht mehr lernen sollst. Du würdest Zeit dafür haben, die Dinge zu lernen, für die Du Dich interessierst. Und wenn wir nach London oder Paris reisen, würdest Du all jene Leute sehen und sprechen, deren Anschauungen Dir so freude bereiten.
Hier geht er und versucht, etwas zu verkaufen. Entschuldige bitte,

Wildfang. Ich erinnerte mich eben nur plötzlich daran, daß ich M. sagte, daß alles vorbei sein müsse, da wir einander lieben und wir (Du und ich) könnten und würden alles schaffen und dann dachte ich, es ist das beste, wir machen immer das, was Du wünschst. Aber ich möchte wirklich uns beide aus dem Journalismus herausbringen und ein sinnvolleres Leben führen — der Vorteil des Schreibens liegt darin, daß es uns viel Freiraum zwischen dem Arbeiten läßt. Wenn es eine Fabrik wäre, könnte ich Dir nicht so viel bieten, und ich glaube nicht, daß es fair wäre, Dich von Deinen Feunden zu entfernen, doch so wie die Dinge liegen, können wir immer zurückkehren und sie besuchen.
Ah, gut, muß mich nun anziehen und zur Arbeit gehen. Ich liebe Dich sehr. Kätzchen, ich drücke Dich fest und eng an mich und küsse Dich. Hier ist nun alles OK. Ich hoffe, die Geschichte abschließen zu können. Besuche die noch hiergebliebenen Freunde und komme Ende oder Anfang nächster Woche zurück. Mache Dir keine Sorgen, wenn ich nicht komme. Werde es versuchen und Dir eine Nachricht schicken.
Ich liebe Dich, mein Darling. Dem Kopf und der Brust geht's wesentlich besser, bin aber immer noch schwach. Denke, daß Dir etwas einfallen wird.
Mein ganze Liebe. Entschuldige den langweiligen (und kalten) Brief.

Dein Dich liebender Ehemann
Dein Einziger

* * *

## BRIEF VON MARTHA GELLHORN

London, 28. Mai 1945

Lieber Bug;
nachdem Bumbi nun gerettet ist, glaube ich wirklich, daß der Krieg in Europa vorüber ist. Ich wußte natürlich nichts Näheres und streifte durch München, Nürnberg und weiteres Territorium der 7. Armee, und versuchte, etwas über ihn zu erfahren. Doch es war nichts über Gefangene zu erfahren; sie bewegten sich offensichtlich größtenteils auf eigene Faust und wurden erst dann gemeldet, wenn sie schließlich einige ihrer alten Leute trafen. In den Straßen von Paris begegnete ich Neil Regan. Er sagte mir, er habe Bumbi gesehen. Ich kam zurück nach London und Mike Burke und Bob Thompson sagten mir, daß er über den Berg und nach Hause zurückgekehrt sei. Er habe gut ausgesehen, und ich hoffe, daß er jetzt bei Dir ist. Grüße und küsse ihn bitte von mir. Damit ist nun wirklich alles gut.
Hoffentlich sind das Haus und der Garten in Ordnung. Ich hoffe auch,

daß ihr alle viel Spaß habt. In ungefähr zwei Wochen fahre ich nach Hause zurück, um den Sommer mit meiner Mutter zu verbringen, im Herbst werde ich entweder an den Pazifik oder hierher zurückgehen. An den Pazifik möchte ich nicht gehen, da ich sehr müde bin und die Japaner auf mich sehr boshaft wirken. In Nürnberg sah ich den Rest Deiner Division. Die Nacht verbrachte ich zusammen mit George Goforth und seinen Männern in einem Mietshaus, das OK war, es gab allerdings kein Wasser. George Goforth war sehr müde und außerordentlich froh darüber, nun aus allem heraus zu sein; eine beträchtliche Anzahl ist offensichtlich tot. Wir sahen uns nur in dieser Nacht, aber sie waren mir gegenüber so reizend und ließen Dir viele liebe Grüße ausrichten.

Ich verstehe, daß unsere Trennung in den USA Schlagzeilen hervorrief, es kam sogar im Radio (Audrey schrieb mir und fragte, ob es wahr sei); damit ist nun alles vorüber und Du brauchst Dir wegen der Öffentlichkeit keine Sorgen zu machen. Es macht den Eindruck, als ob es außerordentlich ruhig und angenehm verlaufen ist. Würdest Du Dich bitte darum kümmern, einen Rechtsanwalt in Kuba zu engagieren, der sich dann mit der Scheidung befaßt. Ich denke, daß ein Telephonanruf genügt. Ich mache sehr viel, möchte, daß alles bald erledigt ist. Sicher kannst Du das verstehen.

Konntest Du schon mit Deinem Buch beginnen? Es wird ein gutes werden, und ich wünsche Dir sehr viel Erfolg. Küsse bitte Mouse und Gigi, ich hoffe, daß ich sie nicht ganz und nicht für immer verlieren werden. Mir geht es wieder gut, und ich bin auch wieder gesund, wiege 124 Pfund, bin leicht braun (sehr leicht) und in guter Stimmung. Deine Freunde vom sechsten Stock im Dorchester lassen Dich grüßen: Sie sind nun meine Familie, und dieses heruntergekommene Zimmer ist so gemütlich, als ob es sich einer selbst gebaut hätte bzw. darin zur Welt gekommen wäre.

Viele Grüße
Mook

P.S.: Besser Du adressierst Deine Briefe an Charlie Scribner; ich weiß nicht, wo ich in New York ein Zimmer finden kann, ich versuch's mal im Gladstone. Falls noch einige Kleider von Dir hier sind, werde ich sie Dir nachsenden, wenn Du sie haben möchtest.

* * *

# BRIEF AN MARTHA GELLHORN

ohne Datum, nicht abgeschickt

Liebe Marty,
ich glaube, daß Du Mousie nicht gesehen hast, da er erst am 19. aus der Schule kam. Dachte, daß Du ihn vielleicht doch getroffen hast. Bumby geht's gut. Er verlor 50 Pfund bei einer Diät, bei der er fünf Tage lang täglich nur eine Suppe serviert bekam und eine weitere Woche täglich zwei Suppen. Sie unternahmen einen Fluchtversuch und wurden wieder geschnappt. Schließlich mußten sie von Nürnberg nach Moosberg (3,2 km) marschieren, wobei sich die SS um jene kümmerte, die ausfielen. Nun hat er wieder 35 Pfund zugenommen (zunächst war's nur Fett), er treibt viel Gymnastik, ißt gut und baut seinen Körper allmählich wieder auf.
Er mag Dich sehr, und wir sprechen sehr liebevoll von Dir. An der Schulter und am Unterarm ist er verwundet. Wegen einer Infektion mußten sie einen Muskel aus der Schulter entfernen, doch er behauptet, daß dies nur dazu diente, seinen Nerv zu lösen. Die Wunden sind groß, sie stammen von einem Maschinengewehr und einer Eiergranate, die die Krauts warfen und die nahe an seinem Kopf explodierte. Wir hatten großes Glück, er ist „entero" (ganz). Weder ängstlich noch nervös. In mancher Hinsicht hat er sich phantastisch entwickelt. Er liebt Dich noch immer so sehr, bzw. noch stärker als jemals zuvor. Deshalb mußt Du nicht befürchten, ihn zu verlieren; denn Du wirst ihn immer haben.
Um Mousie machten wir uns furchtbare Sorgen, als uns der Dr. von einem Fleck auf der Lunge berichtete. Es war jedoch nur ein Fehler auf der Röntgenplatte. Er und Gigi müssen morgen hier sein. Gigi ist viel gesünder und kräftiger; er ist ein großer Spaßvogel wie immer, kann sich jetzt aber auch selbst auf die Schippe nehmen und hat viel von dem erbitterten Rivalitätsverhalten verloren.
Im letzten Jahr fing Mousie an zu malen. Er malt wirklich schön. Ich weiß, daß er Dir gerne ein gelungenes Bild schicken würde, wenn du es möchtest. Es erinnert einen an Van Gogh, aber es ist Mousie, und ich halte es für ein wirklich gutes Bild. Wäre es nicht herrlich, wenn er sich zu einem wirklich hervorragenden Maler entwickeln würde? Er ist so bescheiden und zurückhaltend. Wenn man ihn sucht, dann malt er. Ich habe zwei seiner besten Bilder gerahmt. Sie wirken gut neben den anderen Bildern.
Dies würde ein schrecklich langer Brief werden, wenn ich Dir alles mitteilen wollte. Zeige also Geduld. Es schlägt gerade 10 und um 13 Uhr sollte ich wohl alles zu Papier gebracht haben: Wünschte, ich könnte stattdessen mit Dir reden. Das letzte Gespräch im Dorch verlief so an-

genehm, und es war schön, daß wir uns nicht als Feinde betrachteten. Das war mehr oder weniger alles über die Kinder, anzumerken wäre vielleicht noch, daß Gigi vielleicht nur ein wenig größer und dafür breiter geworden ist. Mousie ist fürchterlich groß, vornüber gebeugt und sehr dünn. Muß ihn aufbauen und auf seine Haltung achten. Beide lieben Dich und sind auch sehr stolz auf Dich.
Als ich nach Hause kam, sahen die Tierchen sehr übel aus. Es war herzzerreißend. Nun sind alle wieder OK. Blindie ertrank im Hurrikan. Alle anderen Katzen sind OK.
Der Hurrikan richtete verheerenden Schaden auf dem Anwesen an, ich möchte gar nicht davon sprechen. Die meisten der Königspalmen stehen noch, und der Ort ist immer noch schöner als alles andere, das ich gesehen habe. Der große Ceiba und die meisten Palmen sind auch in Ordnung. Jeder, der das Anwesen vorher nicht gesehen hat, würde, so glaube ich, annehmen, daß ursprünglich alles so geplant war. Wir verloren die besten Mangobäume und die meisten der Königspalmen, die Richtung Gebirge standen. Es hat keinen Sinn, die ganzen Verluste aufzulisten. Sie waren sehr groß. Doch das Haus und das Grundstück sind im wesentlichen intakt.
Es war schon teuflisch, daß es acht Monate lang eine Dürre gab. Bis vor vier Tagen schien es so, als ob alles verdorrte. Die Erde brach auf, kein Wasser im Brunnen, ausgesaugte Erde: es stand wirklich alles dagegen. Nun, ich habe nicht Thomas Hardy an die Küste gebracht, um das Drehbuch zu schreiben. Es ist unser alter Feund, die Hand Gottes.
Um das Drehbuch zu ergänzen, sollte ich angeben, daß ich den Reportern das sagte, worum Du mich in London gebeten hattest. Sprach sehr achtungsvoll über Dich. Jeder war freundlich. Jeder höflich. Kein Skandal. Zwei Menschen waren verheiratet und scheiterten. Ungefähr so würdevoll, wie es sein konnte. Jeder wünschte uns beiden viel Glück. Freunde von Dir erklärten, daß sie auch mit mir gerne befreundet bleiben möchten. Freunde von mir sagten, daß sie Dich sehr mögen und bewundern. Führe freundlichen Briefwechsel mit Walter. Mutter und ich verstehen uns.
Mary plante die Scheidung und erschien am 28. vor Gericht, als die Sitzungsperiode vorüber war (aufgeschoben bis Sommer). Flog letzten Mittwoch ab, die Flugreise war genau geplant, ein Aufenthalt von fünf Tagen sollte genügen, um alles in Ordnung zu bringen. (Es war schwer, das zu arrangieren). Mir wurde versichert, daß ich in einem Monat in aller Stille geschieden werden könne, und ich warte darauf, bis ich mit Dir die vertraglichen Regelungen besprechen kann.
Damit erweckt alles den Anschein, als ob es von Henry J. Kaiser konzipiert worden wäre, ausgenommen die Tatsache, daß ich an einem Roman schreibe, was nie ohne Schwierigkeiten ist.

Wir fahren 12.35 Uhr zum Flughafen und bewegen uns im Schneckentempo durch den Regen, fahren hinter dem Club de Calzadores hügelabwärts, über die Spitze des Lincoln Hügel und dann hinunter die Montilla Straße. Es wird rutschig. Es ist so glatt, als ob die Straße mit Schmierseife eingerieben worden wäre. (Der erste Regen nach acht Monaten). Ich geriet vier Mal ins Rutschen und landete schließlich zwischen einem Baum und einer Steinmauer im Graben. Mary: eine Schramme auf der Stirn und ein schlimmer Kratzer am linken Jochbein. Ich: Brustkasten auf dem Lenkrad (Lenkstange mit der Brust verbogen), tiefe Schnittwunde mitten auf der Stirn (ich prallte auf die Windschutzscheibe) und das linke Knie ziemlich angeschlagen.
Mary wird durch die plastische Cirurgie wieder vollkommen hergestellt (Prince Rodríguez Díaz ist wirklich ein guter Chirurg), aber es ist sehr schmerzhaft und das Amerikanische Hospital ist belegt, Du kennst die Kubanische Klinik? Sie sehen alle so aus wie die, in der Josie starb.
Ich erlitt kein Brüche. Etwas Knorpel splitterte von den Rippen ab und das Brustfell wurde gequetscht. (Du hattest vielleicht dasselbe bei Deinem tiefen Sturz). Mein Knie gleicht dem eines Elephanten, aber kein Bruch, und ich glaube, daß die Schwellung eher vom Blut als von der Synovia (Gelenkschmiere) herrührt, da sie schon gut zurückgegangen ist, die Purpura zieht sich bis in den Schritt runter.
So, das wäre das. Für Mary wurde getan, was in ihren Kräften lag. Sie wird heute aus der Klinik entlassen. Da sie jedoch weder lächeln noch reden kann, halte ich es für das Beste, nicht zu reisen, kann deshalb nicht am 28. kommen. C'est la hard luck tu sais. Toi qui la connais bien. (Mein Französisch ist immer noch jämmerlich). Doch alles wird sich ins Gute wenden; ich muß nur alles wieder in Angriff nehmen.
Mal sehen, welche Neuigkeiten ich sonst noch für Dich habe. Oh ja, Frau Cucu und ich packten Deine Sachen voll trauriger Ehrfurcht in die guten Koffer auf den obersten Stock des kleinen Hauses. Mottenkugeln taten wir auch hinein. Deine gesamten Papiere haben wir verschlossen, Leder und andere Dinge, die verderben könnten, sind im Schrank im blauen Zimmer, sie werden von Maria Esther regelmäßig gelüftet. Habe mich wirklich sorgfältig um Deine Sachen gekümmert und Dein gesamtes Porzellan, das Silber, den Schmuck und anderes verpackt und versorgt. Mache Dir also bitte keine Sorgen.
Niemand konnte sich vorstellen, wie weh mir der Kopf nach der Gehirnerschütterung tat — bis ich nach Hause kam. José Luis kümmerte sich darum, er ist erfahrener Arzt und versteht mehr als alle anderen davon. Scheint, daß ich Glück hatte, mußte mich keiner schweren Behandlung unterziehen. Ich will ja nicht jammern, aber es ist wirklich Pech, jetzt diesen Schlag abzukriegen und ausgerechnet an der Stelle, wo ich sowieso Schwierigkeiten hatte.

Andererseits haben wir (Du und ich) die letzten eineinhalb Jahre viel verloren, aber wir erhielten Bumby zurück, Mousie hat nicht TB, wir schlugen die Krauts, und ich hoffe, daß Du eine angenehme Aufgabe erhalten hast (nebenbei: ich sagte zu Colliers genau das, was Du mir aufgegeben hattest, und hob Dich gewaltig hervor — nicht daß Du das nötig hättest).

Sie erlaubten sich, mein Material zu kürzen und zu verändern, es zu verbessern; sie veröffentlichten die komischen Fotos, die bei Georges aufgenomen wurden. Sie hatten mir feierlich versprochen, sie nicht zu verwenden, sie nur als einen Gag einzusetzen, und sie verursachten mir damit einen großen und irreparablen Schaden. Darüber hinaus ersetzten sie mir nicht die 6000 Dollar, die ich aus meiner eigenen Tasche für sie ausgegeben hatte, und ich reichte ihnen eine Ausgabenübersicht darüber ein. Sie telegraphierten mir, daß sie nur eine Zusammenfassung wünschten, deshalb ließ ich ihnen eine solche zukommen (sie enthielt viel weniger, als ich tatsächlich ausgegeben hatte, und ich teilte ihnen mit, daß sie mir telegraphieren sollten, wann das Geld hinterlegt worden wäre). Stattdessen erhielt ich von La Cossitt einen Brief, in dem er eine einzelne Auflistung der Ausgaben von mir verlangte. Sie schickten mir auch ein Telegramm von Mike Burke nach, in dem er mir mitteilte, daß Bumby OK sei (als ich mir sinnlos Sorgen machte): Es lag in einem 3 Cent Umschlag und war nicht einmal per Luftpost geschickt. Ein Telegramm, das sie geöffnet hatten und in dem stand, daß Dein Sohn OK sei, brauchte siebzehn Tage, in einer Zeit, in der ich keinerlei Nachrichten erhielt und die letzten Camps verwüstet wurden. Ich muß meinen Paß vom State Department zurückfordern, um die Daten zu erfahren, und wegen der detaillierten Aufstellung nach London schreiben. Seit April letzten Jahres können sie schon über mein Geld verfügen.

Alles, was ich für sie tat, war, am Tag X auf dem Küstenstreifen zu landen, als ich eigentlich im Hospital sein sollte. Seitdem habe ich fürchterliche Kopfschmerzen; fliege Abfangflüge gegen ferngesteuerte Bomber, schreibe ihnen eine hervorragende Geschichte (Der GI und der General), bin der erste in Paris und, zugegeben von allen Korrespondenten, der erste in Deutschland. Deshalb zahlen sie Dir nicht das Geld zurück, das Du für sie ausgegeben hast und sie Dir seit einem Jahr schulden. Es scheint, daß ich nicht noch ärgerlich werden darf. Wenn Du La Cossitt siehst, schlage ihm vor, daß er mir die 6000 überweist, unabhängig von irgendwelchen weiteren Ausführungen, die er zu meiner Aufstellung wünscht.

Werde nun von so üblen Kopfschmerzen geplagt, daß ich besser aufhöre. Liebste Mook, wenn Du irgend jemand heiraten willst oder die Scheidung unbedingt schnell hinter Dich bringen willst, werde ich

morgen in die Stadt gehen und sie vorantreiben, ohne Rücksicht auf irgendwelche Auswirkungen auf mich oder andere. Du bist berechtigt, alles zu tun, was Du willst. Doch wenn es nicht eilt und der Scheidungsstatus annehmbar ist, werde ich ihn zu einem günstigen Zeitpunkt durchsetzen und dabei die vorhandenen Gesichtspunkte oder die noch aufkommenden berücksichtigen. Wenn's nun darum geht, es den Leuten zu sagen, so kannst Du ihnen vielleicht sagen, daß wir uns in einem oder zwei Monate oder auch im Herbst scheiden lassen. Du sollst wissen, daß ich die Sache nicht verzögern will. Wenn ich die Sache sofort schaukeln kann, kannst Du den Leuten einfach sagen, daß wir früher als erwartet geschieden werden.
Ich weiß nicht, wie es Dir geht, aber mir fällt es fürchterlich schwer, unmittelbar nach dem Krieg zu schreiben. Als ob alle Geschmacksknospen verbrannt worden wären und als ob man zuviel laute Musik gehört hätte, daß man leise gespielte nicht mehr wahrnehmen kann. Doch ich verspreche Dir, daß ich versuchen werde, meine bestmöglichste Form zu erreichen und so gut zu schreiben, wie ich nur kann, um wiedergutzumachen (es gibt nichts dergleichen), was wir verloren haben.
Runter auf 202, war runter auf 194. Nie betrunken, nie betrunken vom Rum (meine eigene Meinung natürlich). War weder gemein noch grausam, sagte weder gemeine noch grausame Dinge. Verfüge über einige andere, neue, gute Qualitäten, doch kann ich sie noch nicht greifen. Denke, sie sind geschlechtsspezifisch.
Mary war sehr gut, wunderbar auf dem Boot; es konnte nicht rauh genug für sie sein. Werde mit den Lobreden aufhören. Klingt wie ein poetischer Nachruf auf einem Dorffriedhof. Kann es nicht richtig schreiben.
Es wird schön sein, die Kinder zu sehen, wenn Du sie auch nur sehen könntest. Ich sehe keinen Grund, weshalb sie nicht auch bei Dir sein sollten. Hoffentlich hast Du bald eine Wohnung gefunden. Natürlich habe ich auch nichts dagegen einzuwenden, wenn Du und Deine Mutter das Haus hier benutzen wollt. Hoffe, viel Zeit in Afrika zu verbringen, sobald alles geklärt ist, und ich wünschte, du würdest dieses Haus als einen Ort betrachten, den Du wie ein Albatross aufsuchst, was Du einst nicht so empfandest.

* * *

Doch Gentleman, die Beliebtheit unseres alten Freundes Hemingstein nahm ab. Ich war drei Tage in Paris gewesen und instruiert worden, hatte Bericht erstattet, war fanatisch gewesen und angeschmiert worden. So saßen wir im Wohnwagen, und der General hatte nicht nur einen, sondern zwei Wachposten aufstellen lassen. Er sagte: „Was hältst Du davon Ernie?"

Ich antwortete: „Wollen Sie, daß ich offen rede, General? Das ist das übelste, mörderischste Scheiß-Durcheinander, das ich jemals auf einer Planpause sah."

General: „Ich denke genauso wie Du. Wir dürfen uns jedoch nie von unseren Ängsten leiten lassen."

Armer alter Papa: „General, Sir. Ich habe nur um ihr 8., 12. und 22. Regiment Angst, um die armen, gottverdammten Kampfpioniere und Ärzte."

General: „Weshalb nennst Du mich General und nicht Tubby?"

Ich: „Ich nenne Sie wegen dieser einen Sache die ganze Zeit über General, Sir."

General: „Meinst Du wirklich, daß es so schlecht steht?"

Ich: „General, Sir. Sie könnten es auch mit einem Scheißmesser, das sie jeden Tag wetzen, nicht durchschneiden."

General: „Würdest Du bitte Dick hereinschicken? (Sein Stabschef, der, ehe er auf die Akademie ging, in eine meiner Schwestern verliebt war.) Ißt Du mit uns?"

Hemingstein: „Nur wenn es der General wünscht."

General: „In Ordnung. Geh zu Buck. Das wolltest Du doch die ganze Zeit, nicht wahr?"

Hemingstein: „Nachdem ich sie gesehen hatte, General."

General: „Sag ihm, er soll damit aufhören, Waschbären zu jagen und mir mehr leichte 81-er wünschen."

Hemingstein: „Es reicht für drei Detonationen, General. Sie kommen schwer durch die Wälder, sie sinken ein. Der Boden ist vom Regen total aufgeweicht."

General: „Es kann gefrieren und hart werden."

Hem.: „Es kann schneien und noch mehr aufweichen."

General: „Gut, geh hinauf und suche mich auf, wenn Du zurück bist. Ich habe eine Flasche Bourbon für Dich."

Hem.: „Danke Sir."

General: „Wenn wir kein erstklassiger Stützpunkt sind, holst Du Deinen eigenen Schnaps."

Hemingstein: „Jawohl Sir, General. Ich habe welchen. Doch ihrer ist besser."

General: „Geh zum Teufel. Ich werde auf sein, wenn Du zurückkommst. berichte mir, wieviel 81-er er wirklich benötigt und wieviel er von den anderen Regimentern stehlen will."

Hemingstein: „Auf Wiedersehen, General. Ich werde Dick hereinschicken."

Beim Regiment.

Buck: „Du alter Hurensohn. Du verkommener Mensch. Du schäbiger Charakter. Was hattest Du in Paris zu tun?"

„Was glaubst Du?"

„Was sagte unser verlorener Führer?"

„Nichts."

„Wann passiert's?"

„Wir müssen anderes Wetter abwarten. Sage Buck: Wieviel leichte 81-er brauchst Du wirklich?"

„Soviel ich bekommen und stehlen kann und noch viel mehr."

„Womit wärst Du zufrieden?"

„Richte ihm aus, daß ich nie zufrieden sein werde. Was glaubt er eigentlich, was wir damit machen? Essen oder vielleicht verkaufen?"

„Er hat auch seine Schwierigkeiten."

„Erzähle mir davon."

„Ich kann nicht. Ich bin fromm."

„Ich dachte immer, sie hätten Dich schon aufgeknüpft, aber daß Du fromm bist ..."

* * *

## BRIEF AN GENERAL CHARLES T. LANHAM

9. Juni 1945

Mein Lieber General:
Das L wird groß geschrieben wie in einer Lobeshymne. Ein eigenwiliger Stil, den ich unter unserem ehemaligen Leiter C.S. angenommen hatte. Erhielt gerade Deine ergreifende Mitteilung vom 29. Mai 1945. Inhalt bedeutend und antworte hiermit.

Angesichts der Scheußlichkeiten und Ungerechtigkeiten, die Du erwähnst, kann ich nur versuchen, eine Kopie von Hank (B.F.) Gorells Stück zu erhalten und zu lesen. Wo zum Teufel holte er sich diese Frontneurose? Ich bin ein trauriger Hurensohn. Welche Nervenkrankheit hätte sich dieser Sohn eines Operntenors wohl geholt, wenn er mit Deiner Infanterie, die die Sprengladung nicht explodieren lassen konnte und abwartete, den — wie ich es nannte — Angriff zu machen, jene 1800 Bomber geduldig hätte abwarten müssen.

Vielleicht ist es ein gutes Stück, doch ehrlich, Buck, so viele Dinge erscheinen mir jetzt einfach so witzig, daß ich vielleicht wie einer meiner

Großväter werde (der andere war ein großer G.A.R.-Mann) [Unionistische Veteranenorganisation vom amerikanischen Bürgerkrieg], der während des gesamten Bürgerkrieges kämpfte und danach nie mehr darüber sprach und es auch nicht zuließ, daß in seiner Gegenwart der Krieg erwähnt wurde. Andererseits war er ein Mann mit Prinzipien und setzte sich nie bewußt mit einem Demokraten an einen Tisch. Mein ältester Junge kam vorgestern unangekündigt in einem Taxi an. Es war so ausgezehrt, daß Du es Dir überhaupt nicht vorstellen kannst. Die Krauts schossen aus 18 m Entfernung mit einem jener verstärkten Karabiner, von denen Du mir einen schicktest, auf ihn. Sie lagen frei in Toms zerstörten Land herum, als wir an einem kalten Tag dort waren. Er hat 35 kg Untergewicht, ist jedoch o.k. und ein herrlicher Soldat. Er hat sich für den Pazifik gemeldet, doch ich wünschte, ich hätte mehr als dreißig Tage, um ihn wieder auf die Beine zu bringen. Er hatte sechzig Tage Urlaub, verbrachte 30 Tage davon jedoch im Bett mit allem, was weich und hohl ist, und er möchte, daß ich ihm sage, was er nach dem Kriege machen soll (seit er 18 ist, ist er Soldat). Er hat merkwürdige graue Augen und hohle Wangen und sieht aus, als ob er aus dem Bürgerkrieg kommt. Das klingt kitschig, doch ich glaube ehrlich nicht, daß er ängstlicher als ich war (bewußt, Du weißt), und ich schämte mich immer meines elenden kleinen Bruders, der so wenig ein Soldat war, wie ein Yak ein Rennpferd ist, und ich mußte dies erklären und entschuldigen, so daß man nicht vermutete, ich käme aus demselben Stall; der Junge dagegen ist so gut wie der beste der nordischen Athleten, ganz das Gegenteil des schwachen Abschaums. Ich meine damit auch seine wundervolle Unbekümmertheit, seinen gesunden Gemeinschaftssinn, daß er immer gut unterrichtet ist und auch das hat, was Kemper hat. Entschuldige General, ich werde ganz rührselig, wenn ich an meine Kinder denke. Aber dieses Kind ist ein gutes Kind. Er wollte Flieger werden, doch sie lehnten ihn wegen eines Sehfehlers ab (vielleicht meine Schuld) und erklärten, durch Training des Augenmuskels könne der Fehler behoben werden. Als er 18 wurde, bewarb er sich unverzüglich beim Militär; er konnte Französisch (damit aufgewachsen), wurde zur Militärpolizei gesteckt und zum OCS kommandierten Zug des Neger MP-Bataillon geschickt. Sanft wie Nordafrika. Jedem gefällt es. Viel Verschwendung, viele Einladungen etc. Macht Spaß, fühlte sich jedoch scheiße. Kontrolliert mit 19 eine Kasbah. Hört, ich sei tot. Bekommt Gewissensbisse. Bewirbt sich bei den Fallschirmspringern. 28 weitere des Zuges bewerben sich mit ihm für die Einsätze im Rücken des Feindes. Springt vor der siebten Landungstruppe ab, organisiert den Widerstand, tötet Krauts etc. und nimmt Montpellier ein (erfuhr dies von anderen, nicht von ihm). Ach, gut. Hör damit auf. Bumby ist ein guter Junge, und Du würdest ihn gernhaben, als ob er unser gemeinsamer Sohn wäre. (Er bildet keine korrekten Sätze) (Meine mich). Wir führen ein herrliches Leben, und ich arbeite hart an einem Roman. Es fällt mir schwer, da ich fünf Jahre genau das Gegenteil davon tat. Buck, ehrlich, keine Romantik, Du weißt nicht (natürlich weißt Du's), wie anders das ist. China gab mir dies zuerst wieder und dann das Boot. Du verstehst, daß es mir nicht leicht fällt, und ich weiß viel mehr, als ich jemals schreiben kann, richtig, und ich fühle mich so sehr dazu verpflichtet, es richtig zu machen, daß Du nie denken darfst, daß ich Zeit schinden will.

In 32 Tagen sehnte sich Mary nur einmal nach der Grande Monde [großen, weiten Welt], es war am dritten Tag der Arbeit. Ich kann weder das Parlament noch Westminster Abbey noch Churchill sein oder all jene Bürger, ich kann sie auch nicht ersetzen. J'ai fait l'amour cinquante cinque fois dans le mois de Mai quel mois. Tres peu. [Im Monat Mai liebte ich fünfundfünfzig Mal, welch ein Monat. Sehr wenig] für einen Wilden und ähnliche Leute, aber ein herrliches Leben für uns Jungs; nachts aufzuwachen und denjenigen, den Du liebst, neben Dir zu haben, ist mein ganzes Kriegsziel.

Ich schrieb Dir über das Fischen und alles andere. Nun komme ich zum ernsthaften Teil des Briefes. Kannst Du und Pete [Frau Lanham] herunterkommen, so daß wir an Bord gehen können?

Hier nun Näheres. Die Kinder werden da sein. Sind o.k. Du wirst sie mögen. Platz haben wir. Bumby bleibt bis zum 14. Juli hier. Dann wird er wahrscheinlich noch einige Lehrgänge besuchen, ehe er in den Pazifik geht.

Wenn ich den Mut aufbringe, das Schreiben zu unterbrechen, wäre dies vielleicht besser.

Marys Scheidung dürfte Ende Juni durch sein. Bei mir dauert es noch einen Monat. Nicht anzufangen, beugt einem Skandal vor. Will alles schnell in Angriff nehmen und mich nicht selbst in eine prekäre Lage und außerhalb der Reichweite eines jeden zu bringen. Mary ist wunderbar. Sie verhält sich großartig.

Du und Pete, ihr seid jederzeit herzlich willkommen. Wir besitzen ein kleines Haus, in dem ihr wohnen könnt. Wir werden herrliche Ausflüge mit dem Boot unternehmen. Schwimmen, (wenn Du möchtest) nicht mehr trinken, als Du möchtest, gut essen und die Tage genießen. Kleine oder große Fische angeln, je nachdem was Du möchtest. Zur Zeit bläst ein herrlicher Passatwind, und dies hier ist ein verrückter, wunderschöner Ort. Buck, wenn Geld eine Rolle spielt, ich habe 1000 Eier, und es würde mich mehr als alles auf der Welt freuen, wenn Du sie nehmen würdest. Du und Pete, ihr seid meine besten Freunde, und Geld ist da nebensächlich. Wenn ich in Schwierigkeiten wäre, würdet ihr mir auch helfen.

Nützliches:
Ihr braucht einen Paß. Wendet Euch ans State Department. Keine Schwierigkeiten für Kuba. Frau Ruth Shipley, Paßabteilung. Jeder kostet 10 Dollar.
Mit dem Flugzeug oder der Bahn nach Miami. PanAma Miami-Havanna. Oder William Lyons, ein Amerikaner, Miami. Sag, Papa schickt Euch. Kein Problem. Sie werden sich von Jesus entlasten.
Besorge von W.D. die Erlaubnis, das Land zu verlassen. Das wäre alles. Kommt doch bitte, und wir werden eine herrliche Zeit zusammen verbringen.

[Die Initialen C.S. beziehen sich auf den Stabschef Richard O. Barton. Hemingways „Der G.I. und der General" ist Barton gewidmet, den er sehr bewunderte. Nach dem Kriege schlug Barton Hemingway für seine wertvollen Dienste bei der Informationsbeschaffung für den Bronze-Star-Orden vor.]

* * *

## BRIEF AN „RAYMOND" (GUEST)

über Winston („Wolfie") Guest — ein meisterhaftes Beispiel für Hemingways sarkastischen und ironischen Ton.

18. September 1945

Lieber Raymond:
Könntest Du nicht ein klein bißchen erwachsener werden und Win in Ruhe lassen und ihn nicht mehr ärgern?
Ich kenne Deine Aufgaben nicht und scher mich auch einen Teufel darum, doch selbst wenn Du Dickie Mountbatten wärst, hättest Du kein Recht, Wins Aktionen in dieser Sache zu kritisieren. Ich verbrachte wahrscheinlich soviel Zeit im Krieg wie Du insgesamt im Kindergarten, in der Schule und auf der Universität; ich habe so viele Wunden wie Du Äpfel von oder für Deine Lehrer erhalten hast. Damit wir uns richtig verstehen: Wenn Du Win kritisieren willst, kritisiere mich stattdessen und zwar direkt unter meinen Augen. Piesacken ist nicht mehr. Ich weiß, unter welchen Umständen er Dir schrieb und war unfähig, den Brief zu unterschreiben. Ich weiß, wie er Anfang des Jahres erfuhr, daß Dein Bruder krank sei und welche vernünftigen Schritte er deswegen unternahm. Dein Bruder war in Kanada zum Fischen, als er sich in New York aufhielt, und Dein Brief, in dem Du ihn darum batest, am 18. heraufzukommen, kam heute, am 18. Er kann jetzt nicht nach New York kommen, es sei denn, er handelt sich um eine Angelegenheit, bei der es um Leben und Tod geht, und dann würde es ganz von den Umständen abhängen, ob er gehen könnte.

Du und ich, wir sind keine Freunde, nur Bekannte, deshalb bitte ich Dich auf dieser Basis und auf keiner anderen, Dich nicht weiter lächerlich zu machen, indem Du Wins Handlungen in dieser Sache kritisierst und Dich so benimmst, als ob der Krieg eine Angelegenheit wäre, die unter einer Pologesellschaft ausgefochten würde mit der alljährlichen Veröffentlichung der Sieger. So ist es nicht. Es wird nur gekämpft, um zu gewinnen, und nur Arschlöcher interessieren sich für Ränge und Ehrungen.

Immer Dein
Ernest Hemingway

* * *

## BRIEF AN SEINE JÜNGSTE SCHWESTER CAROL ZUR ZEIT SEINER SCHEIDUNG VON MARTHA

1945

Liebes Dickerchen:
Danke für den Brief und die Bilder. Freue mich, daß Du die Kinder bei Dir hast. Habe trotz allem auch drei gute Kinder, leider, Bumby, 1. Leutnant, verwundeter Fallschirmspringer und Kriegsgefangener (kein Wort jetzt darüber), Mousie und Gigi in der Schule. Kommen Ende Juni zu mir.

Es ist fast zu gleichen Zeit, wenn Du immer bei mir warst. Es war ganz bestimmt schön, eine jüngere Schwester zu haben. Ich vermasselte es fürchterlich, doch das einzige, das ich hätte tun können, wäre gewesen, John [Gardner, Carols Ehemann] zu erschießen, aber das war in New York nicht möglich.

Es ist einfach nicht gut, Dickerchen. Nun, wenn ich daran denke, und ich hatte lange nicht mehr daran gedacht, hasse ich den Jungen ebenso wie die Nazis. Das ist kindisch, ich weiß, aber es ist so mächtig wie etwas in einem Buch Faulkners. Holte es trotzdem nicht aus einem Buch Faulkners.

Unser Brüderchen Les (der Baron) hat sich zu einem prächtigen Burschen entwickelt, falls er noch lebt. Du weißt, daß ich ihn nie ansehen konnte, da er unserer Mutter so ähnelt. Als ich aber so übel zugerichtet in London lag, dachte ich, daß ich sehr wohl Freundschaft schließen kann, wenn ich meine Augen geschlossen halte. Seine Kampfprobleme und sonstigen Probleme sind vollkommen unlösbar, so ist der Krieg eine Art Geschenk für ihn. Er erwies sich als ein sehr tapferer Junge, und viele Leute mochten ihn sehr. Als Bumby jenes Pech widerfuhr, meldete sich Les unverzüglich freiwillig zur selben Einheit. Er war jedoch nicht genügend qualifiziert, und so kam er schließlich aus seiner

Fernmeldeeinheit in die 4. Infanteriedivision, in der ich seit Juli gewesen war. Wir waren eine Zeitlang zusammen, und jeder mochte ihn. Er stieß wieder zur Division, als ich wegging.
Ura ist mit ihrem Mann auf Hawaia (kann es nicht richtig schreiben). Ihre Tochter ist eine Eistänzerin. Bei Ice Follies oder ähnlichem. Sie war immer eine süße kleine Maus, jedoch entsetzlich verzogen.
Habe von Sunny und Marce schon lange nichts mehr gehört. Der einzige Kontakt zur Familie war durch den Baron. Er ist jetzt wirklich ein prima Bursche; lustig, nicht eingebildet, natürlich übertrieben begeistert; doch ein prima, kultivierter Junge. Krieg ist vollkommen zu mißbilligen; tat dem Baron jedoch sehr gut.
Erhielt von unserer Mutter einen herzlichen Brief, in dem sie mir schrieb, daß sie sicher sei, daß Gott nach mir schauen werden, auch wenn ich es so wenig verdiente. Und wer ist Mary Welsh? Schließlich wurde ich von Martha kuriert. Ein Schriftsteller in der Familie genügt (wenn nicht auch dies zuviel ist), und ich brauchte eine Frau, die nachts im Bett liegt und sich nicht auf irgendwelchen anderen Kriegsschauplätzen etc. aufhält. Brauche eine solche Frau sehr dringend und unverzüglich; ich hoffe,in Mary Welsh diese Frau gefunden zu haben. Sie möchte das Schreiben und den Journalismus aufgeben, und ich werde mich sehr darum bemühen, ihr ein guter Ehemann zu sein, sobald wir heiraten können. Schreiben ist ein fürchterlich anstregendes Geschäft, Dickerchen, und man braucht jemanden, der einem hilft und nicht als Konkurrent auftritt. Marty war ein sehr hübsches Mädchen, und ich lehrte sie, in ihrem eigenen Stil gut zu schreiben (Sie hatte viel Talent und schreibt verdammt gute Zeitschriftenartikel) und zeigte ihr auch, wie man schöne Bilder schießt. Sie ist jedoch ein sehr egoistisches und herrisches Mädchen, doch wie ich schon sagte, möchte ich eine Frau, die nachts im Bett liegt und nicht irgendwo sonst ist und sogar ein größeres Erlebnis darin empfindet, so viele Tausend Dollar für das Abenteuer zu erhalten. Ich habe sie sehr geliebt, wurde schließlich jedoch davon geheilt.
[Hier endet der Brief]

* * *

## BRIEF VON INGRID BERGMAN

Rom, den 12. Dez. 1950

Liebster Papa, liebste Mary:
So lange her und so weit weg ... Doch ich denke oft an Euch und lese über Euch, und ich hoffe, daß Ihr bald nach Italien oder Paris kommt, da wir Anfang des neuen Jahres dort sein werden.

Lieber Papa, ich habe oft Schönes gelesen, was Du über mich gesagt hast, und ich umarme Dein großes Herz und danke Dir mit meinem. (welch eine Phrase!)
Weihnachten steht vor der Tür, und ausnahmsweise einmal schicke ich rechtzeitig meine Grüße. Gewöhnlich kommen sie immer viel später an. Also, Fröhliche Weihnachten, und möge es das neue Jahr so regeln, daß wir uns am gleichen Ort wiederfinden.
Wir schicken Euch beiden die allerbesten Grüße

Ingrid

* * *

## BRIEF VON INGRID BERGMAN

Rom, den 28. Januar 1952

Liebster Papa, liebste Mary:
Gestern brachte die Post einen Brief und entschuldigte sich dafür, daß die Zustellung so lange gedauert hat, doch das Flugzeug, mit dem der Brief befördert wurde, hatte gebrannt. Im Umschlag fand ich Eure Weihnachtskarte, sie war ganz verkohlt, so daß ich kaum Eure Namen entziffern konnte. Ich glaube, daß die Post in Italien sehr tüchtig ist! Ich freue mich so, von Euch zu hören. Lebt Ihr eine Zeitlang ruhig mit Euren Katzen? Wann kommt Ihr nach Italien? Ehe Robertino geboren wurde, schriebst Du mir, daß Du mir Zwillinge wünschen würdest, damit Du sie als stolzer Pate in die St. Peters Kirche tragen könntest. Du bist nicht gekommen, wahrscheinlich deswegen, weil ich keine Zwillinge bekam. Im Juni versuche ich es erneut. Wirst Du kommen, wenn's Zwillinge werden?!
Roberto schließt sich meinen guten Wünschen an, und wir hoffen, daß es Euch, liebe Freunde, gut geht.

Herzlichst
Ingrid

* * *

## BRIEF VON MALCOLM COWLEY

Sherman, Conn., 3. August 1952

Lieber Ernest:
„Der Alte Mann und das Meer" ist ganz fabelhaft, der alte Mann ist fabelhaft, das Meer und der Fisch ebenfalls. Ich bin auf sie und Dich stolz und freue mich, das Buch für die Herald Tribune besprechen zu dürfen. Bis jetzt weiß ich noch nicht, was ich schreiben werde, denn mir wurde für dieses kleine Buch sehr viel Platz zugestanden, aber es wird

eine angenehme Aufgabe sein, den Platz auszufüllen. Vielleicht kann ich neben anderem über Deine Prosa schreiben, die hier wie auch sonst von so heller Klarheit ist, die Wörter ragen einzeln auf der Seite hervor, als ob nie jemand zuvor die einfachen Wörter der englischen Sprache gebraucht habe. Und um das hervorzuheben, was Du in der Erzählung machst, kann ich über die gegenwärtige Begierde nach Symbolen und Mythen sprechen, die Kinder sagen, los, ich möchte Symbole verwenden, los, ich möchte einen Mythos schaffen. Und sie vergessen alle, daß ein Charakter, der nicht lebt, kein Symbol sein kann und wenn ein Buch keine Geschichte erzählt, kann es kein Mythos sein. Also gibst Du uns einen Charakter und eine Geschichte, und der Leser darf alle möglichen Symbole und Mythen aus ihnen herauslesen, doch der Charakter und die Geschichte leben derweil ihr eigenes Leben. Es gibt einen merkwürdigen Kontrast zu Moby Dick, wo der Wal für die unpersönliche Gewalt und Bösartigkeit der Natur steht. Dein Fisch und Dein Fischer sind gleichermaßen Teil der Natur, Brüder, wie der alte Mann sagt; beide spielen die ihnen zugewiesene Rolle, wie in einem rituellen Drama. Der alte Mann liebt und verehrt den Fisch, und man vermutet, daß der Fisch den alten Mann liebt und verehrt, und am Ende haben der Fisch und der Mann zusammengearbeitet (wie der Stier und der Matador), um das Leben auf diesem Planeten dramatischer erscheinen zu lassen, als es war, ehe sie ihren Kampf begannen.

Oh, ich werde den Platz gut ausfüllen und dabei versuchen, dem Buch gerecht zu werden. Ich rezensierte den Vorabdruck des Buches, und entdeckte dabei einen Fehler, den Du hoffentlich noch korrigieren kannst, ehe das Buch in den Druck geht: Der Albacore auf S. 43ff verwandelt sich auf S. 64 in einen Bonito, als ihn der alte Mann ißt. Was machst Du mit den drei anderen Erzählungen, die zur gleichen Sammlung gehörten? Veröffentlichst Du sie nächstes Jahr? — oder einzeln? — oder wartest Du, um sie in einer anderen Form herauszubringen? …

Wie immer,
Malcolm

* * *

## BRIEF AN BERNHARD KALB, ZEITUNGS- UND FERNSEH-KORRESPONDENT

17. August 1952

Lieber Herr Kalb:

Ihr Brief kam heute morgen an, und heute ist Sonntag. Als letzten Termin nannten Sie Mittwoch, so daß dies für Sie vielleicht wertlos ist. Ignorieren wir die Zeitungsberichte. Es wird neue geben. Jedenfalls,

egal was kommt, Sie wollten sicherlich nicht, daß ein Mann seinen eigenen Zeitungsartikeln glaubt, oder doch? Nach 34 Jahren würde er sicherlich verwirrt werden.
400 Wörter sind eine ganze Menge für einen Sonntagmorgen, es sei denn, man hält eine Predigt. Vielleicht machen wir das besser in einem Frage- und Antwortspiel.
Frage: Wie läuft das Schreiben?
Antwort: Ungefähr so wie immer. Manche Tage besser als an anderen. Ich habe nun 2 1/2 Jahre ununterbrochen gearbeitet und könnte Ferien gut gebrauchen.
Frage: Wie ist das Buch?
Antwort: Sehr lang. Ich habe es damit nicht eilig.
Frage: Wann dürfen wir es erwarten?
Antwort: Wenn der günstigste Zeitpunkt gekommen ist, es zu veröffentlichen.
Frage: Meinen Sie, daß Ihre Antworten knapp ausfallen sollen?
Antwort: Nein. Ehrlich. Ich spreche nicht gerne über meine Arbeit, wenn ich schreibe. Manche Leute tun's. Aber ich mache es unglücklicherweise nicht.
Frage: Wie läuft das Fischen?
Antwort: Im Frühjahr und Frühsommer war es sehr gut. Zur Zeit der Sonnenflecken war es sinnlos, aber jetzt wird es mit der sehr starken Strömung des Golfstromes immer besser. In dieser Saison hatten wir 25 Marline gefangen, und es werden noch ein paar mehr werden. In meinem besten Jahr hatten wir 54 gefangen. Die Fische, die nun kommen, sind sehr groß. Ich arbeite am frühen Morgen und wenn ich mit der Arbeit fertig bin, gehe ich fischen.
Dies waren die Fragen, die Sie stellten, Herr Kalb, und uns fehlt nicht mehr viel bis zu den vierhundert Wörtern. Wäre es für Sie nützlich zu wissen, daß es den ganzen Sommer über auf der Farm sehr angenehm und kühl war (unsere Hitzewelle hatten wir letztes Jahr). In einer Nacht zog eine solche Kälte vom Golfstrom herauf, daß ich ein Flanellhemd anziehen mußte, und letzte Nacht zog ich mir einen Seemannspullover über. Meiner Frau Mary geht es sehr gut. Sie liebt den Ozean und ist noch nie seekrank gewesen; sie fischt wunderbar. Sie schläft morgens, während ich arbeite, und wenn sie wach ist, kümmert sie sich um all die Probleme, die ich vernachlässige, da ich mit meinen Gedanken beim Schreiben bin. Meisten liest sie das, was ich schreibe, und ich kann sehen, ob es sie bewegt; denn dann bekommt sie eine Gänsehaut, und die kann sie nicht simulieren. Nun sollte ich besser damit aufhören und etwas anderes schreiben.

Viel Glück
Ernest Hemingway

## TELEGRAMM VON MARLENE DIETRICH

New York, 28. August 1952

Ernest Hemingway
Finca Vigía
San Francisco de Paula

BIN VON TIME DARUM GEBETEN WORDEN IM RADIO IM RAHMEN DER SENDUNG TIME CAPSULE ÜBER DAS BUCH UND DICH ZU SPRECHEN ALS WÄRST DU BEERDIGT UND NACH HUNDERT JAHREN WIEDER AUSGEGRABEN WORDEN TROTZ DER BOMBEN STOP KENNE MEINEN PLATZ HIELT ES NICHT FÜR MEINE AUFGABE MEINE MEINUNG ÜBER DEINE ARBEITEN ZU ÄUSSERN STOP HALTE ES FÜR ZIEMLICH BLÖDE DASS ALLE MÖGLICHEN LEUTE GEGENWÄRTIG IN DEN ZEITUNGEN ZITIERT WERDEN UND DAS MACHTE MIR MUT STOP TEILE MIR BITTE MIT OB DU DIES MÖCHTEST ODER WÄRE ES SCHÄBIG STOP VIELLEICHT SAGST DU MIR EINFACH WAS ICH SAGEN SOLL SOLLTEST DU ES WÜNSCHEN STOP DANKE FÜR DEN BRIEF MEINE EINZIGE BLUTZUFUHR IN MEINEM BLUTARMEN LEBEN STOP WÜRDE GERNE KOMMEN DOCH MARIA ARBEITET ICH MUSS AUF DIE KINDER AUFPASSEN STOP VIELLEICHT SPÄTER KÜSSE MARY UND KÜSSE HEMINGSTEIN UND DEN ALTEN MANN UND DEN FISCH

KRAUT

* * *

## BRIEF AN MARY WÄHREND EINES EHESTREITS

1. Juni 1953

Honey:
Ich schrieb Dir diese Zeilen, um etwas für mich zu klären. Schicke sie bitte zurück.
Deine genauen Worte an diesem Morgen lauteten: Du möchtest alles in Beschlag nehmen. Du wirst sogar wütend, wenn irgend jemand irgend etwas über dasselbe Land schreibt, in dem Du lebst. Schau Dir diesen Mann an, der das Buch über Spanien schrieb.
F: Wer?
A: Jener Franzose.
Malraux rechtfertigte das. F: Wer sonst?
Antwort: Schau, wie Du Dich über Herrn Dos Passos ärgertest, nur weil er über Michigan schrieb.
Herr Dos Passos und das Heimatland rechtfertigten das. Mary hatte das Buch nicht gelesen.

Mary ein anderes Mal: Du erzähltest mir nie, daß Du irgend ein Angebot von Look hattest. Du tatest nichts dergleichen. Du zeigtest mir keinen Brief von Rice mit einem Angebot von Look.
Klargestellt, daß wir darüber gesprochen hatten, als die Leland Haywards hier unten waren, und daß es Mary langweilte, mich darüber sprechen zu hören
Mary: Du hast mir nichts über Lowes Angebot erzählt. Du hast mir nur etwas zugeflüstert.
Nachdem die Lowes gegangen waren, erklärte ich Ihr das Angebot ganz genau. Sie gingen fast unmittelbar, nachdem Mary gekommen war. Sie hatten angerufen und gefragt, wann sie herauskommen könnten. Wir hatten die ganze Sache durchgesprochen, und ich hatte meine Einwände vorgebracht. Lowe hatte sein Angebot unterbreitet, das Mary und ich an jenem Nachmittag und Abend ganz durchsprachen. Sie kamen am nächsten Tag heraus, und wir sprachen gemeinsam über den Photographen etc. Lowe schickte seine schriftliche Zustimmung, die Mary las; es stand genau das drin, was er vorgeschlagen hatte, nur daß der Photograph eher drei als zwei Wochen dabei sein sollte.
Alles macht irgendwie einen hoffnungslosen Eindruck. Gestern beim Lunch wurde ich angeschrien und gescholten und fertig gemacht wegen meiner Kleidung. Hielt die Klappe und stand vom Tisch auf. Kam zurück, und die Schimpftirade ging weiter, schrie so laut, daß es die Bediensteten und der taube Taylor hören konnten. Antwortete nicht, hielt mich heraus und verlor kein Wort darüber.
Nachdem ich am ersten Turniertag den ganzen Tag gefischt hatte, wurde ich in der Nacht um ein Uhr dreißig geweckt, ausgescholten und beschimpft. Keine Möglichkeit, dies zu stoppen. Antwortete nicht, fragte nur, ob dies nicht bitte aufhören könne, da ich morgen früh raus müsse. Die Schimpferei hörte nicht auf, so daß ich ging und mich bis fünf Uhr früh in den Sessel im Wohnzimmer setzte, bis ich hereinkam und Mary schlafend vorfand. Schlief dann bis sechs Uhr, als ich aufstehen und Sandwiches und das Frühstück organisieren mußte.
Dieses Ausschelten und Beschimpfen war die Fortsetzung einer heftigen Schimpfkanonade, die im Auto vor Taylor und Roland über mich niederging. Diese Schimpftirade war außerordentlich brutal. Dafür ausgeschimpft zu werden, daß sich unsere Heimfahrt verzögerte, weil ich anhielt und zu lange mit Leuten in der Floridita sprach, war wahrscheinlich gerechtfertigt und verdient. Die Heftigkeit und die Bloßstellung vor anderen Leuten war jedoch äußerst peinlich. Das alles wieder um ein Uhr dreißig aufzugreifen, war meines Erachtens weder gerechtfertigt noch besonders klug.
Konnte alles vorbereiten und verließ das Haus, ehe Mary aufwachte. Winkte vergnügt zum Abschied und erwähnte weder das Ausschimp-

fen noch die harten Worte. Mary war guter Dinge und freundlich, als wir vergangene Sonntagnacht vom Wettkampf kamen.
Genug Streit während der Woche mit diesem verdammten Roland und eine Menge Leute beim Lunch am Mittwoch, was jeden in üble Laune bringt. Brachte Roland jedoch dazu, am Freitag abzureisen, was er auch tat, dann nahm ich alle Probleme in Angriff, die über das Telephon erledigt werden konnten. Dann schaute ich, ob ich das Turnier vom Samstag aufschieben konnte (dazu mußte alles bis zum Augenblick der Verschiebung fertig sein) und ging in den Country Club-Jaimanitas der Holmans.
Glaube nicht, daß ich am Freitag beschimpft und ausgescholten wurde. Der nächste gewaltsame Ausbruch erfolgte am 30. Mai, Samstagmittag bei Tisch. Nahm keine Notiz davon und verbrachte einen ruhigen Nachmittag und angenehmen Abend, während draußen der Sturm tobte.
Keine Schimpfkanonade in der Nacht. Wachte um fünf Uhr früh auf, machte einen Rundgang durch's Haus. Der Sturm, ausgelöst durch eine Erdverschiebung in den Tropen, bewegte sich nach Nordwesten in den Golfstrom.
Das Beschimpfen und Ausschelten kam mit der Morgenpost, als ich darum gebeten wurde, einen Brief von Carl Brandt zu lesen und dabei den Fehler machte zu bemerken, daß sich Brandt irre, wenn er glaube, daß weder er noch Frau Hemingway von den Verhandlungen mit Look wisse. Dies war von Look vor vier oder fünf Monaten in die Wege geleitet worden und Mary und ich hatten oft mit ihnen über ihre Nachteile gesprochen etc., was richtig und wahr war, daß wir zu keinen Büchern verpflichtet waren, als Mary eine Kostprobe der Tagebücher an Brandt schickte. Aber sie hatten für mehrere Monate Angebote gemacht.
Das Schlimme ist, daß ich keine Möglichkeit sehe, diese fürchterlichen Wutausbrüche zu vermeiden. Sie brachen meistens immer im Stillen aus, und es gab viele Intervalle dazwischen. Manchmal Monate. Doch sehr oft verdiene ich diesen Zorn und die falschen Beschuldigungen nicht. Sie helfen nicht.
Ich habe versucht, mich so gut wie möglich zu benehmen, keinen Anlaß zur Eifersucht wegen anderen Frauen zu geben, und ich bemühte mich ernsthaft, zur versprochenen Stunde daheim zum Lunch zu sein; denn ich wurde deswegen schwer gescholten. Ich wollte auch nicht mehr anrufen, um Dir zu sagen, daß ich später kommen werde, sondern alles vermeiden, was meine Heimkehr verzögern könnte.
Versuche in jeglicher Hinsicht, auf Mary Rücksicht zu nehmen, so gut ich kann: insbesondere, indem ich darauf achte, daß sie Ihren Morgenschlaf bekommt. Aber ich kann das Telefon nur hören, wenn ich direkt daneben stehe. Wenn es also morgens früh läutet, bekomme ich Ärger.

Hatte immer gedacht, Frauen lieben Geschenke und möchten herzlich geliebt werden. Doch an dem Tag, an dem Mary ein Willkommensgeschenk erhalten hatte und wir uns herzlich und verständnisvoll und sicherlich auch recht lange geliebt hatten, ergoß sich die schlimmste öffentliche Schimpfkanonade über mich, die ich jemals erlebt hatte, dasselbe wiederholte sich um ein Uhr dreißig nachts, als ich geweckt wurde, um mir alles noch einmal anhören zu müssen. In jener Nacht war ich drauf und dran zu sagen: Ich bin ein wenig taub. Höre ich richtig, Du dankst mir für das kleine, gelbe Kabriolett?
Die Versuchung, dies zu sagen, war zu groß, so daß ich unverzüglich aus dem Bett mußte, um zu vermeiden, daß ich diese Antwort gab. Das einzige, was ich gelernt habe, ist, daß es besser ist, überhaupt nicht zu antworten. Frauen können sich nicht daran erinnern, was sie Dir gesagt haben. Aber wenn Du dann schließlich etwas Böses antwortest, das mußte ich mir dann abends, morgens, mittags oder nachts anhören.
Jetzt stellt sich nun die Frage, ob ich es akzeptieren soll, daß Mary eine Beißzange ist und damit andere Illusionen aufgebe. Oder ob ich meine Wege gehen und mich einen Dreck um die Sache scheren soll. Ich weiß, daß ich das kann, aber es würde bedeuten, etwas zu verlieren, das ich mehr als alles andere schätze: unsere Liebe und Freundschaft.
Das Merkwürdige ist, daß Mary zu mir kommen will, nun sprich, was kann ich Ihr sagen, damit Sie eine bessere Partnerin und Ehefrau wird? Sollte ich Sie jedoch tatsächlich dazu auffordern, über dieses Problem oder Ihre derzeitigen Gewohnheit, zu schelten, nachzudenken, würde Sie wahrscheinlich antworten: Was? Ich eine Beißzange? Ich habe die freundlichste Zunge und die angenehmste Art auf der Welt,und wer bist Du, daß Du es wagst, solch schreckliche Unwahrheiten wie diese zu verbreiten? Deshalb könnte ich es wohl ebenso gut bleiben lassen.
Aber vielleicht könnten wir beide auch etwas Glück haben, und sie würde eingestehen, daß sie mich noch sehr spät und sehr heftig gescholten hat.

* * *

## BRIEF AN SEINEN SOHN GREGORY

7. August 1954

Lieber Gig:
Ganz sicherlich macht dieser Brief nicht den Eindruck, als ob er von einem Verrückten käme, und ich bin ganz gewiß stolz auf Dich.
Das Vorgehen ist nun, sie anzuweisen, daß alle Manuskripte an Lee Samuels, John Street 155, N.Y. geschickt werden. Gib ihnen eine Bestätigung und bitte Mouse, dasselbe zu tun. Lee Samuels wird für sie eine Bestätigung bei Mathew G. Harold ausstellen lassen.

Ich habe meine gesamten ersten Veröffentlichungen, späten Manuskripte und Aufzeichnungen durchgesehen, die für Lee von Bedeutung sein könnten. Er wollte diese für die New York Public Library, wo sie für die Studenten verfügbar sein werden.
Er möchte meine Manuskripte in einem klimatisierten Safe für mich aufbewahren und wenn irgend jemand von uns, Du, Mouse, Bum oder ich in Schwierigkeiten sind, kann ich eines klug verkaufen, und zwar an jemanden, der damit einverstanden ist, daß es nach seinem Tode an eine Universitätsbibliothek ausgehändigt wird. Die Manuskripte gut zu verkaufen,kann viel Geld einbringen. Sie alle billig zu verkaufen, würde bedeuten, daß ihr tatsächlicher Wert gar nicht realisiert werden könnte.
Vielleicht wäre es besser, das ganze Thema mit dem Komitee, unter dessen Kontrolle Onkel Gus stand, als er sein Gedächtnis und seinen Verstand verloren hatte, zu überspringen. Ich gab Onkel Gus das Manuskript von „Wem die Stunde schlägt", nachdem Deine Mutter und ich geschieden worden waren. Er meinte, er möchte es sehr gerne haben, da es ihm eine große Freude bereite, meine Manuskripte zu besitzen; aber er würde es gut für mich aufbewahren und ich könnte jederzeit darüber verfügen. Dies schrieb er mir, und über die anderen Manuskripte schrieb er das gleiche.
Er sah so aus, als ob das Komitee etc. mit ihnen auf den Besitz abhauen wollte, den sie verwalten. Doch sie bekamen Angst. Wenn ich Dich sehe, werde ich Dir sagen, weshalb sie Angst bekamen. Ich habe dies alles sehr lange und gründlich untersucht, und es steht dir alles zur Verfügung, falls sie jemals versuchen sollten, Dir etwas weiszumachen. Ich sollte es jetzt besser schnell überspringen und Dir die Beglaubigungen und wenn nötig, eidesstattlichen Erklärungen geben, falls Du sie je brauchst. Manches ist wirklich unglaublich. Was Mayito Menocal erlebte, ist das allerschockierendste: Ein Mitglied des Komitees kam nach Havanna und stellte sich als Onkel Gus vor und brachte Mayito dazu, daß er ihn zusammen mit seinen Begleiterinnen und einem Mann hinaus zum Haus nahm, um meinen Safe zu öffnen. Ich erfuhr erst davon, als Mayito und ich erfuhren, daß Onkel Gus während unserer Afrikasafari gestorben war. Es war so schockierend, daß ich mit Pat gar nicht darüber sprechen und auch gar nicht daran denken wollte. Es machte einen krank. Doch langsam verkraftete ich es.
Das Geschäft in Key West erwies sich sogar als noch eigentümlicher. Es war jedoch nicht so schrecklich, weil sich niemand als Onkel Gus ausgab. Du weißt ja, daß Mayito ein sehr zuverlässiger Mensch ist. Er wußte, wie sehr eng Onkel Gus und ich befreundet waren, deshalb tat er alles für den Mann, der sich als Onkel Gus ausgab, und glaubte, in meinem Interesse zu handeln.

Lassen wir das. Die Neuigkeiten über Mouse klingen gut. Ich schrieb Dir, daß wir ihm einen guten Koch besorgt haben. Jemand, der seinen Laden gut führen kann (so hoffe ich). Er malt hervorragend. Ich kaufe jeden Monat ein Gemälde von ihm und wenn er genügend Bilder für eine Ausstellung zusammen hat, werde ich sehen, daß er eine in N.Y. machen kann. Alle Bilder gehören ihm, so daß er sie verkaufen kann; das was sie einbringen, kann er behalten. Die Bilder, die er nicht verkaufen kann, hätte ich gerne für mich. Und er sagt, daß seine Bilder gut gehen. Alles was er hat und wertvoll wird, kann er verkaufen, und er braucht mir nur den ursprünglichen Preis zurückzahlen. Halte das für einen vernünftigen Weg, einen jungen Kerl zu unterstützen und ihm ein professionelles Interesse an seiner Arbeit zu vermitteln. Ich wollte ihn über die großen Tiere unterrichten, aber wir hatten nicht genügend Zeit. Nun hat er den alten Mumu, einen hervorragenden Gewehrträger und Elfenbeinwilderer der alten Tage, und da Mouse gut Swahili spricht, kann ihn Mumu viel besser lehren, als ich es je könnte. Wenn es Dir nichts ausmacht und Dich auch nicht langweilt, werde ich Dir einen ziemlich langen Brief schreiben, zum Teufel mit der Arbeit. Was Du mir darüber sagtest, daß Du Dich nicht OK fühlst, wenn Du mir diese schlimmen Briefe schreibst, habe ich verdaut. Daß das wahr ist, weiß ich nicht nur weil Du mir dies sagtest und ich Dir glaube sondern auch wegen der Kalligraphie. Nun ist alles in Ordnung. Keine Scheiße wie Vergebung; ausradiert. Jederzeit wenn Du kommen willst, komm; ich arbeite nun hart und sehe niemanden.
Schatz, Bum ist das Mitglied unserer Familie, um das ich mich sorge. Ich glaube, daß er sich in diesem zivilen Leben redlich versucht, aber die Straße des Jüngsten Gerichts mit den Zwillingszypressen wartet schon. Das Fischen ausgenommen. Ich schickte ihm das Geld für sein Warner-Hudnut Geschäft und habe es nicht ausgegeben, sondern führe es in seinem Namen, da ich nicht weiß, wann er das nächste Mal abgebrannt ist, und ich kann es für ihn immer noch laufen lassen und als Überraschung bereithalten. Ich schickte ihm zusätzlich 4000 Dollar, hörte ansonsten nie etwas von ihm, es sei denn, er braucht Geld. Er hatte sich die hirnverbrannte Idee in den Kopf gesetzt, Geld zu erben, und er ist ein guter Ehemann, ein sehr guter Soldat und ein hervorragender Fischer gewesen. Aber es ist für mich schwierig, ihn angesichts der derzeitigen Steuern zu unterstützen, darüber hinaus ist Marys Vater jetzt in einem Pflegeheim etc.
Dies ist kein Jammerbrief, bei dem man ein Taschentuch braucht. Ich möchte Dir nur Bescheid geben. Bei dem Unsinn mit dem Flugzeug wurde ich wirklich bös getroffen. Ich hatte hinten noch nie etwas gebrochen, jedenfalls nicht, daß ich wüßte, und es kann unbequem und scheiße sein, aufzustehen, und dabei ist es kein großes Kunststück, ein

Langweiler zu werden. Ich weiß nicht, ob ich Dir darüber geschrieben habe. Ich ging 22 Tage auf und ab, als ich meinen Sphincter nicht öffnen konnte. Dann schiß ich einen weißen, harten, vornehmen Brocken, ungefähr Ballgröße. Dann kam ich auf 62 am Tag. Es war wirklich komisch. Als ich es einmal nicht mehr von meinem Bett auf den Topf schaffte, meinte Miss Mary: „Weißt Du nicht, daß ein Gentleman niemals auf den Fußboden scheißt?"

„Nun, so hast Du jetzt eben einen gesehen, der es tat", antwortete ich, während ich alles eifrig aufwischte. Nun ist mein Schlafzimmer für die Arbeit klimatisiert. Habe eine Kurzgeschichte beendet und arbeite seit sechs Tagen an einer zweiten. Miss Mary ist prächtig, sie ist gesund und sehr glücklich. Sie liebte Afrika und das ist für uns eine weitere gemeinsame Grundlage. Du weißt, daß man nie erfahren konnte, wohin sie zur Jagd ging. Ich denke, daß die 6.5 Mannlicher, die sie benützte, zu groß für sie war; wenn sie bestimmte Kleider trug, konnte das Gewehr plötzlich losgehen.

Auf 320 m feuert sie herrliche Schüsse ab. Sie schießt auf 350 m Tiere durch den Hals tot (einen wunderschönen kleinen Kudu), verfehlt jedoch auf 18 m einen ganzen Löwen, der so groß ist wie die größte Brücke aus einem Löwenfell. Jeder mochte sie und war immer bei ihr für den Fall, daß sie aus 35 m, die Sonne im Rücken, Gott auf William Faulkners Schoß, der sich wie ein Korporal in Pose wirft, verfehlen würde. Doch da wir Miss Mary ständig trainierten, sie mußte immer etwas zum Essen schießen, hatte sie sehr viele herrliche Treffer. Ihre Größe behinderte sie. Ein Löwe, der im Unterholz oder im Gras einer Fährte folgte, würde für sie einfach ein riesiger Löwenkopf sein, wenn er sich zeigt, wohingegen ich in ihm nur ein Löwenfell sehe. Möchte ihr ein Gewehr besorgen, das wirklich paßt. Ich habe einen Vertrag unterzeichnet, daß ich in einem Jahr zurückkehren werde, um eine Dokumentation zu machen. Eine Menge Möglichkeiten, sich zu vergnügen, zu arbeiten und die Photographen zu unterstützen. Vielleicht kriegen wir es so hin, daß Du, Mouse und ich zusammen jagen können.

Gig, mußte Dir das schreiben. Denke, daß dies alle Neuigkeiten sind. Natürlich nicht. Da ist noch die Key West Geschichte, von der ich Dir schreiben will. Es wird ein eigener, separater Brief werden, habe bitte Geduld, wenn es etwas dauert, bis ich ihn schreibe. Mary ist hinübergegangen, um das Haus am See in Ordnung zu bringen, da wir es im Winter vermieten wollen. Von dort kommt der Zaster. Die anderen Leute, die das große Haus hatten, ziehen am 21. dieses Monats aus, doch ich möchte es unverzüglich wieder vermieten. Ich weiß, daß es so aussieht, als ob nichts hereinkäme, aber Du weißt, daß ich alle Ausgaben bezahlt habe und manches zog ich ab, bis Dein und Mouses Anteil bezahlt sind. Ich füge den Scheck bei, den mir Rice schickte, er ist auf

Dich ausgestellt, damit Du etwas für Deine Frau kaufst und nicht glaubst, daß ich das Geld nur für mich haben will.
Die Situation in Key West ist sehr schwierig. Von der Minute an, als wir das Haus verkaufen wollten und uns dazu bereit erklärten, begannen die Einheimischen, den Preis zu drücken, um es umsonst zu bekommen. Sie haben den Preis so manipuliert, daß das Haus heute keine 50.000 Dollar bringen würde. Doch ich weiß, wie sie vorgehen, und reagiere auf alle ihre Bewegungen, und mir hängt gewiß kein Anker um den Hals. Ich agiere so gut ich kann, schließlich geht es für Dich, Mouse und mich um einen wertvollen Besitz. Onkel Gus kaufte ihn für 12.500 Dollar. Ich steckte mehr als 60.000 Dollar noch hinein, und es wäre ein Verbrechen, das Haus für weniger, als es wert ist, aus den Händen zu geben. Du verdienst damit kein Geld, aber der Scheck, den ich Dir schicke, ist ein Teil einer ganzen Menge Geld. Wenn ich das Haus diesen Winter vermieten kann, wird es für jeden Geld einbringen, nicht viel, aber bares Geld.
Gig, ich mache irgendwie eine schwierige Zeit durch, um zurück zum guten Schreiben zu gelangen. Es ist notwendig, hart zu sein und Leuten, die meine Zeit stehlen, aus dem Weg zu gehen und gleichzeitig die Übungen zu machen, die ich brauche, um meine alte körperliche Grundstärke zurückzugewinnen, den Kopf gut zu gebrauchen und nicht zu sehr zu ermüden. Es war sehr schlimm.
Zu wissen, daß Du und Mouse die Manuskripte in Lee Samuels Hände übergeben werdet, ist so, als ob Du inmitten der Schlacht erfährst, daß Deine Reservetruppen anrücken. Es bedeutet, daß ich mich darüber nicht zu sorgen brauche, daß ich Schund produzieren und meinen Kopf zu einem schnelleren Tempo zwingen müßte, als tatsächlich geht, und ich brauche auch nicht zu befürchten, daß ich Bum nicht helfen kann.
Zuerst schrieb er mir, daß er aus der Armee ausscheidet, um in einer guten Fischgegend ein kleines Sportgeschäft zu eröffnen, er wolle bescheiden leben etc. Als nächstes hörte ich dann von ihm, das Sportgeschäft sei out, er arbeite nun für ein Versicherungsunternehmen (es klingt, als ob er die Arbeit für sein Konto dringend nötig hätte, aber vielleicht ist es wirklich so einträglich und er erhält einen Prozentsatz der Verkäufe). Er braucht Geld, um ein Haus zu kaufen (was OK ist, aber er benötigt auch Geld, um sich zu amüsieren und dem Beruf gerecht zu werden. Woher dieses Geld kommen soll, konnte ich nicht herausbekommen).
Dieses Jahr habe ich große Chancen, den Nobelpreis zu gewinnen, es sei denn, sie geben ihn einem großen isländischen Dichter oder, sagen wir, Synghman Rhee. Wenn ich ihn erhalte, möchte ich Bum daran teilhaben lassen. Doch Transfusionen werden ihm auf die Dauer nicht

helfen, wenn das, was er unternimmt, nicht wirklich Hand und Fuß hat. Andererseits kann man von einem liebenden Ehemann und Vater nicht verlangen, daß er sich seinen Lebensunerhalt immer damit verdient, daß er aus einem Flugzeug springt, selbst dann nicht, wenn sie ihm kostenlos Fallschirme zur Verfügung stellen.
Es wäre schön, wenn ich meinen Lebensunterhalt damit verdienen könnte, indem ich ein Rhinozeros jage oder einen jähzornigen Elephanten steinige. Aber ich könnte nicht garantieren, meinen Lebensunterhalt mit dem herankommenden Cotsie zu bestreiten; denn er ist schneller als der Correo, und früher oder später wird einer fehlen. Der Trick ist natürlich, ihn nicht zu nahe kommen zu lassen.
Bei Gelegenheit werde ich Dir ein paar lustige Geschichten von unserer letzten Reise erzählen. Sie war lang und wir lernten viel. Ich denke, daß Mouse ein guter Jäger sein wird. Er fürchtet sich überhaupt nicht. Er war schon immer ein guter Schütze, jedoch kein so guter Schütze wie Du, und die Eingeborenen lieben ihn.
Gelegentlich erzähle ich Dir von unserer komischen Reise, die wir den Großen Ruaha hinuntermachten, und davon, wie wir zu den Chulu Bergen kamen, wo noch nie eine weiße Frau gewesen ist, Miss Mary eingeschlossen. Es gibt auch lustiges über Zusammenstöße zu berichten, was Dich amüsieren würde. Auch Miss Marys Löwe nach siebenunddreißigtägiger, intensiver und grauenvoller Jagd. Wenn irgend jemand jemals einen wirklich großen Löwen verdient oder wenn ein großer Löwe jemals jemanden wirklich verdient, dann Miss Mary und das Biest. Gig, nach Miss Marys Löwenjagd kommt nichts mehr. Sie und ihr Gewehrträger, der alte Charo, sind so klein, daß sich kein Tier vor ihnen je fürchten wird. Die Dingos könnten sie auffressen. Ein Warzenschwein wird freundlich auf sie zutrotten, und sich denken, die sehen aus wie attraktive Artgenossen. Zebras blecken nur die Zähne, wenn sie sich nähern.

Ich höre besser damit auf und beende es.

Viele Grüße an Dich und Deine Familie.

Papa

Möchte dieses famose Dokument noch ein wenig länger studieren, werde es dann zurückschicken. Der Teil, in dem andere entscheiden, was Onkel Gus gerne gesehen hätte, obgleich er doch etwas gänzlich anderes geschrieben und sich vorgenommen hatte, steht in einer großen Tradition. Würdest Du mich bitte wissen lassen, wann Du und Mouse geschrieben habt, daß die Manuskripte an Lee Samuels übergeben werden sollen? Dann kann ich ungefähr vor Weihnachten den Verkauf von einem Manuskript in die Wege leiten, und dann können wir alles teilen. Wenn ich es gut zuwege bringe, könnte ich Dir genügend Kies geben, damit Du herausfliegst und Mouse in den Ferien besuchst.

Oder ihm und Henny geben, damit sie hierher fliegen. Wir könnten Bum und Anhang auch herunter holen und zusammen Weihnachten feiern. Und die Rechnungen gehen an das Komitee, Gentleman, das versuchte, Papas wertvollsten und persönlichsten Besitz zu stehlen und nicht wußte, daß er ehrliche Söhne hatte.
Es ist für Dich vielleicht besser und schöner, Mouse zu treffen. Aber Du kannst das alles selbst entscheiden.

Viele Grüße
Papa

* * *

## BRIEF VON ADRIANA IVANCICH

6. Oktober — im goldenen Alter

Verrückter, guter, süßer, alter Löwe, bist Du auf den Kopf gefallen? So ging's mir, als ich die „Millionen" sah. „Mein Gott, ich sehe doppelt", sagte ich mir. „Ich sehe dreifach." Aber es war kein Traum. Papa, ich werde nie in der Lage sein, Dir für Deine Hilfe zu danken. Und ich habe Angst, jetzt nicht dazu zu kommen, wenigstens damit anzufangen. Wie kann man jemandem danken, der einem Millionen schickt, so als wären es Erdnüsse? Papa, lieber Papa, Du machst mich so reich, daß ich nicht weiß, wie reich ich bin.
Die ersten fünfhundert Dollar mußte ich Dir zurückschicken, da sie keine Bank akzeptiert hat. Nicht weil sie mir nicht geglaubt hätten, daß Du ein Konto bei der New Yorker Bank hast, sondern weil es ungesetzlich war, mir das Geld zu schicken. „Wir trauen Mr. Hemingstein, aber Gesetz ist Gesetz", erklärten sie mir. Dieses Mal war ich klüger. Ich dachte, es ist lächerlich, das Geld über den Ozean hin und her zu schicken. Ich faßte Mut, ging zu Herr Masprone und erzählte ihm, daß ich für Dich hier einige Einkäufe zu erledigen und verschiedene Rechnungen zu begleichen habe. Hier wäre das Geld, um alles zu erledigen. Herr Masprone war sehr glücklich, Dir einen Gefallen zu erweisen, und sagte, daß er die Gelegenheit nutzen möchte, Dir einen Brief zu schreiben. Morgen früh bekomme ich das Geld. Es ist doch komisch, daß so ein kleiner Zettel die Macht hat, so viele Dinge und Wünsche Wirklichkeit werden zu lassen.
Weißt Du welchen Wunsch ich mir zuerst erfülle? Zum einen macht es mich schrecklich glücklich, zum anderen sehr traurig. Nun, ich will ihn Dir erzählen, dann wirst Du mich verstehen:
Marina Cicogna (Tochter von Anna Maria Cicogna, Enkelin von Guiseppe Volpi, Tante von Giovanni, dem Sohn von Contessa Lilli, der Mutter von Anna Marie la Cloche usw. (Du verstehst?)) hat mich letztes

Jahr nach Tripolis, AFRIKA, eingeladen. ich mußte ablehnen, weil Tripolis nicht Cortina oder Paris war, wo ich hätte billig leben können. In Afrika braucht man einfach viel mehr Geld, schon allein um ein Taxi (Kamel!) zu mieten oder um etwas zu unternehmen.
Ich weiß nicht warum, schließlich sind wir nicht die dicksten Freundinnen, aber dieses Jahr hat sie mich wieder eingeladen. Ich bedankte mich und sagte, daß ich es mir überlege. Die Tür zum Glück sollte man nie zuschlagen, denkst Du nicht auch? 10 Tage später kam das Glück in Form deines Schecks. Jetzt habe ich die Einladung angenommen. Ich bin glücklich, oh, so glücklich. Ich werde etwas von Afrika sehen, ein Kamel mieten, viele Bilder machen und glücklich sein. Ein klein wenig traurig bin ich trotzdem, da ich Afrika nicht gemeinsam mit Dir sehen kann. Oder durch Dich, weil ich Dein Afrika sehen möchte, mit den Löwen, deinen Schwarzen und all die Gebiete, die „der weiße Mann noch nicht betreten hat". Aber ich bin glücklich, und ich werde Dir lange Briefe schreiben und, wenn es Dich nicht langweilt, alles erzählen, was ich gesehen habe. Papa, ich reise nach Afrika! Wie kann ich Dir je danken!
Weißt Du, was ich mir kaufen will? Weil ich im Winter immer so friere, will ich mir eine Kaschmirjacke kaufen — weich, warm, hübsch und ... sehr teuer! Da wir gerade darüber reden, erinnerst Du dich noch an den Stoff, den Du mir in Nervi schenktest? Ich habe daraus ein Kleid gemacht, die Kopie eines sehr erfolgreichen „klassischen Modells". Alle Frauen fragten mich, wer es mir geschneidert hat, und die Männer machten mir Komplimente. Wenn es nicht so oft geschehen wäre, hätte ich es Dir nicht erzählt, und es muß wohl was dran sein, und das in Venedig! Natürlich war ich sehr stolz und hätte am liebsten jedem „die wahre Geschichte des Kleides erzählt, angefangen von dem GUTEN Löwen, der mich bald nach Nervi an einem sonnigen Tag verließ." Eines Abends photographierten einige Freunde das Kleid mit Monique, die es zu dem Zweck angezogen hatte. Leider habe ich das Photo verloren. Das Kleid werde ich Dir vorführen — mit mir darin.
Papa, ich liebe Dich — auch ohne Deine Millionen. An alles, was wir gemeinsam gesehen haben, erinnere ich mich, als wär's gestern gewesen. Unsere erste Jagd, unser Treffen bei Geitti's, das erste Mal, wie wir zusammen aßen, du warst ganz in Blau, Du brachtest eine Dose Kaviar — und mußtest Dich unbedingt mit Gherardo boxen — Cortina, Villa Aprile, Venedig, wieder Kuba, Venedig und Nervi. An vieles in meinem Leben kann ich mich nur flüchtig erinnern, doch an unsere gemeinsamen Unternehmungen, unsere Diskussionen, die Buchumschläge und die Probleme kann ich mich gut erinnern. Ich werde es in meinem Herzen bewahren. Papa, ich liebe Dich sehr und auf meine Art. Du hast einen Charme ...

Kannst Du mir erzählen, was ich Dir schrieb, daß „Du Dich so viel besser und glücklicher fühlst und mir das Geld zukommen ließt." Ich erinnere mich, den Brief in einer Nacht geschrieben zu haben, und daß ich ihn, ohne nochmals zu lesen, am nächsten Morgen abschickte. Der Brief war lang, viele Ideen schwirrten in meinem Kopf herum, ich wußte nicht, wie sie ausdrücken und war sehr verwirrt. Als ich den Brief zur Post brachte, dachte ich für mich: „Papa wird es verstehen." Was Du nun verstanden hast, weiß ich nicht. Ich weiß nur, daß ich mit ganzem Herzen schrieb, vielleicht war es zu frisch.
Papa, ich freue mich, daß Du wieder arbeitest und Dich besser fühlst. Weiter so!
Ich habe einen selbstsüchtigen Gedanken: ich möchte Dich immer sehen, selbst wenn ich alt und häßlich bin. Dir mein schönstes Photo zeigen und Dich fragen: „Erinnerst Du Dich?" und Du wirst mir erzählen. Ich meine es ernst.
Weißt Du schon, daß ich nach Paris reise? Vielleicht im Winter. Die Soapinellis sind dann in Sizilien. Jacky möchte auch nach Paris, studieren. Vielleicht läßt ihn Mutter ziehen (Jacky hat immer Heimweh und auch Mutter kann nicht lang von zuhause weg sein). Einfach und schwierig zugleich.
Arme Ava, sie bekam schlechte Kritiken, ohne sie zu verdienen. Eine traurige Angelegenheit. Man möchte die Menschheit dafür hassen, doch das klappt nicht: Du bist selbst ein Teil von ihr.
Das mit der Dokumentation über Afrika ging ja schief, es war aber eine gute Idee und keiner hätte es besser machen können als Du. Warum gaben sie Dir so wenig Zeit? Wenn Du doch arbeitest ... so ganz verstehe ich nicht, weshalb Du abgelehnt hast.
Nicht eine Sekunde habe ich geglaubt, daß Du ein Filmschauspieler geworden bist, obgleich das ja eine ehrenwerte Karriere ist. Es amüsiert mich, ab und zu in den Zeitungen solche Dinge über Dich zu lesen, von denen ich „fühle und weiß", daß sie nicht wahr sind. Ich glaube, Dir ging es ebenso, als Du gelesen hast „Anna Maria und Adriana töteten Vilma Montessi".
Papa, glaube mir, es tut mir leid, Dich selbst in diesem Brief zu verlassen. Der Brief ist lang geworden und nach so einem Brief schreibe ich ein schlechtes Italienisch — so schlecht, daß man sich darüber nicht mehr lustig machen kann.
Ich befolge deine Anweisungen und danke Dir nicht, stattdessen küsse ich Dich ... Alles in Ordnung?

Deine ergebene Tochter
AI

[Vilma Montessi war eine Prostituierte im Venedig der fünfziger Jahre. Der Mord an ihr entwickelte sich zu einem politischen Skandal, in den prominente Faschisten, Regierungsmitglieder und Mussolinis Sohn verwickelt waren. Eine Adriana Bisaccia wurde ebenfalls verdächtigt. Das erwähnte Geld ist wahrscheinlich das Honorar für den Buchumschlag von „Der alte Mann und das Meer".]

* * *

## BRIEF VON ADRIANA IVANCICH

20. Oktober 1954

Diese Nacht hatte ich einen Traum:
Du warst gerade mit dem Flugzeug von Kuba angekommen, um mich ein paar Tage zu besuchen. Es war sehr schön und ... legal — Mary war mitgekommen. Wir aßen bei mir zuhause in der Calle sin Remedio. Wie gewöhnlich hattest Du keinen Hunger. Du standst am Fenster und schautest auf den Kanal.
Ich trat zu Dir und sagte: „Papa,ich bin wirklich glücklich, Dich zu sehen."
„Mir geht's ebenso, Tochter ..."
„Ich bin glücklich mit meinen Millionen. Papa, es war so viel. Ich weiß gar nicht, was damit anfangen."
„Das ist nicht Deine Art!"'
„Aber ... aber ... aber, es war nur ein Witz. Natürlich ...", es hatte keinen Sinn weiterzureden. Voller Wut nahmst Du eine Gondel.
Und wie es immer in den Träumen ist, ich rannte Dir hinterher. Ich rannte und rannte. Die Beine waren zu schwer. Deine Gondel entfernte sich immer mehr. Ich wurde immer trauriger. Und ich begann zu weinen.
Ich hielt an und winkte einem Vaporetto [Motorboot]. Doch ich hatte kein Geld dabei, wer hat schon welches bei sich, wenn er zuhause gerade beim Essen war?
Deine Gondel war weit entfernt. Das Vaporetto drehte ab ... dann wachte ich auf.
Ein komischer Traum, oder? Ich hoffe, er wird nie Wirklichkeit.
Das Geld kam an. Vielen Dank. Es ist unbeschreiblich, volle Taschen zu haben. Du erzählst, daß Du meine Rolley gegen eine neueres Modell tauschen willst. Das würde ich nie machen. Ich bin so vernarrt in die Kamera, daß ich sie nicht einmal gegen eine weitaus schönere tauschen würde. Vielleicht liegt es daran, daß ich sie immer benutzte, und schließlich ist etwas Gutes besser als etwas Neues. Ich würde sie so lange es geht behalten.
Ich war sehr traurig, als ich von der armen Negrita hörte. Ich verstehe, der Verlust traf Euch hart. Euch alle, auch Black Dog.

Ich hoffe, der Hurrikan traf nicht Kuba. Irgendwo las ich, daß er gedreht hätte, nach, nach ... ich weiß nicht mehr.
Ich schicke Dir einige Photos, sage mir, wie Du sie findest. Und schreibe mir, ob Du es leid bist, meine Photos zu haben.
Ich küsse Dich und danke Dir nochmals für alles.

Deine
A

* * *

## BRIEF AN ADRIANA IVANCICH (FRAGMENT)

(ohne Datum)

Ich versuchte, meinen Besitzanteil in Key West unter Wert zu verkaufen, damit ich Geld zusammenbekäme, um die finanziellen Probleme, die mit Deiner Farm zusammenhängen, zu lösen. Meine Söhne dagegen sind reich. Gigi will mir keinen Brief schreiben und Patrick kann nicht. Es ist schon sehr lustig, wenn kleine Jungs, die nichts wissen und keine Entscheidungen fällen können, als Erwachsene behandelt werden müssen und alle Entscheidungen zwischen drei Personen abgestimmmt werden müssen, von denen zwei nicht in der Lage sind, einen Brief zu schreiben, geschweige denn eine Entscheidung zu fällen. Patrick ist ein freundlicher, intelligenter und netter Junge. Aber er kann sich zu nichts durchringen. Wir hatten eine Consejo de famiglia und beschlossen, den Familienbesitz für 150 000 Dollar zu verkaufen, da keiner von uns darauf wohnen wollte. Dann entschied sich Patrick plötzlich anders, er wollte doch dort wohnen. Dann änderte er wieder seine Meinung. Dann erklärte er, andere Gründe spielten mit eine Rolle. Die Verwirrung war groß, und Gigi war viel zu sehr mit seiner Erbschaft beschäftigt, als daß er Zeit gefunden hätte, einen Brief zu beantworten. Patrick entscheid, daß es besser sei, den Besitz zu verpachten und auf diese Art und Weise Geld einzunehmen. Er brauche kein Geld, sagte er, Grundstücke seien besser. So bot ich ihm meinen Anteil um die Hälfte seines tatsächlichen Wertes an. Er wollte zunächst meinen Anteil kaufen. Aber er wollte nicht, daß ich Geld verliere. So lehnte er letzte Woche schließlich mein Angebot ab und alles blieb beim alten. Einem Euroäer muß dies sehr merkwürdig erscheinen. Doch dann waren auch die Cuggini dumm, auch wenn sie sich selbst für intelligent hielten. Es ist gewiß richtig, daß Kinder irgendwann vom Gesetzgeber als Erwachsene behandelt werden. Doch nicht jeder ist bei der gesetzlichen Volljährigkeit bereits reif genug.
Wie geht es Dir, meine Schöne? Der Frühling steht vor der Tür, und die Saison beginnt. Wir haben hier herrliches Wetter; eine gewaltige, starke Strömung im Golfstrom; viele Wettbewerbe; leichte Regenfälle

am Nachmittag, um das Gras und die Blumen zum Grünen und Blühen zu bringen; alles ist hier, nur Du nicht.
Solange ich kein Geld habe, möchte ich Dich nicht sehen. Es ist so, als ob ich im Gefängnis säße für eine kurze und bestimmte Zeit. Aber wenn ich zu etwas Geld gekommen bin (was hoffentlich bald der Fall sein wird) werde ich Dich treffen, Adriana.
Wird das nicht schön sein? Halte bitte Europa. Kuba ist nicht verloren. Nur die Herren haben gewechselt. Werde Dir davon berichten, wenn wir uns sehen.
Grüße bitte Deine Mutter von uns und erzähle ihr, daß wir sehr oft an sie denken und uns voller Glück an all die Späße, die Freude und die Entbehrungen erinnern (Escondido), als wir alle eine Familie und Freunde waren.

* * *

## BRIEF VON MARLENE DIETRICH

25. August 1955

Lieber Papa,
über Deinen Brief habe ich mich sehr gefreut — ich hatte schon lange darauf gewartet. Am 30. September reise ich von Beverly Hills ab und bin bis zum 1. November im Sahara Hotel, Las Vegas, zu erreichen.
Das Script habe ich bekommen. Ich kann Dir gar nicht beschreiben, wie enttäuscht ich war. Die Auswahl des Materials war für das Theater gänzlich ungeeignet. Die Darstellung amateurhaft! Ich weiß, daß man einen Bearbeiter und einen Direktor braucht, die zusammen arbeiten können oder einer macht beides. Als Laughton damals mit dieser neuen Form begann hatte er viel Erfolg, doch es ist keine leichte Arbeit. Es ist eben Theater! Wenn jemand wie Emlyn Williams Dickens liest oder Laugham die Bibel rezitiert, so ist das etwas anderes. Das Verteilen eines Dialoges zwischen drei oder vier Schauspielern ist weitaus schwieriger, mehr als nur Vorlesen!
Der Rahmen Deiner Geschichten ist immer wichtig. Sie erfordern eine gewiße Würde, Cleverness und Schauspielerisches Können. Hast Du die letzte Fassung gelesen? Ich dachte, ich werde verrückt, als ich las, wie ich auftreten sollte: „Und nun, meine Damen und Herren, der Star unserer Show!“ (Musik: La Vie en Rose! Frau D. tritt auf, zündet sich eine Zigarette an, nimmt sich Zeit, etc). Ich zünde mir eine Zigarette an? Was mache ich damit, wenn ich am Mikrofon stehe und mit der Geschichte beginnen soll?
Ich gab das jetzt nur wieder, um Dir zu zeigen, daß es hoffnungslos ist,

mit dem, der es schrieb, darüber zu diskutieren. Natürlich kann ich meine Einführung leicht abändern. Der Punkt ist doch: da sitzt jemand monatelang über Deinem Material und überlegt sich eine Präsentation und dann kommt so eine Scheiße heraus! Der ist im falschen Geschäft!

Diese Unmöglichkeiten ziehen sich durch das ganze Script. „Berge sind wie weiße Elefanten" voranstellen! Wie soll ich dem Publikum nach dem Auftritt — mit La Vie en Rose, der Zigarette und DER Ankündigung — klarmachen, daß ich nur das Mädchen in der Geschichte spiele?
Ohne Übergang geht's mit der nächsten Geschichte weiter. Keiner weiß, daß es bereits eine neue ist. Der Gitarrenspieler (zuvor angekündigt mit: „Und nun, meine Damen und Herren, möchte ich Sie mit unserem Gitarrenspieler bekannt machen.") klimpert auf dem Instrument, während weiter rezitiert wird. Zum Schluß der Geschichte spielt er immer lauter. Amateurhafter geht's nicht mehr!
Genau dasselbe bei der „In einem andern Land"-Szene. Einfach lächerlich! Sie zeigt erneut, daß kein Mann vom Theater seine Finger im Spiel hatte. Das Leid der Arbeiter und den Tod vor einem Mikrophon darzustellen — daneben sind noch weitere Schauspieler auf der Bühne: das Publikum wird kichern, wie wenn die Duse dastände. Und diese Szene als letzte des ganzen Abends — das ist Mord!

Ich könnte es besser machen. Aber ich wage es nicht. Nicht mit Deinen Geschichten! Wenn man über das Große Witze reißt, muß man mindestens so gut sein und dies ebenso präsentieren können.
Hotcher, dem ich von alledem erzählte, behauptete, daß „Sie" es so wünschen. Wer „Sie" sind, weiß ich nicht und wollte er mir nicht ausplaudern. Ich sagte ihm, daß er seinen Namen von dem Script zurücknehmen sollte, wenn er glaubt, daß es nicht richtig ist. Tatsächlich kann ich ihn nur blamieren. Ich sagte ihm, daß Gregory und Laughton jahrelang an der ersten Shaw-Lesung arbeiteten. Gutes Material einfach zusammenwerfen ist kriminell.
Verstehe bitte den einen, wichtigen Punkt: Wenn eine Person alle Teile auf der Bühne vorträgt, so ist dies eine Sache — eine ganz andere ist es, wenn sich mehrere Schauspieler die Texte aufteilen.
Das zweite ist, daß es Theatergespür verlangt, das Material auszuwählen, es auf die Bühne zu bringen und gut darzustellen.
Wie ich es sehe: es wird nichts für den kommenden Frühling.
Orson Welles sollte dafür der Bearbeiter und der Direktor sein. Dann könnte ich mich dafür verbürgen.

Entschuldige, daß ich so aufbrausend war — aber meine Hochachtung und meine Liebe zu Dir läßt mich in dem Fall nicht wählerisch sein.
Ich küsse Dich

und liebe Dich bis zum Tod
Kraut

* * *

## NOTIZEN ZU EINER ERZÄHLUNG ODER TEIL EINES BRIEFES

Ich stimme Dir zu, daß Frauen gute Freunde sind. Sie sind gute Freunde und zugleich schreckliche Feinde; verrückt und vollkommen unvernünftig alle 28 Tage und ab und zu, wenn es sie in den Wechselfällen des Lebens packt. Aber wie Du sagtest, sie können wunderbare Freunde sein. Es empfiehlt sich, sich bei diesen Umbrüchen in acht zu nehmen. Die Frau ist das einzige weibliche zweibeinige Tier mit aufrechtem Gang und immer hinter der Glocke her.
Vielleicht macht dies auch das weibliche Känguruh. Ich habe keine Ahnung. Ich vermute, daß die meisten unfruchtbaren Frauen früh einen abbekommen haben und es nicht bemerkt haben. Die meisten unter ihnen wissen nicht einmal, wenn sie den Tripper haben oder Tb, und sie geben Dir dies in aufrichtiger Liebe und Zuneigung weiter. Sie brauchen immer etwas, worauf sie eifersüchtig sein können und wenn Du ihnen keinen Anlaß zur Eifersucht bietest, außer Deine Arbeit, so werden sie darauf eifersüchtig sein. Doch wenn Du sie davon überzeugst, daß Schreiben Nerzmäntel bringt und auch wenn es nur einer ist, so werden sie es nur um seiner selbst willen lieben. Doch Du mußt Dein Spiel gut durchdenken. Danach bewahren sie den Nerzmantel als Pfand in der Hinterhand. Sie vergessen zwar alles, was sie jemals erhielten, aber sie erinnern sich hundert Jahre lang an versprochene, kostbare Geschenke, die sie nicht bekommen haben. Schließlich erhalten sie es. Du mußt lernen, niemals etwas gegen ihre Familie zu sagen, natürlich darfst Du keinesfalls für sie sprechen, wenn sie gegen sie sprechen. Letzteres ist so schlimm wie Ersteres. Ich möchte irgendwann über ein Miststück schreiben, es sei denn, die wirklichen Miststücke sind anormal. Die reizendsten Frauen wetten über 750, daß sie keine Miststücke sind und solange Du 1 für ihre 3 gibst, gehörst Du immer zu ihrem Bund und sie werden sogar das lieben, was Du schreibst. F__________ zu können, wird weit höher geschätzt, als die Fähigkeit zu schreiben, ausgenommen bei anormalen Frauen. Sie können Dir immer erzählen, ob Du f__________ kannst oder nicht — so wie ein Vogel einem Hund sagen kann, ob die Luft rein ist. Keine von ihnen ist

in der Lage einzuschätzen, ob Du Scheiße schreibst (ausgenommen eine Frau, deren Name mit M beginnt).

Laß Joes Stück. Sehr ausgezeichnet. Mit der Nachmittagspost kam ein Brief von Donald Friede, in dem er mich bat, eine Einleitung zu Deinen gesammelten Stücken zu schreiben. Ich würde das gerne machen, wenn Du einverstanden bist. Es wäre einfacher, die Einleitung zu schreiben, wenn ich die Stücke vorliegen hätte, aber es geht auch ohne. Laß es mich wissen, wenn Du den Text brauchst und grüße bitte Donald von mir. Entschuldige mich bitte bei ihm, daß ich ihm nicht geschrieben habe, ich hatte viel zu tun. Oder, wenn es Dir lieber ist, werde ich ihm schreiben!

# DIE FINCA VIGÍA

# DIE EINRICHTUNG DER FINCA VIGÍA, DES HEMINGWAY-MUSEUMS

WOHNZIMMER:
Auf dem Magazin ein Foto Nancy Haywards, einer Freundin der Familie (in ihren Armen hält sie den Hund Negrita). Zur Rechten eine Schiffsglocke und ein Gemälde von Roberto Domingo, die Vorlage für ein Stierkampfplakat, das Hemingway 1930 oder 1929 kaufte.
Nach rechts, Marys Zimmer zu: ein Photo von Hemingway, über dem Photo ein Jai-alai-Korb, darunter zwei kleine Kanonen, die Hemingway für besonders willkommene Gäste abfeuerte, daneben ein mexikanischer Aschenbecher.
An der Wand rechts der Haupttüre, zwischen den niederen Bücherregalen unter den Fenstern: ein Krug aus Toledo, Spanien, wo ihn Mary und Ernest kauften, zwei russische Puppen, ein dänischer Krug (Geschenk von Ernest zu Marys Geburstag im April 1956), ein kleines Kristallboot (Geschenk von Pedro Ganaderías, Madrid) mit dem Brandzeichen seiner Ranch; eine weitere russische Puppe und ein weiterer Krug aus Dänemark.
In den Bücherregalen: ein kubanischer Krug, ein Aschenbecher aus Bronze von der „Shenandoah“, einem Schiff der US-Marine, ein weiterer Aschenbecher, eine Tabaksdose (Geschenk für Ernest von Jaime Befill im Jahr 1952), ein Tablett, das Hemingway 1942 in Mexiko kaufte.
An der gegenüberliegenden Wand: zwei Stierkampfgemälde von Roberto Domingo. Auf dem Bücherregal: drei Kerzenhalter (aus einer Kirche in Extramadura in Spanien), ein Inkaball aus Peru (ein Geschenk des Maciano Clubs, Chiclayo, Peru), Marys Fußbank und ein Plakat mit einer Stierkampfszene von Roberto Domingo.
Auf dem weißen, runden Tisch: eine venezianische Schüssel aus dem 19. Jahrhundert, Aschenbecher und eine Schnalle, auf der die „Pilar“ und ein springender Marlin zu sehen sind (Geschenk des LOOK-Photographen Earl Theisen, der Ernest auf der ersten Safarietappe 1953 begleitete).

In der Ecke zur Rechten: die Kopie eines Goyas (ein Weihnachtsgeschenk von Ernest für Mary — eines der wenigen Kunstwerke im Haus, das kein Original ist), darunter ein Bücherregal, venezianisches Kristall, ein mexikanischer Präsentierteller und das Modell eines sowjetischen Sputniks.

In der Ecke zur Linken: ein Stierkampfgemälde von Roberto Domingo, darunter der Plattenspieler und einige zerbrochene und wieder reparierte Kristallkunstgegenstände, die Mary 1951 in Venedig kaufte. Ein Regal mit Schallplatten (Klassik, spanische und populäre Musik).

Die Wohnzimmereinrichtung wurde von Mary und T.O. Bruce aus Key West entworfen und von San Francisco Castro und Cecilio Doma, den Schreinern aus San Francisco de Paula hergestellt, den Teppich kaufte Hemingway 1941 auf den Philippinen.

Auf dem schmalen Tisch in der nordöstlichen Ecke des Raumes: eine grüne und eine goldene Kugel (Geschenke von Freunden aus Venedig). Auf dem langen Tisch hinter dem Sofa (hier standen immer Blumen): einige Spielkarten, ein Aschenbecher und eine Lampe aus Kuba. Auf dem langen Tisch hinter den beiden Sesseln: eine Zigarrenschachtel, zwei venezianische Gläser, Aschenbecher in Muschelform, ein Korkenzieher aus den Hauern eines Wildebers und zwei Laternen mit silbernen Kerzenhaltern aus Sheffield, die Mary aus England mitbrachte. Die Tischbar wurde von Hemingway entworfen und von Francisco Castro gebaut.

ESSZIMMER:
In dem Schrank rechts der Glastüre: eine Miniaturausgabe des Ford Modell „T" (von Hemingways Rechtsanwalt Lee Samuels), ein Eimer mit dem Zertifikat der guten Führung und dem Namenszug Roy Marshs (der Pilot, mit dem die Hemingways nahe der Wasserfälle von Murchison, Uganda, abstürzten), eine Kachel (Geschenk des Stierkämpfers Antonio Ordoñez mit dem Brandzeichen seiner Farm und dem der Finca Vigía), ein großes Glas (Geschenk von Freunden aus Venedig), ein Krug aus einem der Lieblingslokale Hemingways, dem „El Callejón" in Madrid, ein weiterer aus einem Restaurant in Segovia, Spanien und mehrere französische Krüge, eine Kachel mit Blumenmotiven aus Bergamo, Norditalien, große Glaskelche für die Tafel (die ersten kaufte sich Mary für ihre erste Wohnung in Chicago im Jahr 1932).

In dem Schrank links der Glastüre: auf dem obersten Regalbrett eine Silberplatte (Geschenk des kubanischen Kulturministeriums) und eine kristallene Steuben-Platte (Geschenk zur Hochzeit von Mary und Ernest), Porzellan aus Bergamo, Gläser mit Goldrand aus Murano, Italien 1770, zwei gleiche Weingläser mit Tieren und Blumen geschmückt, Servierplatten, teils mit Pastellblumen, teils in weiß (Mary kaufte diese 1954 in Venedig). Auf dem Schrank: zwei Sturmlaternen, das Bild eines Eisbären, eine kristallene Angel, eine dänische Streichholzschachtel und eine Katze aus Porzellan. In den Schubladen Geschirr und Glaswaren mit dem Emblem der Finca.

Unter der Dekoration des Esszimmers findet sich eine spanische Brosche mit dem Bildnis von Don Quichote und verschiedene Teller mit Blumenmotiven. Daneben italienische Tafeln aus Kristall und welche mit grauem Rand und dem Zeichen der Finca.

Der Tisch zur Rechten: Russische Bücher (Geschenke von Mikoyan und Khachaturian), Skulpturen der Siboney-Indianer und goldhaltiges Gestein.

Zwischen dem Ess- und Wohnzimmer: verschiedene afrikanische Holzschnitzereien, ein aus Holz geschnitzter Vogel auf dem Geweih einer Antilope. Wie im Wohnzimmer wurde auch im Esszimmer die Einrichtung von Mary und T.O. Bruce entworfen und von den Schreinern des Ortes hergestellt.

BIBLIOTHEK:
Goldene, mit Gesichtern von Engeln versehene Kerzenhalter sind links und rechts am Türrahmen befestigt (Mary kaufte sie 1950 in Venedig), über der Tür ein Stück Holz, das im Meer bei Parasíso trieb. Zur Linken: ein Plakat des Stierkämpfers und Freundes der Familie Juan Belmonte aus dem Jahr 1927, das Gemälde eines Stierkopfes (Mary kaufte den Picasso 1957 in Paris für 150 Dollar). Auf dem Bücherschrank: ein Verstärker und ein Rouletterad. An der sich anschließenden Wand: das Gemälde eines österreichischen Bergdorfes (die Person auf der unteren Hälfte des Bildes stellt Hemingway dar, er und seine erste Frau Hadley Richardson verbrachten im österreichischen Schruns mehrere Winter).

In den vier Schubladen des Bücherschrankes: Marys Gartenratgeber, Unterlagen über den Swimmingpool und die Dienstboten, Versicherungspolicen, kubanische Steuerbescheide, Waffenscheine, einige alte Postkarten von Venedig, Zeichnungen für den Film „Der alte Mann und das Meer" und einzelne Anzeigen für Curacao.

Auf der weißen Kommode daneben: eine Blumenvase (Geschenk von Ernest für Mary aus dem Jahr 1958), darüber ein Gemälde des Holländers Paul Hyckes mit der Widmung: „La poule et le Fer à Cheval. A Monsieur Ernest Hemingway, avec ma très grande admiration."

Daneben ein Photo der „Pilar", drei Barometer, ein Bild eines Papageis, zwei Löwenköpfe, eine Messinglampe der „Pilar", eine Koralle, ein Sprietsegel und moderne Schüsseln aus Italien. An der gegenüberliegenden Wand: ein Bücherschrank, darauf zwei Vasen, ein Vogel aus Porzellan und eine afrikanische Skulptur.

Daneben ein Aktenschrank mit Manuskripten und verschiedenen Dokumenten. Auf dem Schrank: eine Kassette, Bleistiftspitzer und ein Präsentierteller aus Mexiko.

Ein moderner Bücherschrank aus Italien mit einer Vase (mit einem im 19. Jahrhundert populären Preiselbeermuster), ein Sofa, ein Kaffeetisch, ein Sitzpolster, ein Bambustischchen, eine kleine Treppe, Stühle und ein runder Tisch ergänzen die Einrichtung.

Zunächst war dieses Zimmer für die Gäste vorgesehen, doch die rapide anwachsende Zahl der Bücher machte es notwendig, eine Bibliothek einzurichten. 1949 entwarf Mary die jetzige Einrichtung und ließ sie von Francisco Castro herstellen. Den Teppich auf dem Boden, ein islamischer Gebetsteppich, kaufte Mary 1954 in Kairo, ebenso wie das mit einem Kamelfell überzogene Sitzpolster. Das Löwenfell stammt von Hemingways erster Safari.

HEMINGWAYS SCHLAFZIMMER:
Über dem Tisch: ein altes Gemälde, das Hemingway 1942 in Mexiko kaufte.

Auf dem Bücherregal links des Bettes: die Schreibmaschine Hemingways (er schrieb im Stehen), ein Photo von Charles Sweeney (ein alter Feund der Familie, Absolvent von West

Point, kämpfte mit Pancho Villa an der mexikanischen Grenze und in vielen Revolutionen in Lateinamerika), ein Fell eines kleinen Kudus, den Mary in Afrika schoß.

In dem Bücherregal: ein Stock, Photos und Abzeichen von deutschen Kriegsgefangenen, ein Korkenzieher und eine Koppel.

In der Ecke, links der Türe: das Gemälde einer Landkarte Ostafrikas (Geschenk eines italienischen Freundes im Jahr 1951).

(Auf dem Boden: ein Löwenfell mit Kopf.)

Auf der gegenüberliegenden Seite: ein Büffelkopf, eine Landkarte von Kuba und ein Frosch, eingelegt in Formalin.

An der Fensterseite: ein Gemälde mit Merganser Enten, ein Photo der beiden Söhne Patrick und Gregory, ein Photo von John, dem ältesten, bei dessen Hochzeit (mit seiner Frau und dem amerikanischen Botschafter in Großbritannien David Bruce).

Eine Lithographie von Daumier, eine amerikanische Banknote, unterzeichnet von „Short-snorters" (Leute, die über den Pazifik oder Atlantik flogen), grün-brauner Tarnstoff und 26 weitere kleinere Geschenke von Freunden.

Neben einem Regal für Schuhe ein weiterer Bücherschrank: auf ihm 13 Messer, eine Koppel und Stöcke (Geschenke von afrikanischen Stammeshäuptlingen der Wakamba und Masai). Die Messer waren für Zeremonien oder zum Enthäuten von Tieren bestimmt (Freunde, die um Hemingways Leidenschaft für Messer wußten, schenkten ihm diese). Neben den Büchern: ein Photo seiner Enkelin Jean Hemingway.

Auf der Kommode: Holzschnitzereien, die Mary und Ernest in Machakos in Ostafrika kauften, die Schlüssel der Stadt Mantanzas, die ihnen bei der Ankunft 1957 an Bord der „Ile de France" überreicht wurden, eine Schale in Fischform, voll mit Muscheln und anderen Gegenständen, die Glück bringen sollten, ein ledernes Lesezeichen mit der Inschrift: „Ich schreibe nie Briefe, Ernest Hemingway.", verschiedenes Papier, eine Skizze, die Hemingway half, als er mit der 4. Infanteriedivision Paris erreichte, ausländische Währungen, Brieftaschen, auf Hemingway ausgestellte, aber nicht eingelöste Schecks, drei verschlossene Briefe (die letzten, die die Finca erreichten), Landkarten, eine Pfeife, um Enten anzulocken, das Bild eines Hirsches aus Idaho und ein Taschenmesser.

Unter dem Glas der Kommode, von links nach rechts: Grußkarten, ein Vaterunser, ein Photo seines Freundes Waldo Pierce mit einem Marlin, eine Schnapslizenz aus Idaho, Photos von Marlene Dietrich aus dem II. Weltkrieg, von Lillian Ross vom „The New Yorker“, von seinem Sohn Patrick und seiner Frau vor Athener Altertümern, von Mary, aus Zeitungen: Ernest beim Rennen in Paris, Ernest und seine beiden jüngsten Söhne, Scott Fitzgerald mit seiner Frau, der Tochter und Ernest, eine Zeichnung von Renata Borgitti und ein Photo von Carmen Luz, einer spanischen Tänzerin und Tochter von Pedro Herrera Sotolongo.

Im Wandschrank: 6 Gewehre, 1 Pistole, verschiedene Munition, 2 Gewehrtaschen, ein chinesischer Hut, 2 alte Brillen von Ernest, Kleidungsstücke und Schuhe des Hausherren.

Gegenüber des Fensters, auf einem Bücherregal steht Hemingways Lieblingswaffe, der Mannlicher Karabiner, an der Wand, daneben: der Kopf eines Büffels, den er 1934 in der Serengeti schoß.

Ursprünglich war noch eine Klimaanlage in dem Zimmer, die aber nicht benutzt wurde, weil (nach Mary) Hemingway sagte: „andere Menschen haben auch nicht so viel Glück.“

BADEZIMMER:
Gewichte, eine Flasche mit einer Fledermaus in Formalin, ein schmales Bücherregal unweit der Toilette, an der Wand eine Holzschnitzerei (Geschenk von Mary, gekauft 1955 in Peru).

VENEZIANISCHES ZIMMER:
An der Wand neben den Betten, von links nach rechts: verschiedene Gemälde mit Motiven aus Venedig, eine Sicht auf Havanna von der Finca (gezeichnet von einem britischen Maler), eine Stierkampfszene, ein Portrait von „Papa“ von Oscar Villarreal, dem Bruder von René, ein Stück der Wurzel des Ceibas, gleich darunter: eine Unzahl von Dias, die Mary in Venedig, Frankreich, Ägypten und in Ostafrika photographierte, ein kleiner und ein großer Projektor.

Auf der Bank aus der Floridita: eine Rolle mit alten Landkarten und Noten (Geschenk eines Freundes aus Venedig). Eine Lampe und Bücher auf dem Nachttisch.

Auf dem Servierwagen: Bücher, Zeitschriften und Druckfahnen von Büchern anderer Autoren, die ihm zu Rezensionszwecken und zur Kommentierung zugesandt wurden (anfangs wollte er das Wägelchen dazu benutzen, bei besonders festlichen Anlässen auf ihm das Essen aus der Küche herzufahren, doch dies wurde sehr bald verworfen: das Essen zu tragen, war einfacher).

Auf dem Regal rechts der Tür: ein gelber Schirm, den die Gäste bei Regen benützten, um trocken vom Haus zum Auto zu gelangen. Zur Linken: Kissen und Hüte, die Mary und Ernest in Afrika trugen, daneben ein elektrisches Heizgerät, Bilder einer italienischen Skulptur, Postkarten aus Spanien und Venedig, ein ungeöffnetes Geschenk, zwei Flaschenkörbe und ein Korkenzieher.

An der Wand gegenüber den Betten: ein Bild von Hemingway mit einer Widmung von Juan Duñabeitía, das Ölgemälde eines Stierkampfes, darunter ein Bücherregal, eine Frisierkommode, ein Hocker und ein Spiegel.

Auf dem Regal für Taschenbücher: eine Maske für Festlichkeiten von dem Stamm der Wakambas, eine Holzmaske, der Hauer eines Wildebers, Armreife (Geschenk von Wakambafrauen für Mary), eine Puppe aus Pflanzenfasern (die Göttin eines Medizinmannes), Kopfschmuck der Masai, ein nierenförmiger Behälter aus Horn, um Feuer oder auch Wasser zu tragen (von den Masai), ein Korb, in dem die Frauen des Tanganjika-Stammes das Getreide aufbewahrten, ein chinesisches Stilleben (Geschenk von Winston Guest und seiner Frau).

MARYS ZIMMER:
In dem Wandschrank: das blau-weiße Kleid, das Mary bei dem Flugzeugabsturz 1954 trug, auf der Innenseite der Türe hängen Marys Gürtel. Über dem Schrank: ein Gemälde von Dorothy Pound (der Frau von Ezra Pound) und das Geweih eines Hirsches aus Idaho.

Im Bücherschrank: ein Aschenbecher des Anglervereins von Cabo Blanco, Peru, ein holländischer Zinnkrug, Korallen und Muscheln von der Küste nördlich Cárdenas', ein dänischer

Aschenbecher, ein Marienkäfer, ein Miniaturhirsch, bronzene Buchstaben (Geschenk von Alexander Calder), die Kopie eines Van Gogh (Geschenk von Ernest), eine Streichholzschatulle (Geschenk von Marys Vater), eine mechanische Turteltaube aus Hongkong, ein Porzellanelefant aus Italien, eine Schmuckkassette, ein viktorianischer Armreif, Schilder aus Bars der US-Armee und ein Miniaturumhang eines Stierkämpfers.

An der angrenzenden Wand: ein Sofa mit Schubladen, darin Weihnachtskarten, Landkarten, eine afrikanische Fliegenpatsche, ein Fächer, der Schwanz eines wilden Tieres und einer Thompsongazelle, Papier und ein Band.

Auf und in den beiden Pulten: ein Silberpokal (gewonnen von Hemingway), das Photo seines ältesten Sohnes bei dessen Hochzeit, ein Gemälde von Dorothy Pound, der Kopf eines Orix Beisa (1953 von Mary in Kenia geschossen), Schreibmaterial und Photos. In einer der Schubladen: ein Briefumschlag mit Anweisungen für den Haushalt.

Über dem Bett: ein Gemälde (Schiffe auf See).

An der gegenüberliegenden Wand: ein Bild von Hemingway, ein venezianischer Spiegel aus dem 19. Jahrhundert, ein Bild von Beatrice Ferguson Guck, ein Schränkchen mit Schubladen, darin: eine alte Glocke, Schmuck, eine Schatulle für Anglerhaken.

Auf dem Schränkchen: eine Kassette für Marys Schmuck (1951 in Venedig gekauft), eine kleinere Schmuckkassette für die Reise, Kleinigkeiten aus England, Spanien, Italien und Mexiko, sowie eine Zigarrenschachtel mit einer goldenen Kette.

ERSTES STOCKWERK DES TURMES:
Der Raum für die Katzen.

ZWEITES STOCKWERK DES TURMES:
Speere vom Stamm der Masai (teils Geschenke der Krieger, teils gekauft. Hemingway konnte sogar mit ihnen zur Jagd gehen und erlegte damit auch Affen unweit des Kilimandjaro), Stiefel für die Jagd, das Angeln und das Skifahren, eine Kiste mit Muscheln aus der Familie der Cypraea (Hemingway fand diese auf einer Insel in der Nähe von Shumoni (Somalia), ein früheres Zahlungsmittel in Afrika), verschiedene Geweihe von afrikani-

schen Tieren, Schutzvorrichtungen für die Fenster bei einem Hurrikan und Geschenkpapier.

OBERSTER STOCKWERK DES TURMES:
Hemingways Schreibtisch, den er allerdings nicht häufig benutzte, auf ihm: einige Bücher. Auf dem Boden: ein Löwenfell. Des Weiteren im Raum: ein Couch, auf der Hemingway ab und zu ein Nickerchen machte.

# LEBEN UND WERK

## ZEITTAFEL

1899 Ernest Miller Hemingway wird als zweites von sechs Kindern in Oak Park, Chicago, geboren. Die Eltern: Grace Hall und Clarence Edmund Hemingway.

1916 Hemingway veröffentlicht in der Schülerzeitschrift „The Tabula“ seines Heimatstädtchens eine erste Arbeit.

1917 Abschluß der Schule. Kriegseintritt der USA. Die Armee lehnt Hemingway wegen der schlechten Sicht auf einem Auge ab. Im Herbst: Journalist für den „Kansas City Star“.

1918 Nimmt als Ambulanz-Helfer am Weltkrierg teil. Verwundet bei Fossalta del Piave, Italien. Lazarettaufenthalt in Mailand und Romanze mit der Krankenschwester Agnes H. von Kurowsky, die später u.a. als Catherine Baker in der Erzählung „In einem anderen Land“ wiederkehrt.

1919 Im Januar Rückkehr in die USA. Mitarbeit am „Star Weekly“ in Toronto.

1921 Am 3. September Heirat mit Hadley Richardson. Sie reisen nach Paris, wo er für „Star Weekly“ als Korrespondent arbeitet.

1922 Als Korrespondent unternimmt er Reisen nach Deutschland, Italien, in die Schweiz und die Türkei. Seine Frau verliert auf einer Pariser Bahnstation einen Koffer mit unveröffentlichtem Material.

1923 „Three Stories and Ten Poems“ erscheint. Am 10. Oktober Geburt seines ersten Sohnes John Hadley Nicanor. Verläßt seine Zeitschrift im Dezember.

1924 San Fermín Festival in Pamplona. Erste Veröffentlichung von „In Our Time“.

1925 Im Juli erneut in Pamplona. Beginnt mit den ersten Entwürfen zu „The Lost Generation“, das später unter dem Titel „The Sun Also Rises“ erscheinen sollte.

1926 Charles Scribner's Sons, New York, wird sein Verlagshaus. „The Torrents of Spring“ (28. Mai) und „The Sun Also Rises“ (22. Oktober) erscheinen.

1927 Am 10. März Scheidung der ersten Ehe. Heirat mit Pauline Pfeiffer zwei Monate später. Veröffentlichung von „Men Without Women". Läßt sich in Key West nieder.

1928 Mit Pauline Reise nach Europa. An Bord der „Orita" Rückkehr nach Key West. Erster bekannter Aufenthalt in Havanna. Geburt von Patrick. Erste Erkundigungen des Golfstromes. Er trifft Eddy „Bra" Saunders, den Plünderer der „Valbarena" und Vorbild der Hauptrolle von „After the Storm". Trifft Joe Russell, den Besitzer des „Sloppy Joe's" in Key West und des Bootes „Anita", der als Harry Morgan in „To Have and Have Not" wiederkehren wird. Auf der Flucht vor einem Sturm lernt er Gregorio Fuentes kennen. Am 6. Dezember Selbstmord seines Vaters.

1929 Im Frühling und Sommer Reisen nach Frankreich und Spanien. „A Farewell to Arms" erscheint.

1930 Aufenthalt in Spanien, Autounfall gemeinsam mit John Dos Passos. Läßt sich einen Bart wachsen.

1931 Wieder in Spanien. Erste Filmversion von „A Farewell to Arms". Gregory wird geboren.

1932 Joe Russell macht ihn mit Carlos Gutiérrez bekannt, der später als Vorbild für die Titelfigur von „The Old Man and the Sea" dient. Fischzüge im Norden Kubas. Aufenthalte im Hotel Ambos Mundos in Havanna. „Death in the Afternoon" erscheint.

1933 Verfolgt die revolutionären Ereignisse und den Sturz des Diktators Machado. Im Herbst veröffentlicht er nach 10-jähriger Pause wieder journalistische Arbeiten. „Winner Take Nothing" erscheint. Pläne für ein Buch über die Geheimnisse des Golfstromes. Im Dezember unternimmt er eine Safari in Afrika.

1934 Im April Rückkehr nach Key West. Beauftragt eine Schiffswerft mit dem Bau der „Pilar". Erste Teile von „To Have and Have Not" erscheinen in der Zeitschrift „Esquire".

1935 „The Green Hills of Africa" erscheint.

1936 In verschiedenen Zeitschriften erscheinen weitere Vorabveröffentlichungen von „To Have and Have Not" und „The Snows of Kilimanjaro".

1937 Als Korrespondent der „North American Newspaper Alliance" im Spanischen Bürgerkrieg. Teilnahme an dem Film „The Spanish Earth". Organisiert in den USA Sammlungen für die republikanische Regierung. Im Sommer Rückkehr an die Front. „To Have and Have Not" erscheint im Oktober.

1939 Arbeitet im Hotel Ambos Mundos an „For Whom the Bell Tolls". Mietet die Finca Vigía für ein Jahr.

1940 „For Whom the Bell Tolls" erscheint. Scheidung von Pauline. Heiratet Martha Gellhorn. Kauft die Finca am 28. Dezember.

1941 Als eine Art Hochzeitsreise geht er mit Martha als Kriegskorrespondent in den Fernen Osten. Im Juli wieder in Kuba.

1942 Beginn der Anti-Nazi-Operation, das Hauptquartier ist die Finca Vigía. Die „Pilar" wird bewaffnet, und die Jagd auf deutsche U-Boote beginnt.

1944 Aufenthalt in England. Autounfall. Nachrichten von seinem Tod machen die Runde. Nimmt an der Landung in der Normandie, der Befreiung Paris' und an der Überwindung der Siegfried-Linie teil.

1945 Kehrt nach Kuba zurück. Arbeitet an „The Sea Book" (1970 veröffentlicht unter dem Titel „Island in the Stream") und „The Garden of Eden". Scheidung von Martha.

1946 Heiratet Mary Welsh am 4. März.

1947 Unterbricht die Arbeit am „The Sea Book" wegen eines Nervenzusammenbruchs des Sohnes Patrick. Nimmt an einer Verschwörung gegen den dominikanischen Diktator Trujillo teil. Durchsuchung der Finca und Beschlagnahme von Waffen.

1949 Reise nach Norditalien. Trifft Adriana Ivancich, das Vorbild von Renata in „Across the River and into the Trees".

1950 „Across the River and into the Trees" erscheint. Nimmt die Arbeit am „The Sea Book" wieder auf.

1951 Hemingways Mutter und Pauline Pfeiffer sterben. Legt „The Sea Book" zur Seite und entschließt sich, einen Teil des Ganzen zu veröffentlichen: die Geschichte von dem Fischer Santiago.

1952 Der Verleger Charles Scribner stirbt. „The Old Man and the Sea“ erscheint in Zeitschriften- und Buchform.

1953 Pulitzerpreis.

1954 Nobelpreis.

1956 Reise nach Paris und Spanien. Im September veröffentlicht er seine letzte Reportage über Kuba.

1959 Erklärt öffentlich seine Unterstützung für die Kubanische Revolution. Besucht Paris, Stierkämpfe in Spanien und kehrt am 4. September nach Kuba zurück.

1960 Bis zum Sommer Aufenthalt in Kuba. Treffen mit Fidel Castro. Beendet „A Moveable Feast“. Anzeichen psychischer Schwächen. Geht nach Spanien, um „A Dangerous Summer“ zu schreiben. Hat Schwierigkeiten beim Schreiben. Rückkehr nach Ketchum, Idaho. Erster Besuch der Mayo-Klinik.

1961 Im April sucht er nochmals die Mayo-Klinik auf. Elektroschockbehandlung. Kehrt im Juni nach Ketchum zurück. Verübt am 2. Juli Selbstmord. Im August reist Mary nach Havanna. Treffen mit Fidel Castro. Gründung des Hemingway-Museums.

# BIBLIOGRAPHIE

# HEMINGWAYS WERKE (ORIGINAL- UND DEUTSCHE ERSTAUSGABEN)

Three Storie and Ten Poems, Paris/Dijon 1923 (Contact Publishing Company)

In Our Time, Paris 1924 (Three Mountains Press), New York 1925 (Boni and Liveright) — In Unserer Zeit, Berlin 1932 (Rowohlt)

The Torrents of Spring, New York 1926 (Carles Scirbner's Sons) — Die Sturmflut des Frühlings, Hamburg 1957 (Rowohlt)

The Sun Also Rises, New York 1926 (Charles Scribner's Sons) — Fiesta, Berlin 1928 (Rowohlt)

Men Without Women, New York 1927 (Charles Scribner's Sons) — Männer, Berlin 1929 (Rowohlt)

A Farewell to Arms, New York 1929 (Charles Scribner's Sons) — In einem andern Land, Berlin 1930 (Rowohlt)

Death in the Afternoon, New York 1932 (Charles Scribner's Sons) — Tod am Nachmittag, Hamburg 1957 (Rowohlt)

Winner Take Nothing, New York 1933 (Charles Scribner's Sons) — Der Sieger geht leer aus, Hamburg 1958 (Rowohlt)

Green Hills of Africa, New York 1935 (Charles Scribner's Sons) — Die grünen Hügel Afrikas, Hamburg 1954 (Rowohlt)

Hemingway beschreibt den Meeresstrom vor der Küste Kubas. An einer anderen Stelle nimmt er zur Diktatur Gerardo Machados Stellung.

To Have and Have not, New York 1937 (Charles Scribner's Sons) — Haben und Nichthaben, Hamburg 1951 (Rowohlt)
Die erste Erzählung von Hemingway mit kubanischen Handlungsorten. Sie spielt in Havanna, an Kubas Nordküste, im Golfstrom und in Key West. Nach William Faulkners Drehbuch wurde der Film von Howard Hawks gedreht — in den Hauptrollen: Humphrey Bogart und Lauren Bacall.

Short Stories of Ernest Hemingway, New York 1938 (Charles Scribner's Sons) — 49 Stories, Hamburg 1950 (Rowohlt)

The Fifth Column, New York 1940 (Charles Scribner's Sons) — Die fünfte Kolonne, Reinbek 1969 (Rowohlt)
Der Hauptdarsteller für Hemingways einziges Theaterstück er-

innert sich an die Dämmerung in Havanna, den Tanz unter den Königspalmen und das Frühstück an dem Strand von Jaimanitas. In Kuba, so erzählt er, fand er zur Revolution. An einer anderen Stelle erwähnt er die kubanische Untergrundorganisation ABC.

For Whom the Bell Tolls, New York 1940 (Charles Scribner's Sons) — Wem die Stunde schlägt, Stockholm 1941 (Bermann-Fischer)

Men at War (Hrsg.), New York 1942 (Crown)

Across the River and into the Trees, New York 1950 (Charles Scribner's Sons) — Über den Fluß und in die Wälder, Hamburg 1951 (Rowohlt)

The Old Man and the Sea, New York 1952 (Charles Scribner's Sons) — Der alte Mann und das Meer, Hamburg 1952 (Rowohlt)
Spielt in Kuba und in den Gewässern nördlich der Insel. Fast alle Aufnahmen der Filmversion wurden in Cojímar gedreht. Weil es in den kubanischen Gewässern keinen Fisch in der gewünschten Größe gab, wurden die letzten Aufnahmen vom Fischen im peruansichen Cabo Blanco gemacht. In einer der Schlußszenen sind Ernest und Mary Hemingway zu sehen: als Touristen entdecken sie an dem Strand von Cojímar das Gerippe von Santiagos großem Fisch.

A Moveable Feast, New York 1964 (Charles Scribner's Sons) — Paris-ein Fest fürs Leben, Reinbek 1965 (Rowohlt)

By-Line Ernest Hemingway, New York 1967 (Charles Scribner's Sons) — 49 Depeschen, Reinbek 1969 (Rowohlt)
Enthält alle kubanischen Reportagen für die Zeitschrift Esquire.

Islands in the Stream, New York 1970 (Charles Scribner's Sons) — Inseln im Strom, Reinbek (Rowohlt)
Eine Erzählung in drei Teilen: der erste spielt auf den Bimini-Inseln, der zweite in Havanna und der dritte auf dem Meer und in der Inselwelt nördlich der kubanischen Provinz Camagüey. Von dieser Erzählung gibt es ebenso eine Filmversion mit George C. Scott in der Hauptrolle des Thomas Hudson.

The Nick Adam Stories, New York 1972 (Charles Scribner's Sons) — Die Nick Adam Stories, Reinbek 1973 (Rowohlt)

Selected Letters 1917-1961, New York 1981 (Charles Scribner's Sons) — Ausgewählte Briefe 1917-1961, Reinbek 1984 (Rowohlt)

The Dangerous Summer, London 1985 (Hamilton) — Gefährlicher Sommer, Reinbek 1986 (Rowohlt)

## KUBANISCHE BIBLIOGRAPHIE (EINE AUSWAHL MIT DT. KURZTITELN)

Baez, Luis: Hemingway Always Favored the Revolution (H. immer auf Seiten der Revolution), Interview mit Mary H., Havanna 30.9.1977, Bohemia.

Boudet, Rosa Illeana: Hemingway: Always La Habana (H.: Und immer wieder La Habana), Havanna Dez. 1969, Cuba International.

Cabrera Infante, Guillermo: The Old Man and the Mark (Der alte Mann und das Ziel), Havanna Sept. 1956, Ciclón.

Campoamor, Fernando G.: Ernest Hemingway's Cuban Life (E.H.s Leben in Kuba), Havanna 21.7.1967, Bohemia.

— The Hemingway Circuit, Havanna 1980.
Ein Havanna-Reiseführer für Hemingway-Liebhaber.

Castro, Fidel: Reden, Havanna 9.7.1960, Revolución.
„... wir meinen damit nicht die nordamerikanischen Bürger, die ein Haus oder ein Stück Land auf der Insel der Palmen besitzen, wie Hemingway, der hier sein Heim hat und hier lebt. Sie wählten dieses Land zu ihrer Heimat. Sie haben nichts zu befürchten, da wir ihre Gefühle sehr gut verstehen, die sie in unser Land zog."
— Rede vor der UN als Vorsitzender der Blockfreien, New York 12.10.1979.
„... Wir fordern ‚Farewell to arms' (Nehmt Abschied von den Waffen), wendet euch in zivilisierter Weise den drängenden Problemen unserer Zeit zu ..."

Cirules, Enrique: Conversation with the Last North American (Ein Gespräch mit dem letzten Nordamerikaner), Havanna 1973, Instituto del Libro.
Hemingways Gegenwart im Archipel von Camagüey.

Cruz, Mary: A Cuban Revolutionary Short Story by Ernest Hemingway (Eine revolutionäre kubanische Kurzgeschichte von E.H.), Havanna Sept. 1979, Casa de las Américas.

Desnoes, Edmundo: Hemingway's House, Havanna April 1965, Cuba.

Mit vielen Photos der Finca Vigía von Mario G. Joya.
Gonzáles, Bermejo Ernesto: Hemingway's Fisherman (H.s Fischer), Havanna 1962, Cuba.
Hemingway, Margaux: Playboy and Margaux Go to Cuba, Playboy Juni 1978.
Die Reise der Enkelin des Schriftstellers nach Kuba, mit Photos von David H. Kennerly.
Mankiewicz, Frank/Kirby, Jones: With Fidel. A Portrait of Castros and Cuba, Chicago 1975, Playboy Press.
Ein Interview mit Fidel Castro, u.a. über Hemingways „Wem die Stunde schlägt".
Manning, Robert: Hemingway in Cuba, Aug. 1965.The Atlantic Monthly.
Matthews, Herbert L.: Fidel Castro, New York 1969, Simon and Schuster.
„... Ernest Hemingway ist weiterhin der große Held des kubanischen Volkes. Mit seiner Arbeit, die mehr ist als nur eine solidarische Geste, bezeugt er seine Sympathie und Unterstützung für Castros Revolution. Wie kein anderer Amerikaner kennt er Kuba und das kubanische Volk, und ich war glücklich, daß er über Fidel Castro und die kubanische Revolution genauso dachte wie ich." — so der Mitarbeiter der New York Times.
Otero, Lisandro: Hemingway, Havanna 1963, Casa de las Américas.
Nach dem Autor sagte Hemingway über Castros Revolutionäre: „Wäre ich jünger, stiege ich in die Sierra Maestra, um mich Fidel Castro anzuschließen."
— Ernest Hemingway Among Us Again (E.H. ist wieder unter uns), Havanna 11.7.1954, Carteles.
Revolution Monday, Havanna 14.8.1961, Revolución.
Eine Sondernummer der Zeitschrift zum Tod Ernest Hemingways.
Suarez, Silvano: The Leopard's Skeleton (Das Skelett des Leoparden), Havanna 1955.
Die erste wissenschaftliche Arbeit eines Kubaners über den Schriftsteller.
Thompson, Hunter S.: The Great Shark Hunt (Die große Jagd auf den Hai), New York 1977, Random House.
Enthält den Artikel „What Lured Hemingway to Ketchum?"

(Was lockte Hemingway nach Ketchum?). Darin stellt der Autor die Behauptung auf, daß Hemingway deshalb Kuba verlassen habe, weil „Castros Handlanger“ der Bevölkerung gesagt hätten, „Hemingway würde sie ausbeuten“.

Vasquez-Candela, Euclides: Hemingway Worried About Cuba and Fidel (H. macht sich Sorgen um Kuba und Fidel), Havanna 13.2.1963, The Cuban Gazette.

Young, Philip: Ernest Hemingway, New York 1952, Holt, Rinehart and Winston Inc.

— Ernest Hemingway, A Reconsideration (E.H. — eine Rückbesinnung), Pennsylvania 1966, State University Press.